Auth / Brüker / Discher / Kaiser / Leiber / Leitner
Sorgende Angehörige

ARBEIT – DEMOKRATIE – GESCHLECHT

herausgegeben von Ingrid Kurz-Scherf, Lena Correll, Stefanie Janczyk, Tina Jung, Julia Lepperhoff, Clarissa Rudolph, Alexandra Scheele und Diana Auth

Band 28

Diana Auth, Prof.in für Politikwissenschaften an der FH Bielefeld. Schwerpunkte: vergleichende Wohlfahrtsstaatsforschung, Gender Studies, Pflegeforschung und soziale Gerontologie sowie Policy-Forschung.

Daniela Brüker, Dipl. Sozialgerontologin/Dipl. Heilpädagogin, wiss. Mitarbeiterin an der Univ. Duisburg-Essen. Schwerpunkte: Alten- und Pflegepolitik, Demenz, Geschlechtereffekte von Sozialpolitik, Informelle Pflege, Soziale Ungleichheit, Vereinbarkeit von Beruf und Pflege.

Kerstin Discher, Dr., Erziehungswissenschaftlerin, Lehrkraft an der FH Bielefeld und Projektmitarbeiterin in der Quartiersarbeit beim AWO-Kreisverband Bielefeld e.V. Schwerpunkte: Theorien und Methoden der Sozialen Arbeit, Körper- und Leibtheorien, Gender Studies.

Petra Kaiser, M.A., wiss. Mitarbeiterin an der Hochschule Düsseldorf. Forschungsinteressen: demografischer Wandel sowie Alten- und Pflegepolitik; Promotionsvorhaben: die Interessen sorgender Angehöriger.

Simone Leiber, Dr., Prof.in für Politikwissenschaften an der Univ. Duisburg-Essen. Schwerpunkte: vergleichende Wohlfahrtsstaatsforschung, Pflegepolitik sowie das Verhältnis von Sozialpolitik und Sozialer Arbeit

Sigrid Leitner, Dr., Prof.in für Sozialpolitik an der TH Köln. Schwerpunkte: vergleichende Wohlfahrtsstaatsforschung, Geschlechtereffekte von Sozialpolitik, Pflege- und Betreuungspolitik sowie Soziale Arbeit als politische Akteurin.

Diana Auth / Daniela Brüker / Kerstin Discher / Petra Kaiser /
Simone Leiber / Sigrid Leitner

Sorgende Angehörige

Eine intersektionale Analyse

WESTFÄLISCHES DAMPFBOOT

Gefördert durch das Forschungsinstitut für gesellschaftliche
Weiterentwicklung (FGW) NRW

Bibliografische Information der Deutschen Nationalbibliothek
Die Deutsche Nationalbibliothek verzeichnet diese Publikation in der Deutschen
Nationalbibliografie; detaillierte bibliografische Daten sind im Internet über
http://dnb.d-nb.de abrufbar.

1. Auflage Münster 2020
© 2020 Verlag Westfälisches Dampfboot
Alle Rechte vorbehalten
Umschlag: Lütke Fahle Seifert AGD, Münster
Druck: Rosch-Buch Druckerei GmbH, Scheßlitz
Gedruckt auf säurefreiem, alterungsbeständigem Papier
ISBN 978-3-89691-046-2

Inhalt

Editorial 9

1. Einleitung 12

2. Sorgende Angehörige: Forschungsstand und Forschungslücke 19

3. Sorgende Angehörige und Intersektionalität 30
   3.1 Intersektionalität als Forschungsperspektive 30
   3.2 Methodisches Vorgehen 36

4. Das Bewältigungshandeln sorgender Angehöriger: eine Typologie 45
   4.1 Gelingende und prekäre Pflegebewältigung 48
   4.2 Typen Sorgender Angehöriger 53
      4.2.1 Typ 1: Pflegeorganisation rund um die Erwerbstätigkeit 53
      4.2.2 Typ 2: Aktiv genutzte Familienressourcen 65
      4.2.3 Typ 3: Sinnstiftung 81
      4.2.4 Typ 4: Ringen um Kontrolle 96
      4.2.5 Typ 5: Alternativlosigkeit 113

5. Die Wirksamkeit der Differenzkategorien 128
   5.1 Sozio-ökonomischer Status in Wechselwirkung mit anderen Differenzkategorien 128
      5.1.1 „Eher gelingende" Pflegebewältigung mit hohem sozio-ökonomischem Status 129
      5.1.2 „Eher prekäre" Pflegebewältigung trotz hohem sozio-ökonomischem Status 132

- 5.1.3 „Eher gelingende" Pflegebewältigung trotz niedrigem sozio-ökonomischem Status ... 134
- 5.1.4 „Eher prekäre" Pflegebewältigung mit niedrigem sozio-ökonomischem Status ... 137

5.2 Geschlecht in Wechselwirkung mit anderen Differenzkategorien ... 140
- 5.2.1 Geschlechtsrollen-konformes Verhalten von sorgenden Männern ... 143
- 5.2.2 Geschlechtsrollen-konformes Verhalten von sorgenden Frauen ... 145
- 5.2.3 Geschlechtsrollen-nonkonformes Verhalten von sorgenden Männern ... 153
- 5.2.4 Geschlechtsrollen-nonkonformes Verhalten von sorgenden Frauen ... 157
- 5.2.5 Sorgende Männer und Frauen im Kontext „eher gelingender" und „eher prekärer" Pflegebewältigung ... 163

5.3 Erwerbsstatus in Wechselwirkung mit anderen Differenzkategorien ... 165
- 5.3.1 Erwerbsstatus der im Projekt PflegeIntersek Befragten ... 168
- 5.3.2 Die herausragende Funktion von Erwerbstätigkeit für die Selbstsorge ... 170
- 5.3.3 Stabilisierende Faktoren des Erwerbsstatus ... 173
- 5.3.4 Gründe für Arbeitszeitreduktion oder Ausstieg aus der Erwerbsarbeit ... 175
- 5.3.5 Wahlfreiheit zwischen Pflege und Beruf? ... 177

5.4 Ethnizität in Wechselwirkungen mit den anderen Differenzkategorien ... 179
- 5.4.1 Pflege als familiäre Selbstverständlichkeit und Pflicht ... 182
- 5.4.2 Der Wunsch nach gleichgeschlechtlicher Pflege ... 184
- 5.4.3 Aspekte von „Fremdheit" ... 185
- 5.4.4 Weitere Zugangsbarrieren zur Inanspruchnahme von staatlichen Leistungen ... 189

6. **Bedarfe sorgender Angehöriger nach Pflegebewältigungstypen**   194

    6.1 Bedarfe des Pflegebewältigungstypus 1   195

    6.2 Bedarfe des Pflegebewältigungstypus 2   197

    6.3 Bedarfe des Pflegebewältigungstypus 3   199

    6.4 Bedarfe des Pflegebewältigungstypus 4   200

    6.5 Bedarfe des Pflegebewältigungstypus 5   201

7. **Fazit**   206

Anhang   215

Literatur   245

Editorial

Aktuell werden durch die Corona-Pandemie die Bedeutung und gesellschaftliche Bewertung von verschiedenen Formen der Sorgearbeit verstärkt im öffentlichen Diskurs thematisiert. Ihre „Systemrelevanz" wird betont und eine Aufwertung dieser Tätigkeiten diskutiert. Nicht alle Formen von Sorgearbeit erhalten jedoch derzeit mehr Aufmerksamkeit: Die *häusliche Pflege*, die gleichermaßen relevant und gesellschaftlich notwendig ist, bleibt auch in Corona-Zeiten quasi unsichtbar. 2,6 Mio. Pflegebedürftige werden deutschlandweit in Privathaushalten versorgt und begleitet (Statistisches Bundesamt 2018), und ihre Anzahl wird in den nächsten Jahren weiter zunehmen. Bei gleichzeitigem Rückgang der häuslichen Pflegebereitschaft und dem prognostizierten und jetzt schon sichtbaren massiven Fachkräftemangel in der Pflege verschärft das ohnehin bestehende Problemlagen.

Die vorliegende qualitative Studie nimmt sich dieses wichtigen Themas an und richtet das Augenmerk auf die Gruppe der sorgenden Angehörigen in Deutschland. Dabei wird der Komplexität der Situation pflegender Angehöriger Rechnung getragen, indem aus einer intersektionalen Perspektive vier Differenzkategorien in Relation zueinander gesetzt werden: sozio-ökonomischer Status, Geschlecht, Erwerbstätigkeit und Ethnizität. Mit dieser ausdifferenzierten Perspektive auf Ungleichheitsverhältnisse in der häuslichen Pflege stellt die empirische Studie im deutschsprachigen Raum ein Novum dar. Anliegen ist es, die Wechselwirkungen zwischen den untersuchten Differenzkategorien und ihren Einfluss auf das pflegebezogene Handeln der sorgenden Angehörigen zu analysieren. Entlang einer Typologie des Bewältigungshandelns pflegender Angehöriger wird das Zusammenwirken von sozio-ökonomischem Status, Geschlecht, Erwerbstätigkeit und Ethnizität betrachtet. Mit Fokus auf die Selbstsorgeorientierung der Angehörigen werden drei Typen „eher gelingender" Pflegebewältigung, bei denen die Pflege in Einklang mit den eigenen Vorstellungen gestaltet werden kann, und zwei Typen „eher prekärer" Pflegebewältigung identifiziert. Zudem werden auf Basis der qualitativen Befunde bedarfsorientierte sozial- und pflegepolitische Handlungsempfehlungen entwickelt, die den unterschiedlichen Pflegekonstellationen gerecht werden.

Die Studie bereichert die Reihe „Arbeit, Demokratie, Geschlecht" nicht nur um eine differenzierte Analyse der Schwierigkeiten, mit denen sorgende Angehörige konfrontiert sind, sondern auch durch die Erkenntnisse einer intersektional orientierten Geschlechterforschung. Aus den vielen interessanten Ergebnissen der Studie können hier nur einige herausgegriffen werden: Nicht nur wird häusliche Pflege nach wie vor zu zwei Dritteln von Frauen geleistet, sondern die Studie zeigt auch, dass es allen interviewten pflegenden Männern gelingt – und zwar unabhängig von ihrem sozio-ökonomischen Status, dem Migrationshintergrund und/oder der Erwerbstätigkeit – die Pflege „eher gelingend" zu bewältigen. Ein Teil der Frauen geht im Rahmen der Pflege hingegen weit über die eigenen Belastbarkeitsgrenzen hinaus. Die Autorinnen resümieren hierzu: „Die anerzogene hohe Sorgeorientierung vieler Frauen wird pflegepolitisch und gesellschaftlich (aus-)genutzt, um die Kosten der Pflege zu begrenzen" (vgl. Kap. 5.2).

Besondere Beachtung verdient auch, dass ein zentraler Bedarf der sorgenden Angehörigen nach wie vor eine *Verbesserung der Informations-, Beratungs- und Unterstützungssituation* ist. Vor dem Hintergrund dieser Erkenntnis gilt es, das teilweise fragmentierte und unübersichtliche Pflegesystem vollständig zu reorganisieren. Dies könnte im Rahmen einer Beratung „aus einer Hand" umgesetzt werden, die möglichst früh im Pflegeprozess einsetzt und dann prozessbegleitend, nach Wunsch auch als aufsuchende Informations- und Beratungsstruktur, nicht zuletzt in Form eines umfassenden Case Managements weitergeführt werden könnte. Wichtig ist dabei je nach Pflegesituation die „Überwindung von Fremdheit" (Kap. 5.4) im Sinne des *Zulassens von „Hilfe von außen"*, etwa wenn pflegebedürftige Personen jede Form der Pflege durch fremde Personen ablehnen (z.B. kulturell geprägt oder demenzbedingt). Ein solchermaßen proaktives Hilfenetzwerk aller Akteur*innen im Gesundheits- und Pflegesystem ist nicht nur bedeutsam für die Pflegebedürftigen, um eine Unterversorgung zu verhindern, sondern auch, um pflegende Familienmitglieder vor einer gesundheitsgefährdenden oder existenzbedrohenden Überforderung zu schützen. Je nach Belastungssituation sollte dies dazu führen, dass vom pflegepolitischen Leitbild „ambulant vor stationär" abgewichen wird.

Die Studie macht nicht zuletzt eindrücklich deutlich, dass das Thema Vereinbarkeit von Beruf und Pflege mit aller Dringlichkeit auf die politische Agenda gehört. Denn die Mehrheit der Pflegenden unter 65 Jahren ist erwerbstätig (zwei Drittel) und Erwerbstätigkeit hat einen hohen Stellenwert für die Selbstsorge der Pflegenden. Deshalb erscheint es so bedeutsam, den Erwerbsstatus von sorgenden Angehörigen langfristig stabil zu halten. Es gilt, eine Pflegesensibilität in der Erwerbsarbeit zu erreichen, z.B. in Form von niedrigschwelligen betrieblichen Maßnahmen (Informationsangebote, Flexibilität von Arbeitszeit sowie -organisation). Dafür sind insbesondere auch Zeitrechte für die sorgenden Angehörigen (Pflegezeit, Familienpflegezeit) erforderlich, die aber anders als aktuell mit einer Lohnersatzleistung verbunden werden sollten.

Durch die intersektionale Analyse gelingt es dem „Schubladendenken", z.B. dass mit bestimmten Differenzkategorien bestimmte Bedarfe automatisch assoziiert werden, zu entgehen. Die vorliegende Studie zeigt jedoch auch auf, welch ein weiter Weg noch zu gehen ist, um deutschlandweit ein System präventiver Pflegepolitik aufzubauen und umzusetzen, das der Komplexität der Lebensverhältnisse, Wünsche und Bedarfe sorgender Angehöriger gerecht wird.

1. Einleitung

Stellen Sie sich zum Einstieg folgende Situation vor:
Ein erwerbstätiger Mann, der eine Führungsposition in einem Privatunternehmen innehat, pflegt seinen Vater, der noch in seinem eigenen Haushalt wohnt. Der Sohn pflegt ihn vor und nach der Arbeit sowie am Wochenende. Flexible Arbeitszeiten und Homeoffice erleichtern ihm die Vereinbarkeit der beruflichen Tätigkeit mit der Sorgearbeit. Dabei wird er von einem ambulanten Pflegedienst, den er zukauft, und von einer Betreuungskraft unterstützt. Auch der Bruder des Mannes sowie die Nachbarin des Vaters helfen gelegentlich mit. Wenn der Mann mit seiner Frau Urlaub macht, wird der Vater in Kurzzeitpflege versorgt. Eine Reinigungskraft komplettiert das Pflegearrangement.

Und nun versetzen Sie sich bitte in diese Situation:
Eine türkischstämmige Migrantin, die ihre Erwerbstätigkeit im Einzelhandel familienbedingt aufgegeben hat, kümmert sich (weitestgehend alleine) um ihre Mutter. Aufgrund einer Demenzerkrankung ist die Mutter mit in die Dreizimmerwohnung der Frau und ihrer Familie gezogen. Die Tochter, die Pflegegeld erhält, hat zudem noch zwei kleine Kinder zu versorgen. Die beiden Geschwister der Frau und der erwerbstätige Ehemann beteiligen sich kaum bzw. unregelmäßig an der alltäglich anfallenden Pflegearbeit. Zusätzliche pflegerische Dienstleistungen kann sich die Familie nicht leisten. Eine stationäre Versorgung scheitert zum einen an kulturellen Pflegevorstellungen der Frau und der Familie, zum anderen an fehlenden kultursensiblen Angeboten.

Was stellen Sie fest? Die beiden Personen tun dasselbe – nämlich sich zuhause um ihre pflegebedürftigen Angehörigen kümmern – und dennoch könnten die konkreten Pflegearrangements und Lebenssituationen nicht unterschiedlicher sein. Die geschilderten Beispiele stellen extreme Pole innerhalb der Gruppe der sorgenden Angehörigen[1] dar. Wir haben die Beispiele auf Basis gängiger sozialer

---

1 Dieser Studie liegt ein weites Begriffsverständnis von Pflege zugrunde. Angelehnt an den englischen Begriff *care* werden neben der klassischen medizinischen und (körper-

Differenzkategorien und den darin enthaltenen Hierarchisierungen konstruiert. Gleichwohl kamen ähnliche Fälle auch tatsächlich in unseren Interviews mit sorgenden Angehörigen vor.

Möchte man sich einen Überblick über die Gruppe der sorgenden Angehörigen in Deutschland verschaffen, hilft ein Blick in die Pflegestatistik: Dieser zufolge werden aktuell 2,6 Mio. Pflegebedürftige häuslich versorgt, davon ca. 1,7 Mio. ausschließlich durch Angehörige, der andere Teil durch Angehörige und ambulante Dienste gemeinsam (Statistisches Bundesamt 2018). Zwei Drittel der Hauptpflegepersonen sind Frauen, ein Drittel Männer. Gut 60% der Hauptpflegepersonen sind im erwerbsfähigen Alter. Zwei Drittel davon sind während der Pflegephase erwerbstätig, 28% sogar in Vollzeit (Schneekloth u.a. 2017). Bereits diese kurze Bestandsaufnahme zeigt, dass es sich bei sorgenden Angehörigen, die im Fokus der Studie „Sorgende Angehörige als Adressat*innen einer vorbeugenden Pflegepolitik. Eine intersektionale Analyse (PflegeIntersek)"[2] stehen, um eine äußerst heterogene Gruppe handelt.

Der Ausgangspunkt unserer Überlegungen war eine offene Forschungsfrage, die aufgrund der Ergebnisse eines Vorgängerprojekts[3], das sich mit erwerbstätigen pflegenden Männern beschäftigte, aufkam bzw. nicht geklärt werden konnte: Die befragten Männer verfolgten die Strategie, die Pflege rund um die Erwerbs-

---

bezogenen) pflegerischen Unterstützung auch Aspekte der emotionalen und der sozialen Zuwendung und Teilhabe sowie der hauswirtschaftlichen und organisatorischen Unterstützung berücksichtigt. Um diese Vielfalt von Unterstützungsformen zu betonen, haben wir uns entschieden, in dieser Studie von „sorgenden Angehörigen" zu sprechen.

2   Die Studie wurde gefördert vom Forschungsinstitut für gesellschaftliche Weiterentwicklung (FGW) NRW in Düsseldorf. Es handelt sich um ein Kooperationsprojekt zwischen der TH Köln (Prof. Dr. Sigrid Leitner, Dr. Kerstin Discher), der Uni Duisburg-Essen (Prof. Dr. Simone Leiber, Daniela Brüker und Petra Kaiser) und der FH Bielefeld (Prof. Dr. Diana Auth, Anika Varnholt). Die Studie wurde zwischen 2016 und 2018 durchgeführt (Auth u.a. 2018). Wir möchten uns an dieser Stelle bei Anika Varnholt, die nicht an der Buchpublikation beteiligt ist, für ihre Mitarbeit in dem Projekt bedanken. Des Weiteren danken wir dem FGW für die Finanzierung der Drucklegung dieser Monographie sowie Leon Pawelka für die Unterstützung bei der Literaturformatierung.

3   Die Studie „Männer zwischen Erwerbstätigkeit und Pflege: typische Arrangements, Ressourcen und Unterstützungsbedarfe (MÄNNEP)" wurde gefördert von der Hans-Böckler-Stiftung und stellte ein Kooperationsprojekt zwischen der TH Köln (Prof. Dr. Sigrid Leitner, Marina Vukoman), der FH Düsseldorf (Prof. Dr. Simone Leiber, Daniela Brüker) und der Universität Gießen (Prof. Dr. Diana Auth, Mirjam Dierkes) dar. Das Forschungsprojekt wurde zwischen 2013 und 2015 durchgeführt (Auth u.a. 2016, 2015a, 2015b).

tätigkeit zu organisieren. Dies gelang ihnen vor allem durch flexible Arbeitszeitregelungen, die Unterstützung informeller Helfer*innen und durch den Zukauf professioneller Dienste (Auth u.a. 2016). Es stellte sich zum einen die Frage, ob es sich um eine spezifische Strategie erwerbstätiger Männer handelt, oder ob nicht auch Frauen mit einer hohen Erwerbsorientierung die beschriebene Strategie (erfolgreich) anwenden. Zum anderen erfordert der Zukauf professioneller Unterstützungsdienstleistungen finanzielle Ressourcen, so dass sich die Frage stellte, ob sich nur sorgende Angehörige in höheren Berufs- und Einkommenspositionen diese Vereinbarkeitsstrategie leisten können. Es ergaben sich somit eine Reihe weiterer Forschungsanliegen, die insbesondere die Wechselwirkungen zwischen verschiedenen Differenzkategorien in den Fokus rücken ließen.

Die Erwartung an das neue Projekt war nun, dass die konkreten Pflegearrangements und die Belastungen sowie – damit verknüpft – auch die Beratungs- und Unterstützungsbedarfe der sorgenden Angehörigen(gruppen) sehr unterschiedlich aussehen. Unsere Ausgangsthese war, dass ein „One size fits all"-Konzept zu kurz greift, und Ungleichheitsmechanismen nicht berücksichtigt werden. Wir wollten deshalb mit der vorliegenden Studie einen Schritt weitergehen und uns jenseits der bekannten sozio-demographischen Merkmale genauer mit der Gruppe der sorgenden Angehörigen auseinandersetzen. Dabei geht es nicht um die Betrachtung der einzelnen Gruppen bzw. Differenzkategorien (Männer/Frauen, Erwerbstätige/Nicht-Erwerbstätige etc.) und um die Erfassung ihrer pflegepolitischen Bedarfe. Dazu gibt es bereits eine Reihe von Studien (vgl. Kap. 2). Wir denken, dass diese Ansätze zu kurz greifen, weil sie in der Regel nur *eine* oder *höchstens zwei Differenzkategorie(n)* in den Blick nehmen. In der Realität – das zeigen die eingangs konstruierten Beispiele – kommen die Differenzkategorien jedoch in verschiedenen Kombinationen zum Tragen. Dabei können sich Benachteiligungen gegenseitig verstärken oder aber durch die Kombination mit Privilegierungen abmildern. Um dies zu erfassen, wird in diesem qualitativen Forschungsprojekt der intersektionale Ansatz gewählt, mit dessen Hilfe verschiedene Differenzkategorien in Relation zueinander gesetzt werden können. Wir wollen herausfinden, welche Kategorien dominieren, welche in der jeweiligen Kombination weniger wirksam werden und welche sich gegenseitig verstärken. Es geht darum zu analysieren, welche Kombination von Differenzkategorien zu einer „eher gelingenden" Pflegebewältigung führen und welche in einer „eher prekären" Situation münden.

Ausgangspunkt für die Wahl der Differenzkategorien war für uns die These, dass der sozio-ökonomische Status (SÖS), hier verstanden als Kombination aus

Bildungsgrad und Einkommensposition, die wichtigste Differenzkategorie darstellt, weil es von entscheidender Bedeutung ist – so unsere Annahme –, ob man in der Lage ist, sich schnell und effizient im „Dschungel" der pflegebezogenen Beratungsangebote, Dienstleistungen und Ansprüche zurechtzufinden, und ob man über ausreichende finanzielle Ressourcen verfügt, um ein passendes Pflegearrangement auszugestalten. Die zweite Differenzkategorie, die wir in den Blick nehmen, ist das Geschlecht. Dahinter steht die These, dass Frauen historisch und sozialisationsbedingt eher Sorgearbeit übernehmen und dafür auch eher bereit sind, ihre Erwerbstätigkeit einzuschränken und/oder aufzugeben. Drittens kann auch die Ethnizität, so unsere Ausgangsannahme, eine Rolle für die Ausgestaltung des Pflegearrangements spielen, denn kulturell bedingte Pflegevorstellungen variieren. Viertens hat die Erwerbstätigkeit einen erheblichen Einfluss auf die Pflegesituation, entweder als Ausgleich zur Pflege, als finanzielle Ressource und Absicherung oder aber als Belastung und als Vereinbarkeitsproblem.

Ziel der Studie ist es, auf der theoretischen Ebene Erkenntnisse rund um die Bedeutung und die Verschränkungen der verschiedenen Differenzkategorien im Hinblick auf sorgende Angehörige und deren pflegebezogenes Bewältigungshandeln[4] zu generieren. Der Intersektionalitätsansatz erfährt in dieser Studie demnach eine empirische Anwendung. Um die Gelingensbedingungen familiärer Sorgearbeit zu ermitteln, stehen folgende Fragestellungen im Zentrum:
– Wie entfalten sich bei sorgenden Angehörigen die Wechselwirkungen zwischen den Differenzkategorien SÖS, Geschlecht, Erwerbstätigkeit und Ethnizität in einer Pflege(bewältigungs)situation?
– Welche Differenzkategorien werden wie relevant? Wie werden Ungleichheitsverhältnisse hergestellt und reproduziert?
Mit Hilfe der Analyse der Identitätskonstruktionen der sorgenden Angehörigen, die im Kontext der Rahmenbedingungen der Pflege betrachtet werden, können sozial- und pflegepolitische Strukturen und Prozesse auf ihre macht- und ungleichheitsbezogenen Auswirkungen hin untersucht werden. Die Studie bringt auf diese Weise empirisch generiertes Grundlagenwissen über sorgende Angehörige aus einer intersektionalen Perspektive hervor. Die empirische Anwendung des theoretischen Modells der Intersektionalität ist dabei nicht nur methodisch

---

4 Hier beziehen wir uns auf das Konzept der Lebensbewältigung von Böhnisch (2016, 20), in dem es um die *„Handlungsfähigkeit in kritischen Lebenskonstellationen"* geht. Danach ist das Bewältigungshandeln abhängig von personalen (in der Person liegenden), intermediären (milieu- und netzwerkbezogenen) und strukturellen/sozialpolitischen Ressourcen (vgl. auch Kapitel 4.1).

herausfordernd, sondern auch auf der methodologischen Ebene spannend und gewinnbringend. Es zeigt sich dabei, dass es einigen sorgenden Angehörigen gelingt, die individuelle biographische Herausforderung eines Pflegealltags zu bewältigen und eine „eher gelingende" Pflegebewältigung zu realisieren, während die Bewältigung der Pflegesituation bei anderen häuslich Pflegenden als „eher prekär" einzustufen ist.

Die intersektionale Herangehensweise soll des Weiteren dazu dienen, Intersektionalität als eine ganzheitliche „*handlungswissenschaftliche Orientierung zur Konzeptionalisierung von Hilfe, Unterstützung und Sozialplanung*" (Fleischer 2014, 25) zu nutzen. Ziel der Studie ist es daher auch, mit Hilfe der qualitativen Befunde pflegebezogene Lücken und Defizite aufzuzeigen, die in bestimmten Pflegekonstellationen entstehen und daraus sozialpolitische Handlungsempfehlungen zu entwickeln. In dieser Hinsicht werden folgende Fragestellungen bearbeitet:

- Welche Bewältigungsstrategien der sorgenden Angehörigen lassen sich identifizieren?
- Inwiefern zeigen sich strukturelle (ambulante und stationäre) Versorgungslücken?
- Inwiefern bestehen unterschiedliche Beratungs- und Unterstützungsbedarfe je nach Kombination der sozialen Differenzkategorien?

Die Ergebnisse der Studie sollen auf der praktischen Ebene zu Erkenntnissen für die Pflegeberatung, die Altenpflegearbeit und die kommunale Pflegeplanung führen.

Das Buch ist folgendermaßen aufgebaut: Kapitel zwei widmet sich der vorhandenen Forschung rund um sorgende Angehörige. Der Fokus liegt dabei vor allem auf der Auseinandersetzung mit Studien, die sich mit dem Themenfeld bereits im Hinblick auf eine oder zwei Differenzkategorien beschäftigt haben. In Kapitel drei wird zum einen das theoretische Konzept der Intersektionalität vorgestellt, zum anderen wird die methodische Umsetzung des theoretischen Ansatzes im Themenfeld der sorgenden Angehörigen erläutert. In Kapitel vier werden die Forschungsergebnisse anhand einer in dieser Studie entwickelten Typologie präsentiert. Dabei werden drei Typen „eher gelingender" Pflegebewältigung und zwei Typen „eher prekärer" Pflegebewältigung herausgearbeitet. Die fünf Typen werden anhand der Charakteristika des jeweiligen Typs und zweier ausgewählter Fallbeispiele erläutert. In Kapitel fünf werden die Differenzkategorien in den Blick genommen. Dabei geht es zum einen darum, die jeweils auf die Differenzkategorie bezogenen Spezifika herauszustellen, diese aber zum anderen

– intersektional – im Kontext der anderen Differenzkategorien zu analysieren. In Kapitel sechs werden die Bedarfe sorgender Angehöriger, die sich aus den Interviews ergeben, im Kontext der pflegepolitischen Gegebenheiten präsentiert. Die Studie schließt mit einem Fazit, in dem sowohl die Ergebnisse zusammenfassend dargestellt als auch die pflegepolitischen Konsequenzen gezogen werden. Der Studie ist ein Anhang beigefügt, in dem alle tiefer untersuchten Fälle alphabetisch in einer Kurzbeschreibung dargestellt werden, so dass der Anhang auch zum Nachschlagen von Fallkontexten genutzt werden kann.

Das theoretische Wissen um die ungleichheitsrelevanten Wechselwirkungen der Differenzkategorien und die Reform bzw. der Ausbau von Beratungs- und Unterstützungsangeboten sind gesellschaftspolitisch notwendig, denn der Stellenwert der sorgenden Angehörigen wird nicht nur wichtig bleiben, sondern in Zukunft eher noch wichtiger werden. Die Weiterentwicklung und Modernisierung der Pflegeversicherung ist vor dem Hintergrund mehrerer Entwicklungen notwendig: Zum einen wird die Zahl der Pflegebedürftigen infolge des demographischen Wandels und der Alterung der Gesellschaft weiter ansteigen – darin sind sich alle Prognosen einig (Bundesministerium für Gesundheit 2019; Kochskämper 2018; Rothgang u.a. 2012). Zum Zweiten sinkt das sog. häusliche Pflegepotential infolge der gestiegenen Erwerbstätigkeit von Frauen (auch verknüpft mit einer geringeren Bereitschaft zur „aufopfernden" weiblichen Pflege) sowie infolge der zunehmenden Mobilität. Es zeigt sich demnach eine gegenläufige Entwicklung: Der Pflegebedarf steigt bei gleichzeitigem Rückgang der häuslichen Pflegebereitschaft und -möglichkeit.[5] Es sollte daher das Ziel pflegebezogener Präventionspolitik (auch Brüker u.a. 2017b) sein, sorgende Angehörige in allen Bereichen zu unterstützen, damit häusliche Sorgearrangements möglichst lange und unter möglichst guten Bedingungen funktionieren. Dabei gilt es, sich auf die konkrete Ausgestaltung und Aufrechterhaltung häuslicher Pflegearrangements sowie das Weiterbestehen der Erwerbstätigkeit der häuslich Pflegenden und die damit einhergehende Vereinbarkeitsproblematik zu beziehen (Unabhängiger Beirat für die Vereinbarkeit von Pflege und Beruf 2019). Zentral ist, gesundheitliche Belastungen sowie Armutsrisiken der sorgenden Angehörigen zu reduzieren

---

5   Die Situation verschärft sich noch dadurch, dass im professionellen Bereich bereits jetzt ein Fachkräftemangel konstatiert wird (Afentakis/Maier 2010; Ehrentraut u.a. 2015), der sich durch den zusätzlichen Bedarf an Pflegekräften (Stichwort: demographischer Wandel) einerseits und durch den zu knappen Personalschlüssel andererseits (Die Zeit vom 25.02.2020) noch verschärfen wird. Dieses auf die professionelle Pflege bezogene Problemfeld steht aber nicht im Zentrum dieser Studie.

bzw. zu vermeiden. Je nach Pflegebelastungssituation kann dies auch bedeuten, von dem pflegepolitischen Leitbild „ambulant vor stationär" abzuweichen. Vorbeugende Pflegepolitik kann in diesen Fällen darin bestehen, geeignete Wege in eine stationäre Versorgung aufzuzeigen, vor allem dann, wenn die Grenzen der Belastbarkeit in der häuslichen Pflege erreicht sind (Auth u.a. 2018; Brüker u.a. 2017a).

2. Sorgende Angehörige: Forschungsstand und Forschungslücke

Sorgende Angehörige stehen bereits aus verschiedensten disziplinären Perspektiven im Forschungsfokus. In den Sozial-, Gesundheits- und Pflegewissenschaften, der Versorgungsforschung sowie in Psychologie und Medizin finden sich zahlreiche Studien zu pflegenden Angehörigen. Dabei interessieren etwa Pflegemotive, Pflegestile, Belastungserleben und Copingstrategien, Fragen der Vereinbarkeit von Pflege und Beruf oder der (Nicht-)Nutzung von Unterstützungsleistungen. Ebenso finden sich Interventions- und Wirksamkeitsstudien, die Schulungs- und Entlastungsangebote für sorgende Angehörige evaluieren. Es lässt sich konstatieren, dass eine stärkere Konzentration auf belastende Momente der Pflege stattfindet und salutogenetische Ansätze eher seltener vorfindbar sind.

Es liegen sowohl quantitative als auch qualitative Studiendesigns vor. Zu den repräsentativen Haushaltsbefragungen gehören u.a. der Deutsche Alterssurvey (DEAS), das sozio-ökonomische Panel (SOEP), die Studien zu „Wirkungen des Pflegeweiterentwicklungsgesetzes" sowie zur „Wirkung des Pflege-Neuausrichtungs-Gesetzes (PNG) und des ersten Pflegestärkungsgesetzes (PSG I)", der Mikrozensus sowie der Survey of Health, Ageing and Retirement (SHARE). Sie liefern beispielsweise Kenntnisse über die Altersstruktur und den Erwerbsstatus der Sorgenden, das Geschlechterverhältnis der Pflegepersonen und über die Art und den Umfang der Pflegetätigkeit. Als lückenhaft muss allerdings die Datenlage zu sorgenden Angehörigen mit Migrationshintergrund bezeichnet werden, da sie bei vielen Haushaltsbefragungen nicht hinreichend erfasst werden (z.B. Kohls 2012). Des Weiteren dienen die genannten Repräsentativerhebungen vielen Sekundäranalysen als Datenmaterial. SHARE-Daten ermöglichen zudem einen europäischen Vergleich der Unterstützungsleistungen von erwachsenen Kindern für ihre Eltern.

Es lassen sich fünf Forschungsstränge identifizieren, die sorgende Angehörige zum Untersuchungsgegenstand haben. Viele Studien beschäftigen sich mit *pflegenden Angehörigen von Menschen mit Demenz* (z.B. Kurz/Wilz 2011; Engel 2007; Zank u.a. 2007; Zank/Schacke 2007; Zank u.a. 2006; Zank/Schacke 2004). In solchen

Pflegekontexten finden sich die Pflegepersonen aufgrund des Krankheitsbildes multiplen Belastungen ausgesetzt, die langfristig mit starken Beanspruchungsfolgen einhergehen. Durch die eingeschränkte Alltagskompetenz von Menschen mit Demenz ist im fortgeschrittenen Krankheitsstadium die ständige Anwesenheit eines Familienmitglieds (oder (semi-)professioneller Helfer*innen) erforderlich; ebenfalls ist die Anleitung, Betreuung und Pflege dieser Personengruppe sehr zeitintensiv – beides Umstände, die die Aufrechterhaltung einer Erwerbstätigkeit erschweren sowie Freizeit und Erholung begrenzen. Forschungstenor ist, dass Angehörige von Menschen mit Demenz starke physische, psychische, emotionale und soziale Belastungen erleben, die negativ auf ihren eigenen Gesundheitszustand wirken können.

Bereits seit langer Zeit wird die *Angehörigenpflege aus einer Genderperspektive* beleuchtet und auf Geschlechterungleichheiten zu Lasten von Frauen hingewiesen. Durch die Zunahme männlicher Pflegepersonen interessieren seit geraumer Zeit auch deren Pflege- und Bewältigungsstile und ihre Unterstützungsbedarfe (z.B. Herrenbrück 2010; Klott 2010). Allerdings konzentrieren sich viele Forschungen auf die Partnerinnenpflege, die meist im Rentenalter stattfindet (Hammer 2014; Langehennig u.a. 2012). (Jüngere) männliche erwerbstätige Pflegepersonen sind im deutschsprachigen Raum bisher nur von Auth u.a. (2016), Dosch (2016), Auth/Dierkes (2015) und Lüdecke/Mnich (2009) untersucht worden. Teilweise finden sich auch geschlechtervergleichende Studien, so z.B. von Theurer u.a. (2018) oder Deufert (2013), die pflegende Töchter und Söhne hinsichtlich ihres Belastungsempfindens, ihrer Herangehensweise an die Pflege und der Inanspruchnahme/Nutzung (in-)formeller Unterstützungsangebote untersuchen.[1] Keck (2012, 41) macht darauf aufmerksam, dass der Zusammenhang von Geschlecht und Pflege in der wissenschaftlichen Forschung stark herausgearbeitet wurde, während *„der Zusammenhang zwischen Pflege und vertikalen Ungleichheiten aufgrund von Unterschieden in Bildung, beruflicher Position und Einkommen"* (ebd.) bisher weniger erforscht ist. Eine ausschließliche Differenzierung der Situations- und Bedarfslagen entlang von Geschlecht reiche perspektivisch nicht mehr aus, um der Diversität zwischen und innerhalb der Geschlechtergruppen gerecht zu werden.

In den letzten Jahren ist das Forschungsinteresse an der Vereinbarkeit von Beruf und Pflege gestiegen und es sind vermehrt Studien zu *erwerbstätigen Pflegeperso-*

---

1 Zur Pflegetätigkeit von Frauen in der nachberuflichen Phase vgl. Eichler/Pfau-Effinger (2008).

nen durchgeführt worden (exemplarisch Kelle 2018; Klaus/Tesch-Römer 2014; Franke/Reichert 2012; Keck 2012; Kohler/Döhner 2012). Zum einen ist die größte Gruppe sorgender Angehöriger in die (Schwieger-)Elternpflege involviert und damit im erwerbsfähigen Alter, und zum anderen ist eine Zunahme der Erwerbsquoten von Pflegepersonen zu beobachten (vgl. bspw. Geyer und Schulz 2014). Während das Thema lange ausschließlich weiblich behandelt wurde, widmen sich neuere Analysen auch erwerbstätigen männlichen Pflegepersonen (siehe Abschnitt „Angehörigenpflege aus Genderperspektive"/Kap, 5.2). Die Untersuchungen setzen neben der Exploration des Vereinbarkeitserlebens und der Vereinbarkeitsstrategien der Sorgenden auch an betrieblichen (u.a. Eggert u.a. 2018; Zentrum für Qualität in der Pflege 2016; Auth u.a. 2015a) und pflegepolitischen Interventionsstrategien an. Neben einer Identifikation von Konflikten aufgrund der Doppelaufgabe werden auch entlastende Wirkungen der Berufstätigkeit herausgestellt. Untersuchungen belegen, dass die beruflichen Risiken mit dem Pflegeaufwand zunehmen. Ebenfalls bedeutsam sind die Pflegedauer, das Alter der Pflegepersonen und längere Phasen von Erwerbsunterbrechungen im Lebenslauf (Keck 2016, 112). Keck (2016) und Czaplicki (2016) machen in ihren Arbeiten darauf aufmerksam, dass es an Längsschnitt-Untersuchungen, die die Erwerbsverläufe von Pflegenden analysieren, fehlt. Diese seien aber wichtig, denn – so ihre Ergebnisse – das Niveau der Erwerbsbeteiligung vor der Pflege wirke sich maßgeblich auf die Erwerbsbeteiligung während und nach der Pflege aus. Die meisten Studien jedoch betrachten Angehörige in einer aktuellen Pflegesituation und lassen den Erwerbsumfang vor und nach der Pflegeübernahme unberücksichtigt. Ihrer Argumentation folgend lassen sich jedoch erst im Zeitverlauf Erwerbsmuster erkennen und die langfristigen Folgen für Beschäftigung und das Alterssicherungsniveau ermitteln. Czaplicki (2016, 111) weist auf die Unterschiede in der Erwerbsbeteiligung auch unter Pflegenden hin, die es in Studiendesigns stärker zu berücksichtigen gilt.

Wenig erforscht ist bisher die familiale Pflege von Hilfe- und Pflegebedürftigen mit Migrationshintergrund und die Situation *pflegender Angehöriger mit Migrationshintergrund*. Die Ergebnisse, die vorliegen, sind uneindeutig und bedürfen weiterer Forschung. Insbesondere das Zusammenwirken sozialer und kulturell-normativer Faktoren auf das Erleben und die Bewältigung der Pflege werden hier als Forschungslücke angesehen. Die vorhandenen Studien beziehen sich überwiegend auf Menschen mit türkischem oder russischem (Spätaussiedler*innen) Migrationshintergrund (siehe unten). Es fällt auf, dass häufig Pflegeerwartungen abgefragt und weniger die Pflegepraxis und die Pflegearrangements von Familien mit Migrationshintergrund untersucht werden. So können zwar Einstellungen zur inner- und außerfamilialen Pflege abgebildet werden; allerdings fehlen tiefergehende Erkenntnisse über das tatsächliche Erleben der (Schwieger-)Elternpflege und über Bewältigungsstrategien von Pflegepersonen mit Migrationshintergrund. Ebenfalls wird die Vereinbarkeit von Beruf und Pflege nicht explizit zum Untersuchungsgegenstand gemacht. Viele der Studien, die sich auf Pflegepersonen mit türkischer Herkunft beziehen, behandeln das Thema Demenzpflege (exemplarisch Tezcan-Güntekin 2018; Tezcan-Güntekin/Razum 2018; Kücük 2008). Interessant wäre es jedoch auch, Erkenntnisse über weitere Pflegesettings zu erhalten. Auch in der Migrationsforschung hat sich die Erkenntnis durchgesetzt, dass die Herkunft von anderen Diversitätsmerkmalen, wie beispielsweise dem Bildungsstand, überlagert werden kann. Zimmermann (2012, 333) plädiert dafür, stärker die Unterschiede und Gemeinsamkeiten zwischen Migrant*innen und der autochthonen Bevölkerung zu erfassen, als die Bedarfe einzelner Migrant*innengruppen herauszustellen. Auch Tezcan-Güntekin (2018) und Tezcan-Güntekin/Razum (2018) verweisen auf die heterogenen Bedürfnisse von sorgenden Angehörigen mit Migrationshintergrund.

Ein letzter Forschungszweig nimmt die *Beziehung* zwischen Pflegeperson und pflegebedürftiger Person in den Untersuchungsfokus. Mit Blick auf die Elternpflege lässt sich konstatieren, dass bereits bei der geschwisterlichen Aushandlung der Pflegerolle affektive Aspekte der Eltern-Kind-Beziehung in die Entscheidungsfindung hineinwirken. Diese können neben normativen Verpflichtungen und der Erwartungshaltung der Eltern zu einer Erklärung der Pflegemotive beitragen. Es zeigt sich, dass – zumindest in autochthonen – Mehrkinderfamilien die Pflegeverantwortung meist bei einem Kind liegt und die betreuerischen und pflegerischen Aufgaben nicht gleichmäßig unter den Geschwistern aufgeteilt werden. Neben der emotionalen Nähe werden die Wohnentfernung sowie eigene familiäre und berufliche Verpflichtungen einer Übernahme der Pflege argumentativ gegenübergestellt (vgl. Raab u.a. 2014). Im Pflegeverlauf lassen sich durch das verwandtschaftliche Verhältnis und seine Beziehungsmerkmale Unterschiede im Belastungserleben erklären. In der Partner*innenpflege erweisen sich andere Bedingungen als belastender als in der Elternpflege. Mehrheitlich findet die Partner*innenpflege im Rentenalter statt, und ist damit frei von beruflichen und weiteren familiären Verpflichtungen. Gleichzeitig ergeben sich aus dem höheren Alter eigene gesundheitliche Einschränkungen, die die physische und psychische Belastbarkeit bestimmen. Dadurch, dass die Pflegeperson und die pflegebedürftige Person in der Partner*innenpflege i.d.R. zusammenleben (Schneekloth u.a.

2017), ist die Eingebundenheit in betreuerische und pflegerische Aufgaben stark und die Pflegeintensität hoch (u.a. Pinquart/Sörensen 2011). Es fehlt die räumliche Distanz, die sich in der Elternpflege, die stärker in getrennten Haushalten stattfindet, begünstigend auf das Wohlbefinden auswirken kann. (Schwieger-)Söhne oder (Schwieger-)Töchter, die ihre (Schwieger-)Eltern pflegen, leiden dafür allerdings häufig unter konfligierenden Aufgaben, die sich aus der Gleichzeitigkeit von Kindererziehung/Betreuung, Beruf und Pflege ergeben. Dennoch trägt die Rollenvielfalt, und hier insbesondere der Beruf, auch zu Abwechslung, sozialen Kontakten und Anerkennung bei und kann letztendlich belastungskompensierend wirken. Insbesondere Frauen finden sich in Pflegebeziehungen wieder. Ihre (sozialisierte) Fürsorgeorientierung und die Erwartungshaltungen des Umfelds können sich gegenseitig bedingen. Dabei sind die Pflegebeziehungen nicht immer selbst gewählt, sondern entstehen auch aus Geschlechtszugehörigkeiten, Abhängigkeiten und Zwängen. Die Beziehungsqualität und das verwandtschaftliche Verhältnis allein reichen jedoch als Erklärung nicht aus, um Vorhersagen über die Pflegebereitschaft und die Bewältigung der Pflegesituation zu treffen. Viele weitere Kontextvariablen können die Beziehungsmerkmale überlagern und müssen in der Analyse Berücksichtigung finden.

Die Studienlage zeigt, dass Pflegende im Vergleich zu Nicht-Pflegenden erhöhten Krankheits-, Erwerbs- und Armutsrisiken ausgesetzt sind. Innerhalb der Gruppe der Pflegepersonen sind die Risiken jedoch ungleich verteilt. Neben den horizontalen Ungleichheitsdimensionen Geschlecht, Alter oder Herkunft wirken hier auch vertikale Ungleichheitsdimensionen wie der Bildungsstand, das Qualifikationsniveau, die berufliche Stellung und/oder die Einkommenssituation. Ebenfalls bedeutsam werden Kontextmerkmale, wie die Pflegeintensität, das Verwandtschaftsverhältnis (z.B. Chappell u.a. 2015) sowie die Wohnsituation (u.a. Kaschowitz/Brandt 2017). Auch die professionellen pflegerischen Dienstleistungen, die sorgende Angehörige (hier: sorgende Ehepartner*innen) in ihrem Pflegesetting vorfinden, haben Einfluss auf ihr Wohlbefinden. Allein dadurch, dass die Option besteht, die Pflege auslagern zu können, erfahren sie Entlastung. Das Kontrollerleben wird positiv beeinflusst und das Coping erleichtert (vgl. Wagner 2019; Wagner/Brandt 2018).

In vorhandenen Untersuchungen werden Pflegende beispielsweise bezüglich ihres Gesundheitszustands, ihrer Erwerbsquote oder ihrer sozialen Sicherung mit Nichtpflegenden verglichen, und auch verschiedene Subgruppen sorgender Angehöriger werden voneinander abgegrenzt. Es fehlen jedoch Untersuchungen, die die Wechselwirkungen dieser Differenzkategorien analysieren. Fleischer (2014, 24) resümiert entsprechend, dass *"der derzeitige Forschungsstand im Bereich ‚Intersektionalität' in Betreuung und Pflege unbefriedigend ist"*. Insofern stellt der Ansatz der Studie PflegeIntersek auch ein Novum dar. Denn die Studie analysiert das Zusammenwirken horizontaler und vertikaler Ungleichheitsdimensionen entlang der Differenzkategorien SÖS, Geschlecht, Erwerbs- und Migrationsstatus.

Es gibt zwar einige auf Deutschland bezogene Studien, die Angehörigenpflege aus einer Ungleichheitsperspektive erforschen (exemplarisch Hielscher u.a. 2017). Keine dieser Studien nimmt jedoch eine explizit intersektionale Analyse vor. Der einzige umfassendere deutschsprachige Band, der ausdrücklich das Thema „Intersektionelle Analysen der informellen Betreuung und Pflege alter Menschen" wählt, ist die Publikation von Appelt u.a. (2014), die sich jedoch auf Österreich bezieht. Zur Analyse von Pflegepolitiken im Hinblick auf ihre geschlechts- und schichtspezifischen Implikationen finden sich wiederum einige Arbeiten. Theobald (2014, 349) vergleicht die Pflegepolitiken von Deutschland und Schweden hinsichtlich ihrer *"gendered and classed care arrangements"*. Auch Leitner (2013, 2009) nimmt geschlechts- und schichtspezifische Wirkungen von Pflegeregimen, hier: die konservativen westeuropäischen Wohlfahrtsstaaten, in den Untersuchungsfokus. Schmid (2014) sowie Brandt (2009) und Haberkern/Szydlik (2008) untersuchen anhand der Daten von SHARE die Wirkung von wohlfahrtsstaatlichen Arrangements auf intergenerationale Unterstützungsleistungen. Sie bedienen sich dazu eines Elf- bzw. 14-Ländervergleichs. Sie arbeiten ebenfalls geschlechtsspezifische Muster zeitlicher Generationensolidarität[2] heraus. Beckmann (2016) schließlich behandelt in ihrer Expertise zum Siebten Altenbericht die Verwobenheit von Care und Gender und führt die Geschlechterordnung westlicher Gesellschaften mit der kapitalistischen Gesellschafts- und Wirtschaftsordnung zusammen. Die meisten gesichteten intersektionalen Analysen beruhen auf der Analyse von zwei Strukturkategorien. Wenn die Wechselwirkungen dreier Differenzlinien eruiert werden, lassen sich diese im Bereich sog. „24-Stunden-Pflege" durch migrantische Pflegearbeiter*innen verorten; hier interessieren die Wirkmechanismen von Geschlecht, Ethnizität und Klasse (vgl. z.B. Lutz/Palenga-Möllenbeck 2015; Näre 2013; Beckmann 2011). Eine Ausnahme stellt die österreichische Untersuchung von Neumayer u.a. (2014) zu gender-, schicht- und migrationsspezifischen Aspekten in Bezug auf die Bedürfnisse und Netzwerke informell Pflegender dar. Diese Studie kommt zu dem Befund, dass *"die Benachteiligung von informell pflegenden Menschen umso größer [ist], je mehr Differenzlinien sich überschneiden"* (ebd.,174 f.).

---

2 Darunter sind die Häufigkeit und Intensität geleisteter Hilfen zu verstehen.

Insgesamt lässt sich sowohl für nationale als auch für internationale Untersuchungen sagen, dass die Kategorie *Geschlecht* im Fokus steht. Es zeigt sich, dass Frauen häufiger pflegen als Männer und eher (zeit-)intensive und inflexible Pflegetätigkeiten übernehmen. Dies lässt sich laut Keck (2012, 173) mit der im Durchschnitt geringeren Berufsposition, dem niedrigeren Einkommen, dem höheren Anteil von Teilzeitbeschäftigten und den stärkeren (sozialisationsbedingten) Familienpräferenzen von Frauen erklären. Die (hohe) Pflegeintensität wiederum wirkt sich auf die Beschäftigungsmöglichkeiten *(Erwerbsstatus)* aus. So stellt Appelt (2014) in ihrer intersektionalen Analyse des österreichischen Care-Regimes einen signifikanten Zusammenhang zwischen dem Anteil der Pflegepersonen ohne Einkommen und der Höhe der Pflegestufe sowie einen hochsignifikanten Zusammenhang zwischen eigenem Einkommen und Geschlecht fest. Ersteres bedeutet, dass mit der Höhe des Betreuungsaufwandes die Vereinbarkeit des Berufs mit den Pflegeanforderungen immer schwieriger wird und dann häufig zur Aufgabe der Erwerbstätigkeit führt. Zudem betrifft dies vorwiegend Frauen ohne eigenes Einkommen, was sie als Beleg für den Geschlechtereffekt wertet. Es finden sich Befunde dazu, dass Frauen und Männer unterschiedliche Strategien anwenden, um Erwerbstätigkeit und Pflege zu vereinbaren. Sowohl Klenner/Pfahl (2008) als auch Schneider u.a. (2006) führen aus, dass erwerbstätige Frauen in einer Pflegesituation eher bereit sind, ihre Arbeitszeit zu reduzieren oder den Beruf zu unterbrechen. Männer dagegen – so ihre Ergebnisse – behalten ihre wöchentliche Arbeitszeit stärker bei und passen stattdessen die Arbeitszeitlage an oder verändern die Arbeitsorganisation. Der Befund, dass Männer Pflege um die Vollzeiterwerbstätigkeit herum organisieren, findet sich auch bei Auth u.a. (2016). Auch Dosch (2016) präsentiert in ihrer Typologie zu erwerbstätigen männlichen Pflegepersonen diesen Typus, wenngleich sie auch zwei weitere Typen vorstellt, die neben der Pflege in Teilzeit tätig sind. Eine aktuelle Studie von Kelle (2018) untersucht mit Daten des SOEP die Beschäftigungsmuster pflegender Frauen. Sie unterscheidet Frauen mit intensiven Pflegeaufgaben von mehr als zehn Wochenstunden von solchen mit geringerem Pflegeaufwand bis zehn Stunden und stellt beide Gruppen nicht-pflegenden Frauen gegenüber. Sie stellt fest, dass Frauen mit intensiven Pflegeaufgaben eine geringere Bildung und geringere Einkommen sowie eine größere Arbeitsmarktferne als die Kontrollgruppen aufweisen. Sie tragen die höchste Wahrscheinlichkeit, ihre Voll- oder Teilzeitbeschäftigung ganz aufzugeben. Dagegen sind der Bildungsstand und das Qualifikationsniveau sowie das Haushaltseinkommen der Frauen mit geringerem Pflegeaufwand gleich hoch wie oder höher als bei den nicht-pflegenden Frauen. Sie zeigen eine große Arbeitsmarktnähe und verbleiben – teilweise unter Reduzierung ihrer Wochenarbeitsstunden – im Beruf.

Es zeigt sich, dass sich die Differenzlinie Geschlecht in einer Pflegesituation vor allem im Zusammenwirken mit dem *SÖS* entfaltet und eine differenziertere Betrachtungsweise der Geschlechtergruppen erforderlich macht. Darauf weist auch die Studie von Conlon u.a. (2014) hin, die den Zusammenhang von sozioökonomischem Status und Geschlecht bezüglich der Erwartung von Frauen unterschiedlicher Alterskohorten in Irland, einmal die Pflege ihrer Eltern zu übernehmen bzw. selbst von ihren Töchtern gepflegt zu werden, untersucht. Conlon u.a. stellen deutliche Erwartungsunterschiede zwischen Frauen mit niedrigem und hohem SÖS fest. Dies gilt sowohl für die Generation der Töchter also auch die der Eltern. Zentrales Ergebnis: *„socio-economic Status shapes womens' capacity to negotiate the role of caring"* (ebd., 746). Auch Wetzstein u.a. (2015) konnten ermitteln, dass pflegende Frauen – insbesondere solche mit hohem Betreuungsumfang – signifikant häufiger niedrigen Bildungsgruppen angehören als nicht-pflegende Frauen.

Blinkert/Klie (2008, 2004) konnten die größte Bereitschaft zur häuslichen Versorgung bei Personen mit niedrigem Sozialstatus und „vormodernem Lebensentwurf" beobachten, und umgekehrt zeigt sich die geringste Bereitschaft zum Selbstpflegen bei einem hohen Sozialstatus in Verbindung mit einem „modernen Lebensentwurf". Das liberal-bürgerliche Milieu weist eine starke Tendenz zu einem „modernen Lebensentwurf" auf, in dem berufliche Selbstverwirklichung und Gleichberechtigung der Geschlechter in Bezug auf die Rollenverteilung innerhalb der Familie stark gewichtet werden. Soziale Restriktionen nehmen nur sehr begrenzt Einfluss auf Handlungs- und Entscheidungsmuster. Akteure des Unterschicht-Milieus hingegen weisen oft einen „vormodernen Lebensentwurf" auf und bevorzugen daher eine konservative Rollenverteilung innerhalb der Familie, so die Kernergebnisse der Studie.

Unabhängig vom Geschlecht zeigt sich, wie sich das soziale Milieu, die berufliche Qualifikation und die Einkommenssituation auf die Doppelaufgabe von Beruf und Pflege auswirken: Sorgende Angehörige mit höherer Bildung vereinbaren Pflege und Erwerbstätigkeit eher, geringer gebildete geben pflegebedingt häufiger ihre Erwerbstätigkeit auf (z.B. Klaus/Tesch-Römer 2014; Franke/Reichert 2012; Sarkisian/Gerstel 2004). Dazu ist es höher Qualifizierten eher möglich, Freiräume etwa über die Arbeitszeitgestaltung zu nutzen (Trukeschitz u.a. 2009; Spieß/Schneider 2003); gleichzeitig geht die Autonomie hinsichtlich der Arbeitszeitgestaltung bei Personen in höheren Berufspositionen mit hohen Arbeitsbelastungen und fehlenden Vertretungsregelungen einher und führt zu anders gelagerten Vereinbarkeitskonflikten (vgl. Auth u.a. 2015a; Keck 2012; Reuyß u.a. 2012). Ebenfalls zeigt sich, dass Pflegende in niedrigen Berufspositionen umfangreichere Pflegeaufgaben übernehmen als Angehörige in mittleren und höheren Positionen (Keck 2012). Familien mit höherem Haushaltseinkommen können leichter professionelle Unterstützung zukaufen und dadurch die Erwerbstätigkeit ermöglichen (z.b. Franke/Reichert 2012; Kohler/Döhner 2012).

Wie ersichtlich wird, kommt der Differenzlinie SÖS eine besondere Bedeutung zu, da sich sowohl Einstellungen zur Pflege als auch die Ressourcenausstattung milieuspezifisch unterscheiden.

Auch in Familien türkischer Herkunft (*Migrationsstatus*) lässt sich nicht von einem einheitlichen Muster der Versorgung Pflegebedürftiger ausgehen. Die Einstellungen gegenüber außerfamiliären und professionellen Hilfen sind im Wandel (vgl. Tezcan-Güntekin u.a. 2015, 5; Krobisch u.a. 2014), und veränderte Lebensentwürfe der jüngeren Generation(en) prägen die Möglichkeitsräume der Angehörigenpflege. Mogar/von Kutzleben (2015) sowie Glodny u.a. (2010) zeigen, dass vorrangig weibliche Familienmitglieder die Pflege leisten. Allerdings sind auch männliche Angehörige in organisierende Tätigkeiten und Arztbesuche eingebunden. Die Vorstellungen älterer türkischer Menschen (der ersten Generation), wie sich ihre Töchter und Söhne in die Pflege einbringen sollen, sind geschlechtsspezifisch verteilt (vgl. Zimmermann 2012, 333). Aus dem Blickwinkel, dass gleichgeschlechtlicher Pflege eine hohe Bedeutung zukommt und Sensibilität in Hinblick auf Körperkultur und Schamgrenzen gewünscht wird (vgl. Tezcan-Güntekin u.a. 2015, 25f; Neumayer u.a. 2014, 169; Schnepp 2002, 237), scheint Pflege allerdings weniger mit Geschlechterordnungen als mit der Achtung der Bedürfnisse der pflegebedürftigen Angehörigen zu tun zu haben. Es deutet sich an, dass die Wünsche der pflegebedürftigen Person stärker als in deutschen Pflegebeziehungen zur Handlungsmaxime für die versorgenden Kinder werden (vgl. Mogar/von Kutzleben 2015, 469). Ein starkes Netz familiärer Hilfen unterstützt dabei, die Verantwortung und Aufgaben stärker auf Familienmitglieder zu verteilen, und entlastet damit den*die Einzelne*n. Gleichzeitig erfordert die Einbindung einer Vielzahl von Helfer*innen in das Versorgungssystem Aushandlungsprozesse und kann auch mit Konflikten einhergehen (ebd., zu Konflikten auch Kücük 2008, 110f.).

In der Studie von Carnein/Baykara-Krumme (2013) zeigt sich in der Gruppe der Migrant*innen der negative Einfluss von Bildung in Bezug auf die Zustimmung zu den drei abgefragten Einstellungsvariablen[3] im Hinblick auf Elternpflege. Eine höhere Bildung reduziert demnach die Wahrscheinlichkeit einer

---

3 Die drei Einstellungsfragen lauteten: 1) „Kinder sollten die Verantwortung für ihre Eltern übernehmen, wenn diese Hilfe brauchen." 2) „Kinder sollten ihr Arbeitsleben

Zustimmung. Ebenfalls finden sich Hinweise auf die Bedeutung der Erwerbsarbeit, denn die Aufnahme der Eltern in den eigenen Haushalt wird stärker unterstützt als Veränderungen im Arbeitsleben. Auch die Untersuchung von Dibelius u.a. (2015) zeigt einen leichten Trend zur Rollenveränderung in der zweiten Generation auf. Hiernach übernehmen vermehrt Ehemänner und Söhne die Rolle der pflegenden Angehörigen, insbesondere in Akademikerfamilien. Ebenfalls ergeben sich Hinweise auf die Gleichzeitigkeit von Erwerbstätigkeit und Pflege weiblicher Pflegepersonen und die Inanspruchnahme von Unterstützungsleistungen, die beide positiv bewertet werden. Im Sample von Kücük finden sich ebenfalls pflegende Frauen und Männer, die Beruf und Angehörigenpflege miteinander vereinbaren und dazu auch auf professionelle Hilfen zurückgreifen. Auch Mölbert (2013) arbeitet heraus, dass jüngere Frauen mit türkischem Migrationshintergrund befürchten, Beruf und Karriere zugunsten der Elternpflege zurückstellen zu müssen und von Mehrfachbelastungen eingeholt zu werden.

Forschungen belegen, dass es für Migrant*innen Zugangsbarrieren zum hiesigen Altenhilfesystem gibt, die sich, wie beispielsweise Sprachschwierigkeiten oder Wissens- und Informationsdefizite, mit dem Bildungsstand erklären lassen (u.a. Tezcan-Güntekin u.a. 2015; Krobisch u.a. 2014; Olbermann 2013; Hubert u.a. 2009). Dennoch lassen sich die geringe Nutzung von Sachleistungen der Pflegeversicherung bei türkischen Pflegebedürftigen oder Benachteiligungen im Begutachtungsverfahren (vgl. Okken u.a. 2008) nicht ausschließlich mit der Unkenntnis des deutschen Altenhilfesystems und der Leistungsansprüche erklären. So zeigt die Untersuchung von Kücük (2008), dass sich Informationsdefizite unter türkischen Migrant*innen keineswegs generalisieren lassen. Mogar/von Kutzleben (2015, 469) zeigen, dass beispielsweise auch das Fehlen kultursensibler Angebote als Erklärung dafür herangezogen werden kann, warum professionelle Hilfen abgelehnt werden. Es wird des Weiteren beschrieben, dass die Pflege von Angehörigen in türkischen Familien ein selbstverständlicher Teil der jeweiligen Familienkonzepte ist. Es muss allerdings auch berücksichtigt werden, dass die normative Verpflichtung zur Pflege stark ausgeprägt ist und kulturelle Regeln das Pflegearrangement bestimmen. So wird das Annehmen fremder Hilfen laut Mogar/von Kutzleben (2015) sowie laut Dibelius u.a. (2015) als Verletzung der familiären Pflicht gesehen und befürchtet, dass das Ansehen der Familie geschwächt wird. Pflege findet hier also auch unter gesellschaftlichem Druck und einer hohen sozialen Kontrolle statt.

---

umorganisieren, um den Bedürfnissen ihrer Eltern nachkommen zu können." 3) „Kinder sollten ihre Eltern zu sich nehmen, wenn diese nicht mehr selbst für sich sorgen können".

Abschließend lässt sich festhalten, dass sich die heterogener werdende Gesellschaft auch in der Gruppe der sorgenden Angehörigen widerspiegelt. Pflegepersonen können über unterschiedliche Ressourcen verfügen, welche sich begünstigend oder nachteilig auf die Bewältigung der Pflegesituation auswirken können. Es besteht demnach weiterer Forschungsbedarf, um die Wechselwirkungen der relevanten Ungleichheitsdimensionen zu analysieren.

3. Sorgende Angehörige und Intersektionalität

3.1 Intersektionalität als Forschungsperspektive

Intersektionalität ist zu einem für vielfältige Forschungsschwerpunkte wichtigen Referenzpunkt erwachsen. Hinter dem Begriff der Intersektionalität verbergen sich Theorie- und Forschungskonzepte, die auf die komplexen Wechselwirkungen zwischen ungleichheitsgenerierenden Differenzkategorien blicken und die ein- und ausschließende sowie auf- und abwertende Folgen jener Wechselwirkung und Abhängigkeit aufzeigen (vgl. u.a. Lutz u.a. 2013; Walgenbach 2012; Winker/Degele 2010). Dies zielt auf die Analyse und das Sichtbarmachen der Komplexität von Herrschaftsverhältnissen. Damit impliziert ein intersektionaler Forschungsansatz stets eine Auseinandersetzung mit Dominanz, Diskriminierung und Unterdrückung. Intersektionale Ansätze unterscheiden sich damit von Diversity-Konzepten oder Ansätzen, die den Begriff der Heterogenität zentral setzen, weil sie sich zum einen von einer Addition von Differenzkategorien abgrenzen und weil sie zum anderen vor allem solche Kategorien in den Fokus nehmen, die soziale Ungleichheitsverhältnisse (re-)produzieren und deshalb als strukturgebend betrachtet werden können (Walgenbach 2012, 2;5).

Auch in der Beschäftigung mit den Bedingungen der Pflegebewältigung von sorgenden Angehörigen gilt es zu reflektieren, inwiefern pflegepolitische Instrumente und Unterstützungsstrukturen für sorgende Angehörige an der Erzeugung von Ungleichheitsverhältnissen beteiligt sind. Dazu ist es notwendig, eine Ungleichheitsanalyse nicht einseitig auf eine Strukturkategorie, wie etwa die des Geschlechts oder des SÖS, zu verengen, sondern das Konglomerat der Ungleichheitskategorien in den Blick zu nehmen. Unabhängig davon, wie die Perspektive der Intersektionalität in empirischen Studien und theoretischen Arbeiten ausgelegt und umgesetzt wird, geht es also in allen Ansätzen um die Funktionsweisen von Herrschaftsverhältnissen und um ihre sozialen Folgen (Riegel/Scharathow 2012, 20). Letztere sind auch für diese Studie zentral, denn sie bedingen die Möglichkeiten, unter denen sorgende Angehörige die Pflege gestalten und bewältigen. Dabei ist die Annahme, dass die Möglichkeiten der

Pflegebewältigung für sorgende Angehörige ungleich sind, richtungsweisend. Hier ist es von Bedeutung, dass die Perspektive der Intersektionalität im sozialpädagogischen Diskurs nah bei diversitätsbewussten Ansätzen liegt (vgl. Riegel/Scharathow 2012, 22; Leiprecht 2011). Diese forcieren einerseits die Anerkennung von Differenz und rufen darüber Differenzverhältnisse auf. Sie erheben andererseits zugleich Kritik an den bestehenden Ungleichheits- und Diskriminierungsverhältnissen. Auch in der intersektionalen Analyse der Pflegebewältigung von sorgenden Angehörigen werden beide Blickrichtungen relevant, denn eine Analyse, die jede Bezugnahme auf Differenzkategorien negiert, kann nicht zu einem Ergebnis kommen, an dessen Ende eine verbesserte, empirisch fundierte Ausgestaltung von differenzsensiblen Praxis- und Beratungsstrukturen für Pflegebedürftige und ihre sorgenden Angehörigen steht. Wie es Riegel/Scharathow (2012, 23) für die Soziale Arbeit formulieren, soll deshalb auch in dieser Studie die intersektionale Perspektive auf „blinde Flecken" verweisen, um sorgenden Angehörigen passgenaue Unterstützungsleistungen anbieten zu können, ohne dabei eine Homogenisierung von Angehörigengruppen, die stets mit Ausschlusspraxen einhergeht, weiter zu reproduzieren. Dem soll durch die Analyse entgegengewirkt und so zu einem Abbau von Ungleichheiten zwischen den einzelnen Angehörigengruppen beigetragen werden.

Nicht zufällig führt die Geschichte des Begriffs der Intersektionalität auf eine soziale Bewegung und ein politisches Projekt zurück, an dessen Beginn die Motivation steht, bislang missachtete Diskriminierungsverhältnisse sichtbar zu machen. Der Begriff entwickelte sich aus der US-amerikanischen Bewegung des *Black Feminism* sowie aus der *Critical Race Theory*. Aktivist*innen der *schwarzen* Frauenrechtsbewegung aus den USA machten darauf aufmerksam, dass sich die Unterdrückungserfahrungen *schwarzer*[1] Frauen im Feminismus *weißer* Mittelschichtsfrauen nicht wiederfanden und kritisierten die etablierte Frauenforschung und Politik (Walgenbach 2012, 1f.). Auch im deutschen Diskurs wurde die Debatte vor allem von Migrant*innen, women of colour, jüdischen Frauen sowie Frauen mit Behinderung geführt, die sich im feministischen Diskurs als ‚die Anderen' tituliert sahen und sich in den Forderungen der Frauenrechtsbewegung mit ihren Anliegen nicht wiederfanden. Auch hier war es grundlegende Kritik, dass die Dynamik der Diskriminierungsverhältnisse, die zum Beispiel auf die Wechselwirkung der Kategorien Geschlecht und Behinderung oder Geschlecht

---

1 Die Kursivsetzung verweist darauf, dass es sich hier um eine soziale Position handelt und nicht um ein phänotypisches Merkmal.

und Ethnizität zurückgeht, keine Beachtung fanden (Walgenbach 2012, 9). Ein homogenisierender Blick auf die Gruppe der Frauen konnte und kann vor diesem Hintergrund nicht weiter aufrechterhalten werden, da eine soziale Positionierung und eine damit einhergehende Privilegierung oder Benachteiligung nicht allein auf die Kategorie des Geschlechts zurückgeführt werden kann.

Intersection bedeutet Überschneidung, Überkreuzung. Die Metapher geht auf die Juristin Kimberly Crenshaw zurück. Für sie ist der Begriff das Symbolbild einer Straßenkreuzung: *"Consider an analogy to traffic in an intersection, coming and going in all four directions"* (Crenshaw 1989, 149). Passiert ein Unfall auf dieser Straßenkreuzung, könnte er aus jeder Richtung heraus verursacht worden sein, manchmal auch von allen Autos gleichzeitig, die aus den unterschiedlichen Richtungen kamen. Crenshaw kritisierte damit die bestehende Antidiskriminierungs-Rechtsprechung in den USA. Sie untersuchte Diskriminierungsklagen *schwarzer* Frauen gegen amerikanische Firmen und stellte fest, dass die gleichzeitige Diskriminierung in Bezug auf Ethnizität und Geschlecht nicht anerkannt wurde (Winker/Degele 2010, 12). Während Crenshaws Konzept es schaffte, international aufgegriffen und auch nach wie vor noch als Beginn der Debatte deklariert zu werden, wurden andere – für die Entwicklung der Intersektionalitätsforschung nicht weniger bedeutende Ansätze – seltener zitiert, zum Beispiel der 1992 entworfene Ansatz der „racialized boundaries" von Nira Yuval-Davis (vgl. u.a. Yuval-Davis 2009) und Floya Anthias. Die Autor*innen machten den Begriff für Menschenrechtsdiskurse relevant (Lutz u.a. 2013, 13). Auch hier wird sichtbar, dass der Ansatz einer intersektionalen Perspektive über die Analyse der wirkenden Differenzkategorien hinausgeht, weil immer auch die hierarchische Beziehung zwischen den Differenzverhältnissen Teil der Analyse ist, ohne die die herrschaftskritische Intention des Ansatzes nicht eingelöst werden kann.

Kritik an dem Bild der Straßenkreuzung äußerte u.a. Tove Soiland (vgl. 2008), die in ihrer Auseinandersetzung mit der intersektionalen Perspektive befürchtete, dass das Symbolbild einer Kreuzung zu sehr auf die einzelnen sozialen Gruppen abstelle und gesellschaftliche Verhältnisse damit weniger zum Tragen kämen. Überhaupt, diese Kritik wird der intersektionalen Perspektive mitunter entgegengebracht, ist Intersektionalität am Ende nur ein Spiel mit den Kategorien? Um genau dies zu vermeiden, so der Konsens im Fachdiskurs, ist der gesellschaftskritische Analyserahmen auch und gerade in seinen historischen Wurzeln maßgebend für eine intersektionale Perspektive. Auch in der vorliegenden Studie geht es nicht allein um das Wechselspiel der Kategorien, sondern perspektivisch um die daraus resultierenden Ungleichheitsverhältnisse, die sich für sorgende Angehörige in unterschiedlichen Möglichkeiten der Pflegebewältigung zeigen. Welche Kategorien dabei in ihren Wechselwirkungen ermöglichend oder begrenzend relevant werden, wird die Darstellung der Typen und der ihnen zugeordneten Fälle aufzeigen (vgl. Kap. 4).

Wie es Davis (2008) formuliert, ist Intersektionalität ein „buzzword" und insofern in der Definition noch unabgeschlossen. Im Fachdiskurs kann Intersektionalität auf eine Theorie, eine Methodologie oder eine Analysestrategie verweisen (Walgenbach 2012, 24). Leslie McCall identifiziert drei grundlegende Zugänge im Blick auf und im Umgang mit den Kategorien (vgl. Walgenbach 2012, 25f.; McCall 2005). Antikategoriale Ansätze forcieren die Dekonstruktion der Kategorien, intrakategoriale Analysen nehmen die Differenzen innerhalb einer Kategorie in den Blick und interkategoriale Perspektiven fokussieren die Ungleichheitsrelationen zwischen den Kategorien (ebd.). In der vorliegenden Analyse der Pflegebewältigung von sorgenden Angehörigen liegt der Fokus auf einer intrakategorialen Perspektive. Zunächst wird der sozio-ökonomische Status zentral gesetzt und als ungleichheitsrelevant in Bezug auf die Pflegebewältigung angenommen. Durch die Analyse soll herausgearbeitet werden, inwiefern die Wechselwirkung der Differenzkategorien SÖS, Erwerbstätigkeit, Ethnizität und Geschlecht zu Verschiebungen in der Ungleichheitsdimension des SÖS führt, so dass die Differenzen innerhalb der Kategorie des SÖS deutlich werden. Um die gesellschaftstheoretische Perspektive einzulösen, ist der strategische Entschluss, vorab strukturgebende Kategorien zu bestimmen und ihre Relation zueinander zu analysieren, notwendig. Nichtsdestotrotz ist eine offene Haltung gegenüber möglichen weiteren ungleichheitsrelevanten Kategorien bedeutsam, um die Dynamik der Wechselwirkungen auch tatsächlich erfassen zu können. An dieser Stelle ist das Vorgehen in intersektionalen Analysen durchaus unterschiedlich. Es gibt sowohl solche Entwürfe, in denen bestimmte, als zentral und strukturgebend angenommene Kategorien vorab festgelegt werden. Dies geht vor allem gemäß der US-amerikanischen Forschungstradition auf die Triade race, class, gender zurück (vgl. u.a. Walgenbach 2012, 21; Klinger u.a. 2007). Im Ansatz von Helma Lutz (2001) werden dagegen 13 bipolare hierarchische Differenzlinien benannt, nämlich Geschlecht, Sexualität, „Rasse"/Hautfarbe, Ethnizität, Nation/Staat, Klasse, Kultur, Gesundheit, Alter, Sesshaftigkeit/Herkunft, Besitz, Nord-Süd/Ost-West, gesellschaftlicher Entwicklungsstand. Lutz geht dabei davon aus, dass in spezifischen Kontexten je unterschiedliche Kategorien relevant werden. Aus diesem Grund plädiert sie für eine empirische Offenheit hinsichtlich der Kategorien. Aulenbacher/Riegraf (2012, 1f.) betonen wie auch Walgenbach (2012, 22), dass es in der Wahl des Vorgehens dabei vor allem darauf ankommt, ob der

Fokus stärker auf Ungleichheitsstrukturen oder auf alltägliche Interaktionen gelegt wird, das Forschungsinteresse also im Vordergrund stehen sollte und eine begründete Auswahl sich eben darauf zu beziehen hat. Im Fokus dieser Analyse stehen die Voraussetzungen für eine gelingende Pflegebewältigung. Es wird davon ausgegangen, dass die Gelingensbedingungen der häuslichen Pflege mit ungleichheitsrelevanten Kategorien in Verbindung stehen und die Kategorien dabei in Wechselwirkung zueinander wirksam werden, also eine gelingende Pflegebewältigung ermöglichen oder die Pflegebewältigung prekär werden lassen.[2] Vorab werden in dieser Studie deshalb die Kategorien SÖS, Erwerbstätigkeit, Ethnizität und Geschlecht als relevant gesetzt (vgl. Kap. 3.2.).

Ein vielbeachteter Beitrag im deutschsprachigen Diskurs zur Intersektionalität geht auf Winker/Degele (2010) zurück, die für die wissenschaftliche Analyse auch und vor allem die verschiedenen Analyseebenen und ihr Zusammenwirken relevant setzen. Erst durch dieses Zusammenwirken der verschiedenen Analyseebenen wird den Autorinnen zufolge der Ansatz zu einer „Gesellschaftskritik" (Winker 2012). Ihr Mehrebenenansatz bezieht sowohl die gesellschaftlichen Sozialstrukturen als auch die Prozesse der Identitätsbildung als auch symbolische Repräsentationen mit ein. Ausgangspunkt ihrer Überlegungen ist eine kapitalistisch und somit durch ökonomische Profitmaximierung geprägte Gesellschaft. Die Autorinnen setzen dazu die Strukturkategorien Geschlecht, Klasse, „Rasse" und Körper zentral, weil sie diese Kategorien als jene identifiziert haben, die den Zugang zum Erwerbsleben regeln und sowohl Produktion als auch Reproduktion strukturieren. Kapitalismus und Patriarchat werden in diesem Ansatz insofern nicht als zwei voneinander getrennt analysierbare Systeme erachtet (Winker 2012, 16). Über Klassismen, Heteronormativismen, Rassismen und Bodyismen als die vier zentralen Herrschaftsverhältnisse wird die Arbeitskraft sowohl in der Produktions- als auch in der Reproduktionssphäre ungleich zugeordnet (Winker 2012, 17). Ihre Absicherung erfolgt über symbolische Repräsentationen, also hegemonial abgesicherte Normen, Begründungen und Ideologisierungen. Darüber wiederum werden Identitätskonstruktionen strukturiert, die ihrerseits durch performative Wiederholungen die symbolischen Repräsentationen stabilisieren. Die drei Ebenen Struktur-, Repräsentations- und Identitätsebene sind dem Mehrebenenansatz zufolge durch die sozialen Praxen aller Einzelnen miteinander verwoben, wobei die Analyse der sozialen Praxen, also das soziale

---

2   Die Begriffe einer gelingenden Pflegebewältigung und einer prekären Pflegebewältigung werden in Kapitel 4.1 näher erläutert.

Handeln und Sprechen, den methodologischen Ausgangspunkt der Mehrebenenanalyse darstellt.

Auch sorgende Angehörige verorten sich in ihrem Handeln und Sprechen in sozialen Kontexten. Sie verarbeiten gesellschaftliche Normen, reproduzieren soziale Strukturen oder stellen sie in Frage. Zugleich bilden die Strukturen und Repräsentationen den Rahmen für ihr Handeln (vgl. Winker 2012, 19), was sich auch in ihrem Sprechen niederschlägt. Strukturen, Repräsentationen und Subjektkonstruktionen verweisen wechselseitig aufeinander. Wie erläutert, versteht sich die intersektionale Analyse als eine Analyse von Herrschaftsverhältnissen. In der wechselseitigen Bedingtheit von Struktur, Repräsentation und Subjekt wird die Relevanz eines solchen Blickes erkennbar, weil bestimmte Repräsentationsweisen hegemonial sind, während andere ausgeschlossen werden (vgl. u.a. Laclau/Mouffe 2015). In der Praxis führt genau dies zu Benachteiligung oder Privilegierung und dementsprechend zu sehr unterschiedlichen Voraussetzungen, wie die Pflegebewältigung vollzogen werden kann.

In der vorliegenden Analyse werden aus diesem Grund, angelehnt an die Mehrebenenperspektive, die Winker und Degele vorgeschlagen haben, die Identitätskonstruktionen, die aus der Analyse der Interviews mit sorgenden Angehörigen herausgearbeitet werden, mit den Rahmenbedingungen der jeweiligen Pflegesituationen in Beziehung gesetzt. Auf eine explizite Analyse von Repräsentationen wird in der vorliegenden Studie jedoch verzichtet, weil sie den Rahmen der Analyse sprengen würde. Nichtsdestotrotz scheinen Repräsentationsweisen in den Identitätskonstruktionen der pflegenden Angehörigen auf. Identitätskonstruktionen offenbaren Handlungsorientierungen, die auf gesellschaftliche Repräsentationen verweisen, weil die Ebene der Identitätskonstruktionen über die sozialen Praxen der sorgenden Angehörigen mit der Ebene der Repräsentationen und der Ebene der Strukturen verbunden ist. Die vorliegende Analyse wird sich auf die individuell imaginierten Möglichkeitsräume des Pflegehandelns fokussieren und deshalb das Selbstverständnis der sorgenden Angehörigen als Sorgepersonen sowie die Rahmenbedingungen der Pflege herausarbeiten. Hierbei ist die nötige Offenheit, die zuvor in Bezug auf die Kategorien benannt wurde, relevant, denn die Identitätskonstruktionen bzw. das Selbstverständnis, das sorgende Angehörige von sich als Sorgeperson im Interview konstruieren, steht stets in Beziehung zur eigenen Biografie, die durch das Wirken von weiteren Differenzkategorien gekennzeichnet ist, so beispielsweise durch die Kategorien Gesundheit oder Religiosität. Dem intrakategorialen Ansatz folgend ist es bedeutsam, dies in den Blick zu nehmen, um die Differenzen innerhalb einer Kategorie sichtbar zu machen und eine Homogenisierung von Angehörigengruppen zu vermeiden.

3.2 Methodisches Vorgehen

Entsprechend der Annahmen des Intersektionalitätsansatzes wurden in dem Forschungsprojekt PflegeIntersek sorgende Angehörige an der Schnittstelle von vier Differenzkategorien in den Blick genommen: SÖS, Geschlecht, Ethnizität und Erwerbsstatus. Die Auswahl der Differenzkategorien erfolgte basierend auf dem Forschungsstand zu unterschiedlichen Gruppen pflegender Angehöriger (vgl. Kap. 2), welcher nahelegt, dass diese vier Differenzkategorien tatsächlich zentrale Macht- und Ungleichheitsstrukturen im Feld der Angehörigenpflege repräsentieren. Im Sinne eines intrakategorialen Ansatzes (vgl. McCall 2005) wurde der SÖS als zentrale Differenzkategorie gesetzt, der die anderen Differenzkategorien jeweils hinzugefügt werden. Dies begründet sich zum einen darin, dass es aus der vorliegenden Fachliteratur Hinweise darauf gibt, dass der SÖS die Bewältigung der Pflegeherausforderung stark prägt. Zum anderen ist die schichtspezifische Betrachtung von sorgenden Angehörigen sowohl in der Forschung als auch in der politischen Diskussion bislang noch unterrepräsentiert, so dass wir einen besonderen Fokus auf die schichtspezifische Differenzlinie richten wollten.

Fallauswahl

Die Auswahl der Interviewteilnehmer*innen stützte sich auf einen durch theoretisches Sampling erstellten qualitativen Stichprobenplan, der insgesamt 16 mögliche Merkmalskombinationen ausweist (vgl. Tab. 1).

Tab. 1: Qualitativer Stichprobenplan

Soziale Schicht	SÖS niedrig								SÖS hoch							
Geschlecht	Frau				Mann				Frau				Mann			
Ethnizität	OM		M		OM		M		OM		M		OM		M	
Erwerbsstatus	EW	NEW	EW	NEW	EW	NEW	EW	NEW	EW	NEW	EW	NEW	EW	NEW	EW	NEW

SÖS= sozio-ökonomischer Status; OM/M = (ohne) Migrationshintergrund; NEW/EW = (nicht) erwerbstätig

Der SÖS bildet die schichtspezifische Differenzlinie anhand der beiden Indikatoren Einkommensstatus und Bildungsstatus ab. Neben den qualitativen Informationen aus dem Leitfadeninterview zu finanziellen Aspekten im Pflegearrangement wurden im Rahmen eines standardisierten Kurzfragebogens die im Haushalt der Pflegeperson lebenden Personen, das monatliche Haushaltsnettoeinkommen der Pflegeperson in fünf Kategorien (unter 900; 900-1300; 1300-2600; über 2600 Euro), der höchste Bildungsabschluss sowie der höchste berufliche Abschluss abgefragt. Zudem wurde ein eventueller Transferleistungsbezug erhoben. Falls vorhanden, wurden Bildungs- und Berufsstatus ebenfalls für den*die Ehepartner*in der Pflegeperson erhoben. Die Falleinordnungen in die bipolaren Kategorien „hoher SÖS" oder „niedriger SÖS" wurden in der Zusammenschau aller Elemente getroffen.[3]

- Der Einkommensstatus bildet eine wichtige Rahmenbedingung dafür, individuelle Pflegearrangements nach den jeweiligen Bedarfen und Wünschen von Pflegenden und Pflegebedürftigen gestalten zu können. Ein hoher Einkommensstatus liegt vor, wenn die finanziellen Rahmenbedingungen der pflegenden Angehörigen das Hinzuziehen von professionellen Diensten für die Gestaltung des Pflegearrangements (prinzipiell) ermöglichen. Ein niedriger Einkommensstatus liegt vor, wenn diese Gestaltungsmöglichkeit aus finanziellen Gründen eingeschränkt ist. Dabei wurde auch das zur Verfügung stehende Einkommen und Vermögen der pflegebedürftigen Person berücksichtigt, wenn dieses in der Pflegesituation wirksam wurde.
- Der Bildungsstatus hat Einfluss darauf, wie gut pflegende Angehörige sich über Rechtsansprüche und Unterstützungsangebote informieren können, wie umfassend sie in der Lage sind, Bedarfe zu formulieren, Ansprüche einzufordern und Angebote zu koordinieren. Ein hoher Bildungsstatus (Abitur oder Fachabitur) lässt eine höhere Informations-, Kommunikations- und Koordinationskompetenz vermuten als ein niedrigerer Bildungsstatus (Mittlere Reife, Hauptschulabschluss oder kein Abschluss).

Bei den meisten Interviewpartner*innen waren Einkommens- und Bildungsstatus kongruent, also beide hoch oder beide niedrig. War dies nicht der Fall, wurde der für die Bewältigung der Pflegesituation bedeutsamere Indikator vorrangig für

---

3 Dabei wurden alle vorhandenen Fälle entweder der Kategorie „hoch" oder „niedrig" zugewiesen, eine mittlere Kategorie wurde nicht vergeben. Es gab nur einen Fall, Frau Herbst, der in dieser Hinsicht nicht ganz eindeutig war. Hier wäre es auch denkbar gewesen, den SÖS als „mittel" zu klassifizieren.

die Einordnung des Falles in den Sampleplan herangezogen. In der Fallanalyse wurde dies separat vermerkt.

Die Kategorie Geschlecht wurde vereinfachend ebenfalls bipolar, nämlich entlang des biologischen Geschlechts („sex") definiert (Mann/Frau). Alle Interviewpartner*innen ließen sich eindeutig einem biologischen Geschlecht zuordnen.

Die Differenzlinie Ethnizität wird anhand des Indikators türkischer Migrationshintergrund (vs. kein Migrationshintergrund) abgebildet. Wir stützen uns dabei auf die Definition des Statistischen Bundesamtes, nach der eine Person einen Migrationshintergrund hat, wenn sie selbst oder mindestens ein Elternteil nicht mit deutscher Staatsangehörigkeit geboren wurde. Die Fokussierung auf türkischstämmige sorgende Angehörige wurde deshalb vorgenommen, da Türk*innen die größte Migrant*innengruppe in Deutschland darstellen und bisherige Studien zu türkischstämmigen sorgenden Angehörigen keine eindeutigen Ergebnisse dazu ausweisen konnten, ob die Differenzlinie der Ethnizität überhaupt eine Rolle in der Angehörigenpflege spielt.

Als vierte Differenzlinie wurde der Erwerbsstatus von sorgenden Angehörigen in den Blick genommen und ebenfalls bipolar (erwerbstätig/nicht erwerbstätig) definiert. Dabei wurde nicht zwischen einer Vollzeit- und einer Teilzeit-Erwerbstätigkeit unterschieden, sondern beides als erwerbstätig klassifiziert. Eine geringfügige Beschäftigung (Minijob) wurde dagegen als nicht erwerbstätig klassifiziert.

Basierend auf dem Stichprobenplan wurden pro Merkmalskombination zwei Interviews angestrebt, so dass insgesamt eine Gesamtzahl von 32 Interviews für die intersektionale Analyse der Bewältigungsmuster von sorgenden Angehörigen geplant war.

Feldzugang

Mittels eines Auftaktworkshops, zu dem Praktiker*innen aus unterschiedlichsten Einrichtungen der Beratung von Pflegedürftigen und ihrer Angehörigen eingeladen waren, wurden erste Kontakte in das Feld geknüpft, die sich als sehr hilfreich für die Akquise von Interviewpartner*innen erwiesen. Der Feldzugang erfolgte im Umfeld der beteiligten Hochschulen in Köln, Düsseldorf und Bielefeld über die Fachberatungsstellen für Pflegebedürftige und pflegende Angehörige sowie institutionelle Einrichtungen der Seniorenhilfe. Einbezogen wurden auch allgemeine, z.T. stadtteilbezogene Beratungs- und Unterstützungseinrichtungen, Hausärzt*innen und Neurolog*innen sowie stationäre und ambulante Pflegeeinrichtungen bzw. -dienste.

Zudem wurden über die Presse in Form eines Aufrufs in den Regionalzeitungen und über einen Aufruf im Radio Interviewpartner*innen gesucht. Im späteren Verlauf wurden außerdem Großbetriebe kontaktiert, die über eine Sozialberatung für Mitarbeiter*innen verfügen. Um weitere männliche und/oder türkischstämmige sorgende Angehörige zu erreichen, wurde der Feldzugang auf männerspezifische Sozialberatungsangebote und auf Beratungsangebote für türkischstämmige Migrant*innen ausgeweitet.

Beschreibung des Samples

Insgesamt wurden 36 leitfadengestützte Interviews geführt. Trotz vielfacher Anstrengungen konnte jedoch keine gleichwertige Besetzung aller vorgesehenen 16 Merkmalskombinationen erreicht werden (vgl. Tab. 2). Frauen ohne Migrationshintergrund und mit einem hohen SÖS sind im Sample der Studie am stärksten vertreten. Zwei Merkmalskombinationen konnten nicht durch Interviewpersonen besetzt werden: So ist es weder gelungen, nicht erwerbstätige Männer mit niedrigem SÖS und ohne Migrationshintergrund zu befragen,

Tab. 2: Geführte Interviews nach Merkmalskombinationen (n=36)

SÖS niedrig Frau OM EW	SÖS niedrig Frau OM NEW	SÖS niedrig Frau M EW	SÖS niedrig Frau M NEW	SÖS niedrig Mann OM EW	SÖS niedrig Mann OM NEW	SÖS niedrig Mann M EW	SÖS niedrig Mann M NEW
Jakobi Herbst (Schröder) (Horn)	Goder Kessler	Uenal	Aslan		Behrens	Aydin	Yildirim
SÖS hoch Frau OM EW	SÖS hoch Frau OM NEW	SÖS hoch Frau M EW	SÖS hoch Frau M NEW	SÖS hoch Mann OM EW	SÖS hoch Mann OM NEW	SÖS hoch Mann M EW	SÖS hoch Mann M NEW
Keller Meierjohann (Richter) (Gruber) (Martens) (Schnelle) (Leineweber) (Kulmann)	Bührmann Heinrich (Bach) (Gutjahr) (Weber) (Warendorf)	Yüksel Demir	Cordes	Stelter Otten (Hallhuber) (Müller) (Wolke)	Münster (Grothe)	Kaya	

Anmerkungen: Die in Klammern gesetzten Interviewpartner*innen wurden für die vertiefende Analyse nicht weiter berücksichtigt. Da eine geringfügige Beschäftigung hier als „nicht erwerbstätig" klassifiziert wird, verschiebt sich die Einordnung von Herrn Behrens im Vergleich zur FGW-Studie (Auth u.a. 2018).

noch ließen sich nicht erwerbstätige Männer mit einem hohen SÖS und mit Migrationshintergrund für ein Interview gewinnen.

Da wir von der These ausgingen, dass sich Pflegesituationen und ihre Bewältigung wesentlich auch danach unterscheiden, wer wen pflegt, also Eltern ihre Kinder, Kinder ihre Eltern oder Partner*innen ihre Partner*innen, entschieden wir uns dafür, nur eine Pflegekonstellation zugrunde zu legen, nämlich die Pflege von Eltern durch ihre (erwachsenen) Kinder. Dadurch sollten die Fälle möglichst vergleichbar gehalten werden.

Damit wurde nicht nur die quantitativ häufigste Pflegekonstellation gewählt, sondern der Fokus auf sorgende Angehörige, die ihre (Schwieger-)Eltern pflegen, begründet sich auch mit der wachsenden Bedeutung erwerbstätiger sorgender Angehöriger: Für die Altersstruktur dieser Zielgruppe kann davon ausgegangen werden, dass sich die meisten sorgenden Angehörigen noch im Erwerbsalter befinden.[4]

Eine weitere Einschränkung bei der Auswahl der Interviewpartner*innen bezog sich auf das Ausmaß der Pflegebedürftigkeit: Voraussetzung war das Vorliegen einer Demenz oder eine Einstufung der pflegebedürftigen Person in mindestens Pflegegrad 3 (bzw. Pflegestufe II für Fälle, die vor Einführung des zweiten Pflegestärkungsgesetzes lagen). Dadurch sollte sichergestellt werden, dass nur Bewältigungsstrategien in stark belasteten Pflegearrangements erfasst werden.

Keine Eingrenzung erfolgte bezüglich des Zeitpunktes sowie der Dauer der Pflege. So wurden sowohl Angehörige, die sich zum Zeitpunkt des Interviews in der Situation der häuslichen Pflege befanden, als auch Angehörige, für die die Situation der häuslichen Pflege in der Vergangenheit lag, befragt, so dass in einzelnen Interviews auch der Übergang von der häuslichen Pflege in die stationäre Versorgung und/oder der Tod der pflegebedürftigen Person thematisiert wurden. Aufgrund der sich verändernden Rahmenbedingungen eines Pflegearrangements im zeitlichen Verlauf der Pflege kann auch eine Dynamik in Bezug auf die Bewältigungsstrategien von sorgenden Angehörigen entstehen. Dies zeigt sich später in der Analyse daran, dass zwei der Interviewpartnerinnen (Frau Cordes und Frau Heinrich) zu unterschiedlichen Zeitpunkten des Pflegeverlaufs unterschiedlichen Bewältigungstypen zugeordnet werden.

---

4 Das letztlich gewonnene Sample beinhaltete auch einen Fall (Frau Yüksel), in dem die Großmutter gepflegt wurde und einen Fall, in dem die Pflege der Mutter begann, als die Pflegeperson noch Kind war (Frau Uenal). Die Pflege setzte sich dann jedoch ins Erwachsenenalter von Frau Uenal fort.

Die Interviewpartner*innen kommen alle aus dem städtischen Raum, da diese Studie die Versorgungslage einigermaßen vergleichbar halten wollte, um sich auf die Unterschiede entlang der oben beschriebenen Differenzkategorien konzentrieren zu können. Analog zu den drei Hochschulstandorten der beteiligten Forscherinnen wurden deshalb Interviewpartner*innen aus dem Raum Köln, Düsseldorf und Bielefeld akquiriert. Bei der Interpretation der Ergebnisse muss somit berücksichtigt werden, dass im ländlichen Raum möglicherweise noch andere Mechanismen in Bezug auf die Bewältigung von Pflegeherausforderungen wirksam werden, wenngleich Forschungsergebnisse aus einem Projekt der Fachhochschule Bielefeld gemeinsam mit der Universität Bielefeld zur pflegerischen Versorgung im ländlichen Raum einige interessante Parallelen zu den Ergebnissen des Projekts PflegeIntersek aufzeigen (vgl. Trompetter/Seidl 2018). Ebenso ist zu berücksichtigen, dass Köln, Düsseldorf und Bielefeld stellvertretend für westdeutsche städtische Großräume stehen. In Ostdeutschland zeigen sich möglicherweise andere Bewältigungsstrategien von sorgenden Angehörigen, da diese von anderen wohlfahrtskulturellen (vgl. z.B. Pfau-Effinger 2009; Ullrich 2003) sowie Geschlechter- (vgl. u.a. Wenzel 2011; Klenner 2009; Dölling 2003) und Familienleitbildern (vgl. Pfau-Effinger/Smidt 2011; Geisler/Kreyenfeld 2005; Pfau-Effinger/Geissler 2002) geprägt sind.

Erhebungsmethode

Die Erhebung der qualitativen Daten erfolgte mittels leitfadengestützter Interviews. Die Führung der Interviews orientierte sich also an einem vorab vorbereiteten Leitfaden, wobei die Offenheit qualitativer Forschung gewahrt wurde. Die Interviews setzten sich dementsprechend sowohl aus Elementen der Erzählaufforderungen als auch aus explizit vorformulierten Fragen sowie Stichworten für mögliche weitere, frei formulierbare Fragen zusammen (vgl. Helfferich 2014, 560). Der Leitfaden wurde entlang von vier Phasen der Pflege erstellt. Diese sind in Anlehnung an das Konzept der „caregiver career" von Lindgren (1993, 214–219) bestimmt worden. Die Phasen drei und vier wurden allerdings nicht von allen Interviewpartner*innen durchlaufen:
- Phase 1: die Entscheidung zur Übernahme von Pflege
- Phase 2: die Gestaltung und Aufrechterhaltung des Pflegealltags
- Phase 3: der Übergang von der häuslichen Pflege in die stationäre Versorgung
- Phase 4: die Sterbephase und die Phase nach dem Tod

Die Ausrichtung an diesen vier Phasen der Pflege kennzeichnet das grundlegende Verständnis der Studie, Angehörigenpflege als einen dynamischen Prozess zu verstehen, der ein Bewältigungshandeln unter sich im zeitlichen Verlauf verändernden Anforderungen, Bedarfen und Rahmenbedingungen erfordert. Während in der ersten Phase das Einholen von Sachinformationen sowie die Organisation des häuslichen Pflegearrangements im Vordergrund stehen, zeigen sich in der zweiten Phase die eingespielten Strukturen der jeweiligen Pflegesituation sowie die Belastungen und Bewältigungsstrategien im Alltag von sorgenden Angehörigen. In der dritten Phase treten die Grenzen der häuslichen Pflegearrangements deutlich hervor, und der Übergang in die stationäre Pflege kann bedeutsam werden. Mit Erreichen der vierten Phase wird das Bewältigungshandeln von der emotional hochgradig belastenden Situation einer Sterbebegleitung herausgefordert. Nach dem Tod eines Angehörigen müssen die Pflegepersonen Handlungsstrategien ohne die zuvor prägende Angehörigenpflege entwickeln, mit denen eine Fortsetzung eigener, zeitweise ggf. zurückgestellter Lebensentwürfe bewerkstelligt werden kann. Zentral ist in allen vier Phasen die Frage, wie die Pflegesituation von den sorgenden Angehörigen bewältigt wird. Dabei geht es zum einen darum, wie die Versorgung der Pflegebedürftigen sichergestellt ist, zum anderen aber auch zentral darum, wie die Entlastung der Sorge leistenden Angehörigen gewährleistet ist und welche Möglichkeiten der Selbstsorge den pflegenden Angehörigen zur Verfügung stehen bzw. welche sie wahrnehmen.

Auswertungsmethode

Die Auswertung der Interviews erfolgte in zwei Schritten: Zunächst wurde das Interviewmaterial transkribiert und mit der Methode des thematischen Codierens (vgl. Flick 2012, 245; Schmidt 2012; Hopf/Schmidt 1993) für die Analyse aufbereitet. Das Codieren erfolgte vorwiegend deduktiv entlang eines vorab erstellten Codesystems. Bei der Erstellung des Codesystems diente der Interviewleitfaden als Grundlage. Die vorab definierten Codes beziehen sich wie der Leitfaden auf die verschiedenen Phasen der Pflege und die damit verbundenen Aspekte, die dem Forschungsinteresse immanent sind. Hierzu zählen zum Beispiel externe Faktoren für die Pflegeentscheidung, intrinsische Pflegemotive, das Belastungserleben, das Erleben sozialer und familiärer Unterstützung, Erfahrungen mit sozialen Diensten, allgemeine Wünsche und Bedarfe (an Politik und Gesellschaft) usw. Zur Herstellung der Inter-Coder-Reliabilität wurden die ersten Interviews gemeinsam vercodet und das Codesystem modifiziert. Die gegenseitige Überprüfung und das Codieren im Team gewährleisteten die notwendige Offenheit gegenüber den sich aus dem Material ergebenden Inhalten trotz des deduktiv angesetzten Kategoriensystems.

Im zweiten Auswertungsschritt, der die intersektionale Analyse beinhaltet, wurden Falldarstellungen für 20 ausgewählte Interviews erstellt. Die Auswahl der Interviews aus dem gesamten Sample erfolgte einerseits mit Blick auf den qualitativen Stichprobenplan und andererseits vor dem Hintergrund des thematischen Codierens, das über die Aufschlüsselung des Textmaterials einen ersten Überblick über die unterschiedlichen Pflegesituationen gegeben hat. Ziel der Interviewauswahl war es, ein möglichst breites Spektrum an Pflegesituationen und Rahmenbedingungen zu erfassen, um der Heterogenität der Gruppe der sorgenden Angehörigen gerecht zu werden und die Wechselwirkungen der Differenzkategorien herausarbeiten zu können.

Die für die vertiefenden Analysen ausgewählten 20 Fälle ergeben ein Sample mit sieben sorgenden Männern und dreizehn sorgenden Frauen, darunter eine Enkelin. Acht der Pflegepersonen haben einen türkischen Migrationshintergrund, zwölf Befragte haben keinen Migrationshintergrund. Elf der Befragten waren zum Zeitpunkt des Interviews erwerbstätig, neun waren nicht erwerbstätig. Elf der sorgenden Angehörigen wurden einem hohen, neun einem niedrigen SÖS zugeordnet (vgl. Tab. 2).

Die intersektionale Analyse der ausgewählten Einzelfälle hinsichtlich ihrer Identitätskonstruktion (vgl. Winker/Degele 2010) und der Rahmenbedingungen der Pflege erfolgte dabei entlang von zwei zentralen heuristischen Fragen, die Christine Riegel zur intersektionalen Analyse entworfen hat (vgl. Riegel 2010, 77). Das Forschungsprojekt folgt dem Vorschlag Riegels, die Perspektive der Intersektionalität als Analyse- und als Reflexionsinstrument anzuwenden. Der Ansatz stellt insofern *„keine Forschungs- oder Auswertungsmethode mit klaren methodischen Vorgehensschritten dar"*, sondern ist vielmehr als eine „regarding strategy" zu betrachten (vgl. ebd.), also als ein kritischer Blick auf das Material im Hinblick auf Dominanzverhältnisse, Zuschreibungen, Ausgrenzungen, Auf- und Abwertungen, Hierarchisierungen, hegemoniale Strukturen usw. Riegel schlägt deshalb vier Fragedimensionen vor, die im Rahmen der qualitativen Auswertung wiederholt an das jeweilige zu untersuchende Phänomen gestellt werden sollen. Für das vorliegende Forschungsprojekt wurden zwei dieser Fragen entsprechend dem Forschungsinteresse ausgewählt:

1. Welche sozialen Kategorien und Dominanzverhältnisse werden wie relevant? Wie wirken diese zusammen?
2. Wie werden diese sozialen Differenzen und Ungleichheitsverhältnisse hergestellt und reproduziert?

Die Fragen, die auf die Bedeutung von Differenzkategorien und ihrer Wechselwirkungen abstellen, wurden zunächst jeweils auf die einzelnen Codes gerichtet, d.h., es wurde zum Beispiel mit Bezug auf das Belastungserleben, in Bezug auf die dargestellten Pflegemotive oder mit Blick auf die genannten Gründe für die Inanspruchnahme von und die Erfahrungen mit sozialen Diensten (usw.) nach den relevant werdenden Differenzkategorien und ihren Wechselwirkungen gefragt.

Die Ergebnisse dieses Auswertungsschritts wurden in einem „one sheet of paper" (in Anlehnung an Ziebland/McPherson 2006) festgehalten. Dieses stellt ein übersichtliches, in unserem Fall in der Regel zweiseitiges Papier dar, auf dem der jeweilige Fall hinsichtlich der aufscheinenden Kategorien und Wechselwirkungen in seiner Gänze zusammengefasst wurde (siehe Falldarstellungen im Anhang). Dabei wurde zum einen der Blick auf die Identitätskonstruktionen gelegt und zum anderen wurden die Rahmenbedingungen der Pflege zusammengefasst. Dies erfolgte vor dem Hintergrund des Mehrebenenansatzes von Winker/Degele (2010). Das Herausarbeiten der Identitätskonstruktionen bezieht sich darauf, wie sich die sorgenden Angehörigen im Interview darstellen, wie sie gesehen werden möchten und welche Orientierungen sie offenbaren. Methodologisch ist davon auszugehen, dass sie dies mit Hilfe von Differenzkategorien tun (ebd., 81f.) und dass die Ebene der Identitätskonstruktionen über die sozialen Praxen aller Einzelnen mit der Ebene der Repräsentationen sowie der Ebene der Strukturen verwoben ist. Insbesondere auf der Ebene der Identitätskonstruktionen scheinen die subjektiven, also die individuell wahrgenommenen Möglichkeitsräume auf, weil Handlungsorientierungen das Pflegehandeln begrenzen oder ermöglichen können.

Im Anschluss an die Auswertung der einzelnen Fälle erfolgte die fallvergleichende Analyse. Gesucht wurde nach Ähnlichkeiten und Unterschieden im Pflegehandeln verbunden mit der Frage, inwiefern dies auf die Ausgangskategorien SÖS, Geschlecht, Erwerbsstatus und Ethnizität rückbezogen werden kann. Dabei wurden sowohl das Zusammenspiel der Differenzkategorien in typischen Konstellationen (siehe Kap. 4) als auch die einzelnen Differenzkategorien für sich genommen in ihrem Wechselspiel mit den jeweils anderen Differenzkategorien fallübergreifend analysiert (siehe Kap. 5). In Kapitel 6 werden die Bedarfe der sorgenden Angehörigen in den Blick genommen.

4. Das Bewältigungshandeln sorgender Angehöriger: eine Typologie

Ziel der vorliegenden Studie ist es, die Bedeutung der unterschiedlichen Differenzkategorien in ihrem Zusammenspiel bei der Bewältigung häuslicher Versorgungs- und Pflegeleistungen zu analysieren. Die zu Beginn des Forschungsprozesses getroffene Entscheidung, die Kategorie des SÖS für die Fallauswahl zentral zu setzen, um der angenommenen hohen Bedeutung dieser Kategorie für die Pflegebewältigung explizit Rechnung zu tragen, führte zu einer überraschenden Erkenntnis: Ein zentrales Ergebnis der fallvergleichenden Auswertung ist, dass der SÖS sich *nicht* im Sinne des intrakategorialen Ansatzes als alles dominierende Kategorie herausgestellt hat. Der SÖS ist zwar sehr wichtig, kann aber sowohl überlagert als auch kompensiert werden. Vor allem der Rückgriff auf Familienressourcen (im Sinne einer akzeptierten Aufteilung der Versorgungs- und Pflegetätigkeiten zwischen den Familienmitgliedern) wirkt ausgleichend: Während bei hohem SÖS der Handlungsspielraum der Angehörigen durch die Option des Zukaufs von Diensten erweitert wird, kann dieser Zugewinn von Handlungsspielraum alternativ auch durch die solidarische Beteiligung anderer Familienmitglieder an der Bewältigung der Pflegeaufgaben erreicht werden. Bestehen hingegen Barrieren im Hinblick auf den Zukauf von Diensten, wie beispielsweise pflegekulturelle Normen in der Familie, die Ablehnung von „fremder" Hilfe durch die pflegebedürftige Person oder die mangelnde Verfügbarkeit adäquater, den individuellen Wünschen entsprechender Dienstleistungsangebote, dann kann ein hoher SÖS seine ermöglichende Wirkung nicht entfalten (vgl. Kap. 5.1).

Zudem zeigte die Analyse, dass die Kategorie der Ethnizität (gefasst als dichotome Unterscheidungskategorie zwischen deutsch- und türkischstämmigen Angehörigen) keinen markanten Einfluss auf das Pflegebewältigungshandeln nimmt. Aufgrund der Heterogenität der sorgenden Angehörigen mit türkischem Migrationshintergrund ließen sich keine einheitlichen oder dominierenden Unterschiede im Vergleich zu den Angehörigen ohne Migrationshintergrund ausmachen, die es rechtfertigen würden, diese Personengruppe im Hinblick auf ihre sorgerelevanten Identitätskonstruktionen kategorisch von den übrigen sorgenden

Angehörigen abzugrenzen. Die herausgearbeiteten unterschiedlichen Wechselwirkungen von SÖS, Geschlecht und Erwerbstätigkeit zeigten sich weitgehend unabhängig vom Migrationshintergrund der sorgenden Angehörigen, d.h. dass der Migrationshintergrund als Differenzkategorie stark von anderen Differenzkategorien überlagert wird.

Anders verhielt es sich mit dem Migrationshintergrund der Pflegebedürftigen: Dieser wurde als Rahmenbedingung des Pflegearrangements in der Form wirksam, dass türkischstämmige Pflegebedürftige oftmals nur kultursensible Dienste akzeptieren. Insofern zeigte sich die Differenzkategorie der Ethnizität für die pflegenden Angehörigen indirekt – über die pflegebedürftige Person bzw. die Abhängigkeit von einem kultursensiblen Dienstleistungsangebot – als relevant. Ähnlich wie in Familien ohne Migrationshintergrund zeichnen sich auch türkischstämmige Familien durch heterogene (keineswegs auf die Religion zu reduzierende) Familienkulturen aus (vgl. Kap. 5.4).

Eine unerwartete Erkenntnis, die im Rahmen des induktiven Analyseprozesses große Bedeutung entfaltete, zeigte sich in Bezug auf die unterschiedliche Wirkung einer geringen oder stärker ausgeprägten Selbstsorgeorientierung der sorgenden Angehörigen. Die 20 ausgewählten Fälle wurden daher zusätzlich hinsichtlich der jeweiligen Ausprägung der Selbstsorgeorientierung analysiert, wobei bewertet wurde, inwiefern es sorgenden Angehörigen wichtig ist, ihren eigenen Lebensentwurf aufrechtzuerhalten oder ob sie ihr Leben der Pflegeaufgabe unterordnen. Grundsätzlich gehen wir bei allen Interviewpersonen von einer hohen vorhandenen Fürsorgeorientierung aus, da diese sich, unabhängig von ihren Rahmenbedingungen, bei Eintritt der Pflegebedürftigkeit für das häusliche Pflegearrangement entschieden haben. Bedeutsam ist allerdings, in welchem Ausmaß sorgende Angehörige ihre generelle Fürsorgeorientierung durch eine Selbstsorgeorientierung ergänzen.

Bei einer *hohen Selbstsorgeorientierung* sind die sorgenden Angehörigen in der Lage, ihre eigenen Belastungsgrenzen zu erkennen. Herr Kaya, der als Vollzeit Erwerbstätiger seinen Vater weitgehend ohne familiale oder professionelle Unterstützung ca. 15 Stunden pro Woche pflegt, reflektiert dies beispielhaft:

> „Wo ich gesagt habe, Junge, Junge, jetzt wird es aber echt mal Zeit. Und jetzt musst du auf dich mal aufpassen. Natürlich, ich meine, ich bin ja keine Maschine, ja? [lacht] Insofern merkt man schon an der einen oder …[1] man funktioniert sehr oft und – und die meiste Zeit, aber dann kommen doch schon ein paar Tage, wo man dann doch

---

[1] Drei Punkte in eckigen Klammern kennzeichnen Auslassungen, drei Punkte ohne Klammern stellen Redepausen im Transkript dar.

> merkt, ja, jetzt brauche ich auch mal ... muss ich jetzt mal zurückfahren auch, ja? Und mal drüber nachdenken, ob das so gut ist oder nicht." (Herr Kaya, Z. 1102-1107)
>
> „Aber kurzum, ich bin jetzt in der Phase, wo ich auch ein Stück weit loslasse, um einfach das Ganze sozusagen im Gesamtkontext zu sehen, wo ich sage, jetzt – jetzt muss ich aus dieser Kümmerer-Geschichte ein Stück weit raus, weil jetzt keine Chance mehr besteht, dass ich das alles selber bewältige. Das merke ich auch. Also ich könnte das jetzt auch nicht mehr." (Herr Kaya, Z. 276-281)

Zu einer hohen Selbstsorgeorientierung gehört aber nicht nur das Grenzen-Erkennen und Grenzen-Setzen, sondern generell die Fähigkeit, den eigenen Lebensentwurf nicht aus den Augen zu verlieren. Herr Kaya formuliert dies – wiederum exemplarisch – folgendermaßen:

> „Aber auf unsere Pläne hat das [die Pflegesituation] keinen Einfluss. Also das, was wir uns vornehmen, kriegen wir zum Glück bis jetzt ganz gut hin, ja. Und uns ist auch bewusst, das haben wir auch immer gesagt, sobald wir merken, dass das zuviel wird, dass wir überhaupt nicht vorankommen, dann müssen wir uns auch mit meinem Vater was überlegen. Das kann halt nicht sein, dass er uns sozusagen so vereinnahmt, dass unser Leben darunter leidet. Das darf dann auch nicht passieren, ja?" (Herr Kaya, Z. 1243-1249)

Den eigenen Lebensentwurf zu schützen, bedeutet für viele der von uns befragten sorgenden Angehörigen, die eigene Erwerbstätigkeit aufrechtzuerhalten und sich ein Stück eigenes Leben zu bewahren, sei es durch die bewusste Gestaltung von freier Zeit mit Freunden oder anderen Familienmitgliedern, sportliche Betätigung oder Vereinsaktivitäten.

Eine *geringe Selbstsorgeorientierung* drückt sich im Umkehrschluss darin aus, dass sorgende Angehörige in der Pflegesituation „aufgehen" und von ihrem eigenen Lebensentwurf nichts oder kaum etwas übrigbleibt, was neben der Pflege noch realisiert werden kann. Das ganze Leben dreht sich dann wie im Fall von Frau Cordes exemplarisch dokumentiert nur noch um die pflegebedürftige Person:

> „Und so war eigentlich in unserem privaten Rahmen alles geregelt, nur nach ihrem Pflegezustand, nicht nach unserem Lebensbedarf. Also das ist total zurückgestellt worden. Total. Es sollte vielleicht nicht sein, aber wir haben es halt so entschieden, und das so zu tragen." (Frau Cordes, Z. 870-874)

Nicht nur die eigenen Bedürfnisse – nach Erwerbstätigkeit, nach freier Zeit, nach Urlaub oder nach Freundschaftspflege – werden von sorgenden Angehörigen mit einer geringen Selbstsorgeorientierung hintenangestellt, sondern ggf. auch die Bedürfnisse der eigenen Kinder oder des (Ehe-)Partners bzw. der (Ehe-)Partnerin. Die Pflegesituation kann nur noch mit Durchhalteparolen aufrechterhalten werden, wie Frau Aslan es stellvertretend für weitere Fälle unseres Samples ausdrückt:

„Wenn ich abends sage, ich kann nicht mehr – ich kann nicht mehr – dann sagt der [ihr Ehemann]: Akzeptiere die Situation. Denn wenn du sie nicht akzeptierst, wirst du damit nicht umgehen können. (Mhm) Akzeptier es, es ist so. Du kannst nichts daran ändern im Moment. (Mhm) Es ist so, akzeptiere. Versuche, das anzunehmen. (Ja) Das sagt der mir jeden Tag." (Frau Aslan, Z. 886-890)

Die Ausprägung einer hohen oder einer geringen Selbstsorgeorientierung beeinflusst das Bewältigungshandeln der sorgenden Angehörigen maßgeblich und bildet einen zentralen ergänzenden Erklärungsfaktor für die weitere Analyse.

4.1 Gelingende und prekäre Pflegebewältigung

Die Auswertung des empirischen Materials folgt der Frage, wie sorgende Angehörige den Alltag der Pflegesituation bewältigen. Dahinter steht die Annahme, dass die Betreuung und Versorgung von pflegebedürftigen Angehörigen eine individuelle biographische Herausforderung darstellt, die bei den sorgenden Angehörigen ein jeweils spezifisches Bewältigungshandeln auslöst. Dieses ist nach Böhnisch (2016) abhängig von den personalen – in der Person selbst liegenden – Ressourcen, den intermediären Ressourcen des Milieus und der Netzwerke, in die eine Person eingebunden ist, sowie von den strukturellen bzw. sozialpolitischen Ressourcen, die in der jeweiligen Bewältigungslage zur Verfügung stehen. Dabei greifen alle drei Dimensionen eng ineinander. Zu den personalen Ressourcen gehören die individuellen Wertvorstellungen, Kompetenzen und Fähigkeiten, wobei für unsere Analyse insbesondere die Selbstsorgeorientierung, also das Bestreben, den eigenen Lebensentwurf weitestgehend aufrechtzuerhalten, von Bedeutung ist. Inwiefern sich die Selbstsorgeorientierung in Form von Selbstsorgehandeln realisieren lässt, ist wiederum abhängig von den intermediären und strukturellen sozialen Ressourcen. Zu diesen gehören konkrete Unterstützungsleistungen des engeren und weiteren sozialen Umfelds, sozialräumliche Infrastrukturen und Dienste sowie andere sozialpolitische Maßnahmen, die die Handlungsspielräume von sorgenden Angehörigen potentiell erweitern. Aus einer intersektionalen Perspektive ist davon auszugehen, dass sich die Verfügbarkeit wie die Nutzung von intermediären und sozialen Ressourcen und in der Folge die Bewältigungsstrategien von sorgenden Angehörigen entsprechend der Wechselwirkungen der jeweiligen Differenzkategorien unterscheiden.

Mit dem Begriff der „Pflegebewältigung" wird Anleihe genommen an dem Konzept der Lebensbewältigung von Lothar Böhnisch. Lebensbewältigung meint *„das Streben nach psychosozialer Handlungsfähigkeit in kritischen Lebenskonstel-*

lationen" (Böhnisch 2016, 20). Diese sind dann als kritisch zu verstehen, *„wenn die bisherigen eigenen Ressourcen der Problemlösung versagen oder nicht mehr ausreichen und damit die psychosoziale Handlungsfähigkeit beeinträchtigt ist"* (ebd.). Sorgende Angehörige befinden sich insbesondere zu Beginn, aber auch bei veränderten Anforderungen im Verlauf der Pflegesituation, in kritischen Lebenskonstellationen: Sie sehen sich grundlegenden Veränderungen gegenüber, die ihren bisherigen eigenen Lebensentwurf in Frage stellen oder sogar obsolet machen. Es ändern sich Rollenkonstellationen in der Familie, die Erwerbstätigkeit wird eventuell eingeschränkt oder ganz aufgegeben, Wohnverhältnisse müssen überdacht, Unterstützungsnetzwerke aktiviert werden, finanzielle Rahmenbedingungen und pflegekulturelle Normvorstellungen determinieren Handlungsspielräume. Sorgende Angehörige streben in dieser kritischen Situation nach psycho-sozialer Handlungsfähigkeit und greifen auf die ihnen zur Verfügung stehenden personalen, intermediären und sozialpolitischen Ressourcen zurück, um eine Problemlösung herbeizuführen.

Handlungsfähig ist nach Böhnisch, wer sich sozial anerkannt fühlt, sich als wirkmächtig erlebt und einen dementsprechend starken Selbstwert ausbilden kann. Dies gilt auch für sorgende Angehörige: Es zeigte sich in den Interviews, dass eine „eher gelingende" Pflegebewältigung dadurch gekennzeichnet ist, dass die Pflege in Einklang mit den eigenen Vorstellungen gestaltet werden kann, wodurch auch ein hoher Pflegeaufwand eher akzeptiert wird und das psycho-soziale Belastungserleben geringer ist.[2] Einem Teil der sorgenden Angehörigen gelingt es, ihren Lebensentwurf weitestgehend selbstbestimmt an die Erfordernisse der Pflegesituation anzupassen und dabei sowohl die eigenen Bedürfnisse wie die der gepflegten Person zu berücksichtigen. Mit Böhnisch lässt sich in solchen Fällen von einer „erweiterten Handlungsfähigkeit" sprechen.

Wichtig für die Herstellung der psycho-sozialen Handlungsfähigkeit ist dabei vor allem eine ausgeprägte Selbstsorgeorientierung der sorgenden Angehörigen. Diese offenbart sich in unterschiedlichen Formen des Selbstsorgehandelns, etwa in der Aufrechterhaltung der eigenen Erwerbstätigkeit, der Aktivierung eines sozialen Unterstützungsnetzwerkes aus Freund*innen, Bekannten und Nachbar*innen, dem Erhalt eigener Freizeit(aktivitäten), der Nutzung familiärer Ressourcen für die Aufteilung von Pflegeaufgaben und/oder der aktiven Einbeziehung von Diensten zur eigenen Entlastung (u.U. auch gegen den Willen der pflegebedürftigen Person). Die personale Ressource der Selbstsorgeorientierung kann durch die Nutzung von intermediären und strukturellen sozialen Ressour-

---

2 Das heißt allerdings nicht, dass objektiv betrachtet keine Belastung vorliegt.

cen (z.B. Möglichkeiten der Vereinbarkeit von Pflege und Beruf, Einbindung in soziale Netzwerke, Verfügbarkeit von solidarischen Familienmitgliedern und/ oder ambulanten Diensten) in Selbstsorgehandeln umgesetzt werden. Ob und wie diese Ressourcen genutzt werden können, hängt wiederum vom spezifischen Zusammenspiel der Differenzkategorien (SÖS, Geschlecht, Erwerbsstatus, indirekt: Ethnizität) ab. Eine hohe Selbstsorgeorientierung führt deshalb nicht zwangsläufig zu nachhaltigem Selbstsorgehandeln. Ebenso ist nachhaltiges Selbstsorgehandeln in diesem Sinne zwar die Voraussetzung für eine gelingende Pflegebewältigung, aber keine hinreichende Bedingung.

Das Streben nach psycho-sozialer Handlungsfähigkeit in der Pflegesituation kann auch negative Auswirkungen für die sorgenden Angehörigen, ihre soziale Umwelt und die Gesellschaft insgesamt auslösen. Nach Böhnisch gilt folgender Grundmechanismus:

> „Immer dort, wo Menschen die soziale Orientierung verloren haben, sich wertlos fühlen und keine soziale Anerkennung bekommen, wo sie wenig Möglichkeiten haben, etwas zu bewirken, auf sich aufmerksam zu machen und – vor allem – ihre innere Hilflosigkeit nicht aussprechen können, setzt ein somatisch angetriebener psychosozialer Bewältigungsmechanismus der Abspaltung ein, der antisoziale oder selbstdestruktive Züge annehmen kann ..." (ebd., 18)

Solche Formen antisozialen oder selbstdestruktiven Verhaltens können mit Böhnisch/Schröer (2018, 319) als „regressive" Form von Handlungsfähigkeit verstanden werden. Wenn die Hilflosigkeit des Selbst nicht thematisiert und keine soziale Unterstützung eingeholt werden kann, erfolgt eine Kompensationshandlung, die sich entweder als äußere oder als innere Abspaltung beschreiben lässt. Die äußere Abspaltungshandlung trägt die Aggression nach außen, z.B. in Form einer Projektion: *„Man lässt seine Hilflosigkeit und den damit verbundenen Frust an anderen aus."* (Böhnisch 2016, 22) In unserer Studie wird diese äußere Abspaltungshandlung nicht relevant, vielmehr zeigen sich innere Abspaltungshandlungen, bei denen sich die Aggression gegen das Individuum selbst richtet. Übertragen auf unsere Fälle bedeutet das z.B. Selbstisolation, Unterwerfung unter die Wünsche der pflegebedürftigen Person, Leiden unter Konflikten, Vernachlässigung der gesundheitlichen Selbstsorge (bis hin zum Burn-Out) sowie Vernachlässigung der eigenen Bedürfnisse und der anderer Familienmitglieder.

Im Gegensatz zu den sorgenden Angehörigen mit einer „eher gelingenden" Pflegebewältigung sieht sich der andere Teil der sorgenden Angehörigen aus unterschiedlichen Gründen dazu gezwungen, ihren Lebensentwurf den Bedürfnissen der pflegebedürftigen Person – dauerhaft oder temporär – weitestgehend unterzuordnen. Ihre Selbstsorgeorientierung ist entweder gering ausgeprägt oder sie können eine hohe Selbstsorgeorientierung nicht in stabiles, dauerhaftes Selbstsorgehandeln umsetzen. Dementsprechend ist die Fremdbestimmung hoch und die Handlungsfähigkeit deutlich eingeschränkt. Die Bewältigung der Pflegeaufgabe, das ist entscheidend, wird als wenig oder nicht kontrollierbar erlebt, die soziale Anerkennung durch die Familie oder die pflegebedürftige Person bleibt zumeist aus und die Situation wird subjektiv als mehr oder weniger ausweglos bzw. instabil empfunden. Eine geringe Selbstsorgeorientierung, die oft in Kombination mit einer eingeschränkten Verfügbarkeit von sozialen Ressourcen einhergeht, bzw. die Nicht-Nutzung von eigentlich vorhandenen sozialen Ressourcen trotz hoher Selbstsorgeorientierung verhindern Selbstsorgehandlungen und damit ein „gelingenderes" Bewältigungshandeln. Es kommt zu einer „eher prekären" Pflegebewältigung[3] im Sinne einer „regressiven Handlungsfähigkeit" (Böhnisch/Schröer 2018, 319).

Bei den sorgenden Angehörigen mit einer „eher prekären" Pflegebewältigung und einer geringen Selbstsorgeorientierung zeigten sich innere Abspaltungshandlungen in Form sozialen Rückzugs. Die Not des inneren Selbst wird nicht nach außen getragen, es erfolgt keine Information über und Organisation von Hilfeleistungen, die belastende Situation wird „ausgehalten". Bei sorgenden Angehörigen mit einer „eher prekären" Pflegebewältigung und einer hohen Selbstsorgeorientierung zeigt sich ein ständiger zermürbender Kampf um die Durchsetzung von Selbstsorgehandlungen, der temporär und/oder punktuell gewonnen oder verloren wird.

Im Zuge der Fallkontrastierung konnten Ähnlichkeiten und Unterschiede in der Bewältigung der Pflegesituation identifiziert werden, die sich mit den oben entwickelten Konzepten der „eher gelingenden" und der „eher prekären" Pflegebewältigung beschreiben lassen. Der Gruppe der „eher gelingenden" Pflegebewältigung konnten drei Typen von sorgenden Angehörigen zugeordnet werden: (1) Pflegeorganisation rund um die Erwerbstätigkeit (Kap. 4.2.1), (2) Aktive Nutzung von Familienressourcen (Kap. 4.2.2) und (3) Sinnstiftung (Kap. 4.2.3). Der Gruppe der „eher prekären" Pflegebewältigung wurden zwei Typen zugewiesen: (4) Ringen um Kontrolle (Kap. 4.2.4) und (5) Alternativlosigkeit (Kap. 4.2.5).

---

3   Das „Gelingen" bzw. die „Prekarität" bezieht sich in unserer Studie also in erster Linie auf das Wohlbefinden der Pflegeperson. Inwiefern die Versorgung der pflegebedürftigen Person tatsächlich gut „gelingt" oder nicht, konnte nicht überprüft werden; uns liegen lediglich die Beschreibungen der Pflegearrangements aus Sicht der sorgenden Angehörigen vor und die Informationen zu Problemen, die von diesen selbst thematisiert wurden.

Tab. 3: Das Bewältigungshandeln sorgender Angehöriger: eine Typologie

	Eher gelingende Pflegebewältigung			Eher prekäre Pflegebewältigung	
	Typ 1 Pflegeorganisation rund um die Erwerbstätigkeit	**Typ 2** Aktive Nutzung von Familienressourcen	**Typ 3** Sinnstiftung	**Typ 4** Ringen um Kontrolle	**Typ 5** Alternativlosigkeit
Sozio-ökonomischer Status	Hoher SÖS	Hoher oder niedriger SÖS	Hoher oder niedriger SÖS	Hoher oder niedriger SÖS	Hoher oder niedriger SÖS
Geschlecht	Umfasst beide Geschlechter, Geschlecht als Differenzkategorie eher nicht relevant	Umfasst beide Geschlechter, Geschlecht als Differenzkategorie eher nicht relevant	Umfasst beide Geschlechter; geschlechtsspezifische Identitätskonstruktionen werden deutlich	Umfasst nur Frauen	Umfasst nur Frauen
Erwerbsstatus	Vollzeit oder Teilzeit	Vollzeit oder Teilzeit	Keine Erwerbstätigkeit	Vollzeit oder Teilzeit	Keine Erwerbstätigkeit
Ethnizität	Umfasst sorgende Angehörige mit und ohne Migrationshintergrund	Umfasst nur sorgende Angehörige mit Migrationshintergrund	Umfasst sorgende Angehörige mit und ohne Migrationshintergrund	Umfasst sorgende Angehörige mit und ohne Migrationshintergrund	Umfasst sorgende Angehörige mit und ohne Migrationshintergrund
Selbstsorgeorientierung	Hohe Selbstsorgeorientierung	Hohe Selbstsorgeorientierung	Hohe Selbstsorgeorientierung	Hohe Selbstsorgeorientierung	Geringe Selbstsorgeorientierung
Formen des Selbstsorgehandelns	Aufrechterhaltung der Erwerbstätigkeit und Zukauf von Diensten	Aufrechterhaltung der Erwerbstätigkeit und Nutzung von Familienressourcen	Konstruktion von Pflege als Teil der eigenen Biographie	Zukauf von Diensten und Aufrechterhaltung der Erwerbstätigkeit, aber instabiles Selbstsorgehandeln	Selbstsorgehandeln kann nicht ausgeübt werden
Fallbeispiele im Sample	*Herr Kaya, Frau Keller, Herr Otten, Herr Stelter, Frau Cordes (I), Frau Heinrich (I)*	*Frau Uenal, Herr Aydin, Frau Demir*	*Herr Behrens, Herr Münster, Herr Yildirim, Frau Heinrich (II), Frau Goder*	*Frau Meierjohann, Frau Yüksel, Frau Herbst, Frau Jakobi*	*Frau Kessler, Frau Aslan, Frau Bührmann, Frau Cordes (II)*

Fußnote: Aufgrund der nun erfolgten tiefer gehenden Analyse sind einzelne Fälle im Vergleich zur FGW-Studie (Auth u.a. 2018) anderen Typen zugeordnet worden. Die Ergebnisse der Typenbildung haben sich dadurch jedoch nicht grundsätzlich verändert, die Typologie hat sich bestätigt. Geändert wurde auch die Reihenfolge der Typennummerierung bei der „eher prekären" Pflegebewältigung: „Ringen um Kontrolle" wurde als Typ 4 nummeriert, da dieser Typ näher an der „eher gelingenden" Pflegebewältigung liegt als der nunmehrige Typ 5 „Alternativlosigkeit".

4.2 Typen Sorgender Angehöriger

4.2.1 Typ 1: Pflegeorganisation rund um die Erwerbstätigkeit

Die Pflegepersonen im Typus 1, „Pflegeorganisation rund um die Erwerbstätigkeit", sind einer „eher gelingenden" Pflegebewältigung zugeordnet. Charakteristisch für die sorgenden Angehörigen dieser Gruppe ist, dass sie mit Eintritt in die Pflegesituation den eigenen Lebensentwurf nicht den Pflegebedürfnissen des zu versorgenden Elternteils unterordnen, sondern eine stark ausgeprägte Selbstsorgeorientierung zeigen. Zentrales Merkmal des Bewältigungshandelns bei allen Pflegeentscheidungen zur häuslichen Pflegeorganisation ist das explizite Streben nach Erhalt der Erwerbstätigkeit. Während die sorgenden Angehörigen des Typus 1 sowohl nach Geschlecht als auch nach dem Migrationshintergrund variieren, weisen alle hier verorteten Personen einen hohen SÖS auf. Das betrifft das Einkommen (mindestens bei Eintritt in die Pflegesituation) ebenso wie den Bildungsstand. Die Selbstsorgestrategie „Aufrechterhaltung der Erwerbstätigkeit" erweist sich bei langen Pflegedauern und/oder schwerer Pflegebedürftigkeit besonders abhängig von intermediären und strukturellen Rahmenbedingungen (vgl. Kap. 4.1) und kann unter Umständen zu einer Änderung der Pflegebewältigungsstrategie und damit einem Typwechsel führen.

Nachfolgend werden zunächst die charakteristischen Muster der Pflegebewältigung des Pflegetypus 1 anhand der Fallbeispiele von Frau Keller und Herrn Kaya detailliert aufgezeigt. Die Fallbeschreibungen der übrigen dem Pflegebewältigungstyp 1 zugeordneten Sorgepersonen sind im Anhang angefügt (Herr Otten, Herr Stelter und Frau Cordes). Im Anschluss wird eine fallvergleichende Analyse vorgenommen.

Fallbeispiel Frau Keller

> „Die haben sich um uns gekümmert und jetzt sind die dran."

Frau Keller ist verheiratet und hat keine Kinder. Sie ist Akademikerin, arbeitet seit 39 Jahren in der gleichen Organisation und bekleidet zum Zeitpunkt des Interviews eine leitende Beamt*innenposition. Sie sieht sich im Alter von 58 Jahren plötzlich und unerwartet vor die Aufgabe gestellt, für die bis dato selbständig lebenden Eltern[4] ein Pflegearrangement zu organisieren. Der eigene Wohnort

---

4 Das Interview fand nach dem Tod des Vaters statt, so dass sich die Aussagen von Frau Keller im Interview überwiegend auf die Sorgeaufgaben für die Mutter beziehen.

und ihr Arbeitsort sind in 30 bzw. max. 60 Minuten Fahrtzeit zum Haushalt der Eltern gelegen, je nach Verkehrssituation. Die Sorgeverantwortung kann sie mit zwei Schwestern teilen. Eine Schwester lebt in der Nähe; sie ist ebenfalls in Vollzeit erwerbstätig und teilt mit Frau Keller die alltäglichen Sorgeaufgaben. Die zweite Schwester lebt mit ihrem Mann und zwei Kindern im Ausland. Sie wird stets in relevante Entscheidungen im Pflegeprozess eingebunden. Pflegeaufgaben übernimmt sie zeitweise, beispielsweise um den Schwestern Urlaub zu ermöglichen. Der Ehemann übt ebenfalls eine leitende Funktion in Vollzeit aus. Einzeln und als Paar haben sie einen hohen SÖS, was sich an den akademischen Bildungsabschlüssen, den beruflichen Stellungen und am monatlichen Haushaltsnettoeinkommen ablesen lässt.

Pflegesituation
Bis Mai 2016 hat Frau Kellers Vater das selbständige Leben der Eltern sichergestellt, da die Mutter bereits seit vielen Jahren durch eine starke Sehbehinderung in ihren Aktivitäten des täglichen Lebens beeinträchtigt war. Nach einem schweren Herzinfarkt wird der Vater pflegebedürftig aus der stationären medizinisch-therapeutischen Behandlung nach Hause entlassen, und Frau Keller und ihre Schwestern nehmen die Organisation eines häuslichen Pflegearrangements in Angriff. Wenige Monate später verschlechtert sich der Gesundheitszustand der Mutter nach einer Hirnblutung (es bleiben Lähmungen einer Körperseite zurück) und führen zur Einstufung in Pflegegrad 3. Der Vater verstirbt bald darauf. Obwohl die kognitive Gesundheit der Mutter die Pflegesituation aus Sicht von Frau Keller insgesamt erleichtert, ist der Zeitbedarf für die Versorgung der Mutter hoch und fällt täglich an. Mit der Rückkehr des Vaters in die eigene Häuslichkeit haben Frau Keller und ihre Schwestern Wohnraumanpassungen veranlasst und sich zunächst für die aus ihrer Sicht „ideale" Lösung einer sog. „24-Stunden-Pflege" entschieden. Über eine Agentur vermittelt ziehen im Wechselmodell zwei ausländische Betreuungskräfte in den Haushalt der Eltern ein.

> „Wir hatten zwei unterschiedliche Frauen, die jeweils einen Monat nur da waren. Und damit kamen meine Eltern gar nicht zurecht. Und so, dass wir dann im Anfang Januar den Vertrag nicht weiter verlängert haben und umgestellt haben jetzt auf einen Pflegedienst, der zu meiner Mutter kommt (Mhm) morgens und abends, und Essen auf Rädern in der Mittagszeit. Und eine Nachbarin, die einmal am Tag gucken geht." (Frau Keller, Z. 82-87)

Nachdem diese Versorgungsform am Widerstand der Eltern scheitert, übernimmt Frau Keller an insgesamt drei Tagen in der Woche (im Wechsel mit der Schwester) Sorgeaufgaben im elterlichen Haushalt und setzt dies nach dem Tod des Vaters so fort. Am Wochenende organisiert sie ein gemeinsames Familienessen im Haushalt der Mutter. Morgens und abends kommt ein Pflegedienst; ein Mahlzeitendienst und die Nachbarin sind ebenfalls fest in die tägliche Versorgung eingebunden. Jede Woche 15 bis 18 Stunden für die Betreuung der Mutter in ihr bisheriges Leben zu integrieren, gelingt Frau Keller, indem sie Pflege, Arbeit und Privatleben in neuen Routinen strukturiert. Zu ihren Aufgaben zählen alltagspraktische Hilfen, bürokratische Angelegenheiten und die emotionale Unterstützung der Mutter. Ihre Arbeitstage verlängern sich damit auf bis zu 14 Stunden in der Kombination aus Erwerbs- und Sorgearbeit.

> „Und jeden ... wie gesagt, jeden zweiten Tag fahre ich dann direkt von hier [Büro] nach [Stadt]. Ich habe die Wäsche von ... also die Wäsche von meiner Mutter übernommen. Das heißt, dass ich quasi an den Tagen dazwischen irgendwie noch so diese Wäsche mache. (Mhm) Und ich habe den Papierkram übernommen. Also diese ganzen Versicherungen, Rentensachen und so." (Frau Keller, Z. 418-423)

Trotz der Installation der Dienste und der Unterstützung der Nachbarin sieht Frau Keller nicht alle Bedarfe nach ihren Idealvorstellungen gedeckt und *„[die Schwestern] suchen noch nach einer Lösung, die passen könnte [...]"* (Frau Keller, Z. 263f). Dabei ist sie sich nicht nur der Grenzen des Systems, sondern auch der eigenen Belastungsgrenzen bewusst.

> „Also es ist auch so, dass ich dann auch manches Mal denke: Naja, mal gucken, wie lange du das durchhältst zeitlich, auch diese zeitliche Belastung. Aber auch so, pfft, man hat auch immer irgendwie dieses Gefühl, zu wenig getan zu haben, ne? Man hätte noch mehr machen können. Dann kommt man zu Hause an, dann denkt man wieder: Ach, hast du wieder was vergessen irgendwie zu tun." (Frau Keller, Z. 870-874)

Die Entscheidung für einen Übergang der Mutter in eine stationäre Versorgung liegt noch in der Zukunft, wird von Frau Keller jedoch angesichts der angedeuteten latenten Überforderung in der Pflegesituation bereits (sorgenvoll) mitgedacht.

Selbstverständnis als Sorgeperson

Frau Keller und ihre Schwestern haben die Übernahme der Sorgeverantwortung und eine häusliche Pflegeorganisation für die Eltern nie in Frage gestellt.

> „Es war so, dass wir wussten, es muss irgendwann mal was passieren, weil meine Eltern beide alt waren (Mhm) und wir wussten ja, wie es war. Aber so dieses Thema ist immer vermieden worden. Und dann kamen wir wirklich da rein und was für uns alle klar war, war, dass wir die beiden solange wie möglich zu Hause halten wollen." (Frau Keller, Z. 170-174)

Aus einem Austauschmotiv (Reziprozität) heraus hat Frau Keller die Rolle als sorgende Tochter übernommen und verortet ihr Handeln explizit im „Generationenvertrag". Eine Erwartungshaltung seitens der Eltern hat sie hingegen nie empfunden. Die Pflegeübernahme und die konfliktfreie Arbeitsteilung mit der Schwester werden zudem durch die unterstützende Haltung der jeweiligen Ehepartner erleichtert.

> „Ja, ja, (Ja) also das ist jetzt nichts, was meine Eltern einfordern oder – oder so, sondern das ist wirklich bei allen dreien hier, und Gott sei Dank spielen auch unsere Männer mit, also unsere Partner mit, (Mhm) dass das wirklich so gar keine Diskussion gab." (Frau Keller, Z. 342-345)

Die Eigenverantwortung, die Frau Keller ihrer Mutter im Alltag trotz der körperlichen Einschränkungen zuschreibt, verschafft ihr zusätzlichen Entlastungsspielraum für die Selbstsorge.

> „Es ist auch zum Teil wie so ein gesundes Gottvertrauen. Also das sagte zum Beispiel meine [im Ausland lebende] Schwester: Ja, du kannst nicht die ganze Zeit dabei sein und auf sie aufpassen. Das ist genau wie mit Kindern. Irgendwie sind sie auch für sich selber verantwortlich, (Mhm) ne?" (Frau Keller, Z. 875-879)

Frau Keller expliziert hier sehr deutlich, dass ihre persönliche Grenze für die Pflege der Mutter entlang ihrer Erwerbsarbeit verläuft. So sagt sie beispielsweise aus *„dass es sie noch stärker emotional binden"* würde, wenn sie *„halbe Tage arbeiten und täglich zu ihrer Mutter fahren würde"* (Frau Keller, Z. 575f). Auch die Präsenzarbeit im Büro als „sozialen Aspekt" möchte sie erhalten; ein Ausdruck ihres Wunsches nach Distanznahme von der Rolle als sorgende Tochter. Auch die Aufnahme der Mutter in den eigenen Haushalt – als eine denkbare Versorgungsoption scheidet für sie aus: *„das würde keine – keine unserer drei Familien aushalten"* (Frau Keller, Z. 469). Für einen begrenzten Zeitraum wie die Sterbephase könnte sie sich hingegen

> „[...] vorstellen, dass dann [die Inanspruchnahme von Pflegezeit] vielleicht infrage kommt. (Mhm) Also das wäre dann auch was, was wir ... würde ich wahrscheinlich sagen, was wir uns wieder teilen würden auch, wenn es geht." (Frau Keller, Z. 680-684)

Die Rolle der erwerbstätigen Frau ist für Frau Keller identitätsstiftend; ihre beruflichen Aufgaben tragen zu ihrer Lebenszufriedenheit und zum Erhalt des eigenen Lebensentwurfs bei.

> „Es ist auch eine Arbeit, die ich gerne mache. Also [...] von daher, es ist eine – eine sehr hohe Bedeutung. Also es ist so, ja, auch so meine Interessen werden hier auch mit abgedeckt, ja? (Frau Keller, Z. 798-800)

Die Bereitschaft, auf Wunsch der Eltern die sog. „24-Stunden-Pflege" zu beenden, zeigt auf, dass die Anerkennung des Selbstbestimmungsrechtes der Eltern bzw. der Mutter für Frau Keller eine hohe Bedeutung hat. Die aus dem Vollzeit-Erwerbsverhältnis und ihrer Leitungsfunktion erwachsenden Zeitkonflikte muss Frau Keller hier allerdings lösen. Unterstützung findet sie dabei in der ausgeprägten und ermöglichenden Pflegesensibilität ihres Betriebes, der seinen Mitarbeiter*innen nicht nur Arbeitszeitsouveränität, sondern betriebsintern einen Zugang zu pflegerelevanten Informationen ermöglicht. Frau Keller versteht diese Angebote im Sinne einer „eher gelingenden" Pflegebewältigung zu nutzen.

> „Die sind auch ... die stehen im Intranet bei uns und haben auch ab und zu ... wir haben mittags schon mal solche Fortbildungsveranstaltungen, so eine Stunde Gespräche, wo die sich auch vorstellen. Und das geht also ganz einfach, man ... die Telefonnummer steht drin, man ruft die an und (Mhm) dann treffen die sich mit einem." (Frau Keller, Z. 643-647)

Das zentrale Element der Selbstsorgestrategie „Erhalt der Erwerbstätigkeit" wird von weiteren bedeutsamen und alltagsstrukturierenden Elementen flankiert. Frau Keller benennt hier sowohl regelmäßige gemeinsame Aktivitäten mit Freunden als auch das Reisen, die auch nach der Pflegeübernahme – gleichwohl mit einem höheren Planungsaufwand – fester Bestandteil im Alltag des Paares bleiben.

> „Also dadurch, dass wir sowieso eigentlich Sozialleben immer eher am Wochenende hatten, (Mhm) machen wir das jetzt also wirklich, dass wir immer einen Tag frei haben am Wochenende, und der ist dann auch wirklich für Freunde und so reserviert. (Mhm) Also oder auch jetzt während der Woche noch mal, also gestern waren wir kegeln. Also das ist uns wichtig. (Mhm) Also dass wir das beibehalten." (Frau Keller, Z. 498-503)

Frau Keller bewertet Krankheit und Pflegebedürftigkeit als zugehörig zum Lebenslauf und verschafft sich so – für die Konstruktion ihres (neuen „normalen") Familienlebens – einerseits die notwendige Sicherheit für ihre Rolle als sorgende Tochter und zugleich Handlungsspielraum für die Selbstsorge.

> „Auf der einen Seite ist es ein normales – normales Familienleben. Also das gehört einfach dazu. Es gehört zum Leben dazu. (Mhm) Also, ne? Also [lacht kurz] es ist jetzt ... ja, also entweder hat man kleine Kinder oder irgendwas, also es ist halt Teil – Teil des Lebens (Mhm) auch, alt zu werden, krank zu sein." (Frau Keller, Z. 863-866)

Die kognitive Gesundheit der Mutter spielt eine entscheidende Rolle für die Aufrechterhaltung der häuslichen Pflege. Auf ein Fortschreiten der Pflegebedürftigkeit und vor allem mögliche kognitive Einbußen der Mutter blickt sie mit emotionaler Ambivalenz; bei der Thematisierung einer zukünftig anstehenden Entscheidung zwischen Häuslichkeit und Heim vertritt sie zwar eine persönliche Grenze der Pflegebereitschaft, wenn etwa ihre Ehe zu sehr unter der Situation leiden müsse, zeigt aber gleichzeitig starke negative Emotionen (Traurigkeit und Sorge). Frau Kellers erwerbszentrierter Lebensentwurf als Ausdruck eines nicht-geschlechtsrollenkonformen, erwerbsorientiertem Rollenmodells (vgl. Kap. 5.2) unterstützt dennoch gerade in solchen emotional ambivalenten Entscheidungssituationen ihre Selbstsorgeorientierung und es ist ihr im bisherigen Pflegeprozess gelungen, ihre Lebenskonstruktion mit Vollzeit-Erwerbstätigkeit aufrechtzuerhalten.

Fallbeispiel Herr Kaya

„Wenn man halt ein gutes Herz hat, dann kann man auch nicht irgendwie sagen, naja, komm, lass mich in Ruhe."

Herr Kaya (39) ist verheiratet, hat keine Kinder und ist seit zehn Jahren in seinem derzeitigen Betrieb in Vollzeit erwerbstätig. Seit 2010 trägt er die Sorgeverantwortung für seinen Vater, der zunächst körperlich, seit 2014 auch demenzbedingt pflegebedürftig ist. Herr Kaya hat einen türkischen Migrationshintergrund und beschreibt sich als nicht gläubiges Mitglied der muslimischen Religionsgemeinschaft. Während die Eltern Einwanderer der ersten Generation sind, ist er (ebenso wie die Geschwister) in Deutschland geboren und aufgewachsen. Herr Kaya und seine Ehefrau haben einen akademischen Abschluss; der SÖS ist hoch, sowohl bezogen auf Bildung als auch auf das Einkommen. Während der letzten Jahre hat sich Herr Kaya beruflich zu einer erfolgreichen Führungskraft weiterentwickelt. Seine tatsächliche Arbeitszeit liegt nach eigenen Angaben deutlich über dem vereinbarten Arbeitsumfang. Seine Ehefrau ist ebenfalls in Vollzeit erwerbstätig und beruflich „sehr eingespannt". Seine Mutter und die Geschwister sind aus unterschiedlichen Gründen nicht an der Sorgeverantwortung für den Vater beteiligt. Der Vater hat mit einer Vollmacht ausschließlich Herrn Kaya in die Hauptverantwortung für alle (Pflege-)Entscheidungen eingesetzt.

Pflegesituation

Herr Kayas Vater ist 83 Jahre alt und lebt bereits seit 2010 – angewiesen auf tägliche Unterstützung – alleine in der früheren Familienwohnung. Die Wohnentfernung zu Herrn Kaya beträgt 30 Minuten mit dem Auto. Der Eintritt in die Pflegesituation nach einer schweren Operation fällt zeitlich mit der Trennung der Eltern zusammen. Die Schwester und ein Bruder von Herrn Kaya leben in der Nähe, während ein weiterer Bruder in der Türkei lebt. Herr Kaya beschreibt die Übernahme der Pflegeverantwortung als Folge seiner engen Beziehung zu seinem Vater. Die Beziehung der Geschwister zum Vater ordnet er als weniger eng und eher konflikthaft ein.

„Und seitdem ist diese Pflegesituation immer mehr entstanden. Und es hat mich dann auch immer mehr an ihn gebunden. [...] Das heißt, mein Vater lebt alleine zu Hause seit 2010 und ich begleite ihn ständig dabei. Täglich. Ja, das ist so die familiäre Situation." (Herr Kaya, Z. 24-28)

Erst 2016 bemüht sich Herr Kaya nach einem wiederholten Krankenhausaufenthalt auf Anraten der Ärzte um eine Pflegebegutachtung. Der MDK vergibt die „Pflegestufe I mit Demenz", die im Januar 2017 in den Pflegegrad 3 überführt wird. Eine erneute Begutachtung hat Herr Kaya nicht thematisiert. Sein Pflegeumfang beträgt ca. 15 Stunden pro Woche und es kommt zudem regelmäßig vor, dass er unerwartet zu seinem Vater gerufen wird und/oder plötzlich notwendige Krankenhausaufenthalte begleiten und organisieren muss.

„Abbrechen [die Arbeit] und hinfahren. Das ist das Einzige, da zählt einfach nur erst mal sozusagen der ... die Gesundheit meines Vaters. Und dann muss ich auch hier und da mal abbrechen, ne?" (Herr Kaya, Z. 1139-1141)

In die häusliche Pflege ist bis zum aktuellen Krankenhausaufenthalt zwar ein Pflegedienst eingeschaltet. Dieser stellt und verabreicht jedoch lediglich die Medikamente. Herr Kaya leistet seit sieben Jahren alle anderen Sorgeaufgaben. Die aktive Beteiligung seiner beruflich stark eingespannten Frau an der Pflege des Vaters lehnt Herr Kaya strikt ab, schätzt aber ihre emotionale Unterstützung.

„Also ich erwarte jetzt nicht, dass sie ... dass sie mich da großartig unterstützt. Das habe ich aber mit ihr in Ruhe besprochen, weil sie das natürlich schon von sich aus angeboten hat. Und – und vieles machen wollte. Ich habe die da konsequent rausgehalten, das möchte ich auch so beibehalten. Ja, das muss nicht sein, dass – dass die dann auch noch [lacht kurz] sich mit den Themen beschäftigt." (Herr Kaya, Z. 75-79)

Die einzige regelmäßige familiale Unterstützung hat Herr Kaya durch seinen Bruder, der zeitweise die Pflege übernimmt, um ihm und seiner Frau Urlaub zu ermöglichen. Zum Interviewzeitpunkt befindet sich der Vater zum wiederholten Male nach einem Sturz in stationärer Krankenhausbehandlung und Herr Kaya hat sich für den Übergang in eine stationäre Versorgung entschieden.

Selbstverständnis als Sorgeperson

Für Herrn Kaya zeigen sich drei Rollen bedeutsam, die für sein Handeln in der Pflegesituation sowohl ihre je eigene Relevanz tragen, zugleich aber in Konkurrenz stehen. Das sind (1) der sorgende Sohn, (2) der achtsame Ehemann und (3) die karriereorientierte Führungskraft.

Herr Kaya, der in seiner Familie seit jeher „Hauptkümmerer" war – insbesondere für die Angelegenheiten der Eltern – nimmt auch angesichts der schweren

Pflegebedürftigkeit des Vaters die Rolle des sorgenden Sohnes an. Über seine persönlichen Grenzen macht er sich zu diesem Zeitpunkt keine Gedanken.

„Insofern war das von – von Beginn an irgendwie auch klar, da hat man auch nicht so drüber gesprochen. [...] sondern [ich habe mich] da ehrlich gesagt [...] reinziehen lassen." (Herr Kaya, Z. 236f, 295)

Im Kontext von Erwerbsarbeit erlebt Herr Kaya einen ersten Rollenkonflikt. Als karriereorientierte Führungskraft benötigt er dringend zeitliche Entlastung durch die Einschaltung von Pflegediensten, die sein Vater allerdings von Beginn an und wiederholt ablehnt. Gleichzeitig nimmt der sorgende Sohn die muslimisch geprägten kulturellen Erwartungen seines Vaters sehr ernst. Da der Vater – und hier wird dessen Migrationshintergrund indirekt für das Handeln des Sohnes relevant – für die Körperpflege keine fremde Person akzeptiert, hat Herr Kaya sich „[...] ein Stück weit [...] die Belastung auch selber auferlegt an der Stelle" (Z. 374f), indem er die Körperpflegeaufgaben selbst übernimmt. Mit dem Fortschreiten der Demenzerkrankung ist eine Änderungsbereitschaft beim Vater immer weniger zu erwarten. Vor dem Hintergrund dieser Wechselwirkungen wird die Selbstsorgeorientierung von Herrn Kaya immer wieder aufs Neue herausgefordert.

Eine weitere Rolle nimmt Herr Kaya als achtsamer Ehemann ein. Er strebt danach, den (zeitlichen und emotionalen) Einfluss der Pflege des Vaters auf seine Ehe möglichst gering zu halten. Hier zeigt sich, dass er die Trennung der beiden familiären Lebenswelten trotz der eigenen hohen Belastung konsequent aufrechterhält.

„Ja, aber darauf habe ich schon Wert gelegt, weil ich halt auch natürlich wollte, dass der ... dass wir ... dass – dass meine Frau auch, ich sage mal so, das Leben auch ein Stück weit ... dass das nicht zu ein- eingeschränkt ist, ja? Wenn jetzt der Urlaub darunter leiden würde, das – das wäre zu viel auch einfach." (Herr Kaya, Z. 649-652)

Seine Rolle als Führungskraft wirft für Herrn Kaya erhebliche Konflikte um die Verteilung von Zeitressourcen zwischen Beruf und der zeitlich aufwändigen Pflege des Vaters auf; zumal er diese ohne wesentliche Entlastung durch die Herkunftsfamilie leistet. Herr Kaya priorisiert seine Erwerbsarbeit zwar deutlich, schließt in seine eigenen Lebensziele aber generell auch gemeinsame Pläne und (Frei-)Zeit mit seiner Frau ein. Die berufliche Weiterentwicklung und ein zukunftsgerichteter Blick auf die Sicherung seines Lebensentwurfs sind die beiden zentralen Elemente seiner Selbstsorgestrategie. Von einer Reduzierung seiner Arbeitszeit für die Pflege des Vaters distanziert er sich.

„Also ich habe mir ... doch, einmal habe ich mir überlegt, was machst du jetzt? Also du könntest ja sagen, okay, ich höre jetzt mit dem Job mal auf, ja? Dann habe ich erst mal komplett, ja, nicht reduzieren, einfach mal so komplett raus und dann bin ich komplett für meinen Vater da. Aber dann dachte ich mir, wo – wo soll das hinführen? Weil ich möchte ... ich habe ja nicht das Ziel sozusagen Pfleger zu werden, sondern möchte mich dann auch natürlich persönlich weiterentwickeln und – und auch eben dafür – dafür sorgen, dass – dass, sagen wir, meine Pläne irgendwo realisiert werden." (Herr Kaya, Z. 1008-1015)

Hilfreich für das „Gelingen" der Pflegebewältigung und ganz konkret für die Vereinbarkeit von Pflege und Beruf sind für Herrn Kaya ein hohes Maß an Arbeitszeitsouveränität, an Entscheidungsfreiheit sowie seine Mobilität per Auto. Alle drei Faktoren ermöglichen ihm, die Pflegeaufgaben – auch die nicht planbaren – in seinen Alltag zu integrieren.

„Ich habe Gott sei Dank eine – eine Arbeit, wo ich meine Zeit, wenn ich keine externen Termine habe, selber einteilen kann. Das ist ein Segen in so einem Fall. Ich bin mobil. Ich habe ein Auto, also einen Firmenwagen. Also das sind alles so Sachen, wenn ich die nicht gehabt hätte, dann hätte ich schon Probleme." (Herr Kaya, Z. 112-116)

Zu Beginn der Pflege übernimmt Herr Kaya viele Kosten selbst, weil er es sich leisten kann und will. Der Verzicht auf Informationssuche, Wissensaneignung und das Ausfüllen von Antragsformularen bedeutet Zeitersparnis. In seiner Wahrnehmung steht der Ertrag (Geldleistung und Hilfsmittelerstattung der Pflegekasse) in keinem angemessenen Verhältnis zum Aufwand.

„Aber bis man all die Dinge da mal sozusagen zusammen hat, kostet das ja extrem viel ... extrem viel Zeit. Und das schreckt dann auch irgendwo ab und dann sage ich, komm, für die paar Öcken, die du da bekommst ... [lacht]" (Herr Kaya, Z. 947-950)

Eine derart pragmatische Pflegeorganisation (in seinem Fall mit der Eigenfinanzierung notwendiger Hilfsmittel) kann sich Herr Kaya nur auf Grund seines hohen SÖS leisten und sich die (zeitliche) Entlastung schaffen, die er für seinen Beruf so dringend benötigt. Insgesamt scheint die Erwerbsarbeit für Herrn Kaya trotz der explizierten Zeitkonflikte deshalb eher positiv zu wirken. Durch den Erfolg und die daraus erwachsende Zufriedenheit in seinem Job gelingt es Herrn Kaya, Distanz zu seiner Rolle als sorgender Sohn zu schaffen.

„Jaja, auf jeden Fall. Ich bin teilweise froh, ja, also dass ich dann mich vertiefen kann in die Arbeit und das hilft schon, definitiv. Ja, aber es ist teilweise, auch wenn [lachend] sich das blöd anhört, teilweise wie Urlaub, ja. Ja, weil man einfach woanders ist mit den Gedanken. (Herr Kaya, Z. 1156-1167)

Herr Kaya handelt stets mit Blick auf seine persönliche „Grenze des Möglichen", die er angesichts der Gesamtherausforderung an seine Lebenssituation erlebt. Diese Grenze reflektiert er immer wieder entlang seiner drei um Zeitressourcen konkurrierenden Lebenskontexte Herkunftsfamilie, Ehe und Berufsleben. „*Ja, und solange das funktioniert, solange ich nicht daran kaputt gehe sozusagen, mache ich das weiter [...]."* (Herr Kaya, Z. 1090f)

Mit dem anstehenden Wechsel des Vaters vom Krankenhaus in ein Pflegeheim steht für Herrn Kaya als weitere Bewältigungsaufgabe das Thema Loslassen bzw. Abgeben von Verantwortung an. Diese emotional ambivalente Entscheidungssituation zwischen stationärer und häuslicher Pflege bezeichnet Herr Kaya als „zwiespältiges Gefühl" und verdeutlicht hier einmal mehr seine Rollenkonflikte zwischen Fürsorge (als Sohn) und Selbstsorge (als Ehemann und Führungskraft). Der Migrationshintergrund des Vaters – er spricht und versteht demenzbedingt kaum noch Deutsch – erschwert Herrn Kaya die Entscheidung zwar zusätzlich; nach sieben Jahren häuslicher Pflege sieht sich Herr Kaya jedoch an seiner persönlichen Grenze des Möglichen angekommen.

„Aber das wird wahrscheinlich nicht lange dauern, dass er wieder ins Krankenhaus kommt. Und genauso ist es auch gekommen. So, und deswegen ist das jetzt aktuell so eine Situation, wo ich sage, das ist einfach nicht mehr verantwortungsvoll, ihn nach Hause zu bringen. Das kann ich jetzt auch nicht mehr verantworten. So – so gern ich es tun würde. Und deswegen sind wir gerade dabei, eine andere Lösung zu finden, dass man sagt, er kommt jetzt irgendwo unter." (Herr Kaya, Z. 740-746)

In dieser höchst sensiblen Pflegephase zeigt sich die Reflexionsfähigkeit von Herrn Kaya (als Teildimension des hohen Bildungsgrades) wirksam und es gelingt ihm, seine persönlichen Lebenspläne über die Wünsche des Vaters zu stellen.

„Das kann halt nicht sein, dass er uns sozusagen so vereinnahmt, dass unser Leben darunter leidet. Das darf dann auch nicht passieren, ja? Es gibt ja so ein Sprichwort im Türkischen: Wenn du dir selbst nicht helfen kannst, dann kannst du niemandem helfen. Das ist ja auch so. Insofern muss man natürlich gucken, dass es einem selber gut geht einigermaßen". (Herr Kaya, Z. 1248-1253)

Für Herrn Kaya, der mit der Pflegesituation in einer frühen Phase seiner beruflichen Entwicklung konfrontiert wurde, ist die Aufrechterhaltung der Erwerbstätigkeit auch im Pflegeprozess von zentraler Bedeutung. Dabei stehen nicht finanzielle Gründe, sondern vor allem seine persönlichen beruflichen Ziele im Vordergrund. Herr Kaya behält seine eigene Lebenskonstruktion mit den Säulen Beruf, (Herkunfts-)Familie und Partnerschaft immer im Blick. Die Rollen, in denen er sich im Beruf (als erfolgreiche Führungskraft), aber auch in der Familie – als Ehemann und „Kümmerer" – in einem „beschützenden" Sinne positioniert, sind männlich konnotiert und zeigen eine Wirksamkeit der Kategorie Geschlecht an.

Fallvergleich

Die erwerbstätigen Angehörigen sind nach Übernahme der Sorgeverantwortung für Mutter oder Vater über den gesamten Pflegeprozess hinweg herausgefordert, die eigenen beruflichen und privaten Bedürfnisse mit den Pflegebedarfen und -bedürfnissen der pflegebedürftigen Person in Einklang zu bringen sowie die Verfügbarkeit/Erreichbarkeit von personalen, informellen und/oder strukturellen Ressourcen zu prüfen, zu aktivieren und in ein Pflegearrangement umzusetzen.

Entscheidend für die analytische Zuordnung der befragten Sorgepersonen zum Typus 1 ist der selbstbestimmte und überzeugte Erhalt der Erwerbstätigkeit als zentrale Selbstsorgestrategie bei Übernahme der Pflegeverantwortung. So suchten alle Töchter und Söhne dieser Gruppe – mindestens zu Beginn des Pflegeprozesses – in ihren Betrieben nach Möglichkeiten der flexiblen Arbeitszeitgestaltung und/oder einer autonomen Arbeitsorganisation. Wie erfolgreich sich diese Selbstsorgestrategie umsetzen lässt und zum „Gelingen" der Pflegebewältigung beitragen kann, hängt von der praktizierten (und praktizierbaren) Pflegesensibilität der jeweiligen Betriebe, aber auch von der Durchsetzungsmacht der Beschäftigten im Kontext ihrer Arbeitsverhältnisse ab. Während Frau Keller und anderen (Herr Otten, Herr Stelter, Frau Heinrich I) in größeren Organisationen ein Spektrum an vereinbarkeitsförderlichen Optionen zur Verfügung steht (pflegerelevante Informationen, Gleitzeitmodelle, die Möglichkeit der Telearbeit und/oder zeitliche Freiheiten bei der Arbeitsorganisation, seit 2008/2017 Erleichterungen durch die Pflegezeitgesetze), sind Herr Kaya und andere (Frau Cordes I) in kleinen Betrieben auf die Kulanz ihrer Arbeitgeber für individuelle Vereinbarungen angewiesen. Hier kann Herr Kaya noch vergleichsweise selbstbestimmt seine Vereinbarkeitsbedarfe durch seine „sichere Verhandlungsposition" als Führungskraft durchsetzen.

Die Selbstsorgeorientierung der Pflegepersonen im Typus 1 ist nicht gleichbedeutend mit einer generellen Distanzierung von der Übernahme der Fürsorgeverantwortung. Die dezidierte Bereitschaft zur Übernahme von Sorgeaufgaben ist in allen Fällen des Typus 1 deutlich ausgeprägt, wenn auch zwischen emotionaler und verpflichtend werteorientierter Entscheidung variierend. Leitendes Motiv ist die jeweils persönliche Deutung des sog. Generationenvertrages und ein darin eingebettetes Reziprozitätsmotiv. Während Frau Keller, Herr Kaya und einige andere (Herr Otten, Frau Cordes, Frau Heinrich) eine hohe (positive) emotionale Bindung an die jeweiligen pflegebedürftigen Elternteile haben, fühlt sich die pflegende Person in einem weiteren Fall (Herr Stelter) nur bedingt moralisch an das der Mutter gegebene Versprechen gebunden, dass sie nicht ins Heim käme.

Innerhalb des Typus 1 bestimmen auch die je individuellen Pflegeverläufe und Rahmenbedingungen der Pflegesettings maßgeblich, wie Pflegeentscheidungen im fortschreitenden Pflegeprozess und entlang der Grenzen von Selbstbestimmung und Kontrollerleben getroffen und umgesetzt werden (können). Mit Hilfe der intersektionalen Analyseperspektive konnte für die erwerbstätigen Sorgepersonen des Typus 1 herausgearbeitet werden, welchen fallspezifischen Ermöglichungen und Begrenzungen das Selbstsorgehandeln über den dynamisch verlaufenden Pflegeprozess hinweg unterworfen ist.

Das Merkmal „die Pflegewünsche des Elternteils nicht bedingungslos zu erfüllen", sondern die Bedürfnisse in Bezug auf den eigenen Lebensentwurf mindestens gleichrangig zu berücksichtigen, zeigt sich dabei unterschiedlich ausgeprägt. In fast allen Fällen werden in unterschiedlichem Umfang professionelle und/oder informelle Pflegedienstleistungen zur Bewältigung der Pflegeanforderungen hinzugezogen. Während Frau Keller und Herr Kaya und weitere Sorgepersonen (Herr Stelter, Herr Otten, Frau Heinrich) aus finanzieller Sicht eine hohe bis unbeschränkte Wahlfreiheit haben, geraten andere Sorgepersonen (Frau Cordes) bereits früh im Pflegeverlauf an die Grenzen der finanziellen Leistungsfähigkeit und erleben eine – die Selbstsorgeorientierung gefährdende – Begrenzung für die Inanspruchnahme von Pflegedienstleistungen.

Dort, wo familiäre Ressourcen zur Verfügung stehen, werden auch diese als eine Möglichkeit der Aufrechterhaltung des eigenen Lebensentwurfs eingesetzt und haben eine variierende Relevanz für den Erhalt der Erwerbstätigkeit. Eine systematische und konfliktfreie Aufteilung von Pflegeaufgaben mit der Schwester erlebt Frau Keller als wesentlich für die „eher gelingende" Pflegebewältigung. Im Unterschied dazu möchte Herr Kaya Ehefrau und Familie unbedingt vor einer pflegebedingten Belastung schützen und erhält deshalb kaum zusätzliche Hilfe. Seine besonders ausgeprägte Bereitschaft, die Körperpflege des Vaters ohne familiale Unterstützung zu übernehmen, realisiert er über den Einsatz hoher eigener Zeitressourcen, behält aber stets seine Selbstsorge (Karriere und Privatleben) im Blick. Weitere sorgende Angehörige greifen aus unterschiedlichen Gründen mit Zurückhaltung (Frau Heinrich), im Notfall oder für geplante Auszeiten auf die eher freiwillige Hilfe von Familienmitgliedern zurück (Herr Otten, Frau Cordes I) oder betonen die unbedingte Verpflichtung zur Unterstützung (Herr Stelter). Ein konfliktbedingter Verlust von Unterstützungsressourcen kann sich im Laufe des Pflegeprozesses negativ auf die Pflegebewältigung auswirken, wenn zugleich weitere Bedingungen zur Vereinbarung von Beruf und Pflege über die Zeit brüchig werden und die Anforderungen der Pflege steigen.

In der Entscheidung zur stationären Unterbringung gibt es im Pflegebewältigungstypus 1 ebenfalls keine einheitliche Orientierung. Ein Übergang in die stationäre Versorgung stellt aber eine der denkbaren Optionen dar, den eigenen Lebensentwurf zu sichern. Aus rein rationalen Überlegungen heraus ziehen alle Sorgepersonen des Typus 1 zu einem frühen Zeitpunkt im Pflegeprozess die Grenze zwischen häuslicher Pflege und Heim entlang ihrer nicht verhandelbaren Erwerbsarbeit und/oder Karriere. Emotional variieren die ambivalenten oder negativen Gefühle, die angesichts einer zu treffenden (Frau Keller; auch Frau Cordes I) oder bereits getroffenen Entscheidung (Herr Kaya; auch Herr Otten, Herr Stelter und Frau Heinrich) für die stationäre Dauerpflege zu bearbeiten sind, je nach Beziehung zur pflegebedürftigen Person und/oder nach Schwere und Zeitdauer der Pflege. Hinzu treten Rahmenbedingungen, wie die objektiv und subjektiv bewertete Eignung von Pflegeeinrichtungen, -konzepten und/oder -fachpersonal, die besonders bei Pflegebedürftigen mit Migrationshintergrund eine Entscheidung der Sorgepersonen für den Heimeintritt erschweren, wie es bei Herrn Kaya und anderen (Frau Cordes) der Fall ist. Die (werteorientierten) Kriterien, die eine Sorgeperson hier zur Bestimmung des „richtigen" Zeitpunktes" heranzieht, sind entscheidend für den Erhalt von Kontrolle und den Raum für die Selbstsorgeorientierung zu diesem höchst sensiblen Zeitpunkt im Pflegeprozess.

Verschärfen sich die Pflegeanforderungen oder steht die Entscheidung zum Übergang in die stationäre Versorgung an, scheint der Abwägungsbedarf zwischen der gewählten Pflegebewältigungsstrategie „Organisation der Pflege rund um die Erwerbsarbeit" und dem Selbstverständnis als Sorgeperson immer wieder neu auf. Gründe können ein erhöhter Zeitbedarf, eine wachsende körperliche und/oder emotional steigende Belastung, ein Kompensationsbedarf für wegfallende Ressourcen, Lücken im Pflegearrangement sowie dauerhaft zu hohe Kosten für adäquate (semi-)professionelle Dienste sein. Als Konsequenz wird die ursprünglich gewählte Bewältigungsstrategie erneut auf den Prüfstand gestellt und die Selbstsorgeorientierung gegebenenfalls zugunsten von „mehr Fürsorge" neu bewertet. Wird die Heimentscheidung durch die Aufgabe der Erwerbsarbeit weiter hinausgezögert, kann das einer weiterhin als „eher gelingend" zu bewertenden Pflegebewältigung (Typ 3 „Sinnstiftung") entsprechen (Frau Heinrich II). Es besteht jedoch die Gefahr, in eine „eher prekäre" Pflegebewältigung abzurutschen, wenn die Aufgabe der Erwerbstätigkeit unfreiwillig erfolgt und/oder als „alternativlos" bewertet wird (Frau Cordes II) (vgl. Kap. 4.2.5).

4.2.2 Typ 2: Aktiv genutzte Familienressourcen

Sorgende Angehörige, die dem Typus „aktiv genutzte Familienressourcen" zugewiesen sind, sind ebenso wie die sorgenden Angehörigen aus dem Typ 1 dadurch gekennzeichnet, dass sie ihre Erwerbstätigkeit bzw. einen selbst gewählten Lebensentwurf und ihre Selbstsorgeorientierung aufrechterhalten. Kennzeichnend für die Zuordnung zum Typ 2 ist dabei, dass dies durch das aktive Nutzen von Familienressourcen möglich gemacht wird. Die Pflegebewältigung gelingt weitgehend, da die Verantwortung für die Pflege und Sorge der Angehörigen auf mehrere Familienmitglieder verteilt wird und das Pflegearrangement als strukturiert organisierte familiäre Pflege ausgestaltet wird. Im Zuge dessen ist das Belastungserleben „eher gering".

Mehrheitlich sind die Angehörigen dabei einem niedrigen SÖS zuzuordnen. Eine sorgende Angehörige in diesem Typ weist einen hohen SÖS auf. Vergleichbar mit dem ersten Typus sind hier die Pflegepersonen erwerbstätig, und zwar sowohl die Männer als auch die Frauen. Alle Angehörigen, die diesem Typus zugeordnet sind, weisen einen türkischen Migrationshintergrund auf. Es ist ihnen gemeinsam, dass die Fürsorge innerhalb der Familie einen hohen Wert hat, so dass die Handlungsorientierung darauf gerichtet ist. Hierbei steht das Wohlergehen der pflegebedürftigen Person im Vordergrund.

Mit Blick auf die Pflegebewältigung kann festgehalten werden, dass der niedrige SÖS keine für die Pflegepersonen relevante Begrenzung des Pflege- und (Selbst-)Sorgehandelns darstellt, da er in Wechselwirkung mit einem ermöglichenden familiären Netzwerk steht. Das „Gelingen" der Pflegebewältigung dieses Pflegetyps basiert auf einem stabilen, konfliktlösungsfähigen familiären Pflegearrangement. Die betreffenden Familien gehen arbeitsteilig vor und können darüber den Pflegedienst fast komplett ersetzen. Die sorgenden Angehörigen schildern dabei ein hohes Kontrollerleben. Sichtbar wird auch das Vertrauen in das Aufrechterhalten des Pflegearrangements, da die Familie als verlässliches System wahrgenommen wird. Der so entstehende persönliche Freiraum ermöglicht es den sorgenden Angehörigen, ihren eigenen aktuellen Lebensentwurf weiter zu gestalten und trotz der mental belastenden Pflegesituation weitgehend positiv in die Zukunft zu blicken. Sie sehen sich selbst in ihren persönlichen Möglichkeiten nur wenig eingeschränkt.

Fallbeispiel Herr Aydin

> „Dann gibt es noch meinen Bruder und meine Nichte, deswegen klappt das."

Herr Aydin ist 43 Jahre alt. Er bewohnt alleine eine Mietwohnung, ist in keiner festen Partnerschaft und hat keine Kinder. Herr Aydin ist türkischstämmig mit deutscher Staatsbürgerschaft und bezeichnet sich selbst als nicht religiös.

Als Kleinkind ist er mit seiner Mutter und einem seiner Brüder nach Deutschland gekommen. Er hat insgesamt zwei Brüder, die gegenwärtig beide in der gleichen Stadt wie Herr Aydin leben. Er ist das jüngste Kind der Familie. Seine Eltern leben getrennt. Seine Mutter, 78 Jahre alt, lebt etwa 15 Minuten Fahrtstrecke von ihm entfernt in der Wohnung seiner Nichte, ihrer Enkelin. Im Jahr 2016 wurde bei der Mutter eine demenzielle Erkrankung diagnostiziert. Seitdem kümmert sich die Familie – Herr Aydin, ein Bruder sowie die Nichte – um die pflegebedürftige Mutter und Großmutter.

Nach dem Abitur hat Herr Aydin eine beruflich-schulische Ausbildung abgeschlossen. Derzeit arbeitet er jedoch nicht in seinem erlernten Beruf, sondern Teilzeit (24 Stunden pro Woche) als Servicekraft in der Gastronomie im Schichtdienst. Er hat zwischen 900 Euro und 1300 Euro netto im Monat zur Verfügung. Darüber hinaus hilft Herr Aydin unentgeltlich im Geschäft seines Bruders aus. Bei Veranstaltungen unterstützt Herr Aydin seinen Bruder dort bei der Bewirtung von Gästen.

Pflegesituation

Herr Aydin betreut gemeinsam mit einem seiner Brüder und mit seiner Nichte seine seit 2016 an Demenz erkrankte Mutter. Diese ist in Pflegegrad 3 eingestuft und lebt in der Mietwohnung der Nichte, die einem Studium nachgeht. Die Mietwohnung befindet sich im gleichen Wohnquartier wie die Wohnung, in der Herr Aydin lebt. Ein weiterer Bruder lebt ebenfalls in der Nähe. Er hat jedoch „keinen Draht" zur Mutter, wie Herr Aydin sagt, und ist deshalb nicht in die Pflege und Betreuung involviert. Diese Tatsache führt in der Familie nicht zu einem Konflikt, sondern wird als Entscheidung des Bruders respektiert. Herr Aydin vermutet, dass die Beziehung seines Bruders zu seiner Mutter dadurch belastet ist, dass der Bruder in jungen Jahren alleine in der Türkei blieb, während die Mutter nach Deutschland ging. Herr Aydin zeigt für das Verhalten seines Bruders deshalb Verständnis.

Neben der Demenz ist die Mutter auch an einer Depression erkrankt und leidet an den Folgen einer Rückenoperation. Die Gestaltung des Pflegearrangements ist an den Bedürfnissen seiner Mutter ausgerichtet und zielt vor allem auf die Beschäftigung der Mutter. Da die pflegebedürftige Person zunehmend fremde Personen ablehnt, wird die Pflege im gemeinsamen Familienarrangement konfliktfrei gestaltet. Für die Pflege und Betreuung der Mutter wird deshalb kein Pflegedienst in Anspruch genommen:

„Also ja, das ... einen Pflegedienst würde meine Mutter wahrscheinlich auch ablehnen. Also das ist ... sie lehnt schon Leute ab mit ... die nur mit ihr reden wollen.

Wenn da jemand kommt und das würde erst einmal nicht funktionieren. Das – das war der ausschlaggebende Punkt." (Herr Aydin, Z. 345-358)

Die pflegebedürftige Person bezieht Pflegegeld. Dieses wird auf das Konto der Nichte überwiesen, da die pflegebedürftige Person im Haushalt der Nichte lebt. Auch wenn die Familie einen niedrigen SÖS hat und der finanzielle Rahmen bei allen Beteiligten eng ist, weist Herr Aydin die Frage, ob bei der Entscheidung für das Pflegearrangement finanzielle Gründe eine Rolle spielten, zurück.

Es besteht auch keine ablehnende Haltung gegenüber Unterstützungsleistungen. Vielmehr sucht Herr Aydin nach passenden Betreuungsangeboten für seine Mutter, stößt dabei aber auf Schwierigkeiten. Als Barriere für Unterstützungsleistungen formuliert Herr Aydin deshalb einerseits die Sprache und andererseits die ablehnende Haltung der Mutter gegenüber fremden Personen:

„Also Sprache ist ja Haupthindernis. Und ja, aber ja gut, wir haben ja auch halt diese eine Frau gehabt, die einmal die Woche gekommen ist, sie war ... ist ja eine Türkin und hat ja auch mit ihr Türkisch gesprochen, aber ich dachte immer, wenn wir jemand finden, der mit ihr Türkisch spricht, dann wird alles gut. Aber ..." (Herr Aydin, Z. 724-728)

Eine Zeit lang besuchte die Mutter regelmäßig ein Betreuungsangebot einer sozialen Einrichtung, das sich speziell an türkischstämmige Pflegebedürftige richtet. Mittlerweile erfolgt der Besuch der Einrichtung aber nur noch gelegentlich. Herr Aydin begleitet sie zu diesen Terminen. Dafür nutzt die Familie den Entlastungsbetrag. Allerdings besucht die Mutter dieses Angebot nur ungern, obwohl Herr Aydin das Angebot einer Gruppe von „Gleichgesinnten" sehr begrüßt. Der Versuch, eine türkischsprachige Betreuungskraft zu beschäftigen, scheiterte ebenfalls an der Ablehnung der Mutter.

Weitere soziale Unterstützung nimmt die Familie nicht in Anspruch, da auch dies bislang auf Ablehnung der Mutter gestoßen ist. Zwar hatten Nachbarinnen das Angebot gemacht, die Mutter durch Kaffeetrinken und Gespräche zu betreuen, doch dieses Angebot lehnte die Mutter ab. Kurzzeitpflege oder Verhinderungspflege hat die Familie bisher noch nicht in Anspruch genommen. Die Nichte hat hierzu aber Informationen eingeholt und es ist vorstellbar, dieses Angebot zukünftig zu nutzen.

Herr Aydin und sein Bruder teilen sich die Übernahme der Verantwortung in der Tagesgestaltung. Die Nichte übernimmt die Versorgung am Morgen und am Abend, wobei die pflegebedürftige Person zeitweise auch allein im Haushalt ist. Aufgaben, die von der Nichte übernommen werden, beziehen sich auf die Medikamentengabe und auf gelegentliches Baden. Die alltägliche Körperpflege vollzieht die pflegebedürftige Person noch selbst. Die Nichte bereitet ebenfalls gelegentlich warme Mahlzeiten zu. In der Regel bekommt die pflegebedürftige Person aber im Laden des Sohnes ein warmes Essen, das vom Bruder zubereitet wird, wobei die Mutter nur sehr wenig isst.

Herr Aydin gibt an, dass er sich etwa 15 Stunden in der Woche um die Betreuung seiner Mutter kümmert. Hierbei handelt es sich hauptsächlich um Betreuungstätigkeiten sowie Fahrdienste. Die Übernahme von Körperpflege lehnt Herr Aydin ab. Dagegen stellt Herr Aydin nicht in Frage, dass die Enkelin einen Teil der Körperpflege übernimmt. Möglicherweise liegen seine Hemmungen in der Geschlechterbeziehung Mutter-Sohn begründet; dies expliziert Herr Aydin jedoch nicht.

Die Erwerbstätigkeit, der Herr Aydin nachgeht, ermöglicht ihm dabei eine relative Flexibilität in der Betreuung. Zwar arbeitet er im Schichtdienst, dieser scheint aber relativ flexibel und kann u.U. kurzfristig getauscht werden. Gleichzeitig kann es vorkommen, dass Herr Aydin spontan für erkrankte Kolleg*innen einspringen muss. Dies stellt im Pflegearrangement deshalb keine Schwierigkeit dar, weil Herr Aydin auf die Familienressourcen jederzeit zurückgreifen kann:

„Also ich habe eine Teilzeitstelle. Arbeite drei Tage die Woche. Und wenn ich dann arbeite, dann gibt es noch meinen Bruder und meine Nichte halt. Deswegen klappt das." (Herr Aydin, Z. 447-449)

Herr Aydin fährt seine Mutter gelegentlich mit dem Auto durch die Stadt, weil Sie darin eine angenehme Beschäftigung findet. Des Weiteren begleitet Herr Aydin seine Mutter zu ihrem Hausarzt und zum regelmäßigen Besuch einer Psychotherapeutin. Neben der Fahrt ist es bei den Arzt- und Therapiebesuchen auch seine Aufgabe, die Übersetzung zu leisten, denn seine Mutter spricht nur wenige Worte deutsch. Herr Aydin wünscht sich vor diesem Hintergrund mehr türkischsprachige Angebote, insbesondere mit Blick auf das Therapieangebot, da er fürchtet, dass die Wirkkraft der Therapie durch die Übersetzung verloren geht: *„Und wenn es mehr Auswahl geben würde, dann könnte man auch mehr probieren. Aber so ist dann das sozusagen erschöpft. Ja."* (Herr Aydin, Z. 189-191) Es wird sichtbar, dass er sich viele Gedanken darüber macht, wie er seine Mutter bestmöglich unterstützen kann. Im Vordergrund steht die Unterstützung seiner Mutter im Zuge der demenziellen Erkrankung und nicht seine eigene Entlastung.

Herr Aydin bringt seine Mutter regelmäßig zum Geschäft seines Bruders, wo sie einige Stunden am Tag Zeit verbringt. Die Hauptbeschäftigung, der die Mutter dort nachgeht, ist „Geldzählen". Der Bruder gibt ihr diese Aufgabe zur Beschäftigung und vermittelt der Mutter damit das Gefühl, ihm eine Hilfe im Laden zu sein. Die Mutter ist allerdings nicht mehr in der Lage, tatsächlich das

Geld zu zählen. Stattdessen sortiert sie die unterschiedlichen Münzen. Abends holt Herr Aydin die Mutter wieder ab und bringt sie nach Hause.

Die Familie hat der pflegebedürftigen Person außerdem einen GPS-Tracker besorgt, weil sie noch alleine die öffentlichen Verkehrsmittel nutzt, dabei jedoch bereits einmal die Orientierung verlor. So kann sich die Mutter weiterhin gelegentlich selbstständig bewegen, ohne dass Herr Aydin die Sorge hat, dass sie „verloren geht".

Selbstverständnis als Sorgeperson

Die Übernahme der Betreuung seiner Mutter ist für Herrn Aydin selbstverständlich. Herr Aydin folgt der Auffassung, dass die Gesellschaft – also alle Menschen – für ältere Angehörige verantwortlich ist:

> „Jeder sozusagen, weil jeder hat ja alt- ältere Angehörige, fast jeder vielleicht. Ja, und einfach nur, dass – dass der Staat sich darum kümmern soll, das geht nicht. Jeder hat Verantwortung. Ja. So sehe ich das." (Herr Aydin, Z. 860-863)

Herr Aydin sieht deshalb auch keine direkte Einschränkung seines Lebensentwurfes aufgrund der Übernahme der Sorgeverantwortung, weil er das „Kümmern" um die Mutter als selbstverständlich in sein Leben integriert:

> „Für mein Leben? Hm, also es ist erst einmal, sage ich mal, eine Einschränkung natürlich, ist dann … man ist ja nicht mehr so frei wie sonst, aber es ist ja bei allem so dann, wenn man sich um jemand kümmert. Aber ansonsten ist das … pfft, jetzt eher neutral von meiner Sicht aus. Also auch, wenn ich sie nicht pflegen müsste, würde ich sie trotzdem jeden Tag sehen. Ist halt so – so, weil wir halt auch nahe beieinander wohnen. Und deswegen ist da jetzt kein großer Unterschied, sage ich mal." (Herr Aydin, Z. 759-765)

Das Pflegearrangement, das die drei Familienangehörigen gemeinsam treffen, ist an den Bedürfnissen der pflegebedürftigen Person orientiert. Trotzdem wird dabei auch die Selbstsorgeorientierung von Herrn Aydin relevant. Er schließt es deshalb nicht aus, die Mutter in einer stationären Versorgung unterzubringen, wenn die Pflege im gemeinsam getroffenen Familienarrangement nicht mehr aufrechterhalten werden kann. Sein Selbstverständnis als Sorgeperson ist Teil seiner familiären Orientierung und die aktiv genutzten Familienressourcen sind für Herrn Aydin die zentralen Gelingensbedingungen im Pflegearrangement. Sie ermöglichen es ihm, seine Selbstsorge aufrechtzuerhalten und die Belastung erträglich zu halten. Herr Aydin positioniert sich im Interview dabei selbstbestimmt und verantwortungsbewusst. Wenn er Informationsbedarf hat, recherchiert er das notwendige Wissen im Internet und fühlt sich auf diesem Wege ausreichend informiert. Auch hier kann er ggf. auf die Unterstützung seiner Nichte zurückgreifen.

Die demenzielle Erkrankung der Mutter ist für Herrn Aydin belastend. Dennoch findet er in Momenten der Selbstsorge Ausgleich, und es gelingt ihm größtenteils, abzuschalten. Seine Wohnung stellt für ihn einen wichtigen Rückzugsort dar. Nichtsdestotrotz verneint er die Frage, ob er sich vorstellen könne, dass seine Mutter bei ihm wohne, nicht, sondern hält sich diese Möglichkeit als Option im weiteren Pflegeverlauf offen:

> „Das könnte ich auch, ja. Das ... wenn es keine Alternative geben würde, würde ich das machen, ja. Ja. Also wichtig wäre dann, dass es ihr dann gut geht, ja? Und wenn ich ... auch wenn ich, sage ich mal, den ... mit dem Job dann aufhöre und 24 Stunden um sie ... für sie da bin, kann ich natürlich nicht das leisten, was eine Pflegekraft leisten kann. Deswegen, wenn es ihr gut gehen würde, würde ich sie natürlich zu mir nehmen. Aber ansonsten dann halt jemand anderen, der sich dann besser kümmern kann. Ja." (Herr Aydin, Z. 777-783)

Auch hier wird deutlich, dass Herr Aydin die Bedürfnisse seiner Mutter im Blick hat, jedoch trotzdem abwägt, welche Entscheidung die richtige ist. Im Interview zeigt sich dabei, dass er sich gegenwärtig im familiären Pflegearrangement sicher fühlt und deshalb keine Sorge hat, dass dieses in naher Zukunft prekär werden könnte. Auch an dieser Stelle erweisen sich die aktiv genutzten Familienressourcen als wirksam für die Pflegebewältigung. Eine mentale Belastung bleibt es dennoch für ihn, wenn er aufgrund der Verpflichtungen in seiner Erwerbstätigkeit die Mutter zeitlich nur begrenzt betreuen kann. Zeitweise wünscht er sich an dieser Stelle mehr Zeit für seine Mutter. Die Balance von Selbstsorge und Fürsorge ist insofern auch bei Herrn Aydin nicht völlig konfliktfrei, da die familiäre Sorge einen wichtigen Teil seiner Werteorientierung umfasst und deshalb relevant für seine Identitätskonstruktion ist.

Gleichzeitig aber ist auch die Erwerbsarbeit für Herrn Aydin ein wichtiger Ausgleich zur Betreuung der Mutter. Dass Herr Aydin in Teilzeit erwerbstätig ist, liegt dabei nicht allein in der Pflege der Mutter begründet. Dieses Erwerbsarrangement hat Herr Aydin auch getroffen, damit er zusätzlich im Geschäft seines Bruders tätig werden kann – insofern werden auch in diesem Kontext die aktiv genutzten Familienressourcen und die Orientierung an einer gegenseitigen familiären Unterstützung wirksam. Herr Aydin lehnt eine Aufgabe der Erwerbstätigkeit aufgrund der Pflege der Mutter – sofern sich die Betreuungsbedürftigkeit noch verstärkt – nicht prinzipiell ab, allerdings betont Herr Aydin, dass es ihm wichtig ist *„auf eigenen Beinen zu stehen"*. Es ist hier bedeutsam, dass die Erwerbstätigkeit für Herrn Aydin existenzsichernd ist, da er auf keine anderen Ressourcen zurückgreifen kann.

In der Kommunikation mit seiner Mutter versucht Herr Aydin, seine nervliche Belastung nicht sichtbar werden zu lassen. Herr Aydin hat sich an die ständigen

Wiederholungen gewöhnt, er geht dennoch immer auf die Wünsche und Äußerungen seiner Mutter ein und kommuniziert wertschätzend mit ihr. Auch seine Erzählungen über seine Mutter sind von Respekt und Wertschätzung getragen: *„Sie ist eine starke Frau"*. In Bezug auf das Fortschreiten der demenziellen Erkrankung formuliert Herr Aydin Ängste, die ihn belasten. Er sieht sich dennoch nicht in der Situation, Unterstützung für sich persönlich einzuholen, insbesondere da er sich zurzeit als psychisch stabil wahrnimmt. Dies steht für ihn in Abhängigkeit dazu, wie er die Pflege mental bewältigen kann:

> „[...] es hängt ja immer davon ab, wie man selber drauf ist, was man ran lässt und was nicht. (Ja) Und ja, ich bin zurzeit sehr fit, sage ich mal, im Kopf. Also ich ... es geht mir gut, und deswegen sehe ich vielleicht nicht das alles, was – was meine Mutter zurzeit durchmacht sozusagen. Sie sagt zwar die ganze Zeit dies und das, aber ich kann mich da nicht so richtig reinversetzen. Vielleicht könnte ich das eher, wenn ich ... wenn ich mich selber schlecht fühlen würde, so im Sinne von Leidgenosse. (Mhm) Ja. Und ja, das sind dann zwei verschiedene Welten gerade, und deswegen, ja, ich – ich kriege das alles mit natürlich, und aber es ist ... es ist zwar eine Belastung, aber auch wiederum nicht so ... nicht so schlimm." (Herr Aydin, Z. 909-918)

Zwar hat er die Möglichkeit, die Pflegesituation bei seiner Psychotherapeutin, die er seit wenigen Monaten regelmäßig aufsucht, anzusprechen. Herr Aydin gibt aber an, dass dort andere Themen zurzeit relevanter sind. Er schließt nicht aus, die Pflegesituation bei Bedarf anzusprechen:

> „Also ich mache zurzeit so eine Psychotherapie seit zwei Monaten. Einfach nur, weil ich immer wieder so Gedanken an die Vergangenheit, so über verpasste Gelegenheiten und so. Hätte ich das gemacht, hätte ich dies gemacht. Und manchmal wird das so schlimm, dass ich dann halt in so einem Teufelskreis bin. Die Gedanken hören nicht auf. Dann habe ich mir gedacht, probiere ich das mal, so einmal die Woche 45 Minuten. Ist okay, macht Spaß und ja, aber da rede ich irgendwie nicht darüber. Also es ... ich denke, wenn mich das extrem belasten würde, würde ich das da auch zur Kenntnis bringen." (Herr Aydin, Z. 977-985)

Auch hier zeigen sich seine Selbstsorgekompetenz und die Fähigkeit, seine eigenen Grenzen auszuloten und sich ggf. Unterstützung zu suchen. Zugleich wird deutlich, dass das Belastungserleben mäßig ist und es Herrn Aydin gelingt, die Sorge für seine Mutter weitgehend zu bewältigen, was gegenwärtig durch ein funktionierendes Familienarrangement gelingt, das Herrn Aydin Stabilität und Kontrollerleben bietet.

Fallbeispiel Frau Uenal

„Bei uns war immer einer zu Hause, von klein bis groß."

Frau Uenal ist bei Eintritt in die Pflegesituation (1997) 17 Jahre alt, Schülerin, und lebt mit drei Schwestern und zwei Brüdern bei ihren Eltern. Die Familie hat einen türkischen Migrationshintergrund. Frau Uenal ist wie ihre Geschwister in Deutschland geboren. Sie ist die zweitälteste Tochter.

Als die Mutter von Frau Uenal ihr siebtes Kind erwartet, ergeben sich Komplikationen während der Schwangerschaft. Die Mutter muss mehrfach am Kopf operiert werden. Schließlich wird eine Tochter per Kaiserschnitt im siebten Schwangerschaftsmonat entbunden. Die Mutter von Frau Uenal fällt ins Koma und wird umfassend pflegebedürftig. Die Familie pflegt die Mutter über 16 Jahre hinweg. Frau Uenal wird dabei zur Hauptpflegeperson der Mutter, obgleich alle Familienmitglieder, insbesondere die ältere Schwester, in die umfassende Pflege involviert sind. Es gelingt Frau Uenal, den Hauptschulabschluss zu erwerben und eine Ausbildung zur examinierten Altenpflegerin abzuschließen. Sie arbeitet zunächst in Teilzeit, dann auch als Vollzeitkraft bei dem ambulanten Pflegedienst, der auch ihre Mutter versorgt. Frau Uenal zeigt im Interview eine hohe berufliche Identifikation mit ihrer Tätigkeit. Mit 26 Jahren heiratet sie in der Türkei. Sie zieht mit ihrem Mann in eine Wohnung im Obergeschoss des Wohnhauses ihrer Eltern, um die Versorgung ihrer Mutter weiter zu gewährleisten. Die Mutter von Frau Uenal stirbt nach weiteren sieben Jahren (2013).

Zum Zeitpunkt des Interviews ist Frau Uenal 36 Jahre alt. Sie hat zwei Söhne, neun und vier Jahre alt, und lebt mit ihrer Familie in einem Einfamilienhaus, dem das Gewerbe ihres Mannes, der selbstständig tätig ist, angeschlossen ist. Das Familieneinkommen liegt bei 1300 bis unter 2600 Euro. Frau Uenal bezeichnet sich selbst als sehr religiös.

Pflegesituation

Die Mutter von Frau Uenal wird im Alter von 37 Jahren durch die Folgen einer Schwangerschaft umfassend pflegebedürftig. Zu diesem Zeitpunkt ist Frau Uenal noch minderjährig, geht zur Schule und lebt gemeinsam mit ihren Eltern und den fünf Geschwistern im Haus der Eltern. Die Familie hat in Deutschland keine weiteren Verwandten, da alle anderen Familienmitglieder in der Türkei leben. Ihr Vater trifft die Entscheidung für die häusliche Versorgung der Mutter. Obwohl Ärzt*innen und Pflegepersonal im Krankenhaus, in dem die Mutter akut versorgt wird, deutlich davon abraten, die Mutter zu Hause zu pflegen, setzt der Vater diese Entscheidung alternativlos auch gegenüber der Krankenkasse durch:

> „Die haben alles getan, um meine Mutter nicht nach Hause zu schicken. Sie wollten sie gerne irgendwo entfernt in einem Heim oder ob es ein Pflegehaus war, weiß ich jetzt nicht, wollten sie sie gerne dahin bringen und mein Vater hat das partout abgestritten. Er wollte das partout nicht. Meine Frau kommt nach Hause, egal, wie es ist. (...). Da gab es auch viele Auseinandersetzungen mit der Krankenkasse oder mit den Behörden gab es viele Auseinandersetzungen, hin und her. Die wollten partout nicht, dass Mama nach Hause kommt. Mein Vater wollte das. Und nach langem Gerede hin und her ist sie doch nach Hause gekommen." (Frau Uenal, Z. 119-133)

Frau Uenal beschreibt die Übernahme der häuslichen Pflege dabei im Interview als fast naive Entscheidung. Den klaren Empfehlungen des medizinischen Personals steht der unbedingte Wille des Vaters gegenüber. Hinzu kommt, dass die Familie zu diesem Zeitpunkt keine Kenntnis über die Möglichkeit eines ambulanten Pflegedienstes hatte, sondern in der festen Überzeugung war, die Mutter gänzlich ohne fachliche Unterstützung versorgen zu können und zu müssen:

> „Also wir waren Kinder, mein Vater war Laie, dass es eine ambulante Pflege gibt, dass man zu Hause Patienten pflegt, das wusste man ja gar nicht. Wir waren über Nacht ja so auf einmal mit diesen Sachen konfrontiert. Wir haben gedacht, okay, wir stellen ihr ein einzelnes Bett hin und wir pflegen sie. Also so, wie es in unseren einfachen Gedanken dann halt so war." (Frau Uenal, Z. 124-129)

Es ist der Hausarzt, der den ambulanten Pflegedienst informiert und am Tag der Entlassung der Mutter aus dem Krankenhaus gemeinsam mit der Leiterin des Pflegedienstes die Familie begleitet. Fortan unterstützt der ambulante Pflegedienst dreimal täglich die Familie in der aufwändigen Pflege der Mutter. Diese bedarf einer umfassenden Versorgung rund um die Uhr. Alle Familienmitglieder werden in die Versorgung der Mutter einbezogen. Frau Uenal koordiniert als Hauptpflegeperson die Versorgung und übernimmt einen Großteil der Aufgaben, insbesondere die Körperpflege. Hierbei wechselt sie sich mit ihrer älteren Schwester ab. Ihr Vater ist vor allem für die Nachtschichten zuständig. Dass die beiden ältesten Töchter die Körper- und Intimpflege übernehmen und die Söhne darin nicht involviert werden, ist für Frau Uenal selbstverständlich und für sie an die Kategorie Geschlecht gebunden. Ebenso ist es für die Familie und insbesondere für den Vater Voraussetzung, dass die Mutter und Ehefrau ausschließlich von weiblichen Pflegekräften gewaschen wird und Intimpflege erhält.

Zur Bezugspflegekraft ihrer Mutter entwickelt Frau Uenal eine enge Bindung. Ihre stark auf die Familie gerichtete Handlungsorientierung kann sie wiederum dadurch einlösen, dass sie die Pflegekraft über die Zeit gleichsam als Familienmitglied anerkennt und Fremdheit überwindet: *„Und wir waren ja schon eine Familie, sage ich mal so, wir waren eine Familie und war keine ambulante Pflege mehr für uns."* (Frau Uenal, Z. 1359-1361) Die dadurch erreichte Akzeptanz des Pflegedienstes durch die Familie ist hoch bedeutsam, denn die Versorgung und Unterstützung durch den ambulanten Pflegedienst sind sowohl für das gelingende Pflegearrangement als auch für Frau Uenals Vereinbarkeit von Pflege und Schule/Beruf grundlegend. So gelingt es Frau Uenal, ihren Hauptschulabschluss zu erreichen und eine Ausbildung zur Pflegefachkraft zu absolvieren. Auch ihre spätere Tätigkeit als Pflegefachkraft in Vollzeit steht in Verbindung zum ambulanten Pflegedienst, denn dieser wird zu ihrem Arbeitgeber. Dadurch kann sie eine gedankliche und tatsächliche Nähe zur Mutter erreichen, die ihr den beruflichen Alltag erleichtert. Die gelingende Vereinbarkeit von Pflege und Beruf hängt bei Frau Uenal in hohem Maße mit Identifikationsmöglichkeiten zusammen: Beide Tätigkeiten ergänzen sich in ihrem Lebensentwurf sowie ihrer Handlungsorientierung und stehen nicht in Widerspruch zueinander.

Die gelingende Pflegebewältigung wird darüber hinaus maßgeblich getragen durch die aktiv genutzten Familienressourcen. Frau Uenal beschreibt das Pflegearrangement innerhalb ihrer Familie als „eingespieltes Team", das zusammenhält und sich gegenseitig unterstützt:

> „Also wir waren eigentlich immer zusammen. Also wenn wir Termine hatten, das wurde von vornerein abgesprochen. Wir haben dann und dann diese – diese Termine, wer geht dahin? Wer macht was? Wer bleibt zu Hause? Bei uns war immer einer zu Hause, von klein bis groß. Also wenn wir mit meiner Schwester einkaufen waren, mein ... vielleicht meine kleine Schwester zu Hause. Was heißt klein? Die waren alle alt genug, um zu Hause zu bleiben, sage ich mal, ne? Und aber es war immer einer zu Hause. Meine Mutter war nie alleine." (Frau Uenal, Z. 538-545)

Als belastend erlebt Frau Uenal den unpersönlichen Kontakt mit der Kranken-/ Pflegekasse. Sie zeichnet hier ein Ungleichheitsverhältnis, das bei ihr einen Rechtfertigungsdruck erzeugt. Bedingt durch den begrenzten finanziellen Spielraum der Familie ist eine Auseinandersetzung mit den Bewilligungen der Kranken-/ Pflegekasse notwendig, Frau Uenal kann entsprechende Entscheidungen oft nicht nachvollziehen und setzt Beharrlichkeit dagegen:

> „Ich habe mich immer durchgebissen, muss ich ehrlich sagen. Also ich muss ehrlich sagen, mein Vater hat den gan-... Papierkram und so haben wir auch alles gemacht, haben wir alles erledigt." (Frau Uenal, Z. 289-292)

Die hausärztliche Versorgung ist für Frau Uenal ebenfalls durch ein Ungleichheitsverhältnis bestimmt. Sie fühlt sich weder verstanden noch akzeptiert. Sie erlebt diese Situation als belastend sowie konflikthaft und beschreibt, dass sie mit dem Hausarzt „schimpfen" und dabei auch laut werden muss, um sich gegen ihn durchzusetzen. Dies gelingt ihr nach ihren Angaben gut und sie zeigt an dieser Stelle einen starken Willen und eine feste Überzeugung, die ihr eine hohe

Selbstwirksamkeit ermöglicht: *"[...] wenn man irgendwas durchbringen wollte oder so, ne, ich konnte mich immer durchsetzen."* (Frau Uenal, Z. 754f)

Dabei steht für sie und ihre Familie das Wohlergehen der pflegebedürftigen Person stets im Vordergrund. Jedes Handeln ist darauf ausgerichtet, die bestmöglichen Bedingungen für die Pflege der Mutter und für ihr Wohlergehen zu erreichen:

> „Also war er [der Vater] auch nicht tolerant, was um die Pflege, um alles mit meiner Mutter zu tun hatte, war er nicht tolerant, muss ich ganz ehrlich sagen. Wenn sie den Anspruch hatte, wurde der Anspruch ... also muss man das auch hinterhergehen, so sagte er dann auch, also sagte er, und es muss perfekt alles sein und hier nicht, da nicht. Ihr muss es gut gehen, ne?" (Frau Uenal, Z. 638-642)

Trotz eines eher engen finanziellen Spielraums ist die Familie dabei auch bereit, Kostenaufwendungen für die Pflege selbst zu übernehmen. Auch hier steht einzig und allein das Wohlergehen der pflegebedürftigen Person im Vordergrund:

> „Das haben wir dann ... haben wir nach einer Zeit. Also nach vielen Jahren haben wir dann diese Sachen selber ... die Kosten getragen. Das sind ja auch enorme Kosten. So oder so kommen immer Kosten auf uns zu, sage ich mal, ne? Und nach einer Zeit ist das mal Bettwäsche und was weiß ich nicht, irgendwas braucht man immer." (Frau Uenal, Z. 624-628)

Nur einmal gibt die Familie die Mutter in eine Kurzzeitpflege, weil Frau Uenal in der Türkei heiratet und alle Familienmitglieder für vierzehn Tage in die Türkei reisen. Dies tut Frau Uenal nur äußerst ungern. Durch ihren hohen Pflegeanspruch ist sie skeptisch gegenüber der Qualität der Pflege in der stationären Einrichtung und unzufrieden mit der Pflegeleistung. Im Interview betont Frau Uenal wiederholt, dass es eine dem Umstand geschuldete Ausnahme gewesen sei, dass die Familie die Mutter „abgegeben" habe. Auch während der Urlaubszeiten wechselte sich die Familie stets ab. Die Möglichkeit der Kurzzeitpflege wird in der familiären Urlaubsplanung nicht einbezogen. Hier wirken abermals die aktiv genutzten Familienressourcen als gelingend in der Pflegebewältigung mit.

Frau Uenals Mutter stirbt während Frau Uenal im Urlaub ist, was Frau Uenal schwer trifft. Sie bewertet die Übernahme der Pflege sowie den Pflegeverlauf rückblickend jedoch insgesamt positiv.

Selbstverständnis als Sorgeperson

In der Pflege werden Frau Uenal und ihre ältere Schwester von ihrem Vater selbstverständlich als Pflegepersonen eingebunden. Frau Uenal hinterfragt diese Rollenzuweisung nicht, sondern findet es normal, ihre Mutter zu versorgen und der Entscheidung des Vaters zu folgen, denn die Entscheidung entspricht auch ihrer Handlungsorientierung. Bereits in der Zeit, in der die Mutter noch im Krankenhaus und ihr gesundheitlicher Zustand ungewiss ist, werden die beiden ältesten Töchter in ihrer Verantwortung als älteste Kinder angesprochen:

> „So fing das dann halt an, und ja, Papa hatte uns dann – dann auch die ersten Wochen dahin gebracht, hat er gesagt, ihr seid die Zweitältesten. Mamas Stand ist so und so, und ob sie es schafft oder nicht, wissen wir nicht. Und deswegen waren wir dann mit meinem Vater da." (Frau Uenal, Z. 90-93)

Dem Motiv zur Pflegeentscheidung liegt eine familiäre Werteorientierung zu Grunde, die trotz der Schwere der Pflegebedürftigkeit alternativlos ist:

> „Aber wie gesagt, das musste halt so sein bei uns, ne? Wir ... es war meine Mutter. Ihr musste es gut gehen und ja, wir haben die 16 Jahre lang ... sie lange gepflegt." (Frau Uenal, Z. 654-656)

Frau Uenals Selbstverständnis als Sorgeperson ist maßgeblich von der Fürsorge für die pflegebedürftige Person und der Orientierung an ihren Bedürfnissen und ihrem Wohlergehen getragen. Diese Orientierung ist für Frau Uenal und ihre Familie eine unhinterfragte Selbstverständlichkeit. Es ist für die Pflegebewältigung bedeutsam, dass diese von allen Familienmitgliedern gleichermaßen getragene Handlungsorientierung einen entscheidenden Teil der gelingenden Pflegebewältigung darstellt. Die gemeinsame Handlungsorientierung ermöglicht ein weitgehend konfliktfreies familiäres Pflegearrangement, in dem aktiv genutzte Familienressourcen eine weitgehend gelingende Pflegebewältigung ermöglichen:

> „[...] erst Mama und dann der Rest, sage ich mal, ne? So hat es immer bei uns abge- ... Und wir haben das immer gerne gemacht, ne? Also das war für uns selbstverständlich. Es konnte nichts anderes sein." (Frau Uenal, Z. 900-903)

Das hierin erkennbare Selbstverständnis als Sorgeperson(en) ist getragen von der Religiosität der Familie, die der Familie Kraft und Zuversicht gibt und ihre Handlungsorientierung leitet:

> „Wir sind sehr gläubige, eine sehr gläubige Familie und das hat uns auch immer Halt gegeben, Kraft gegeben. Und weiter. Wir haben immer weiter gedacht. Eigentlich hätten wir nie gedacht, dass ... natürlich wissen wir, dass sie irgendwann einmal stirbt und irgendwann mal vorbei ist. Man sagt immer so, man soll so leben, als morgen der letzte Tag wäre, ne, aber das macht ja keiner, sage ich mal, in dem Sinne. Aber für uns gab es immer weiter nach vorne. Wir hatten nie nach hinten geschaut. Ich muss ganz ehrlich sagen, für die ... für uns war das abgehakt, dass meine Mutter so krank war. Für uns ging es immer nach vorne. Wir wollten immer für sie das Beste haben. Immer das Beste für sie getan. Immer das Beste rausholen." (Frau Uenal, Z. 1340-1349)

Frau Uenal erlebt es deshalb als sehr belastend, dass Ärzt*innen mehrfach ihr Engagement für die Mutter in Frage stellen. Mehrmals setzt sie sich gegenüber der Auffassung ihres Hausarztes, dass die Mutter nicht mehr lange am Leben bleibt, zur Wehr und bezieht sich dabei auf ihren starken Glauben, der ihr Selbstverständnis als Sorgeperson konturiert und ihr die Pflegebewältigung ermöglicht. Dabei wird sie durch die Auffassung des Arztes nicht verunsichert, sondern zieht aus ihrer klaren Positionierung eine hohe Selbstwirksamkeit:

> „Ich bin ein gläubiger Mensch, habe ich gesagt, ne, und wie lange sie das macht, solange sind wir hier. Wann die Stunde kommt oder wann die Zeit abgelaufen ist, das wissen wir nicht, habe ich ... habe ich ihm jedes Mal gesagt, ne? Und er mit seinen festgefahrenen Argumenten immer, ne?" (Frau Uenal, Z. 760-764)

Aus ihrem Glauben resultiert für Frau Uenal eine positive Lebenseinstellung. Da die Übernahme der Pflegeverantwortung vor diesem Hintergrund für sie grundlegend sinnstiftend ist, sieht sie sich auch rückwirkend in ihrer Lebensplanung nicht eingegrenzt durch die lange Zeit der Pflege ihrer Mutter. Die hohe Bedeutung von Familie zeigt sich dabei auch in ihrem Pflegeverständnis. Die pflegebedürftige Person wird von der Familie stets als vollwertiges Familienmitglied angesehen. Die Zeit der Pflege ist für Frau Uenal deshalb eine bereichernde Zeit, weil es für sie vorrangig Zeit ist, die sie mit ihrer Mutter teilen konnte:

> „Und ich muss ganz ehrlich sagen, ich habe auch nichts – nichts verloren im Leben oder nichts missen müssen, weil wir sie gepflegt haben. Gar nicht eigentlich. Wir haben alles ... wir haben alles – alles lief mit ihr mit. Also wenn wir Feiern hatten, wenn wir Sachen hatten, wir haben Feiern gehabt, wir haben alles mitgemacht, sie war immer dabei." (Frau Uenal, Z. 880-884)

So wohnt Frau Uenal auch nach ihrer Heirat im Haus der Eltern, wenn auch nun in einer abgeschlossenen Wohnung mit ihrem Mann. Oberste Priorität behält für Frau Uenal weiterhin die Versorgung der pflegebedürftigen Mutter. Nach ihrer Heirat „managt" Frau Uenal, wie sie sagt, nun eben nicht nur ihren eigenen Haushalt, sondern auch „unten alles noch". Die doppelte Sorgerolle für ihre eigene Familie und für ihre pflegebedürftige Mutter stellt Frau Uenal in keiner Situation in Frage.

Die Pflegebewältigung der Familie gelingt, nicht nur, da die Familie sich aktiv unterstützt, sondern auch und gerade, weil sie die Pflege als zentralen Teil in die eigene Lebensplanung integrieren. Für Frau Uenal ist die Versorgung von pflegebedürftigen Menschen privat und beruflich in hohem Maße sinnstiftend. Dies ist auch für die Erwerbstätigkeit von Frau Uenal entscheidend, denn es beeinflusst ihre Berufswahl, ihren Zugang zur Ausbildung sowie zum Arbeitsmarkt. Frau

Uenal selbst bezeichnet ihr Pflegeverständnis als „Pflege aus Leidenschaft". Vor diesem Hintergrund ist die Übernahme der Pflegeverantwortung für Frau Uenal in hohem Maße sinn- und identitätsstiftend. Ihr Selbstverständnis als Sorgeperson wirkt insofern als zentrale Ressource für eine gelingende Pflegebewältigung.

Fallvergleich

Die Gestaltung des Pflegearrangements als familiale Pflege ist sowohl für Frau Uenal als auch für Herrn Aydin selbstredend und handlungsleitend. Auch Frau Demir (siehe Falldarstellung im Anhang), die ebenfalls diesem Typus zugeordnet ist, sieht die Übernahme der Pflegeverantwortung durch Angehörige als selbstverständlich an. Alle drei können dabei auf ein familiäres Netzwerk zurückgreifen, das es ihnen ermöglicht, die Pflege innerhalb eines Arrangements aus Familienressourcen zu organisieren. Dabei ist nicht nur das Vorhandensein von familiärer Unterstützung an sich entscheidend, sondern auch, dass die familiäre Unterstützung konfliktlösungsfähig verläuft. Innerhalb der aktiv genutzten Familienressourcen haben die Familienmitglieder in allen drei Fällen spezifische Rollen, die von den einzelnen nicht hinterfragt werden, da sie für die sorgenden Angehörigen mit Normalität belegt sind. So ist es für Frau Uenal selbstverständlich, dass sie und ihre ältere Schwester die Körperpflege übernehmen und nicht etwa ihre beiden jüngeren Brüder. Ebenso ist es für den Lebenspartner von Frau Demir selbstverständlich, die Körperpflege des Schwiegervaters zu übernehmen, da dieser es ablehnt, sich von seiner Tochter waschen zu lassen. Entscheidend für das Gelingen des familiären Pflegearrangements ist die gemeinsame Handlungsorientierung. Durch die wechselseitige Unterstützung gelingt es den jeweilgen Pflegepersonen, ihren eigenen Lebensentwurf weitgehend aufrechtzuerhalten. So sind alle drei sorgenden Angehörigen weiterhin erwerbstätig und haben ihre Erwerbstätigkeit nicht für die Pflege reduziert oder aufgegeben. Dabei muss allerdings beachtet werden, dass die Erwerbsbedingungen in den individuellen Fällen jeweils begünstigend für das Pflegearrangement sind. Herr Aydin benennt seine Arbeitszeiten als flexibel, obwohl er im Schichtdienst tätig ist. Zudem ist er – bereits vor Übernahme der Betreuung seiner Mutter – in Teilzeit berufstätig. Frau Uenal wählt dezidiert eine Berufstätigkeit, die durch die Pflege ihrer Mutter inspiriert ist. Sie ist im gleichen ambulanten Pflegedienst tätig, über den ihre Mutter betreut wird. Dies ermöglicht ihr nicht nur eine hohe berufliche Identifikation und eine gesteigerte fachliche Kompetenz in der häuslichen Pflege. Es ist ihr dadurch auch möglich, den Gesundheitszustand ihrer Mutter zu kontrollieren, zum Beispiel, indem sie ihre eigenen Touren zeitweise so plant, dass auch ein Besuch bei der Mutter darin integriert ist. Auch Frau Demir berichtet davon, dass ihr Arbeitgeber pflegesensibel sei und eine weitgehende Vereinbarkeit von Pflege und Beruf ermöglicht. Hinzu kommt auch bei ihr – ähnlich wie bei Frau Uenal –, dass sie durch ihren Beruf über eine besondere Kompetenz im häuslichen Pflegebereich verfügt.

Selbstsorgeorientiertes Handeln bedeutet bei den Angehörigen in diesem Typus aber nicht nur, einen eigenen, von der Pflege unabhängigen Lebensentwurf fortzuführen. Vielmehr resultiert die Selbstsorge aus dem Pflegehandeln selbst, denn die Übernahme der Pflegeverantwortung ist für die sorgenden Angehörigen wesentlicher Teil ihrer Handlungs- und Werteorientierung. Ihr Selbstverständnis als Sorgepersonen ist davon getragen, dass Kinder für ihre pflegebedürftigen Eltern da sein sollten und dass dabei das Wohlergehen der pflegebedürftigen Person im Vordergrund steht. Diese Werteorientierung ist familiär gewachsen und wird von allen drei Angehörigen in diesem Typus kulturell mit Blick auf ihre türkische Herkunft begründet (vgl. auch Abschnitt 5.4). Sozialen Diensten stehen diese Angehörigen deshalb eher kritisch gegenüber, wobei dies jeweils unterschiedlich begründet wird. Während Herr Aydin nicht grundlegend eine Ablehnung gegenüber sozialen Diensten hegt, jedoch der Auffassung ist, dass die Versorgung pflegebedürftiger Personen nicht Aufgabe des Staates ist, lehnt Frau Demir die Versorgung durch einen Pflegedienst strikt ab. Dabei sorgt sie sich nicht nur um die Qualität der Pflege, sondern auch darum, wie eine Hinzunahme eines sozialen Dienstes von anderen bewertet werden würde. Sie fürchtet die Ablehnung von Nachbar*innen und Freund*innen, die weitgehend türkischer Herkunft sind und ihre Werteorientierung der familiären Pflege teilen. So ist für Frau Demir das familiäre Pflegearrangement auch deshalb unabdingbar, weil sie ihre Handlungsorientierung innerhalb einer Gemeinschaft sieht, aus der sie nicht ausgeschlossen werden will. Die Familie von Frau Uenal wiederum ist mit dem hohen Pflegebedarf der Mutter konfrontiert und könnte nur unter hohen Opportunitätskosten auf einen Pflegedienst verzichten. Dagegen verhilft ihr die Konstruktion der Bezugspflegekraft und des ambulanten Dienstes als „Familie" dazu, die Fremdheit zu überwinden und den sozialen Dienst als Teil des familiären Pflegearrangements zu akzeptieren.

Durch das gut funktionierende familiäre Pflegearrangement wird der SÖS als Ungleichheitskategorie in den vorliegenden drei Fällen nicht wirksam. Finanzielle Rahmenbedingungen werden in den Interviews kaum als begrenzend thematisiert. Auch wird die familiäre Pflege nicht aus finanziellen Gründen vollzogen. Insofern sehen sich die Angehörigen nicht aus externen Gründen zur Übernahme der Pflegeverantwortung gedrängt, sondern finden vielmehr in der Rolle der sorgenden Angehörigen eine Sinn- und Identitätsstiftung. Gleichzeitig zeigt sich aber auch, dass die Angehörigen mit Erwartungen an sich selbst konfrontiert werden bis hin zu der Sorge, durch eine Pflegeentscheidung von der Gemeinschaft ausgeschlossen zu werden. Die bedingungslose Orientierung am Wohlergehen der pflegebedürftigen Person erhöht den Druck, ein den Anforderungen entsprechendes Pflegeumfeld zu schaffen. Sowohl Herr Aydin als auch Frau Demir signalisieren Bereitschaft, ihre Erwerbstätigkeit notfalls aufzugeben, obwohl beide die Bedeutung ihrer Erwerbsarbeit für das Selbstsorgehandeln betonen. Dabei geht es Herrn Aydin vornehmlich um das Wohlergehen seiner Mutter. Er gibt an, sie bei ihm wohnen zu lassen, wenn niemand anderes sich um die Mutter kümmern könnte. An dieser Stelle ist es im Interview nicht deutlich, ob Herr Aydin damit auch eine Fremdbetreuung für möglich hält. Anzunehmen ist allerdings, dass er auf das aktuelle Pflegearrangement Bezug nimmt, in dem die Nichte diese Betreuungsaufgabe übernimmt. Insofern hängt das Gelingen der Pflegebewältigung bei Herrn Aydin wie auch bei Frau Uenal und Frau Demir maßgeblich von den aktiv genutzten Familienressourcen und einem voraussetzungsvoll funktionierenden familiären Pflegearrangement ab.

4.2.3 Typ 3: Sinnstiftung

Charakteristisch für den Typus der „Sinnstiftung" ist es, dass die Übernahme der Pflegeverantwortung für den*die Angehörige*n als bedeutsame Aufgabe bewertet wird. Die Pflegeentscheidung wird dabei so in den Lebensentwurf integriert, dass die Verwirklichung der Selbstsorge zu einem großen Teil über die als sinnhaft empfundene Pflegetätigkeit ermöglicht wird. Die sorgenden Angehörigen dieses Typus nehmen die Pflegetätigkeit als eher gering belastend wahr, was sich zu einem Großteil darüber speist, dass es ihnen gelingt, die Pflegetätigkeit zu einem wichtigen Teil ihrer Identitätskonstruktion zu machen. Ihre Pflegebewältigung wird in dieser Studie deshalb als „eher gelingend" interpretiert.

Die sorgenden Angehörigen, die diesem Typus zugeordnet sind, sind nicht erwerbstätig. Hierin liegt eine wichtige Gemeinsamkeit, wobei unterschieden werden muss, ob die sorgenden Angehörigen vor der Übernahme der Pflegetätigkeit (noch) erwerbstätig waren oder nicht. In drei Fällen waren die Pflegenden bereits vor Übernahme der Pflegeverantwortung aus gesundheitlichen oder aus familiären Gründen nicht bzw. nur geringfügig erwerbstätig. In diesen drei Fällen handelt es sich um die männlichen sorgenden Angehörigen, die diesem Typus zugeordnet sind. Einer davon hatte als Vater von zwei Kindern bereits vor Übernahme der Pflegeverantwortung die Sorgearbeit in der Familie übernommen, die beiden anderen wiesen eine Erwerbsunfähigkeit auf. Die beiden weiblichen sorgenden Angehörigen dieses Typs waren vor Übernahme der Pflege erwerbstätig und haben dann ihre Erwerbsstätigkeit (sukzessive) aufgegeben. Die Übernahme der Pflegeverantwortung – auch dann, wenn sie mit der Aufgabe der Erwerbstätigkeit verbunden ist – wird von allen sorgenden Angehörigen in diesem Typus als eine bewusste Entscheidung dargestellt, die nicht bedauert wird.

Es bestehen dabei relevante Unterschiede darin, wie genau die sinnstiftende Übernahme von Pflegetätigkeiten mit Blick auf das eigene Lebenskonzept integriert wird. Hier scheint die Konstruktion der Pflegetätigkeit zum einen als Ersatz für die Erwerbsarbeit bzw. die *erwerbszentrierte Normalbiografie* (vgl. Kohli 1988) auf. Diese Konstruktion, die dem Erreichen einer anerkannten Subjektposition dient, ist im Sample dieser Studie ausschließlich männlich konnotiert. Die weiblichen sorgenden Angehörigen, die diesem Typus zugeordnet wurden, gestalten die sinnstiftende Übernahme der Pflegetätigkeit dagegen eher als *Alternativrolle* (vgl. Offe/Hinrichs 1977) zur Erwerbstätigkeit aus, die zum einen als vorübergehende Phase in der Erwerbsbiografie gesehen, und zum anderen als Übergang in die nachberufliche Phase gestaltet wird. In diesem Typus tritt insofern die Kategorie Geschlecht als relevant hervor.

Der SÖS der sorgenden Angehörigen in diesem Typus variiert: Drei sind mit einem hohen SÖS, zwei mit einem niedrigen SÖS kategorisiert. Einer der Angehörigen verfügt über Migrationserfahrung.

Fallbeispiel Herr Behrens

„Das war für mich ein Bedürfnis."

Herr Behrens, geboren 1959, ist zum Zeitpunkt des Interviews 59 Jahre alt. Er sorgt drei Jahre für seinen demenzkranken Schwiegervater bis dieser 2015 in einem Pflegeheim verstirbt. Seine Lebensgefährtin hat zwei Brüder, die jedoch beide die Pflege des Vaters nicht unterstützen. Da die Lebensgefährtin in Vollzeit berufstätig ist, hilft Herr Behrens seiner Partnerin und übernimmt schließlich in vollem Umfang die Verantwortung für die Pflege des Schwiegervaters. Weil sein Bruder beruflich eine Pflegestation leitet, fühlt er sich gut informiert. Herr Behrens lebt in einer eigenen Wohnung, seine Lebensgefährtin wohnt gemeinsam mit zwei erwachsenen Söhnen in unmittelbarer Nähe. Der Schwiegervater hat eine eigene Wohnung im gleichen Stadtteil.

Nach der mittleren Reife hat Herr Behrens eine beruflich-betriebliche Ausbildung absolviert. Mit 33 Jahren erlitt er jedoch einen schweren Schlaganfall und ist aufgrund dessen seitdem teilweise erwerbsunfähig. Er bezieht eine Erwerbsminderungsrente und ist zusätzlich im Rahmen einer geringfügigen Beschäftigung tätig. Sowohl Herr Behrens als auch seine Partnerin verfügen über ein geringes bis mittleres Haushaltsnettoeinkommen.

Herr Behrens gehört der christlich-katholischen Religionsgemeinschaft an. Die Gemeinde und der Glauben nehmen einen wichtigen Stellenwert in seinem Leben ein. Seit dem Tod des Schwiegervaters engagiert sich Herr Behrens ehrenamtlich in der Betreuung von Demenzpatient*innen und bildet sich im Rahmen von Schulungen für diese Tätigkeit weiter.

Pflegesituation

Herr Behrens sorgt in den Jahren 2012 bis 2015 für seinen demenzkranken Schwiegervater bis dieser im Alter von 81 Jahren verstirbt. Zu diesem Zeitpunkt ist die pflegebedürftige Person der höchsten Pflegestufe zugeordnet.

Der Schwiegervater wird im ersten Jahr der Pflege zunächst in seiner eigenen häuslichen Umgebung von Herrn Behrens und seiner Lebensgefährtin gepflegt. In dieser Zeit kommt einmal täglich ein Pflegedienst nach Hause, um Medikamente zu geben und die Körperpflege zu machen. Herr Behrens und seine Partnerin nehmen in dieser Zeit auch Entlastungspflege in Anspruch, die durch einen häuslichen Unterstützungsservice zweimal die Woche durchgeführt wird. Trotz der Unterstützungsleistungen kümmert sich Herr Behrens täglich um den Schwiegervater. Er besucht ihn oder organisiert Ausflüge mit ihm, ist für die Zubereitungen der Mahlzeiten zuständig und übernimmt trotz des täglich kommenden Pflegedienstes teilweise auch die Körperpflege, weil der Schwiegervater zunehmend aggressiv auf die ambulante Pflegekraft reagiert.

Da er nur einer geringfügigen Beschäftigung nachgeht, und nicht, wie seine Lebensgefährtin, in Vollzeit erwerbstätig ist, nimmt er die Rolle des häuslich Pflegenden selbstverständlich an:

> „Ja, ich bin ... ich bin Erwerbsminderungsrentner. Und bin aber noch bei der Kirche beschäftigt als [Berufsbezeichnung]. Und ... aber wie gesagt, ich hatte mehr Zeit wie meine Freundin oder habe mehr Zeit wie meine Freundin, weil die ist bei der [Arbeitsplatz] beschäftigt." (Herr Behrens, Z. 871-874)

Eine Reduzierung der Erwerbstätigkeit ist aus finanziellen Gründen für die Lebensgefährtin nicht möglich, auch wenn sie grundsätzlich die Haltung von Herrn Behrens teilt und gerne mehr für ihren Vater da wäre. Aufgrund der beengten Wohnverhältnisse ist es nicht möglich, den Vater zu sich nach Hause zu holen. Sie müssen die Pflege deshalb innerhalb der Rahmenbedingungen organisieren, die sie vorfinden. Dabei sieht Herr Behrens sich aber nicht als finanziell eingeschränkt an, da der Schwiegervater über Vermögen verfügt, das in die Pflege investiert werden kann.

Nach knapp einem Jahr der häuslichen Pflege kommt der Schwiegervater auf Anraten des Hausarztes vorübergehend auf die Akutstation eines Krankenhauses, um dort medikamentös eingestellt zu werden, denn sein Gesundheitszustand hat sich soweit verschlechtert, dass die Sicherheit des Vaters in der Wohnung nicht mehr gewährleistet ist. In dieser Situation ist der Hausarzt für Herrn Behrens und seine Lebensgefährtin eine entscheidende Unterstützung:

> „[…] der Hausarzt, das war der, wo ich immer wieder sage: Der Mann, der war wirklich gut. Der hat erkannt, dass wir mit der Situation nicht mehr zurechtkommen und hat gesagt, Sie fahren jetzt nach Hause." (Herr Behrens, Z. 383-386)

Zu diesem Zeitpunkt sind Herr Behrens und seine Lebensgefährtin bereits über die eigenen Belastungsgrenzen hinausgegangen, worauf erst der Hausarzt sie aufmerksam macht. Die Möglichkeit der kurzfristigen Einweisung in eine Akutstation kannten weder Herr Behrens noch seine Lebensgefährtin:

> „Und der – der sagte: Hm-hm, also und Sie und Sie sehen auch nicht gut aus. Diese Situation müssen wir jetzt irgendwie hier … irgendwie auflösen, dass wir das irgendwie bereinigen. Dass erst mal alle zu Kräften kommen. Und das fand ich, war eine gute Entscheidung. Und da war das für mich erst mal wirklich bewusst, dass es so was gibt! So, dass man irgendwo Hilfe kriegen kann." (Herr Behrens, Z. 507-512)

Für Herrn Behrens und seine Lebensgefährtin ist es dennoch ein schwerer Schritt, die eigene Belastungsgrenze anzuerkennen und über eine stationäre Versorgung nachzudenken. Als ausschlaggebend für die Entscheidung zur stationären Pflege formuliert Herr Behrens im Interview das Wohlergehen des Schwiegervaters. Dieses sieht er durch die Schwere der Erkrankung nur noch über eine stationäre Versorgung sichergestellt:

> „Ja, das war für uns natürlich nicht mehr anders machbar, weil wir haben gesagt, man kann den nicht mehr alleine lassen, ja? Weil wir mussten ja sehen, dass er gut aufgehoben ist. Und er musste ja auch gepflegt werden." (Herr Behrens, Z. 645-647)

Nachdem der Vater von der Akutstation aus wieder kurz zurück nach Hause kehrt, entscheiden sich Herr Behrens und seine Lebensgefährtin dazu, den Vater ganz in die stationäre Versorgung zu übergeben. Trotzdem besucht Herr Behrens seinen Schwiegervater täglich.

Das Personal im Pflegeheim ist jedoch zunehmend überfordert mit der Betreuung des Vaters, weshalb er wiederholt von dort aus auf die Akutstation des Krankenhauses gebracht wird, in dem der Vater zuvor schon medikamentös eingestellt wurde. Aufgrund der Situation und auf Anraten des Pflegepersonals wird der Vater schließlich in ein anderes Pflegeheim gebracht, das eine 24-Stunden-Überwachung ermöglicht und speziell auf Demenzpatient*innen ausgerichtet ist. Es handelt sich um eine gerontopsychiatrische Einrichtung. Nach nur sechs Wochen in dieser Einrichtung verstirbt der Schwiegervater.

Im Rückblick beschäftigt sich Herr Behrens mit der Frage, ob es ein Fehler gewesen sei, die stationäre Versorgung des Schwiegervaters hinauszuzögern. Auch die Erfahrungen, die er in der ehrenamtlichen Tätigkeit macht, führen dazu, dass er die Situation rückblickend anders bewertet und sein Handeln anders ausrichten würde, wenn er noch einmal vor der Entscheidung stünde, eine*n Angehörige*n in die stationäre Versorgung zu übergeben oder weiter zu Hause zu pflegen. Darin wird erkennbar, dass für Herrn Behrens das Wohlergehen des Schwiegervaters die zentrale Rolle für seine Pflegeentscheidung gespielt hat. Gleichzeitig spiegelt sich darin, dass Herr Behrens lange nicht über das notwendige Wissen verfügt hat, um eine angemessene Entscheidung zu treffen. Rückblickend reflektiert er die Situation:

> „Heute sehe ich das auch anders, aber ... also ich würde heute auch sehen, dass ... für viele wäre es sinnvoll, früher in eine gute Einrichtung zu gehen. Oder eine Residenz. Es gibt so viele gute Einrichtungen, die ich jetzt gesehen habe. Und das muss man halt gucken, dass man da frühzeitig hinkommt." (Herr Behrens, Z. 672-676)

Selbstverständnis als Sorgeperson

Wie in der Darstellung der Pflegesituation schon erkennbar wurde, steht das Wohlergehen des Schwiegervaters für Herrn Behrens stets im Vordergrund. Herr Behrens hinterfragt im Zuge der Pflege des Schwiegervaters dabei nicht die eigene Belastung oder ob die Pflege für sein Leben eine Einschränkung bedeutet, sondern er betrachtet die Pflege des Schwiegervaters als Selbstverständlichkeit. Belastungen, die er im Interview formuliert, beziehen sich auf das Leiden des Schwiegervaters oder auf Ängste bezüglich des Gesundheitszustandes, nicht jedoch auf seine persönlichen Belange. Am Wohlergehen des Schwiegervaters misst sich sein eigenes Wohlergehen. So formuliert er, dass es ihm ein „gutes Gefühl" bereitete, wenn er seinem Schwiegervater einen schönen Tag bescheren konnte. Für Herrn Behrens macht dies ein positives Erleben in der Pflege aus:

> „Ja, also wenn es möglich war, war ich immer da, ne? Weil das war für mich ein Bedürfnis. Und ich habe mich immer gefreut, wenn der irgendwo was machen konnte und – und wenn wir nur im Garten gesessen haben, ne? Also das war schon gut." (Herr Behrens, Z. 777-780)

Als der Schwiegervater nach einem Jahr in die stationäre Versorgung wechselt, ist Herr Behrens dennoch weiterhin sehr bemüht, sich liebevoll um den Schwiegervater zu kümmern und zeigt dies durch tägliche Besuche. Im Pflegeheim spielt er mit seinem Schwiegervater Gesellschaftsspiele oder trifft sich mit ihm bei Kaffee und Kuchen. Dabei bindet Herr Behrens auch andere Bewohner*innen des Pflegeheimes ein und formuliert ein positives Erleben der Pflegesituation:

> „[...] aber wie gesagt, es gibt auch tolle Momente, ne? Und die werden halt nicht beschrieben, ne? Und das war wirklich, ne, ja ... Und dann so aus alten Zeiten, wo man hört, ne, oder in ... ein Beispiel, da bin ich da oben in der ... auf der Station gewesen in [Stadt, Stadtteil], da war das Erste, wo da die – die Tabletten kamen, da sagte die – die Frau: Ach, Schwester, Sie haben eine Schere aus meinem Nähkörbchen, was ich zur Kommunion gekriegt habe, ne? Also dachte ich – hm? [beide lachen kurz] Also das ist ja schon ... die war ja über 80, die Frau, ne? (Ja) Also das ... es gibt auch noch tolle Momente, ne?" (Herr Behrens, Z. 375-383)

Dies steht für ihn auch gegenwärtig im Zuge seiner ehrenamtlichen Tätigkeit mit Demenzpatient*innen im Vordergrund:

> „Und dann – dann sind die zufrieden und ... ne? Ja? Und die freuen sich immer, wenn ich komme zu ihnen da in dem Heim. Und da sind auch die anderen, das finde ich dann auch so toll so, dann dabei zu sein, das ist einfach ... hat was. Ja." (Herr Behrens, Z. 1265-1268)

Unmut darüber, dass seine Freizeit davon bestimmt ist, im Pflegeheim zu sein, äußert er nicht, vielmehr sieht er die Fürsorge als einen wichtigen Teil seiner Freizeit an, weil die Fürsorge Teil seiner grundlegenden Wertorientierung ist:

> „Das ist auch kein Problem. Ich weiß noch, also ich war immer ... ich finde immer Zeit für so Leute, ja? Also das ist nicht so, ich sage, ich bin jetzt ... ich müsste einen 24-Stunden-Job haben, wenn ich dann so was nicht machen könnte. Aber grundsätzlich, man findet immer Zeit. Und ich sage mal, die Gesellschaft lebt nur von den Menschen miteinander." (Herr Behrens, Z. 908-912)

Seine Fürsorgeorientierung ist vor dem Hintergrund seiner eigenen biografischen Erfahrungen zu betrachten. Durch einen Schlaganfall im Alter von 33 Jahren war Herr Behrens selbst einmal auf Hilfe angewiesen:

> „Und ich habe auch einen Schlaganfall gehabt mit 33. Und daher weiß ich, wie ich da war, das hat mir nach meiner Mutter ihrem Tod noch viel mehr gegeben, weil wo ich gesehen habe, was da für Leute sind und was das für Schicksale sind, da geht es mir verhältnismäßig gut. (...). Aber wie gesagt, und da habe ich gesagt, ich habe Glück gehabt und ich hoffe, dass andere auch dann das Glück auch besitzen, dass man ihnen hilft und so ist das halt." (Herr Behrens, Z. 981-993)

Herr Behrens ist seitdem im Alltag, vor allem aber im Beruf, stark eingeschränkt. Es ist ihm aus gesundheitlichen Gründen nicht möglich, mehr als geringfügig erwerbstätig zu sein. Die Erwerbstätigkeit nimmt für ihn deshalb nur eine randständige Bedeutung ein. Die Pflege des Schwiegervaters erhält dadurch die Funktion einer sinnhaften Ersatzaufgabe, die Herr Behrens täglich und verantwortlich durchführt. Seit dem Tod des Schwiegervaters kann er diese Ersatzaufgabe über seine ehrenamtliche Tätigkeit in der Betreuung von Demenzpatient*innen ausfüllen. Für Herrn Behrens ermöglicht dies eine unmittelbare Sinnstiftung:

> „Und da habe ich dann gesagt, jetzt mache ich was, wo ich weiß, da kann ich einem persönlich helfen. Da sehe ich das, was – was ich tue. Und darum habe ich gesagt, das mache ich jetzt. Ja. Weil ich habe das dann auch gesehen bei meinem Schwiegervater, das ist gut gewesen so und jetzt mache ich da was in [Seniorenzentrum] mit einem, und der hat gar keine Familie, oder doch, einen Bruder hat er, aber keine Kinder und nichts. Und da denke ich mal, der ist froh, wenn ich komme. Und ich bin froh, wenn ich gehe, weil dann habe ich ihm was Gutes getan." (Herr Behrens, Z. 1375-1382)

In seiner Identitätskonstruktion bezieht sich Herr Behrens auf ein religiöses Motiv. So spricht er von „Nächstenliebe", die ihn dazu motiviert, sich für pflegebedürftige Menschen zu engagieren. Dabei zeigt er gegenüber dem Leben und seinen Mitmenschen eine sehr akzeptierende Haltung. Er spricht davon, dass es wichtig sei, den Schwiegervater in seinem Kranksein anzunehmen. Das Annehmen ist für ihn eine wichtige und gelingende Coping-Strategie, um den Pflegealltag zu bewältigen.

> „Aber ich bin auch einer, glaube ich, der einen ... auch einen annimmt, so wie er ist. Und das muss man dann auch tun, ne? Also geht nicht irgendwie einen umzukramen, ne?" (Herr Behrens, Z. 564-566)

Auch akzeptiert er, wenn Menschen die Betreuung eines*einer Demenzkranken ablehnen – wie es etwa die Brüder seiner Lebensgefährtin tun. Er formuliert keine Vorwürfe, sondern betont sein Verständnis dafür. Auch in dieser Argumentation steht für Herrn Behrens die Funktion der Sinnstiftung im Vordergrund. Die Pflegeentscheidung formuliert er vor diesem Hintergrund als eine bewusste Entscheidung, die er in seine eigene Lebensgestaltung integriert und die schließlich einen relevanten Teil derselben abbildet:

> „Ich mache auch keinem einen Vorwurf, wenn einer sagt, das mache ich nicht. Ich bin auch keiner, der das aufrechnet und sagt, jetzt hier, ich habe das jetzt gemacht, du musst jetzt so oder so ... Ich mache das als Genugtuung, und ich komme da mit einem guten Gefühl raus und dann ist das für mich okay, ne?" (Herr Behrens, Z. 240-244)

Dagegen belastet es Herrn Behrens, dass die Sorge für den Schwiegervater, die er trotz der stationären Versorgung täglich weiterführt, vom Pflegepersonal des

Heimes nicht wertgeschätzt wird und ihm im Gegenteil geraten wird, sein Engagement einzuschränken:

> „Und da muss ich dabei sagen, was schlimm war für mich, man war nicht gern gesehen da. Ja, also in der Gerontopsychiatrie nicht. Aber im Heim, weil ... Geben Sie doch lieber die Betreuung ab. Das war das Erste." (Herr Behrens, Z. 723-726)

Sein Unverständnis darüber, dass ihm geraten wird, die Sorge für den Schwiegervater einzugrenzen, steht im Zusammenhang mit seinen Wertvorstellungen. Herr Behrens betrachtet es gesellschaftlich als notwendig, ein „Miteinander" zu leben und er formuliert eine Reziprozität, die nicht auf eine familiäre Beziehung, sondern auf ein allgemeines, intergenerationelles Gesellschaftsmodell bezogen ist, das von einem selbstverständlichen Miteinander getragen ist und dessen Anwendung er für sich selbst im Alter erhofft.

Die Pflegetätigkeit hat in der Funktion einer Sinnstiftung also zwei Ebenen. Sie fungiert für Herrn Behrens auf einer biografischen Ebene als Konstitution biografischen Sinns (vgl. Kohli 1994). Auf einer gesellschaftlich-normativen Ebene ermöglicht sie ihm eine Ausgestaltung seines wertorientierten Handelns vor dem Hintergrund gesellschaftlicher Zusammenhänge und persönlicher Überzeugungen.

Fallbeispiel Herr Münster

„Hier bin ich mein eigener Herr."

Bereits seit dem Tod seines Vaters fühlt sich Herr Münster, der Ende 20 ist, als sein Vater verstirbt, für seine Mutter verantwortlich und unterstützt sie. Zum Zeitpunkt des Interviews (2017) lebt diese alleine in einem benachbarten Einfamilienhaus in Eigentum und ist seit zweieinhalb Jahren in der Pflegestufe I (jetzt Pflegegrad 3) eingestuft.

Herr Münster, geboren 1957, ist zum Zeitpunkt des Interviews 60 Jahre alt, verheiratet und hat zwei erwachsene Kinder, die beide mit im Haus der Familie leben, wobei eine Tochter (24 Jahre) sich zum Zeitpunkt des Interviews bereits seit acht Monaten auf Weltreise befindet, so dass nur der Sohn (21 Jahre) zu der Zeit tatsächlich im Hause lebt. Die Familie bewohnt ein eigenes Einfamilienhaus.

Herr Münster hat nach dem Abitur eine kaufmännische Ausbildung abgeschlossen und war zunächst berufstätig, bis er nach dem Erziehungsurlaub seiner Ehefrau mit dem zweiten Kind aus dem Beruf ausgeschieden ist, um die Familienarbeit zu übernehmen. Seine Frau ist seitdem in Vollzeit erwerbstätig. Die Familie verfügt über ein hohes Haushaltsnettoeinkommen.

Herr Münster ist in einer (stadtnahen) dörflichen Struktur und in einem religiös geprägten Haushalt aufgewachsen und lebt noch heute im gleichen Ort mit ca. 3.000 Einwohner*innen (früher 800). Er selbst bezeichnet sich heute als eher nicht religiös. Herr Münster hat zwei jüngere Geschwister, einen Bruder und eine Schwester, die in 100 bzw. 450 km Entfernung wohnen. Bereits als junger Mann und ältester Enkel wurde ihm die Unterstützung für seine ebenfalls im Ort lebende verwitwete Großmutter übertragen. Nach dem Tod seines Vaters vor 31 Jahren war er für Mutter und Großmutter „der Mann im Haus". Seine Geschwister sind auf Grund ihres jüngeren Alters nicht in die Mitverantwortung genommen worden. Auch zum Interviewzeitpunkt sind die beiden Geschwister nicht aktiv an der Pflege beteiligt.

Pflegesituation

Seit zweieinhalb Jahren ist die Mutter von Herrn Münster in Pflegestufe I eingestuft (inzwischen Pflegegrad 3). Herr Münster sorgt täglich mit einem Zeitaufwand von ca. drei bis vier Stunden für sie. Dabei ist er nicht nur für die Pflege seiner Mutter zuständig, sondern auch für die gesamte Familienarbeit, da seine Frau in Vollzeit berufstätig ist. Eine bedarfsweise Unterstützung der Schwiegereltern tritt gelegentlich hinzu. Die pflegebedürftige Mutter ist multimorbid. Sie leidet an Hautkrebs, an einer Demenz und sie ist aufgrund einer Augenerkrankung in ihrem Sehvermögen und seit einem Oberschenkelhalsbruch auch in ihrer Mobilität stark eingeschränkt, so dass sie die 1. Etage ihres Hauses nicht mehr alleine verlassen kann. Ein Pflegedienst ist nicht eingeschaltet. Herr Münster sieht sich hier gegenüber seiner Mutter verantwortlich, die sowohl eine ambulante als auch eine stationäre Pflege ablehnt. Über einen Hausnotruf ist Herr Münster bei Notfällen ständig erreichbar, was ihm Entlastung verschafft.

Die Mutter benötigt mittlerweile aufgrund der Inkontinenzversorgung auch umfassende körperliche Pflege, die Herr Münster übernimmt. Seinem Sohn oder anderen Personen möchte er diese nicht überlassen, so dass beispielsweise ein gemeinsamer Urlaub mit der Ehefrau nur noch möglich ist, wenn ein Kurzzeitpflegeplatz zur Verfügung steht. Herr Münster gerät darüber zeitweise in Konflikt mit seiner Ehefrau, die diese Auszeiten mit ihm einfordert. In dieser Situation sieht er sich zwischen den Stühlen stehend und ist dadurch belastet, dabei selbst in seinen Bedürfnissen nicht gesehen zu werden:

„Und ich muss das immer so managen, weil ja immer einer beleidigt ist. Entweder ist meine Mutter beleidigt, dass ich nicht bei ihr bin, oder meine Frau sagt, du bist immer weg. So, deswegen, wie es mir geht, interessiert ja keinen." (Herr Münster, Z. 744-747)

Dabei betont Herr Münster die organisatorische Schwierigkeit, einen Kurzzeitpflegeplatz zu erhalten, der mit den (frühzeitig festzulegenden) Urlaubszeiten der Ehefrau kompatibel ist. Auch wenn Herr Münster sich in der Pflegesituation als kontrolliert darstellt, beschreibt er sein Belastungserleben aufgrund der vielfältigen täglichen Aufgaben und Verantwortlichkeiten als durchaus hoch: *„Aber alles in allem ist schon so, es ist eine starke nervliche Belastung."* (Herr Münster, Z. 327)

Die unbedingte Aufrechterhaltung dieser Kontrolle prägt seine Pflegebewältigung, weshalb die häusliche Pflege für Herrn Münster auch daran gebunden ist, dass seine Mutter sich „an die Regeln hält". Hier verknüpft Herr Münster die Pflegebewältigung mit seinen Erfahrungen in der Kindererziehung und ist überzeugt, der Mutter „richtiges Verhalten beibringen" zu können:

> „[...] so bin ich jetzt also in der Situation, dass jetzt, nachdem die Kinder groß sind, ja, da fängt man mit den Eltern wieder an. Ich merke das, wenn ich meiner Mutter die Schuhe anziehe. Das hat mich damals schon bei den Kindern so aufgeregt, dass die ... kennen Sie ja auch, die Füße einem da so baumelnd hinhalten. Sie kriegen die Schuhe nicht an. [...]und das ist bei meiner Mutter jetzt genauso, dass ich sage, jetzt konzentrier dich mal und schieb mal dagegen, weil die ja immer mehr wie Kinder werden." (Herr Münster, Z. 133-152)

Herr Münster ist für die Pflege seiner Mutter allein verantwortlich. Seine Ehefrau unterstützt ihn alle zwei Wochen beim Baden der Mutter. Sein Sohn übernimmt kleinere Hilfeleistungen nach Bedarf. Der Bruder und die Schwester von Herrn Münster sind beide nicht aktiv an der Pflege beteiligt und beschränken sich auf einen regelmäßigen telefonischen Kontakt (Schwester) und Besuchskontakt (Bruder). Sie nehmen in ihrer eigenen Lebensplanung keine Rücksicht auf Herrn Münster und die Pflegebedarfe der Mutter. Der Bruder überlässt Herrn Münster dabei auch alle Entscheidungen rund um die Pflege der Mutter. Mit der Schwester gibt es über den Umgang mit der Mutter und gelegentlich über spezifische Entscheidungen wie Anschaffungen oder Umbauten Konflikte.

Herr Münster nimmt keine Beratung in Anspruch. Bürokratische und organisatorische Angelegenheiten rund um die Pflege seiner Mutter, etwa die Kommunikation mit der privaten Pflegekasse oder das Beschaffen von Hilfsmitteln, managt er alleine. Dafür kann er im Haus seiner Mutter ein Arbeitszimmer nutzen.

Selbstverständnis als Sorgeperson

Herr Münster ist seit der Geburt seines zweiten Kindes für die Familienarbeit zuständig. Nach dem Erziehungsurlaub entscheiden er und seine Frau, dass er nicht wieder in die Erwerbstätigkeit zurückkehren wird. Sie wählen damit eine klare Aufteilung von Erwerbs- und Sorgearbeit im Sinne des Alleinverdienermodells und kehren die traditionellen Geschlechterrollen darin um. Innerhalb dieser Konstellation bindet Herr Münster seine spezifische Fähigkeit für diese Aufgabe, die im Durchsetzen von Strukturen und Regeln begründet ist, an sein Geschlecht, um eine hegemoniale Männlichkeitskonstruktion (vgl. Connell 2015) trotz der Einnahme einer weiblich konnotierten Geschlechterrolle aufrechtzuerhalten:

> „Ja, und da haben wir gesagt, entgegen allen Konventionen wechseln wir und ich bleibe dann zu Hause, kümmere mich um die alten Leutchen, die ja in erster Linie auch meine Verwandten sind, und um die Kinder, wo ich überhaupt nie Probleme mit hatte. Ich bin auch [Ehrenamt] und so gewesen. Und das ist mir also auch leichter gefallen als meiner Frau. Weil Frauen ja schon eine andere Art haben, mit Kindern auch umzugehen. Wenn ich dann diese endlosen Diskussionen höre, verstehe ich überhaupt gar nicht. [...] Im Prinzip ist es ja eigentlich ganz einfach: Klare Ansage und konsequent sein." (Herr Münster, Z. 90-113)

Die Übernahme der Fürsorgearbeit ist sowohl mit seiner Biografie des Aufwachsens als auch mit seiner Erwerbsbiografie verbunden. Er artikuliert dies zudem als generelle Haltung, aus der für ihn eine Allgemeingültigkeit folgt, nach der die Verantwortung für die Pflege von Angehörigen grundlegend bei der Familie zu suchen sein sollte. Daneben führt Herr Münster auch das Reziprozitätsmotiv als intrinsisches Pflegemotiv an. Hier ist es von Bedeutung, dass seine Mutter die Familie seinerzeit bei der Kinderbetreuung regelmäßig und umfänglich unterstützte. Insofern wirkt der bereits über drei Generationen hinweg wirksame Generationenvertrag, wie Herr Münster mit den Worten *„jetzt bin ich mal dran. So sehe ich das"* (Z. 2269) betont.

Herr Münster wächst in einer dörflichen Struktur und einem religiös geprägten Haushalt unter der Dominanz seines Vaters auf. Im Dorf hat der Vater ein hohes Ansehen. Auf Weisung des Vaters besucht Herr Münster das Gymnasium in einer benachbarten Stadt, was ihm im Dorf eine Sonderstellung unter den Bewohner*innen zuweist, die ihm auch heute noch nachhängt:

> „Dann kommt noch dazu, dass alle sagen, oh, der kann das auch, ne? Ich war damals der Einzige aus der Klasse, der zum Gymnasium gegangen ist. Natürlich, weil mein Vater mich dahin geschickt hat. Ich habe ja gar nicht gewusst, was das war. Ich war nur traurig, dass ich zu einer anderen Schule ging als die anderen." (Herr Münster, Z. 1325-1328)

Durch den Tod seines Vaters, der seine Mutter mit 56 Jahren zur Witwe machte, erwächst Herr Münster zu einer zentralen Bezugsperson für seine Mutter und für seine Großmutter, die ihm – als ältestem Sohn – fortan die Rolle als „Mann im Haus" zuschreiben. Seine Großmutter sieht in ihrem Enkel zudem einen zweiten Sohn, den sie durch den Tod ihres eigenen Sohnes verloren hat. Die jüngeren Geschwister übernehmen keine Verantwortung für die pflegebedürftige Großmutter, während Herr Münster sich nicht nur gegenüber seiner Mutter und seiner Großmutter, sondern auch gegenüber seinen jüngeren Geschwistern verantwortlich sieht. Die Selbstzuschreibung als Sorgeperson weit vor der gegenwärtigen Pflegesituation prägt entscheidend sein Selbstverständnis und die Pflegeorganisation:

> „Wie ich acht Jahre alt war, musste ich im Garten immer schon helfen. Da waren meine Geschwister vier, da waren die noch zu jung. Wie ich zwölf war, waren die acht, da waren die auch zu jung. Und wie ich 20 war, da waren die 16, da waren die zu jung. So, und alles, was jetzt so ... und meine Oma, die hatte sehr schwer mit Depressionen zu tun gehabt. So, da ging dann auch keiner hin. Das macht der [Name Befragter]." (Herr Münster, Z. 1267-1272)

Die Erwerbsbiografie von Herrn Münster ist von negativen Erfahrungen geprägt. Herr Münster leidet mehrfach unter dem Verlust des Arbeitsplatzes und empfindet Existenzängste nach der Gründung der Familie und dem Kauf eines Einfamilienhauses. In seiner Identitätskonstruktion wird ein starkes Bedürfnis nach Kontrolle und Kalkulierbarkeit sichtbar. Die Übernahme der Familienarbeit schützt ihn vor weiteren Arbeitsplatzverlusten und ermöglicht ihm stattdessen die Rolle des umfassend strukturierten Fürsorgers, die ihm in Folge der Übernahme der Familienarbeit auch in der Nachbarschaft zugewiesen wird:

> „Vor allen Dingen ist es ja auch so, dass alle sagen, er ist zu Hause, er hat die Zeit, er hat sich drum zu kümmern. Egal, was das ist. Ob das [Tätigkeitsbeschreibung]. Ja, und schon gucken alle Sie an. Protokollführer oder was weiß ich, da Klassenpflegschaft oder was – was Sie auch noch alles ... Er ist zu Hause. [...] So, und mein – mein Vater war damals auch der Einzige aus [Gemeinde], der zum Gymnasium gegangen ist. [Gemeinde] hatte immer 800 Einwohner. Mein Opa war Akkordarbeiter, also einfacher Arbeiter. [...] Das wissen die Leute hier noch so. Und ich glaube, es hat auch noch keinen Posten gegeben hier in [Gemeinde], den man mir nicht schon angeboten hatte." (Herr Münster, Z. 1314-1321, 1332-1338)

So erwachsen die Familienarbeit und später die Pflegetätigkeit zu einer „Ersatzaufgabe", die Herr Münster ähnlich strukturiert führt und darstellt wie eine Erwerbstätigkeit. Herr Münster schätzt es, im Gegensatz zu den negativen Erfahrungen in der Erwerbsarbeit, zu Hause „sein eigener Herr" zu sein. Kontrolle und Regeln ähnlich wie im Kontext von Erwerbsarbeit leiten seinen Pflegestil. Dadurch gelingt ihm die Pflegebewältigung weitgehend, und er erhält sich eine leitende und unentbehrliche Position in der Familie.

In Folge dessen nimmt er familiäre Unterstützung nur in einem geringen Umfang in Anspruch. Im Interview äußert er dazu auch keine zusätzlichen Bedarfe und Wünsche, sondern betont, dass er nicht erwarten könne, dass seine Familie ihre Freizeit für die Versorgung der Schwieger- bzw. Großmutter einschränkt. Insbesondere die Körperpflege möchte Herr Münster seinem Sohn nicht zumuten, weshalb Herr Münster seine Mutter mittlerweile nicht mehr für mehrere Tage verlassen kann.

Von besonderer Bedeutung erscheint für ihn die Anerkennung seiner Sorgeleistung seitens seiner Mutter, insbesondere mit Blick auf seine ständige Erreichbarkeit. So ist es für ihn wichtig, dass der Hausarzt seine Mutter darauf hinweist, dass seine Pflege für sie nicht selbstverständlich ist. *„Der Hausarzt, der sagt auch: Frau [Name], Sie wissen schon, was Sie für ein riesen Glück haben, ne?"* (Herr Münster, Z. 1559f)

Herr Münster sieht die Grenzen der Pflege insbesondere darin, dass die Mutter sein Bemühen und seine Opportunitätskosten nicht ausreichend anerkennt oder gar verkennt, weil sie aufgrund der fortschreitenden Demenz die zeitliche Dimension des Aufwandes nicht mehr erfassen kann. Herr Münster sieht die häusliche Pflege so lange gewährleistet, wie es ihm gelingt, die Kontrolle über das Verhalten der Mutter zu behalten sowie seine Kompetenzen und sein Bemühen dabei nicht angezweifelt werden. Dementsprechend empört äußert er, dass seine Mutter bedingt durch die Demenz die Wertschätzung für seine Pünktlichkeit und Zuverlässigkeit verliert, da sie nicht mehr einschätzen kann, wann der Sohn das letzte Mal bei ihr gewesen ist. Dies hat zur Folge, dass Herr Münster sich zunehmend mit Vorwürfen seiner Mutter konfrontiert sieht, die seine – ihm so bedeutende – Verlässlichkeit anzweifelt. So ist es ihm auch im Interview wichtig, klarzustellen, dass an seiner Verlässlichkeit nicht zu zweifeln ist:

> „Und dann sagt sie dann: Ach, ich dachte, du kommst nicht mehr. Boah, dann ... so, das hat es noch nie gegeben. Noch nie! So. Wenn ich nicht komme, dann komme ich eben eine Stunde später und sage: Heute wird es eine Stunde später. Oder wenn irgendwas ... sonst was ist, dann ist ein Ersatzmann da. Dann ist mein Sohn da oder sonst irgendwas. Oder dann eben die Sprüche dann, dann hat sie sich abends schon ins Bett gelegt. Ich sage, wie, du liegst schon im ... liegst schon im Bett? Ja, ich dachte, du kommst nicht mehr. So, wo ich dann sage, bin ich schon einmal abends nicht gekommen? Nein." (Herr Münster, Z. 1525-1532)

Fallvergleich

Sowohl Herr Behrens als auch Herr Münster stellen die Pflege- und Betreuungstätigkeit für ihre Angehörigen als Ersatzaufgabe für die Erwerbstätigkeit dar. Während sich Herr Behrens aufgrund seiner erkrankungsbedingten Erwerbsunfähigkeit verantwortlich dafür sieht, die Sorgeverantwortung für seinen Schwiegervater zu übernehmen und dadurch seine in Vollzeit erwerbstätige Partnerin entlastet, übernimmt Herr Münster aus seiner Rolle als Sorgeperson der Familie, die bereits in jungen Jahren biografisch gewachsen ist, die Pflegeverantwortung. Beide integrieren die Übernahme der Pflegeverantwortung damit in ihren Lebensentwurf, der durch die Sorgeverantwortung gekennzeichnet ist. Ähnlich kennzeichnend ist es für die Pflegebewältigung von Herrn Yildirim, der ebenfalls diesem Typus zugeordnet ist. Herr Yildirim übernimmt die Pflegeverantwortung in einer Situation, in der er für ihn selbst überraschend als erwerbsunfähig eingestuft wird. Er hat dadurch Zeitressourcen zur Verfügung, die er für die Pflege des zeitgleich pflegebedürftig gewordenen Vaters einsetzt. Herrn Yildirim hilft die Pflegetätigkeit, seine Erwerbsunfähigkeit zu bewältigen. Sie ist für ihn so wie auch für Herrn Behrens und Herrn Münster ein sinnstiftender Ersatz für die Erwerbsarbeit. Anders als für Herrn Behrens, Herrn Münster und Herrn Yildirim führt im Fall von Frau Heinrich erst die Pflegetätigkeit selbst zu einer beruflichen Veränderung, was den Typenwechsel von Typus 1 „Pflegeorganisation rund um die Erwerbstätigkeit" zu Typus 3 „Sinnstiftung" begründet. Nachdem Frau Heinrich ihre Erwerbstätigkeit bereits vor der Übernahme der Pflegeverantwortung aus gesundheitlichen Gründen reduzierte, setzt sie nun den Arbeitszeitumfang sukzessive weiter herunter, bis sie ihre Erwerbstätigkeit zugunsten der Pflegetätigkeit ganz aufgibt. Frau Heinrich (II) sieht in der Pflegetätigkeit eine gesellschaftlich anerkannte Alternative zur Erwerbstätigkeit, über die sie die Phase bis zur Verrentung gestalten kann. In dieser Konstruktion findet sich eine Parallele – insbesondere zu den Fällen Behrens und Münster.

So wie für Frau Heinrich (II) führt auch für Frau Goder, die ebenfalls diesem Typus zugeordnet ist, die Pflege ihrer Mutter zu einer beruflichen Veränderung, mit der für sie auch eine Verschlechterung ihrer finanziellen Situation einhergeht. Frau Goder setzt ihre in Selbstständigkeit ausgeführte Erwerbstätigkeit aufgrund der Pflegetätigkeit vollständig aus, kündigt ihre Mietwohnung und partizipiert fortan ausschließlich an der Rente ihrer Mutter, da sie über kein eigenes Einkommen mehr verfügt. Die Pflegebewältigung gelingt Frau Goder darüber, dass sie in der Pflegetätigkeit und in ihrer Rolle als sorgende Angehörige eine gesellschaftlich anerkannte Alternative zu ihrer Erwerbstätigkeit findet, die sie ebenso wie Frau Heinrich (II) als einen bewusst gewählten Lebensentwurf ihrem vorherigen Lebensentwurf alternativ gegenüberstellt. Trotz hoher Opportunitätskosten gelingt es Frau Goder so (wie den anderen pflegenden Angehörigen in diesem Typus) die Pflege als eine sinnstiftende Tätigkeit zu generieren. Im Unterschied zu den anderen Fällen betont Frau Goder dabei stärker den temporären Charakter ihrer Entscheidung und kann die Pflegetätigkeit deshalb noch mehr als in den anderen Fällen als bewusst gewählten Lebensentwurf konstruieren. Nach der

Pflege möchte Frau Goder sich wieder für die Erwerbstätigkeit entscheiden. Diese Entscheidungsoption haben Herr Behrens und Herr Yildirim aufgrund der Erwerbsunfähigkeit sowie Frau Heinrich aufgrund der baldigen Verrentung nicht. Auch für Herrn Münster ist die Rolle als Sorgeperson so sehr in der Familienstruktur gewachsen, dass die Übernahme der Pflegeverantwortung für ihn durchaus auch mit Alternativlosigkeit verbunden ist. Entscheidend für die Zuordnung von Herrn Münster zu dem Typus der Sinnstiftung ist dabei aber, dass es ihm gelingt, diese Rollenzuweisung so in seinen Lebensentwurf zu integrieren, dass er darin keinen Zwang, sondern eine Sinnstiftung erlebt, die seinen Lebensentwurf bereichert und nicht beschränkt. Dies wird ebenso im Fall von Herrn Behrens und Herrn Yildirim sichtbar. Auch Herr Behrens antizipiert die Rollenzuweisung als Sorgeperson, wenngleich seine Partnerin ihn nicht explizit auf diese Rolle verpflichtet. Er sieht sich jedoch aufgrund dessen, dass er nicht erwerbstätig ist, in der Aufgabe, die Sorge für den Schwiegervater zu verantworten, da er die Zeit habe. Diese Aufgabe nimmt er jedoch nicht als alternativlose Aufgabe wider Willen an, sondern sieht darin die Chance, sich eine Ersatzaufgabe zu konstruieren, über die er seinen Lebensentwurf sinnhaft gestalten kann. Die Sinnhaftigkeit der Aufgabe entnimmt Herr Behrens dabei zum einen aus seiner religiös geprägten Wertehaltung, zum anderen aus seiner biografischen Erfahrung des Krankseins, durch die er selbst bereits mit der eigenen Hilfe- und Unterstützungsbedürftigkeit konfrontiert war. Eine ähnliche Handlungsorientierung findet sich bei Herrn Yildirim wieder. Auch bei ihm ist das Selbstverständnis als Sorgeperson von der eigenen Krankheitsgeschichte geprägt. Darüber hinaus verweist Herr Yildirim im Interview auf seine kulturell begründete Verpflichtung zur familiären Verantwortungsübernahme. Seine Handlungsorientierung steht wie bei Herrn Behrens hierbei in Verbindung zu seiner Religiosität. Er pflegt seinen Vater aufopferungsvoll zusammen mit anderen Familienangehörigen und geht dabei an die Grenzen seiner gesundheitlichen Belastbarkeit. Selbst nach dem Umzug des Vaters in eine stationäre Einrichtung, die gegen den Willen von Herrn Yildirim erfolgt, verbringt er – ebenso wie es Herr Behrens tut – viel Zeit mit dem Vater im Rahmen täglicher Besuche in der stationären Einrichtung. Beide Angehörige formulieren dies nicht als Belastung, sondern als ausdrücklichen Wunsch und Entscheidung für die Pflege. Herr Behrens benennt es explizit als „Bedürfnis" – ein Sorgemotiv, das bei allen Angehörigen im Typus der Sinnstiftung leitend ist. Dabei ist es bedeutsam, dass sich die pflegenden Angehörigen nicht alternativlos in die Rolle des*der Fürsorgers*in fügen, sondern darin ein Selbstsorgepotenzial erkennen, weil ihnen die Pflegeübernahme sowohl im familiären Umfeld als auch im erweiterten gesellschaftlichen Umfeld Anerkennung bietet.

Im Fall von Herrn Münster ist dabei erkennbar, dass sich über die Anerkennung hinaus in der Pflegetätigkeit auch Macht- und Entscheidungsmöglichkeiten eröffnen, die ihm durch die Aufgabe seiner Erwerbstätigkeit fehlen. Seine Pflegebewältigung ist dabei dadurch gekennzeichnet, sich ein hohes Kontrollerleben zu bewahren; dies geschieht, indem er die familiäre Sorge mit z.T. rigiden Regeln und einer klaren Struktur organisiert. Hier kann er sich als „eigener Herr" verantwortlich positionieren und schafft damit eine Ersatzfunktion, die nicht nur in ihrer Parallelität zur Erwerbsarbeitssphäre gelesen werden kann, sondern auch hinsichtlich der Kategorie Geschlecht in den Blick zu nehmen ist (vgl. Kap. 5.2).

Als weniger relevant erweist sich im Typus der Sinnstiftung dagegen der SÖS, in dem sich die sorgenden Angehörigen dieses Typus unterscheiden. In Bezug auf eine gelingende Pflegebewältigung wird diese Kategorie bei den Sorgepersonen selbst nicht stark wirksam. Gleichzeitig sind dabei aber auch individuelle Faktoren zu berücksichtigen. Beispielsweise wird Herr Behrens zwar selbst einem niedrigen SÖS mit eingeschränkten finanziellen Möglichkeiten zugeordnet. Er weist jedoch im Interview darauf hin, dass sein Schwiegervater über Ersparnisse verfügt, die nun im Rahmen der Pflege genutzt werden können. Dies eröffnet Herrn Behrens Möglichkeiten einer gelingenden Pflegebewältigung, die anderen sorgenden Angehörigen mit niedrigem SÖS verwehrt bleiben. Die finanziellen Rahmenbedingungen, unter denen Herr Yildirim die Pflege zu bewältigen hat, gestalten sich im Vergleich dazu wesentlich schwieriger. Dennoch führt die prekäre finanzielle Situation der Familie für Herrn Yildirim nicht zu einer solchen Belastung, dass sie die Pflegebewältigung beeinträchtigt. Entscheidend ist fallübergreifend, dass die sorgenden Angehörigen in diesem Typus eine Selbstsorgeorientierung für sich durch die Übernahme der Pflege als sinnstiftende Tätigkeit einlösen. Dadurch entsteht kein oder nur wenig Widerspruch zu den eigenen Bedürfnissen, so dass eine „eher gelingende" Pflegebewältigung möglich wird.

4.2.4 Typ 4: Ringen um Kontrolle

Der Pflegebewältigungstyp 4, „Ringen um Kontrolle", unterscheidet sich von den bisher dargestellten Typen, da er Sorgepersonen umfasst, die sich in einer „eher prekären" Pflegebewältigungssituation befinden. Der SÖS in dieser Gruppe variiert, alle sorgenden Angehörigen sind mindestens in Teilzeit erwerbstätig und es sind sowohl Pflegepersonen mit als auch ohne Migrationshintergrund darunter. Eine Besonderheit im Typus 4 ist zudem, dass es sich – wie auch im Typus 5 – ausschließlich um weibliche Angehörige handelt.

Die sorgenden Angehörigen sind durch individuelle Bedingungskonstellationen in eine sehr hohe und unfreiwillige Belastung durch die Pflege geraten. Besonders augenfällig ist die wiederholte Beschreibung eines schleichenden Prozesses und einer „längeren Zeit" der (un-)regelmäßigen Betreuung und Unterstützung, die unbemerkt zur dauerhaften Pflege wird. Obwohl die pflegenden Angehörigen die Möglichkeiten ihres Selbstsorgehandelns als stark eingeschränkt sehen, zeigt sich im Ringen um Kontrolle der stetige Versuch, sich gewünschte Freiräume (wieder) zu verschaffen. Dies geschieht entweder in Abgrenzung von der Zuweisung der Fürsorgeverantwortung oder von Pflegeentscheidungen durch Dritte (häufig in einer konflikthaften Beziehung zu anderen Familienmitgliedern) oder in der Auseinandersetzung mit den Erwartungen und Bedürfnissen der pflegebedürftigen Person.

Die im Pflegebewältigungstyp 4 verorteten sorgenden Angehörigen behalten trotz des „Ringens um Kontrolle" ihre eigenen Bedarfe im Blick und praktizieren immer wieder aufs Neue aktive Selbstsorgestrategien. Das drückt sich vor allem in der bedingungslosen Aufrechterhaltung der Erwerbsarbeit aus, auch wenn dies nicht immer im gewünschten Maße gelingt und die Erwerbstätigkeit als zentrale Lebensstrukturierung latent als bedroht erlebt wird. Die familiäre Konstellation trägt dabei nicht – wie es für den Pflegetypus 2 „Aktiv genutzte Familienressourcen" der Fall ist – zur Ermöglichung bei, sondern erschwert die Bewältigung der Pflege zusätzlich. Das Pflegearrangement bleibt deshalb fragil und erfährt immer wieder Brüche. Besonders Erwartungshaltungen der pflegebedürftigen Person oder Aushandlungskonflikte mit Geschwistern weisen der Erwerbsarbeit als notwendige Auszeit und Entlastung von Beziehungskonflikten im Pflegealltag eine hohe Relevanz zu. Die Sorgepersonen des Typus 4 wägen immer wieder aufs Neue ihre Alternativen ab.

Fallbeispiel Frau Jakobi

„Weil sonst kein anderer da ist, der es macht.
Ob man will oder nicht."

Frau Jakobi ist 43 Jahre alt und hat keine Kinder. Sie hat nach dem Abitur ein Studium begonnen, dieses aber nicht beendet. Während der anschließenden Berufsausbildung ist sie aus finanziellen Gründen wieder in ihr Elternhaus zurückgezogen, in dem die Mutter seit der Trennung von ihrem Mann alleine lebt. Frau Jakobi ist Einzelkind und kümmert sich seit fast 20 Jahren täglich um die chronisch kranke 76-jährige Mutter. Sie hat einen Lebenspartner, der in einer eigenen Wohnung lebt und die Wochenenden mit ihr gemeinsam im Haus der

Mutter verbringt, wo er Frau Jakobi wesentlich bei der Versorgung der Mutter unterstützt. Auch eine „liebe Nachbarin" schaut regelmäßig nach der Mutter.

Die wirtschaftliche Lage von Mutter und Tochter entspricht einzeln und gemeinsam einem niedrigen SÖS. Das Einfamilienhaus, welches der Mutter gehört, ist Frau Jakobi als Erbe zugedacht, und es liegt ihr sehr daran, dieses erhalten zu können. Auf Grund der wirtschaftlichen Abhängigkeit, aber auch des Fortschreitens der Versorgungsbedürftigkeit der Mutter, ist Frau Jakobi im Elternhaus wohnen geblieben. Frau Jakobi bezieht eine kleine Erwerbsminderungsrente, auf die ihr Teilzeit-Einkommen angerechnet wird, und das monatliche Pflegegeld geht weniger in die Finanzierung von pflegeentlastenden Leistungen ein, sondern dient vor allem der gemeinsamen Existenzsicherung von Mutter und Tochter.

In ihrem therapeutischen Ausbildungsberuf, an den sie eine fachspezifische Weiterbildung angeschlossen hat, ist Frau Jakobi seit fünf Jahren in Teilzeit (50 Prozent) tätig. Ihren täglichen Arbeitsbeginn hat sie pflegebedingt auf mittags verschoben, da sie innerhalb ihrer Arbeitszeit an Terminabsprachen mit Klient*innen gebunden ist, die ihr keine zeitlichen Flexibilisierungsoptionen bieten. Die Sorgetätigkeit für ihre Mutter ist der Grund, warum sie nie einer Vollzeit-Erwerbstätigkeit nachgegangen ist.

Pflegesituation

Den Zeitpunkt, an dem Frau Jakobi von einer gelegentlichen Unterstützung in eine regelmäßige Pflege eingetreten ist, kann sie im Rückblick nicht mehr eindeutig bestimmen. Der behandelnde Arzt hat schon vor 20 Jahren darauf hingewiesen, dass die Mutter eines Tages auf Grund ihrer Polyneuropathie auf einen Rollstuhl angewiesen sein könnte. Eine Depression mit demenzähnlichen Symptomen sowie eine akute Sturzgefährdung – die durch ein erhebliches Übergewicht verstärkt wird – haben zur Folge, dass Frau Jakobi ihre Mutter seit einigen Jahren kaum noch ohne Ängste alleine lassen kann. Bedingt durch den schleichenden Prozess, in dem sich über die Zeit die Herausforderungen im Pflegealltag zunehmend verschärft haben, ist Frau Jakobi in die weiblich konnotierte Betreuungsrolle hineingeraten.

Seit 2013 hat die Mutter eine Pflegestufe (heute Pflegegrad 3) und damit Anspruch auf Pflegegeld- und/oder Pflegesachleistungen. Im praktischen Pflegealltag fühlt sich Frau Jakobi jedoch mit ihren persönlichen Bedürfnissen alleingelassen.

> „Und man muss ... man muss halt immer, also erlebe ich es, ich muss immer selber kämpfen, wenn ich Unterstützung irgendwo will. Und ganz oft habe ich da keine Zeit oder keine Kraft mehr zu." (Frau Jakobi, Z. 602-604)

Es gelingt ihr nicht, die für sie passenden Unterstützungsdienste bzw. -leistungen zu finden. Sie sagt, dass „*[sie] [...] ganz oft gar nicht [weiß], welche Frage [sie] stellen muss*" (Frau Jakobi, Z. 571).

> „[...] wenn man in dem ganzen Ding drin ist und im Alltag schwimmt, ich weiß auch ganz oft nicht, ja, wo kann ich denn jetzt überhaupt mich noch mal erkundigen, um – um Infos zu kriegen, weil es kommt ja auch keiner. Es kommt auch keine Pflegekasse. Also die schickt dann irgendwelche Standardbriefbögen, ja super, das kenne ich schon alles, aber das ist nicht das, was wir wirklich brauchen ganz speziell." (Frau Jakobi, Z. 559-564)

Die Wohnsituation verschärft die pflegebedingte Belastung für Frau Jakobi durch den Mangel an Rückzugsmöglichkeiten und durch die eingeschränkte Privatsphäre.

> „[...] auch wenn ich zu Hause bin so im Hinterkopf, dieses, ja, ich bin da nie wirklich für mich. Selbst, wenn ich oben meine Tür zumache. Also das ist dann halt auch so ein Raum, so groß wie hier ungefähr, ne, das ist ... [lacht] auch nicht so viel." (Frau Jakobi, Z. 301-306)

Die Pflegeaufgaben umfassen mittlerweile eine vollumfängliche Versorgung der Mutter; sowohl die Körperpflege inklusive Inkontinenzversorgung, das An- und Auskleiden und Anlegen von Kompressionsstrümpfen, die Überwachung der Medikamenteneinnahme, die Essenszubereitung und Trinkkontrolle sowie die tägliche Aktivierung der verbliebenen Selbstständigkeit. Auch um organisatorische Aufgaben, wie das Einhalten ärztlicher und therapeutischer Termine sowie die Regelung finanzieller Angelegenheiten, muss sich Frau Jakobi kümmern. Während die Körperpflege eine physische Überforderung für sie darstellt, scheint die Gesamtsituation als psychische Belastung auf.

> „Sie hat dieses höhenverstellbare Bett, aber sie meint irgendwie, nein, also so, wenn sie da dann oben ist, so dass es hier wirklich auf der Höhe ist, wo es meinen Rücken schonen würde, dann würde sie da runter fallen oder kriegt Höhenangst oder was auch immer, und dann hakt es immer an denselben Stellen, weil ich denke, verflixt, ich ... ja, mache und tue hier ja noch und auch eine Pflegefachkraft würde darauf achten, dass sie langfristig gesund bleibt, um diesen Job zu machen." (Frau Jakobi, Z. 272-278)

> „Also ich brauche dann auch für mich am Ende, wenn ich sie denn dann glücklich im Bett habe, erst mal noch mindestens eine Stunde, damit ich mich wieder runterfahren kann, weil ich dann oft so auf 180 bin, [...] also ich komme von [der Arbeit] nach Hause und bin eigentlich tot, so, [lachend:] dann habe ich erst mal noch das, so okay, essen wäre schon gut, ja, für mich selber schon. Selbst wenn sie sagt, sie will nichts mehr, und dann sie noch versorgen und ... (Ja) das ist einfach mega anstrengend." (Frau Jakobi, Z. 395-401)

Die baulich notwendige rollstuhlgerechte Umgestaltung des Hauses ist für Frau Jakobi finanziell nicht leistbar. So passt der Rollstuhl nicht durch die Küchentüre und ist für das ohnehin gering ausgeprägte Streben nach Selbstständigkeit der Mutter eine zusätzliche Barriere. Der vor Kurzem eingebaute Treppenlift ermöglichte immerhin, dass das Pflegebett vom Wohnzimmer nach oben verlagert werden konnte.

Der Vater hat weder in der Pflegesituation noch für Frau Jakobi persönlich nach der Scheidung von seiner Frau eine Rolle eingenommen. Er hat jedoch mit Investitionen am Haus als späteres Erbe für Frau Jakobi eine gewisse materielle Sicherheit für seine Tochter geschaffen.

Ihr Lebenspartner, der sie nur mit der bereits pflegebedürftigen Mutter kennt, ist Frau Jakobi eine große, wenn nicht die (emotional) größte Unterstützung und *„der ruhende Pol"* (Frau Jakobi, Z. 240). Er schafft es, schwierige Situationen zu entschärfen, da die Mutter ihm in ihrer Hilfebedürftigkeit vertraut und Frau Jakobi in seiner Anwesenheit (am Wochenende) zumindest zeitweise aus der Hauptverantwortung *„raus [kann] für den Moment"* (Frau Jakobi, Z. 246).

> „[...] das hat er auch von Anfang an ziemlich klar gesagt, ne, dass ihm das sehr bewusst ist. Ich finde das immer nur bewundernswert und denke, wie viel Glück habe ich denn damit gehabt so, das ist ... das ist nicht selbstverständlich, (Ja) überhaupt nicht." (Frau Jakobi, Z. 232-235)

Die tägliche Hilfe einer Nachbarin, die einen Schlüssel zum Haus hat und einen „guten Draht" zu Frau Jakobis Mutter, sowie die Installation eines Hausnotrufknopfes verschaffen Frau Jakobi die dringend notwendige Sicherheit für die Aufrechterhaltung ihrer Erwerbsarbeit.

> „[...] in der Arbeitszeit, also es gibt eine super liebe nette Nachbarin, die auch [lachend:] ganz viel Geduld hat und die hat auch eine ganz andere Beziehung mit ihr, [...] Aber da denke ich dann, okay, wenn was wäre, könnte sie da anrufen. Dann versuche ich sie halt irgendwie auch abzugeben, aber nicht immer so leicht." (Frau Jakobi, Z. 291-296)

Es scheint jedoch eine erhebliche Unsicherheit auf im Umgang mit den für die Pflegeberatung zuständigen Stellen. Frau Jakobi bleibt hier mit ungelösten Problemen zurück. *„Also ich habe halt noch viel weitreichendere Fragen dann ganz oft, wo ich auch denke, naja, wahrscheinlich sprengt das wieder diesen Rahmen."* (Frau Jakobi, Z. 614-616)

Kurzzeitpflege nimmt Frau Jakobi in Anspruch, um mit ihrem Partner Urlaub zu machen, kritisiert hier aber den systemischen Widerspruch in Bezug auf die von der Pflegekasse in Aussicht gestellten Zeiträume.

„Jedenfalls ist das Budget dann nach zwei Wochen fast weg für das ganze Jahr. Das nützt mir nicht viel, wenn die mir schreiben, sie haben bis ... [...] zu sechs Wochen. Ja, toll! Da fahre ich mal sechs Wochen in Urlaub, dann ... ja, ist sie aber vier Wochen irgendwie auf der Straße, beziehungsweise oder man muss es selber bezahlen." (Frau Jakobi, Z. 768-773)

Frau Jakobi hatte zeitweise über die zusätzlichen Entlastungsleistungen eine Betreuungskraft engagiert. Für den Betrag von 125 Euro/Monat ist diese Unterstützungsform jedoch zeitlich sehr eingeschränkt (Spaziergänge). Frau Jakobi empfindet deren Tätigkeit sogar als teilweise zusätzlich belastend, weil sie sich trotz allem um nahezu alles selber kümmern muss.

„[...] dann musste ich das Kind nachher aus dem Brunnen fischen. So, und dann habe ich gesagt, das ist für mich ja noch mehr Arbeit, als wenn ich es von Anfang an selber mache. Dann habe ich das halt auch noch in die Hand genommen." (Frau Jakobi, Z. 156-158)

Weitere (wenige) persönliche Freiräume für sich und ihren Partner schafft Frau Jakobi durch die Nutzung der Verhinderungspflege. Die selbst geleistete tägliche Pflege stellt jedoch die wesentliche Säule für die Versorgung der Mutter dar und ist zugleich die einzige Möglichkeit, die knappen finanziellen Mittel des gemeinsamen Haushaltes existenzsichernd zu bewahren. *„[...] den Pflegedienst haben wir echt nur in der Verhinderungspflege, wenn ich mal nicht da bin, über ein Wochenende oder so."* (Frau Jakobi, Z. 106-107)

Sowohl einem stärkeren Einbezug von pflegeentlastenden Leistungen als auch einem Heimaufenthalt stehen nicht nur pflegebezogene Ansichten, sondern auch finanzielle Gründe entgegen. Eine Ausweitung der Inanspruchnahme eines Pflegedienstes (Kombinationspflege) kommt deshalb für Frau Jakobi nicht in Frage, da sie eine Kürzung des Pflegegeldes und der Beiträge zur Rentenversicherung nicht kompensieren könnte. Zudem erscheint ihr dies nicht als Lösung für ihren individuellen Bedarf.

„[...] das ist ziemlich viel Druck, ne, solche Sachen sind belastend. Und das nimmt mir auch kein Pflegedienst, wenn die sie morgens gewaschen und angezogen hätten, hätte ich genau dieses trotzdem noch, und genau dieses Hab-Acht, wenn ich da bin und ... ne, das pfft ... das macht mürbe, so." (Frau Jakobi, Z. 338-341)

Eine möglicherweise drohende Heimentscheidung ist für Frau Jakobi mit Ängsten besetzt. Die Alternative einer stationären Versorgung steht deshalb nicht zur Verfügung.

„[...] ... also das sehe ich halt immer so, wie so ein Damoklesschwert über uns schweben, irgendwann bin ich mit meinem Latein am Ende, dann kann ich es einfach körperlich nicht mehr, ne?" (Frau Jakobi, Z. 320-322)

Beziehungskonflikte zwischen Mutter und Tochter beeinträchtigen die Kommunikation sowohl in der Pflegesituation allgemein als auch den Austausch gegenseitiger Erwartungen und Wünsche, u.a. bezogen auf die Ausgestaltung von Vorsorgedokumenten.

„Also da ist vieles so an Kommunikation zwischen uns [...] extrem schwierig, weil es immer auf diese Schiene kommt: Ich will was, was für sie nicht schön ist sozusagen, ja? [...] Ich will ihr dann immer was. So. Und da ... ja, muss ich immer gucken, was geht für mich dann gerade?" (Frau Jakobi, Z. 376-384)

„Diese Patientenverfügung und Vorsorgevollmacht und so was, klar, das hat sie ausgefüllt, alles auf meinen Namen, hat sie damals mit einer Pflegeberaterin zusammen gemacht, nachdem sie sich Ewigkeiten hat darüber beraten lassen. [...] aber sie hat mir nicht kommuniziert, wie sie es denn gerne hätte. Also es existiert jetzt dieses Papier, ich soll in ihrem Sinne entscheiden, aber ich kann da nur mutmaßen." (Frau Jakobi, Z. 176-183)

Selbstverständnis als Sorgeperson

Frau Jakobi möchte es ihrer Mutter ermöglichen, im eigenen Zuhause zu leben. Gleichzeitig wäre eine Heimentscheidung eine existenzbedrohende Gefahr für die eigene Wohnsituation und für ihr Erbe.

„Das ist eine ganz, ganz blöde Situation. Ich arbeite halbtags, kann mich von dem da jetzt nicht wirklich über Wasser halten, sage ich mal so, ja, dass ich da raus kann oder alleine dieses Haus bewerkstelligen könnte." (Frau Jakobi, Z. 100-102)

Mit dem Ziel, die Selbstständigkeit ihrer Mutter möglichst lange zu erhalten, bemüht sich Frau Jakobi um eine aktivierende Pflege. Hier stehen allerdings Fürsorgeverantwortung und Selbstsorgewunsch in einem nicht gelösten Konflikt.

„Und klar, also ich fühle mich im Moment verantwortlich für die Pflege meiner Mutter. Ja, ist die Frage, ob es wirklich meine Verantwortung ist. Eigentlich, wer ist denn für mein Leben verantwortlich? Auch ich. So, und beides irgendwie geht gerade eigentlich nicht." (Frau Jakobi, Z. 1035-1038)

„[...] weil ich weiß nie, an welchem Punkt kann sie jetzt wirklich, oder übernimmt sie noch Verantwortung für sich oder nicht [...] Und das schwankt halt auch. Und ne, ich weiß von Berufs wegen, je mehr ich ihr abnehme, umso schwieriger wird es. [lacht] Das ist doch toll! So, aber an bestimmten Punkten kann ich dann einfach nicht mehr daneben stehen und das laufen lassen. Also ich weiß nicht, ob ich da so allein mit bin oder so." (Frau Jakobi, Z. 194-200)

Die Erwerbsarbeit ist für Frau Jakobi finanziell unabdingbar, weil sie allein damit den Erhalt des Hauses und den gemeinsamen Lebensstandard für sich und ihre Mutter sicherstellen kann. Gleichzeitig erlebt Frau Jakobi ihre Teilzeiterwerbstätigkeit ambivalent. Zum einen als Kraftquelle:

„Auch hier die Arbeit im Prinzip, ne? (Ja) Also ich arbeite hier mit Pferden und Menschen und ja, total eigentlich. Also klar ist es auch mega anstrengend, aber das ist wirklich dann was anderes, um da zu sehen ... also so traurig, wie es ist, also da ... ne, die Entwicklung da geht ja nach oben, aber bei ihr geht es einfach immer nach unten, so, ne?" (Frau Jakobi, Z. 465-469)

Zum anderen als zusätzliche (zeitliche) Belastung:

„Da war ich da eigentlich noch ... auch sehr angebunden schon, obwohl es noch keine Pflegestufe gab. Also ich habe hier halt immer schon mit einer halben Stelle angefangen, weil klar war, mehr geht nicht, ne, so." (Frau Jakobi, Z. 498-501)

Bei den Kolleg*innen ringt sie zudem immer wieder aufs Neue um Anerkennung für ihren besonderen Bedarf, frühzeitig Urlaub zu planen. Andernfalls hat sie keine Chance auf einen Kurzzeitpflegeplatz für die Mutter.

Im Alltag muss Frau Jakobi nicht nur für die Urlaubsplanung, sondern auch in ganz alltäglichen Situationen um Balance zwischen der Dauerbelastung durch die pflegerischen Alltagsanforderungen und ihren eigenen Bedürfnissen ringen. Für den Tagesbeginn hat sie z.b. einen späteren Arbeitsbeginn durchsetzen können, wenngleich sie damit – bedingt durch den späteren Feierabend – am Ende des Tages eine größere Belastung in Kauf nimmt.

„[...] also im Prinzip bin ich morgens nur im Galopp unterwegs, ne, weil hier [im Betrieb] stehen dann die ersten pünktlich auf der Matte und da – da geht nicht, nein, fünf Minuten später, weil sie wollte noch was liegen bleiben, so, ne? Und da bin ich dann oft sehr zerrieben schon eigentlich, bis ich dann hier bin, so, ne?" (Frau Jakobi, Z. 284-289)

Besonders virulent scheint der Rollenumkehrkonflikt auf, der in einen biografisch gewachsenen Beziehungskonflikt eingelassen ist und dem sich Frau Jakobi nicht zu entziehen weiß.

„So, und das ist für ... das ist für mich immer schwierig, weil eigentlich bin ich das Kind und sie die Mutter, aber klar, ich meine, ne, das kennen Sie ja, das hören Sie immer wieder, das verschiebt sich dann irgendwann. (Mhm) So, und damit umzugehen, ist total schwierig. Weil das will ich eigentlich so nicht!" (Frau Jakobi, Z. 422-425)

„Und im Moment habe ich einfach auch keine Kraft. Also es kostet ja auch alles Kraft, dann da zu kämpfen, sie zu überzeugen und immer bin ich am Ende wieder die böse Tochter, die ich eigentlich nicht sein will." (Frau Jakobi, Z. 353-355)

Frau Jakobi expliziert ganz konkret, dass sie vor allem unter dem „Hab-Acht"-Modus leidet und sich den Bedürfnissen der Mutter ausgeliefert fühlt.

„[...] ich bin dann morgens drin gewesen um zehn, ich bin um halb elf drin gewesen, ich war um elf noch mal da, mein Freund hat um halb zwölf mal freundlich gerufen.

So, wir hatten dann in der Zwischenzeit [...] schon gefrühstückt. [...] Und [atmet laut] ich war immer so nach dem Motto, ja, wann kommt sie denn? Weil wenn sie dann, ne, aufsteht, dann braucht sie ja irgendwie Hilfe so. [...] Nein ..., ich war nicht entspannt, ne? So. Also irgendwann hatte er dann raus bekommen so, nein, [lachend:] sie will jetzt nicht aufstehen." (Frau Jakobi, Z. 441-456)

Der niedrige SÖS in Kombination mit dem Geschlecht begrenzt die Coping-Möglichkeiten für Frau Jakobi. Allein die Erwerbsarbeit hat hier in Kombination mit der stabilen Partnerschaft (familiale Ressource) noch eine geringe schützende Funktion vor der prekären Pflegebewältigung. Das Ringen um Kontrolle geht bei Frau Jakobi mit dem Bewusstsein einher, dass sie sich stärker abgrenzen müsste, den Weg dahin aber schwer alleine findet.

„Und ich habe noch einen anderen Job und ich habe noch ein Leben und beides möchte ich gern noch ein bisschen genießen können so. Ja, also spätestens da hängt dann schon oft der Haussegen schief, weil es sich immer wiederholt, [lacht] und am Ende knie ich dann doch wieder ihr zu Füßen [...]" (Frau Jakobi, Z. 278-281)

„Und ... ja, solange ich da bin, ist es für sie ja auch praktisch. [lacht leise]" (Frau Jakobi, Z. 216-217)

Frau Jakobi kann die pflegebedingte finanzielle und emotionale Abhängigkeit zwar reflektieren (Bildungsstand hoch), ihre Handlungsmöglichkeiten sind allerdings vor allem auf Grund ihrer wirtschaftlichen Lage (geringes Einkommen und drohender Verlust des Wohneigentums und Erbes bei einer Heimentscheidung) objektiv stark begrenzt. Eine stationäre Versorgung der Mutter hätte zur Folge, dass das Haus verkauft werden müsste, um die Pflege zu finanzieren. Auch ambulante Dienste werden nicht in Anspruch genommen, um die Gesamtsumme des Pflegegeldes zu nutzen.

Die qua Bildungsstand vorhandenen Kompetenzen, sich notwendige Informationen und Zugang zum Pflegerecht zu verschaffen, sind vor allem von der psychischen Belastung überlagert, so dass ihr die Kraft fehlt, vorhandene Möglichkeiten der Selbstsorge ausschöpfen zu können.

„Ach so, ja, zum Beispiel auch, wenn ich jetzt zwei Tage irgendwie übers Wochenende wegfahren will, [klatscht] dann bin ich ewig vorher beschäftigt, ich muss den Pflegedienst anrufen, ich muss den Arzt anrufen. [schnippst] Dann braucht er da wieder eine Verordnung, und so weiter, und so fort, dann muss ich die Kasse noch wieder informieren. Also das ist wahnsinnig viel Aufwand für zwei Tage." (Frau Jakobi, Z. 663-668)

Die enge Beziehung zur Mutter, die schon seit 20 Jahren durch ein Fürsorgeverhältnis Tochter-Mutter geprägt ist, hat Frau Jakobi in einen wachsenden Rollenkonflikt und in die weiblich konnotierte Betreuungsverantwortung gebracht, in der sie ebenfalls um jegliches Selbstsorgehandeln ringen muss (Partnerschaft, Beruf, Urlaub und Freizeit).

Im Interview scheint immer wieder auf, dass für Frau Jakobi die durch den niedrigen SÖS (Einkommen) begrenzten Möglichkeiten der Entlastung, verwoben mit dem kraftraubenden Alltag in der (auch räumlich) engen Pflegebeziehung ursächlich sind für ihr Ringen um Kontrolle in der Pflegesituation. Die Mutter zwingt Frau Jakobi die Verantwortung für ihr (Über-)Leben auf, und es fehlt ihr an (finanziellem) Handlungsspielraum, sich mit selbstsorgeorientierten Handlungsstrategien davon abzugrenzen.

„Also schlussendlich ist es ihr Leben, ja, und ich will es ihr ja auch so gut wie es geht lassen. (Ja) Nur, wenn wir dann an Punkte kommen, dass sich alles verschiebt, dass sie dann irgendwie nicht regelmäßig trinkt und auch nicht regelmäßig isst und dann nicht regelmäßig schläft, und das wird ja alles nicht besser." (Frau Jakobi, Z. 416-420)

Fallbeispiel Frau Meierjohann

„Also wenn ich den ganzen Tag zu Hause gewesen wäre, also ich glaube, da hätte ich mir einen Strick genommen."

Frau Meierjohann ist 63 Jahre alt, verheiratet und hat zwei erwachsene Kinder. Die Entscheidung zur häuslichen Pflege musste sie vor zehn Jahren treffen. Die Eltern sind im Abstand von drei Jahren beide an einer Demenz erkrankt, was einen stetig zunehmenden Unterstützungs- und Pflegebedarf im Haushalt der Eltern ausgelöst hat. Vor wenigen Wochen ist der Vater seiner Frau ins Heim gefolgt, so dass die häusliche Pflegesituation für Frau Meierjohann beendet ist.

Als junge Familie mit zwei Kindern haben Frau Meierjohann und ihr Ehemann entschieden, gemeinsam mit ihren Eltern unter einem Dach zu leben und haben ein Zweifamilienhaus gebaut. Sie ist die älteste Tochter und hat noch zwei Schwestern und einen Bruder, die jedoch nicht in der Nähe wohnen.

Nach dem Abitur hat Frau Meierjohann eine schulisch-berufliche Ausbildung abgeschlossen und sich vor 25 Jahren zusammen mit einem Kollegen – der ein enges Verhältnis zur Familie Meierjohann hat – selbstständig gemacht. In der Regel arbeitet sie etwa 30 Stunden pro Woche und hat sich die Zeit so eingeteilt, dass sie häufig mittags zu Hause ist.

Ihr Ehemann hat die Schule ebenfalls mit dem Abitur abgeschlossen und eine betriebliche Ausbildung absolviert. Er arbeitet in Vollzeit. Die Vermögenssituation der Eheleute aus Eigenheim und Haushaltseinkommen entspricht einem hohen SÖS.

Die Einkommenssituation der Eltern war vor der Heimpflege der Mutter ebenfalls gut. Der auskömmliche Lebensabend wurde sowohl durch das Wohneigentum als auch durch die gute Rente des Vaters bestritten. Die Mutter erhält lediglich eine geringfügige Rente. Nach dem Heimeintritt hat das Sozialamt den Vater verpflichtet, die Eigentumswohnung zur Bestreitung der Heimkosten zu veräußern. Frau Meierjohann hat daraufhin gemeinsam mit ihrem Mann die Wohnung des Vaters erworben, um diese in der Familie zu halten.

Pflegesituation

Der Vater von Frau Meierjohann lebt zum Zeitpunkt des Interviews seit ein paar Wochen in der gleichen stationären Pflegeeinrichtung, in die 2010 schon ihre Mutter eingezogen ist. Beide Elternteile sind über insgesamt zehn Jahre häuslicher Pflege hinweg (wenn auch zeitlich versetzt) in den Pflegegrad 5 eingestuft worden. Frau Meierjohann hat das Betreuungsrecht für beide Eltern, musste sich dieses aber in einem dreijährigen Rechtsstreit erkämpfen. Sie besucht ihre Eltern einmal wöchentlich. Ihr Ehemann begleitet sie dabei regelmäßig.

2007 ist ihre Mutter (damals 78 Jahre alt) an einer Alzheimer-Demenz erkrankt. Zu Beginn ist der Vater noch eine wesentliche Unterstützungsressource für die Alltagsbewältigung der Eltern, doch der schleichend wachsende Unterstützungsbedarf sowie die psychische Dauerbelastung der Pflegesituation mündeten für ihn bald in der Überforderung.

„[…] mein Vater hat dann Essen gekocht. Haben das dann zusammen gemacht, aber das war dann auch immer … Sie wurde dann auch sehr ungeduldig, weil sie das nicht mehr hingekriegt hat. Und das waren so – so ganz kleine Sachen." (Frau Meierjohann, Z. 72-75)

„Der konnte noch nicht mal mehr alleine auf Toilette gehen, ohne dass sie quasi bei Fuß dabei stand. Und halt eben auch sehr unberechenbar war sie, ne?" (Frau Meierjohann, Z. 258-259)

Frau Meierjohann sah sich angesichts der Eskalation in der Pflegebeziehung der Eltern letztlich gezwungen, die Mutter in die stationäre Dauerpflege zu geben, um diese vor den Übergriffen des Vaters zu schützen. Ihr eigener Sorgeumfang lag sowohl für die Pflege beider Eltern als auch später für den Vater alleine bei ca. 14 Stunden pro Woche. Als soziale Dienste waren ein Pflegedienst und ein Mahlzeitendienst eingebunden, die hauswirtschaftlichen Dienstleistungen hat Frau Meierjohann hingegen vor allem aus Qualitätsgründen in der eigenen Hand behalten. Finanzielle Aspekte für die Wahl der Dienste führt sie nicht an.

Ihre Erwerbsarbeit behält Frau Meierjohann im gewohnten Umfang bei. Dabei bietet ihr die Selbstständigkeit die nötige Flexibilität, um ihre 30-Stunden-Woche mit der Pflege zu vereinbaren. Sie kehrt mittags nach Hause zurück und arbeitet dafür am Samstag.

Zunächst muss Frau Meierjohann eine Abstimmung ihrer Bürozeiten auf die Pflegeaufgaben ihrem Kollegen gegenüber immer wieder verteidigen. Sie setzt diese jedoch konsequent durch und erfährt im Laufe der Zeit durch die eigene Betroffenheit des Kollegen eine hilfreiche Entlastung.

Familiale Unterstützung erfährt sie bis heute vor allem durch ihren Ehemann, der ihr für die gesamte häusliche Pflegezeit von zehn Jahren stets zur Seite gestanden hat und sie heute regelmäßig ins Pflegeheim begleitet.

> „Wie gesagt, wenn mein ... wenn mein Mann nicht gewesen wäre, hätte ich das alles nicht so geschafft. Der hat mich unheimlich unterstützt. Der ist eigentlich der ruhende Pol gewesen." (Frau Meierjohann, Z. 288-290)

Zudem hat die jüngere Tochter (bevor diese selber Mutter wurde) zeitweise Sorgeaufgaben für die Großeltern übernommen. Für das häusliche Pflegearrangement konnte Frau Meierjohann auf Dauer jedoch nicht verhindern, dass der Vater durch die tägliche Konfrontation mit den demenzbedingten Herausforderungen die Kontrolle über die Pflegesituation verlor bis hin zur Selbst- und Fremdgefährdung.

> „[...] das war da eine Zeit, wo er meine Mutter immer fleißig mit Alkohol abgefüllt hat. Das wussten wir aber gar nicht. Und er selber auch schon tagsüber getrunken hatte." (Frau Meierjohann, Z. 182-184)

Frau Meierjohann beschreibt in Bezug auf die Pflege eine konfliktbesetzte Beziehung zu ihren Geschwistern und sagt aus, dass diese sich *„fein vom Acker gemacht haben"* (Frau Meierjohann, Z. 270) und *„[w]enn dann jemand kam, dann wurden noch irgendwelche Ratschläge geben, wie ich was zu machen habe."* (Frau Meierjohann, Z. 279-280)

Drei Jahre nach der Pflegeübernahme (2010) und in einer bereits herausfordernden Pflegesituation übernehmen die Geschwister vertretungsweise die Pflege der Eltern, während Frau Meierjohann und ihr Mann ihre damals im Ausland lebenden Kinder besuchen. Da die Geschwister mit den Anforderungen der Pflegeaufgaben nicht vertraut waren, ist ihnen die Situation nicht nur entglitten, sondern hatte zudem weitreichende Konsequenzen bis hin zur amtlichen Bestellung eines gesetzlichen Betreuers für beide Eltern.

> „Naja, auf jeden Fall sind die da überhaupt nicht mit klar gekommen mit der Situation. Und ich wusste, wie man mit meiner Mutter umgeht, aber sie wussten es scheinbar nicht. Auf jeden Fall ist das eskaliert und dann ist sie völlig aggressiv geworden [...] Und da wussten sie sich nicht anders zu helfen, als die Polizei zu

rufen. Und dann ist meine Mutter [in die stationäre Pflege] gekommen. Und tja, dann ging das alles zum Amtsgericht. [...] wir kamen wieder nach Hause, hatten überhaupt keine Ahnung, was passiert war. Mein Vater lag im Krankenhaus, weil er gefallen war." (Frau Meierjohann, Z. 155-178)

Nach diesem Ereignis ziehen sich die Geschwister (fast) vollständig von der Pflege der Eltern zurück und auch Frau Meierjohann distanziert sich von einer weiteren Einbindung der Geschwister in die Pflegeorganisation. Der Vater, der jetzt alleine in der Häuslichkeit versorgt wird, erkrankt 82-jährig ebenfalls an Demenz und sein Pflegebedarf schreitet fort. Frau Meierjohann passt das häusliche Pflegearrangement mit Unterstützung ihres Ehemannes entsprechend daran an und der Pflegedienst kommt mittlerweile mehrmals täglich. Die herausfordernden Situationen häufen sich und greifen zudem in den Tag-Nacht-Rhythmus ein.

„Dass man nachts nicht schlafen kann, weil – weil oben rumgelaufen wird, die Türen geknallt werden und wir ... Oder es wird geschellt an der Tür nachts, mitten in der Nacht, und man immer Angst haben muss, da fällt einer oder da – da haut einer ab oder so, ne? Das ist ... das – das kann man ... das kann man nur wissen, wenn man das selber erlebt zu Hause." (Frau Meierjohann, Z. 384-388)

Über die Heimentscheidung, die sie im Herbst 2017 trifft, muss sie sich mit ihrem Bruder auseinandersetzen, der wiederholt eigenmächtig in ihre Pflegeentscheidungen einzugreifen versucht.

„Und dann habe ich ihn auch im September angemeldet im [Pflegeheim]. [...] Hat also relativ lange gedauert. Und dann kam noch dazu, dass wir in Urlaub gefahren sind eine Woche und genau in der Woche war ein Platz frei geworden. [...] Und da hat der Soziale Dienst vom Heim bei meinem Bruder angerufen und hat gesagt, der Platz wäre frei. Und da hat mein Bruder gesagt: Nö, der kommt nicht ins Heim. Der bleibt zu Hause. Und da waren wir den Platz wieder los. Und dann wollten sie ihn überhaupt nicht mehr nehmen da." (Frau Meierjohann, Z. 651-660)

Selbstverständnis als Sorgeperson

Frau Meierjohann hat sich zu Zeiten des gemeinsamen Hausbaus mit den Eltern keine Gedanken darüber gemacht, dass sie damit begünstigende Voraussetzungen für eine spätere Pflege der Eltern schafft. Die Übernahme der häuslichen Pflegeverantwortung war keine bewusste Entscheidung. Vielmehr haben ihr der schleichend wachsende Bedarf an Alltagsunterstützung für die Eltern sowie ihre Wertvorstellung von „Generationalität" keine andere Wahl gelassen.

„Naja, das ist ja ... das ist ja ... eigentlich ist das ja normal. Das ist ja nicht auf einmal so – so schlagartig gekommen, sondern das ist ja immer – immer ein bisschen mehr geworden im Laufe der Jahre, ne?" (Frau Meierjohann, Z. 121-123)

Frau Meierjohann realisiert, dass weitreichende Konsequenzen auf sie zukommen könnten und sie strebt im Sinne von Kontrolle und Selbstbestimmung das Verfassen von Vorsorgedokumenten an. Dies lehnen die Eltern jedoch strikt ab und leiten ihrerseits aus der gemeinsamen Wohnsituation ab, dass sie selbstverständlich durch Tochter und Schwiegersohn versorgt sein werden.

„[...] dann kam das mit der Patientenverfügung, mit Vorsorgevollmacht, haben wir versucht, meine Eltern dazu zu kriegen, so was zu unterschreiben und so was in die Wege zu leiten. Aber das wollten sie nicht. Sie fühlten sich dadurch entmündigt. Und quasi ihrer selbst beraubt. Und das haben sie strikt abgelehnt. Das hieß dann immer: Ihr seid ja für uns da." (Frau Meierjohann, Z. 104-109)

Während der Sorgetätigkeit für ihre Eltern reflektiert Frau Meierjohann ihr eigenes Alter und mögliche Szenarien eines (demenzbedingten) Pflegebedarfs. Sie sieht sich deshalb veranlasst, Vorsorge zu treffen, um ihre Kinder vor einer vergleichbaren Pflegesituation zu schützen.

„Wir haben auch schon eine Vorsorgevollmacht und eine Patientenverfügung, mein Mann und ich. Unsere Kinder müssen nicht ... sich nicht um uns kümmern. Das möchten wir nicht. Wie das jetzt genau mal ablaufen soll, das weiß ich natürlich jetzt noch nicht." (Frau Meierjohann, Z. 825-828)

Die Sorgetätigkeit hat Frau Meierjohann in Absprache mit ihrem Mann übernommen und konnte aus dessen Akzeptanz der Auswirkungen auf das gemeinsame Privatleben sowie seine verlässliche Unterstützung im Pflegealltag stets Kraft für ihre Selbstsorgeorientierung schöpfen. Einmal im Jahr *„wollten [wir] wenigstens mal eine Woche in Urlaub fahren"* (Frau Meierjohann, Z. 490-491); das Ehepaar ermöglicht sich diesen gemeinsamen Entlastungsurlaub von der Pflege des Vaters durch die Inanspruchnahme von Kurzzeitpflege.

Die Erwerbstätigkeit ist für Frau Meierjohann zentrale – und nach eigener Aussage wirksame Coping-Strategie für die sowohl körperlich als auch emotional belastende Pflegesituation. *„Das war für mich unheimlich wichtig. Also wenn ich den ganzen Tag zu Hause gewesen wäre, also ich glaube, da hätte ich mir einen Strick genommen."* (Frau Meierjohann, Z. 541-542)

Demgegenüber sieht sich Frau Meierjohann jedoch mit einer Reihe von sich überlagernden Konflikten konfrontiert, die maßgeblich die Zuweisung zu einer „eher prekären" Pflegebewältigung begründen. So ist die Pflegebeziehung zu den Eltern keineswegs konfliktfrei und es kommt zu einschneidenden Krisensituationen (Alkoholabusus und Gewalt in der Partnerpflege), mit denen sich Frau Meierjohann auseinandersetzen muss. Hier gelingt ihr die Abgrenzung zur Fürsorge und sie stimmt (bewertet als Schutz der Mutter) ihrer Einweisung in die stationäre Dauerpflege zu.

> „Ja, und dann irgendwann war meine Mutter dann von einem Tag auf den anderen im – im – im Heim gelandet, weil mein Vater ... wir hatten das mitgekriegt und hatten das auch mehrfach angesprochen. Mein Vater hat sie geschlagen." (Frau Meierjohann, Z. 248-250)

Hinzu kommen die konflikthaften Auseinandersetzungen über die unter ihrer Verantwortung getroffenen Pflegeentscheidungen mit den Geschwistern, vor allem mit dem Bruder. Auch wenn sie aus der übernommenen Hauptverantwortung für die Pflege der Eltern ganz explizit Rechte für das Pflegehandeln ableitet, muss sie um diese immer wieder neu ringen.

> „[...] ich habe ja nun das Aufenthaltsbestimmungsrecht [...]. Ich bin die gesetzliche Betreuerin und ich [...] habe da so viel Arbeit mit, dass ich überhaupt nicht einsehe, dass sich da irgendein anderer reinmischt. Nein, wir haben das [...] besprochen. [...] Ich habe ihm gesagt, dass er geflissentlich das unterlassen soll, Entscheidungen, die ich treffe, zu unterlaufen. Und seitdem habe ich von meinem Bruder nichts mehr gehört." (Frau Meierjohann, Z. 725-731)

Darin verwoben ist überdies der mehrjährige und (psychisch) belastende Rechtsstreit um das Betreuungsrecht für die Eltern, der die für sie weitreichendste Konsequenz aus der misslungenen Pflegevertretung durch die Geschwister darstellt. Die damit verbundenen Kosten für den Rechtsanwalt thematisiert Frau Meierjohann indes nicht, was als Hinweis für ein von finanziellen Zwängen unabhängiges Handeln in der Pflegesituation gelten kann.

Frau Meierjohann sieht nach Eintritt der Mutter in die Heimpflege die Arbeitsbedingungen der Pflegekräfte in der stationären Versorgung als prekär an und beschreibt in diesem Zusammenhang auch Qualitätsmängel bei der Pflege. Ihr Engagement im Heimbeirat sollte zu einer Verbesserung der Bedingungen beitragen, hier gibt sie jedoch resigniert auf.

> „[...] ich habe da viele, viele Illusionen gehabt [...] dass man was ändern kann an allen möglichen Situationen, aber wie gesagt, [...] im Pflegebereich [...] im Heimbeirat, es gibt ja eine Betreuungsstelle von der Stadt, die sich ... habe ich auch so eine offizielle Urkunde gekriegt, dass ich jetzt im Heimbeirat bin und so. Dann habe ich denen mal einen Brief geschrieben und habe mal die Situation der Leute [der Pflegekräfte] im Heim da beschrieben und habe ge- geschrieben, aus den und den Gründen würde ich das nicht mehr machen wollen. Glauben Sie mal ja, dass ich noch nicht mal eine Antwort gekriegt habe." (Frau Meierjohann, Z. 915-923)

Das negative Erleben des mangelnden Einflusses sorgender Angehöriger auf politische Strukturen respektive die (Entscheidungs-)Hierarchien wirkt auch auf ihr – als Hobby bezeichnetes – politisches Engagement durch. Hier scheint ein pflegebedingter Verlust von Selbstwirksamkeit auf, der das hohe Belastungserleben und eine damit verbundene Machtlosigkeit widerspiegelt.

„[...] ich bin ja fünf Jahre [politisches Amt] gewesen, bin jetzt auch noch in der [politische Institution] hier [...]. Das mache ich noch weiter. Aber auch eigentlich mehr so aus Pflichtgefühl. [lacht] Weil im Grunde genommen können Sie als – als einfaches Mitglied können Sie nichts ändern. Nichts bewirken, weil es fehlt einfach die Verbindung von ganz unten nach ganz oben." (Frau Meierjohann, Z. 888-893)

Frau Meierjohann ringt sich eher spät durch, ihren persönlichen Wünschen und damit einem aktiven Selbstsorgehandeln endgültig und explizit den Vorrang einzuräumen. Mit der Heimentscheidung für den Vater tritt sie dann aber doch aktiv sowohl dem drohenden Kontrollverlust über die Pflegesituation als auch der Gefahr entgegen, selber gewalttätig gegen den pflegebedürftigen Vater zu werden.

„[...] wenn er überall wieder hingepillert hatte und weil er sich ausgezogen hatte und seine Sachen nicht anließ, dann hätte ich ihm manchmal am liebsten eine geknallt. Aber er konnte ja nichts dafür, ne? [...] Das kann ich Ihnen ganz ehrlich sagen. Ich weiß nicht mehr, wie ich das ... wie wir das geschafft haben, diese ständige Präsenz und – und immer horchen, was macht er jetzt wieder? Und ständig nach oben rennen und wieder runter. Und Frühstück machen und Abendbrot machen und ... weiß ich gar nicht mehr. Und dadurch, dass er sich halt eben ständig nass gemacht hat, jeden Tag Wäsche. Wäsche, Wäsche, Wäsche." (Frau Meierjohann, Z. 527-535)

Nach dem durch den Bruder vereitelten ersten Versuch des Übergangs in die stationäre Pflegeeinrichtung nutzt sie ihre selbstbewusste Durchsetzungskraft, um doch noch einen Pflegeplatz für ihren Vater in der Wunscheinrichtung zu bekommen.

„[...] mein Bruder [...] ist verbal wohl bisschen ausfallend geworden, weil die Pflege angeblich so schlecht wäre [...] da ich aber ein Kämpfertyp bin, haben wir die so lange bearbeitet, bis sie dann doch endlich ... letztendlich gesagt haben: Gut, wir machen es noch mal. Wir versuchen es noch mal." (Frau Meierjohann, Z. 664-668)

Zum Zeitpunkt des Interviews sind nur wenige Wochen nach dem Wechsel des Vaters ins Pflegeheim vergangen und Frau Meierjohann ist in die „Phase nach der (häuslichen) Pflege" eingetreten. Damit steht die Reflektion über ihr persönliches Pflegeerleben der letzten zehn Jahre an mit der zentralen Aufgabe, die Rückkehr in ein selbstbestimmtes Leben zu bewältigen.

„Für mich bedeutet das quasi zehn Jahre, ja, einfach weg. Und das war zum Beispiel auch mit ein Grund, warum ich gesagt habe, jetzt ist Schluss. Ich habe vielleicht selber nur noch 17 Jahre, bis ich hier oben nicht mehr ganz richtig bin im Kopf. Das muss man ja mal ganz realistisch sehen. Wenn beide Eltern krank sind, dann ist das wahrscheinlich, dass mir das vielleicht wahrscheinlich genauso geht. Und die Jahre, die möchte ich gerne noch mit meinem Mann und meiner Familie verbringen, mit meinen Kindern und mit meinen Enkelkindern. Das möchte ich gerne noch genießen." (Frau Meierjohann, Z. 809-816)

Frau Meierjohanns Ringen um Kontrolle ist im Wesentlichen aufgespannt zwischen der Selbstsorgestrategie „Erhalt der Erwerbstätigkeit" und den die Pflegebewältigung begrenzenden Belastungsfaktoren „räumliche Nähe", „Schwere der zeitlichen und psychischen Pflegeanforderungen" sowie „familiale Konflikte". Dank des hohen SÖS (Vermögen und Einkommen) kann sie diese Belastungsfaktoren zwar günstig beeinflussen durch die selbstbestimmte Wahl von Entlastungsangeboten (Pflegedienst, Kurzzeitpflege) und sogar einen Rechtsstreit zur Durchsetzung des Betreuungsrechtes finanzieren, bleibt aber im stetigen Kampf um die Kontrolle über die Pflegesituation. Das Selbstverständnis von Frau Meierjohann unterliegt deshalb bedingt durch die Erfahrungen mit der Pflegeübernahme einem Wandel (oder ist mindestens psychisch überlagert). Die Motivation, sich zu engagieren und Veränderungen in der Gesellschaft mitzugestalten, ist aktuell nicht mehr vorhanden.

Fallvergleich

Die sorgenden Angehörigen des Typus 4 müssen sich den Handlungsspielraum für ihr Selbstsorgehandeln in der jeweiligen Phase der Pflegesituation immer wieder durch ein „Ringen um Kontrolle" erkämpfen. In einem von Zwängen und/oder Konflikten begleiteten Kontext nehmen die hier verorteten Frauen ihre Möglichkeiten der Pflegebewältigung als eingeschränkt wahr und ihnen droht vor allem in Übergangs- und/oder Krisensituationen trotz aller Bemühungen um Vereinbarkeitsstrategien der Verlust der Kontrolle über den eigenen Lebensentwurf. Die Konnotation der weiblichen Betreuungsrolle scheint vor allem im Subtext auf, die Handlungsmöglichkeiten, dieser zu entkommen, variieren hier vor allem entlang des SÖS. Während ein hoher SÖS in der Dimension Einkommen ein selbstsorgeorientiertes Handeln durch den Einkauf von Pflegedienstleistungen ermöglicht (Frau Meierjohann, Frau Yüksel), verfestigt ein eng begrenzter oder nicht vorhandener finanzieller Verfügungsrahmen (Frau Jakobi) für den Einkauf von Pflegedienstleitungen das Prekaritätsrisiko für die Pflegebewältigung. Bei Frau Jakobi (und auch bei Frau Herbst) zeigt sich der niedrige SÖS (Einkommen) zudem relevant, da sie als nicht verheiratete und in Teilzeit erwerbstätige Frau eine Verringerung der Rentenhöhe vermeiden muss (Gefahr der Altersarmut). Zeit für die Betreuungs- und Pflegeaufgaben verschaffen sich beide Frauen, indem sie ihre Arbeitszeit verdichten (Frau Herbst) bzw. anpassen an den Tagesrhythmus der pflegebedürftigen Person (Frau Jakobi).

Auch wenn ein hoher SÖS prinzipiell ermöglichend wirkt für den Einkauf sozialer Dienstleistungen, wie regelmäßige Kurzzeitpflege (Frau Meierjohann) oder die Anstellung einer sog. „24-Stunden-Pflegekraft" (Frau Yüksel), so steht dieser Ermöglichung – im Unterschied zum Pflegetypus 1 – ein Bündel von schwer kontrollierbaren begrenzenden Belastungsfaktoren gegenüber. Die fehlende Distanzierung bei Pflegearrangements im gleichen Haushalt (Frau Jakobi) oder in Wohnungen im gleichen Haus (Frau Meierjohann; auch Frau Herbst) sind begünstigende Faktoren für eine „eher prekäre" Pflegebewältigung. Der Erwerbsarbeit als Coping-Strategie kommt unter diesen Umständen eine besondere Bedeutung zu, da sie die einzig regelmäßige Möglichkeit für das Heraustreten aus der Rolle als Pflegeperson darstellt. Zugleich kann unter finanziellen Gesichtspunkten (niedriger SÖS) der Zwang, erwerbstätig sein zu müssen, zu einem zusätzlichen Belastungsfaktor werden (Frau Jakobi). Zudem ist ein mangelndes Angebot an individuell – für die Bedürfnisse von Gepflegten und Pflegenden – passenden Pflegedienstleistungen für den Pflegetypus 4 eine stetige Gefahr für die Stabilität der Pflegearrangements (Frau Yüksel).

Die Einstellung zur Versorgung der pflegebedürftigen Person in einem Pflegeheim variiert entlang eines von ambivalenten Gefühlen begleiteten Entscheidungsprozesses; die Grenzziehung zeigt sich weit weniger konsequent als bei den Sorgepersonen des Typus 1. Während Frau Meierjohann – spät aber entschlossen – alle Energien und Kräfte mobilisiert, um gegen den Willen des Bruders die häusliche Pflege der Eltern zugunsten der Selbstsorge und des eigenen Lebensentwurfs endgültig zu beenden, ist diese Option für Frau Jakobi unerreichbar, weil sie dazu ihr Erbe (das Einfamilienhaus) verkaufen müsste. Frau Yüksel wäre für den Erhalt ihrer Vollzeit-Erwerbstätigkeit bereit, die Großmutter trotz Sprachbarrieren und ihrer kulturellen Wertorientierung in ein Pflegeheim zu geben, während Frau Herbst ihrer Mutter als ehemaliger Altenpflegerin das Leben in einer Altenpflegeeinrichtung ersparen möchte. Sie kann sich eine dauerhafte Wohnlösung für die Mutter lediglich in Form einer Demenz-WG vorstellen.

4.2.5 Typ 5: Alternativlosigkeit

Der Typus der „Alternativlosigkeit" ist auch durch eine „eher prekäre" Pflegebewältigung bestimmt. Dies bedeutet, dass die sorgenden Angehörigen hochgradig und insbesondere psycho-sozial belastet sind. Es ist für diesen Typus kennzeichnend, dass die sorgenden Angehörigen eher zwanghafte Handlungsorientierungen aufweisen und sich selbst in einer abhängigen Situation sehen, aus der sie keinen Ausweg wissen. Für diese Angehörigen besteht keine Alternative zur bedingungslosen häuslichen Pflege, die auch über die eigenen Belastungsgrenzen hinaus vollzogen wird.

Es ist entscheidend, dass die sorgenden Angehörigen dieses Typus für sich keine Möglichkeit der Selbstsorge sehen. Dies ist zum Teil darin begründet, dass die Fürsorgeorientierung so stark dominiert, dass Möglichkeiten der Selbstsorge aus Gewissensgründen zurückgewiesen werden oder aber es besteht eine psychische oder zum Teil finanzielle Abhängigkeit von der pflegebedürftigen Person, die sich für die sorgende Person als alternativlos darstellt. Die äußerst hohe psychische und körperliche Belastung wird in Folge dessen resignierend ertragen. Dabei können oder wollen die sorgenden Angehörigen nicht auf ein familiäres Netzwerk zurückgreifen, sondern fühlen sich allein für die Pflege und Betreuung der pflegebedürftigen Person zuständig.

Es ist ferner kennzeichnend, dass die Angehörigen keine Erwerbstätigkeit ausüben, entweder, weil sie ihre Erwerbstätigkeit für die Pflege aussetzen oder weil sie ihre Erwerbstätigkeit vorzeitig beenden, da sie keine Alternative sehen. Auch hier weicht das Durchsetzen der eigenen Bedürfnisse der alternativlosen Verantwortungsübernahme in der häuslichen Pflege.

Im Sample dieser Studie sind diesem Typus nur Fälle von weiblichen sorgenden Angehörigen zuzuordnen. Hier findet sich eine Parallele zum zuvor beschriebenen Typus 4 „Ringen um Kontrolle". Insofern scheint in beiden Typen der „eher prekären" Pflegebewältigung eine Relevanz der Kategorie Geschlecht auf. Kapitel 5.2 wird sich auf Basis der qualitativen Ergebnisse näher mit der Kategorie Geschlecht beschäftigen.

Der SÖS der Sorgepersonen variiert, wobei die Sorgepersonen mehrheitlich einem niedrigen SÖS zugeordnet werden. Zwei der pflegenden Frauen dieses Typus sind türkischstämmig. Die beiden anderen Frauen, die diesem Typus zugeordnet sind, haben keine Migrationserfahrung.

Fallbeispiel Frau Kessler

„Entweder Mama sterben lassen oder Mama selber pflegen."

Frau Kessler ist 55 Jahre alt, alleinstehend und hat keine Kinder. Sie lebt mit der pflegebedürftigen Person, ihrer Mutter, in einem Haus. Hierbei handelt es sich um ihr Elternhaus. Der Vater ist verstorben, als Frau Kessler 15 Jahre alt war. Es gibt keine weiteren Geschwister.

Frau Kessler lebt religiös und gehört der christlich-katholischen Religionsgemeinschaft an. Sie hat einen Hauptschulabschluss und zuletzt in Vollzeit als Sekretärin in einem Kirchenbüro gearbeitet. Aufgrund der Pflege hat Frau Kessler ihre Erwerbstätigkeit ausgesetzt. Dabei ist sie zu Beginn der Pflege zunächst krankgeschrieben. Nach mehrmaliger Verlängerung der Krankschreibung erhält sie Krankengeld. Schließlich vereinbart sie mit ihrem Arbeitgeber eine „Rente auf Zeit"[5], die jedoch zum Zeitpunkt des Interviews in weniger als einem Jahr ausläuft. Ihr Arbeitgeber hat ihr angeboten, nach dieser Zeit wieder in den Job zurückzukehren. Frau Kessler möchte aber die Pflegesituation aufrechterhalten, so lange ihre Mutter lebt. Für die Zeit der Pflege bezieht Frau Kessler kein Gehalt, sondern ihre Erwerbsminderungsrente. Frau Kessler steht also vor dem Problem, dass es sich um eine zeitlich begrenzte Abmachung handelt und sie nicht weiß, wie es nach dem Ende der Frist weitergehen soll. Sie verfügt nur über ein sehr geringes Haushaltsnettoeinkommen, das sich aus dem Pflegegeld, das ihre Mutter erhält, sowie ihrer Erwerbsminderungsrente zusammensetzt.

Pflegesituation

Seit 2012 ist die Mutter pflegebedürftig. Sie ist an einer Demenz im fortgeschrittenem Stadium erkrankt und erhält Pflegegrad 5 (Härtefall). Frau Kessler leistet die Sorge und Pflege vollständig alleine. Sie übernimmt sämtliche Aufgaben selbst und täglich, dazu gehören die Körperpflege, die Versorgung mit Nahrung, die Wundversorgung, die Verabreichung von Medikamenten und die weitere medizinische Versorgung und Überwachung (Dokumentation) sowie anfallende häusliche Tätigkeiten. Frau Kessler erhält keine weitere familiäre Unterstützung. Seelische Unterstützung bieten nur drei engere Freundinnen, ansonsten ist Frau Kessler sozial isoliert, was für sie eine große Belastung darstellt.

Als problematisch stellt sich insbesondere dar, dass die Mutter keine Nahrung oder Flüssigkeit von anderen Personen annimmt. Frau Kessler ist deswegen an das Haus gebunden und kann dieses nur selten und kurz verlassen:

> „Bin seit vier Jahren nur noch zu Hause, kann das Haus nicht länger wie für zweieinhalb Stunden verlassen, weil meine Mama weder Flüssigkeit noch Nahrung von fremden Menschen annimmt. Sonst fängt sie an zu schreien oder eben, sie hat dann ... ist nicht ausreichend mit Flüssigkeit versorgt". (Frau Kessler, Z. 28-32)

Aus diesem Grund nutzt sie auch keine Tagespflege oder Kurzzeitpflege. Versuche, diese Angebote zu nutzen, haben Frau Kessler in der Vergangenheit vor ein schweres Dilemma gestellt:

> „Nachdem sie also kurzzeitig in einem Heim war zur Kurzzeitpflege und eigentlich dort auch bleiben sollte, hätte es denn dort geklappt. Weil man sie aber da hat verhun-

---

5 Die „Rente auf Zeit" ist eine Erwerbsunfähigkeitsrente, die zeitlich auf maximal sechs Jahre begrenzt ist und auf einer voraussichtlich vorübergehend bestehenden Erwerbsunfähigkeit basiert.

gern und vertrocknen lassen und man in letzter Minute sie hat in ein Krankenhaus bugsiert, war das keine freie Entscheidung. Entweder Mama sterben lassen oder Mama selber pflegen. Ja. Und in dieser Situation bin ich jetzt mittlerweile insgesamt gerechnet vier Jahre." (Frau Kessler, Z. 23-28)

Die starke Abhängigkeitskonstellation, die im Fall von Frau Kessler die Pflege prägt, ist hier also deutlich erkennbar, sie beinhaltet in einem existentiellen Maße die Frage nach der eigenen Schuld. Im Falle des Todes der Mutter sieht Frau Kessler die Schuld daran bei sich, was es ihr unmöglich macht, sich für eine stationäre Betreuung ihrer Mutter zu entscheiden:

„Da – da war ja, wo der Arzt mich gefragt hat, entweder Mutter sterben lassen oder Mutter nach Hause. Da war keine Überlegung. Ich möchte nicht das Leben meiner Mutter auf dem Sch-, auf dem Ge-... auf dem ... auf dem ... auf dem Gewissen haben." (Frau Kessler, Z. 1072-1075)

Die Belastungsgrenze hat Frau Kessler dabei jedoch längst erreicht bzw. überschritten. Versuche, die Mutter stationär unterzubringen, scheitern daran, dass die Mutter keine Nahrung von fremden Personen annimmt. Wiederholt wird Frau Kessler deshalb angeraten, die Mutter wieder zu Hause aufzunehmen und selbst zu pflegen. In Folge dessen erleidet Frau Kessler einen Nervenzusammenbruch. Einen stationären Aufenthalt in einer psycho-somatischen Klinik bricht sie allerdings bereits nach wenigen Tagen ab, da sie den Tod der Mutter durch ihre Abwesenheit fürchtet. Dennoch distanziert sie sich nicht von der Übernahme der Pflegeverantwortung und sieht ihre Grenze selbst erst im eigenen Tod erreicht: *„Die Grenze ist, wenn ich selber tot bin."* (Frau Kessler, Z. 764)

Zum Zeitpunkt des Interviews kommt deshalb lediglich morgens ein Pflegedienst, um die Wundversorgung – die Frau Kessler zuvor selbst geleistet hat – zu überprüfen. Am Wochenende bestellt Frau Kessler den Pflegedienst ab. Einmal im Monat kommt eine Betreuung ins Haus, damit Frau Kessler Ärzt*innen aufsuchen kann, da sie selbst gesundheitliche Probleme hat. Hierfür nutzt Frau Kessler den Entlastungsbetrag.

Vor dem Hintergrund ihrer Erfahrungen schreibt Frau Kessler sich selbst eine höhere Kompetenz zu als der professionellen Pflegekraft: *„Ja, eben, das habe ich jetzt dreimal gesagt gekriegt. Du bist ... ich habe jetzt dreimal gesagt gekriegt, du bist besser wie manche meiner Mitarbeiter."* (Frau Kessler, Z. 982-983)

Selbstverständnis als Sorgeperson

Frau Kessler steht in einer sehr engen Beziehung zu ihrer Mutter. Aufgrund der fehlenden sozialen Kontakte beinhaltet die enge Mutter-Tochter Beziehung für sie eine starke Abhängigkeit, weil sie der letzte Bezugspunkt eines sozialen

Miteinanders abbildet: *"Weil meine Mama ist der wertvollste und liebste Mensch, den ich habe. Ich habe sonst niemand, und das war's."* (Frau Kessler, Z. 292-293) Frau Kessler weist selbst darauf hin, dass es gerade diese Einsamkeit ist, die sie sehr belastet. Zuvor zog sie ihre sozialen Kontakte aus ihrer Erwerbsarbeit. Dadurch jedoch, dass sie nunmehr auf die rund um die Uhr zu leistende Pflege ihrer Mutter verwiesen ist, gerät sie mehr und mehr in eine sie stark belastende Einsamkeit und Isolation:

> „Ich habe 35 Jahre meines Lebens von Montag bis Samstag gearbeitet, von morgens sieben bis abends sieben, ohne Urlaub, um ein Haus zu erhalten. Und was ist heute? Heute bin ich von Montag bis Sonntag allein und habe keine Menschen um mich rum. Und diese Einsamkeit – Einsamkeit klar kommen, ist für mich sehr schwer." (Frau Kessler, Z. 664-668)

Dabei weist Frau Kessler eine hohe emotionale Bedürftigkeit auf. Sie betont im Interview, dass sie ein Mensch ist, der viel Anerkennung und Zuspruch benötigt: *"Dieses, ich sage ja, ich wünsche mir die Umarmung und diese Geborgenheit."* (Frau Kessler, Z. 1016-1017)

Frau Kessler beschreibt die Beziehung zur Mutter als „Symbiose" – also als Verschmelzung. Vor diesem Hintergrund sieht sie sich selbst als „psychisch abhängig" von ihrer Mutter, ebenso wie sie sich vor dem Hintergrund der Rahmenbedingungen der Pflege auch als „finanziell abhängig" benennt. So sorgt Frau Kessler sich in Bezug auf ihre finanzielle Situation zum Beispiel auch darum, nach dem Tod ihrer Mutter das Elternhaus finanziell nicht mehr halten zu können und es in Folge dessen zu verlieren.

Ihr Selbstverständnis als pflegende Angehörige, das von der Rolle der über die Grenzen hinausgehenden pflegenden Tochter gekennzeichnet ist, muss also vor dem Hintergrund verstanden werden, dass Frau Kessler existentielle Konsequenzen fürchtet, wenn die symbiotische Verbindung zur Mutter durch deren Tod reißen sollte. Hier ist nicht nur das Leben der Mutter gefährdet, sondern auch das Leben von Frau Kessler:

> „Weil meine Sorge ist die Mama, meine Mama ist – ist – ist – ist ich und ich bin Mama. Wir sind leider Gottes im Laufe der Pflegezeit in eine Symbiose gerutscht. Keiner kann ohne den anderen existieren." (Frau Kessler, Z. 569-572)

Frau Kessler ist insofern auch aus Gründen des eigenen Lebenserhalts bestrebt, die Mutter noch lange am Leben zu halten: *"Ja, weil ich davon ausgehe, dass ich, wenn Mama in den Himmel geht, ich kurz danach auch in den Himmel gehe. Weil ich das nicht verkrafte."* (Frau Kessler, Z. 1003-1004)

Von Bedeutung ist, dass es sich bei der symbiotischen Mutter-Tochter-Beziehung nicht nur um eine über die Pflege gewachsene Abhängigkeit handelt, sondern bereits durch biografische Faktoren mitbestimmt war. Frau Kesslers Selbstverständnis als pflegende Angehörige muss deshalb vor dem Hintergrund ihrer biografischen Erfahrungen betrachtet werden.

Frau Kessler lebt ohne Partner*in und Kinder nach wie vor gemeinsam mit ihrer Mutter im Elternhaus. Bereits vor Beginn der Pflegesituation hat insofern eine enge Bindung zur Mutter bestanden, die durch den frühen Tod des Vaters verstärkt wurde. Am Sterbebett ihres Vaters versprach sie diesem, „immer für die Mama da zu sein". Auch und gerade vor dem Hintergrund ihrer Religiosität betrachtet sie die Pflege deshalb als ihre „Lebensaufgabe":

> „Wenn sie mich auch nicht mehr umarmen, in den Arm nehmen kann, aber es ist meine Lebensaufgabe. Dafür hat der Mensch ... der liebe Gott da oben mich bestimmt." (Frau Kessler, Z. 804-806)

Dabei gibt ihr der Glaube Kraft, stellt sie zugleich aber auch unter Zwang:

> „Weil immer, wenn ich schlecht denke, werde ich dafür bestraft. Schlecht denken heißt, dass ich sage, ach wenn die Mama tot wäre, wärst du frei. Dass dieser Gedanke gelegentlich aufkommt, ist vollkommen klar. Aber dann passiert in der Regel irgendetwas Schlimmes, wie jetzt letztes Wochenende, da sage ich dann, so darf ich nicht denken." (Frau Kessler, Z. 797-802)

Die Übernahme der Pflege ist insofern nicht bedingungslos, sondern gerahmt von den Zwängen, mit denen sich Frau Kessler konfrontiert sieht. Dabei sucht Frau Kessler durchaus nach psycho-sozialer Unterstützung, denn ihr sich permanent verschlechternder Gesundheitszustand ist ihr durchaus bewusst und belastet sie sehr: *„Der Preis, den ich dafür zahle. Die eigene Gesundheit."* (Frau Kessler, Z. 993-994)

Die Schwierigkeit besteht jedoch darin, dass bestehende Hilfen für Frau Kessler nicht zugänglich sind, da sie kaum das Haus verlassen kann. Ihre Selbstsorge ist ihr also keinesfalls egal. Aufgrund des zwanghaften Handlungskontextes sieht sie jedoch keine Möglichkeit zum Selbstsorgehandeln. Sie formuliert aber den Bedarf nach einer aufsuchenden Hilfe und stellt vor allem die seelische Unterstützung als Bedürfnis in den Vordergrund:

> „Wenn jetzt da eine Fachkraft käme, die mir dann sagen würde, ja, hier, ist doch alles okay und reg dich nicht auf und du brauchst keine Angst zu haben, ist doch alles okay, würde mir das was bringen." (Frau Kessler, Z. 459-461)

Sie macht dabei deutlich, dass es ihr vor allem um den persönlichen Kontakt geht, weshalb Gespräche über das Telefon keine passende Hilfe für sie darstellen würden. Für Frau Kessler ist dies gerade deshalb von Bedeutung, weil sie auf keinerlei familiäre Unterstützung zurückgreifen kann und sie auch ihre sozialen

Kontakte in Folge der Pflegesituation kaum aufrechterhalten kann. Sie sucht deshalb nach jemandem zum „Quatschen" und sehnt sich nach „Umarmung" und „Geborgenheit":

> „Einfach von Auge zu Auge, oder von Gesicht zu Angesicht. Da würde mir dann eine Telefonseelsorge als Beispiel auch nichts bringen. Wo man dann auch mal zusammen mal ein bisschen quatscht, ein bisschen was isst." (Frau Kessler, Z. 652-654)

Fallbeispiel Frau Bührmann

„Diese Art von Familientradition fortsetzen."

Frau Bührmann erzählt aus der Vergangenheit von der Pflege ihrer Mutter, die sie zwischen 2011 und 2015 versorgt hat. Zum Zeitpunkt des Interviews sind beide Eltern bereits seit über zwei Jahren verstorben. Frau Bührmann war es wichtig, das Geschehene zunächst in Ruhe zu verarbeiten, bevor sie sich bereiterklärt, davon zu berichten. Gegenwärtig sucht sie nun nach neuen Zielen, um das Erlebte und Erfahrene nicht nur zu verarbeiten, sondern auch sinnhaft fortzusetzen. Deshalb plant sie ein Fernstudium der Psychologie und engagiert sich für Kinder psychisch erkrankter Eltern.

Frau Bührmann ist 68 Jahre alt und alleinlebend. Nach einer Ehescheidung lebte sie langjährig in einer neuen Partnerschaft, doch nur zehn Tage, bevor auch die Mutter stirbt, verstirbt ihr Lebenspartner plötzlich und unerwartet. Sie hat aus dieser Partnerschaft einen erwachsenen Sohn, der während der Pflege der Mutter mit im Haus lebte, sowie zwei (erwachsene) Stieftöchter, die in der näheren Umgebung wohnen. Frau Bührmann hat das Abitur gemacht und Kunstgeschichte studiert. Nachberuflich war sie zuletzt als selbständige Galeristin tätig, die ihre Ausstellungen mit karitativen Zwecken verbunden hat. Diese Tätigkeit musste sie jedoch aus zeitlichen Gründen und zu Gunsten der Pflege der Mutter aufgeben. Frau Bührmann hat keine weiteren Geschwister und war für die Sorge der Eltern allein zuständig.

Pflegesituation

Frau Bührmann pflegte ihre Mutter nach einem Sturz mit mehreren Brüchen, einem Schlaganfall und einer fortschreitenden Demenzerkrankung in ihrem Haus. Die Mutter war in Pflegestufe II mit eingeschränkter Alltagskompetenz eingestuft und bezog Pflegegeld. Die Wohnsituation im Haus von Frau Bührmann war großzügig, die Mutter konnte dort ein eigenes Zimmer mit einem eigenen Bad beziehen. Frau Bührmann nahm außer einer Betreuung von wöchentlich zwei

Stunden, für die sie einen Pflegedienst beauftragt hat und die über die zusätzlichen Betreuungsleistungen mit der Pflegekasse abgerechnet wurden, keine weiteren Hilfen in Anspruch, da sie der Mutter keine wechselnden Personen oder Orte zumuten wollte.

In Folge der Stürze und des Schlaganfalls kommt es zu Beginn der Pflege zunächst zu längeren Krankenhausaufenthalten. Diesen steht Frau Bührmann äußerst kritisch gegenüber. Insbesondere der Umgang mit älteren Patient*innen und ihren Angehörigen missfällt ihr dort:

> „Die Situation fand ich dann für mich persönlich besonders beschämend, weil in den Krankenhäusern – wahrscheinlich nicht mal unberechtigt – aber diese Einstellung herrscht, dass Angehörige ihre alten Leute ein bisschen dort parken wollen. Und ich hatte riesengroße Probleme, wie alte Menschen dort betreut werden." (Frau Bührmann, Z. 93-97)

Über ihre formulierte Kritik wird deutlich, dass Frau Bührmann möglicherweise befürchtet, jemand könne annehmen, auch sie wolle ihre Mutter „parken". Durch ihre Kritik grenzt sie sich von einer solchen Handlungsorientierung ab. So zeichnet sich in der Kritik an der Versorgungssituation auch etwas vom Selbstverständnis als sorgende Angehörige ab, das, wie noch erläutert werden wird, sehr auf die Bedürfnisse der pflegebedürftigen Person ausgerichtet ist.

Frau Bührmann hebt dagegen die Versorgung durch die Hausärztin positiv hervor. Im Interview wird deutlich, dass für Frau Bührmann dabei gerade die emotionale Unterstützung und Zuwendung ihr gegenüber so sehr von Bedeutung ist:

> „Ich hatte riesengroßes Glück. Die Ärztin meiner Mutter, eine äußerst zugewandte Frau, ich hatte sie kennengelernt, weil sie im Heim tätig war, im [Hilfsorganisation]. Und habe dann beschlossen, dass es die Hausärztin meiner Mutter werden soll. Ich fand es halt auch insofern für die Ärztin praktisch, weil sie drüben zu tun hatte, und das hat sich dann nachher oft so eingebürgert, dass sie einfach hier auf einen Sprung auch reingekommen ist, wenn sie eh drüben war. Und sie war fantastisch. Sie hat zwischendurch sogar angerufen und gefragt, wie es geht und – und ob es was Neues gibt." (Frau Bührmann, Z. 551-558)

Noch vor dem Sturz der Mutter erkrankte der Vater psychisch, verweigerte aber die Behandlung. Frau Bührmann beobachtet zu diesem Zeitpunkt mit Sorge, dass der Vater der Mutter gegenüber bedrohlich wird und vermutet deshalb auch, dass der Sturz Folge eines körperlichen Übergriffs durch den Vater ist. Zu diesem Zeitpunkt leben Vater und Mutter noch in der gemeinsamen ehelichen Wohnung. Frau Bührmann möchte ihre Mutter jedoch nicht dorthin zurückschicken, solange die Erkrankung des Vaters unbehandelt ist. Es gelingt ihr, einen Kurzzeitpflegeplatz und wenig später einen fußläufig von ihrem Wohnhaus zu erreichenden Pflegeheimplatz zu erhalten. Es ist jedoch der Vater, der die Heimunterbringung der Ehefrau ablehnt. Er „boykottierte", so berichtet Frau Bührmann, durch sein Verhalten die Versorgungssituation und erschwert Frau Bührmann die Situation zusätzlich dadurch, dass er die Zuzahlung für die stationäre Pflege der Mutter verweigert, obwohl er über ein ausreichendes Sparvermögen verfügt. Der Vater übt starken Druck auf seine Tochter aus, so dass diese die Heimunterbringung der Mutter nach einer gemeinsam mit ihrem Lebenspartner sowie ihren Kindern getroffenen Entscheidung rückgängig macht. Als vorübergehende Lösung holt Frau Bührmann ihre Mutter deshalb zu sich nach Hause. Frau Bührmann erwartet von ihrem Vater im Gegenzug, dass dieser sich einer psychiatrischen Behandlung unterzieht:

> „[...] dem Vater haben wir dann gesagt okay, wir päppeln die Mama auf und wenn die wieder fit ist, dann kommt die zu dir zurück. Aber im Hinterkopf hatte ich natürlich, du musst dich erst mal in Behandlung begeben. Du brauchst irgendwelche Medikamente, die deine Psyche wieder in Ordnung bringen – profan ausgesprochen. Das hatte ich so als ... ja, kleine ... als kleines Druckmittel im Hinterkopf. Ist dann aber alles so ganz anders gekommen." (Frau Bührmann, Z. 49-54)

Die Erwartung von Frau Bührmann an den Vater wird sich jedoch nicht erfüllen. In der folgenden Zeit wird der Vater zunehmend desorientierter, cholerisch und aggressiv und löst mehrere Notfallsituationen aus. Nach kurzer Zeit verstirbt er in seiner Wohnung. Eine Rückkehr der Mutter in die eigene Häuslichkeit ist damit endgültig ausgeschlossen. So wird die als vorübergehend geplante Unterbringung bei Frau Bührmann im Haus zur Dauerlösung, denn eine Rückkehr in die Heimunterbringung kommt für Frau Bührmann mit Blick auf die Bedürfnisse der Mutter, die sich im häuslichen Pflegearrangement wohl fühlt, nicht in Frage:

> „Und ich hätte es ... ich glaube, ich hätte den Satz nicht mal über die Lippen bekommen: Mama, du musst wieder zurück zu den [Hilfsorganisation]. Ich besorge dir da wieder ein Zimmer. Weil ich gesehen habe, wie dieser kleine alte Mensch sich gefreut hat." (Frau Bührmann, Z. 316-319)

Bei der Wahl des Pflegearrangements spielen finanzielle Überlegungen und Zugangshürden aus Sicht von Frau Bührmann weniger eine Rolle. Ihr hoher SÖS ermöglichen ihr einen guten finanziellen Spielraum für Pflegedienstleistungen. Vielmehr aber sind es der Boykott des Vaters und die Belastung durch seine psychischen Veränderungen, die Frau Bührmann unter Druck setzen und ihre Handlungsentscheidung für sie alternativlos machen. Nicht weniger Anteil hat daneben auch ihr Selbstverständnis als pflegende Tochter, das auf dem Verständnis von Pflege als „Familientradition" aufbaut.

Selbstverständnis als Sorgeperson

Ihr Selbstverständnis als sorgende Angehörige ist sehr stark auf die Bedürfnisse der Mutter gerichtet. Darüber stellt Frau Bührmann ihre eigenen Bedürfnisse in den Hintergrund. So gibt sie auch ihre nachberufliche Tätigkeit zugunsten der Pflege vollständig auf, obgleich diese für sie einen „Lustgewinn" darstellte. Frau Bührmann verlässt im Verlauf der Pflege nur selten das Haus. Sie sieht sich diesem Zwang unterworfen, da die Mutter zunehmend auf sie fixiert ist und die Abwesenheit von Frau Bührmann im Haus zu Notfallsituationen führt:

> „Im vierten Jahr der Pflege habe ich dann gemerkt, dass es für mich immer enger wurde. Körperlich weniger, aber meine Psyche war dann schon sehr stark belastet, weil ich konnte ja dann auch nachher wirklich überhaupt nicht mehr weggehen. Also meine Mutter ist sehr zeitig zu Bett gegangen, aber ich konnte ihr zum Beispiel nicht sagen, ich möchte gerne zu einer Nachbarin noch auf ein Glas Wein oder ich möchte mal ins Kino oder sonst irgendwas, weil das hätte ... oder hat dazu geführt, dass sie sich aufrecht ins Bett gesetzt hat und dann gewartet hat, bis ich zurückkam. Oder – was schlimmer war – dann aufgestanden ist und dann habe ich sie auch vorgefunden, dass sei auf dem Boden gelegen ist und nicht mehr alleine hochkam." (Frau Bührmann, Z. 197-206)

Diese Situation belastet Frau Bührmann sehr. Der zwanghafte Handlungskontext wird darin deutlich, dass Frau Bührmann sich selbst als „eingesperrt" wahrnimmt. Sie beschreibt dies als „ausgeprägtes Gefühl", das sie sogar dazu veranlasst, darüber nachzudenken, die Pflegesituation zu verändern. Gleichzeitig sieht sie eine Veränderung nicht als eine tatsächliche Option an, so dass ihre Überlegungen fiktiv bleiben. Es bleibt für Frau Bührmann eine schwerwiegende Frage des Gewissens. Die eigene Grenze der Belastbarkeit zieht Frau Bührmann bis zum Tod ihrer Mutter hinaus. Trotz der Belastungssituation, die durch die rund-um-die-Uhr Pflege der Mutter entsteht, sieht sich Frau Bührmann noch immer nicht an einer endgültigen Grenze angekommen.

> „Ja, ich habe schon – schon ziemlich häufig darüber nachgedacht, dass ich die Situation – Situation gerne ändern würde. Aber wie gesagt, ich habe es nicht fertiggebracht, ne? Ich hätte es einfach nicht fertigbringen können, weil ich war nicht am Ende meiner Kräfte." (Frau Bührmann, Z. 1018-1021)

Stattdessen imaginiert sie lediglich die eigene Belastungsgrenze für die Zukunft, wobei deutlich wird, dass sie den dort formulierten Schritt eigentlich nicht gehen will und dieser letztlich für sie eine weitere psychische Belastung erzeugt:

> „Und ich gebe auch zu, also im letzten Jahr war es dann oft so, dass ich auch gedacht habe, so, ich muss mir jetzt doch leider irgendetwas einfallen lassen. Ich glaube, ich drehe sonst wirklich auch am Rad. Und ich glaube, dass ich im fünften Jahr wahr-

scheinlich auch schlappgemacht hätte und dann meiner Mutter doch irgendwie klargemacht hätte: Du, wir entscheiden uns jetzt doch wieder für die [Hilfsorganisation] und ich komme dich von mir aus jeden Tag besuchen." (Frau Bührmann, Z. 457-463)

Schließlich nimmt Frau Bührmann in der Phase der Sterbebegleitung tatsächlich einen Pflegedienst sowie einen Palliativmediziner hinzu. Eine Verlegung der Mutter in ein Hospiz lehnt sie aber ab:

> „Und der Palliativmediziner hat dann gesagt, wenn dieser Todeskampf länger dauert, das wäre mit einem Hospiz ... und da war es dann so, ich weiß nicht, da kam meine [regionalen] Sturheit, dass ich gesagt habe: So, jetzt habe ich das die ganzen Jahre durchgehalten. Jetzt möchte ich auch, dass sie hier stirbt. (Mhm) Und jetzt halte ich das irgendwie aus." (Frau Bührmann, Z. 659-663)

Die Entscheidung, einen Pflegedienst hinzunehmen, wertet Frau Bührmann allerdings wie ein persönliches Scheitern an der Situation: *„Die letzten drei Tage ihres Lebens habe ich dann schlappgemacht und einen Pflegedienst genommen."* (Frau Bührmann, Z. 173-175)

Vor dem Hintergrund, dass Frau Bührmann ihre nachberufliche Tätigkeit aufgibt und im Verlauf der Pflege mehr und mehr an das Haus gebunden ist, konstruiert sie ihre Rolle als pflegende und sorgende Angehörige wie eine Erwerbstätigkeit, um die Situation für sie selbst erträglicher zu gestalten. Über dieses „Konstrukt" – wie sie es selbst nennt – erschafft sie eine kognitive Reflexion der psychischen Belastungssituation:

> „Ja, ich habe relativ früh begriffen, dass das ... dass ich einfach denken sollte und so fühlen sollte, das ist hier mein Arbeitsplatz für Zeit ... für einen zeitlichen Rahmen, solange ich diese Arbeit machen kann." (Frau Bührmann, Z. 157-160)

Sie gleicht damit auch aus, dass sie die nachberufliche Tätigkeit, die ihr eigentlich so wie schon ihre Erwerbstätigkeit von großer Bedeutung war, für die Pflege aufgab: *„[...] ein Konstrukt, was ich brauche, dass ich hier nicht rumlaufe, als wäre ich in Rente."* (Frau Bührmann, Z. 163-164)

Als einzige Tochter ihrer Eltern hat Frau Bührmann lebenslang eine gute Beziehung zu ihren Eltern. Ihr Selbstverständnis als sorgende Angehörige basiert dabei vor allem auf familienbiografischen Erfahrungen. Sie ist auf dem Land aufgewachsen und hat erlebt, wie ihre Eltern beide Großeltern bis zu ihrem Tod in deren Häuslichkeit gepflegt haben. Ihre Bereitschaft, die Mutter bei sich aufzunehmen, stellt sie als „Fortsetzung dieser Art von Familientradition" dar. Gleichzeitig spricht sie sich aber klar dagegen aus, dass ihre Kinder ebenfalls diese Familientradition aufrechterhalten. Aus den eigenen Belastungserfahrungen heraus will sie ihren Kindern die Pflege ihrer Person ersparen:

„Also das ist für mich Fazit dieser Pflege. Alles – nur nicht das. Solange ich bei Bewusstsein bin. Und ich selbst würde und werde alles dafür tun, dass diese Situation unter keinen Umständen entsteht. Weil das verändert das Leben doch sehr." (Frau Bührmann, Z. 854-857)

Frau Bührmann beteiligt sich deshalb mit einer Gruppe von gleichaltrigen Personen an Planungen für eine alternative Wohnform im Alter, die gemeinschaftliches Wohnen und gegenseitige Unterstützung ermöglicht.

Weil Frau Bührmann also sich selbst als pflegende Tochter aufgrund der Familientradition in der Pflicht sieht, ihren Angehörigen aber gleichzeitig die Belastung ersparen will, formuliert sie keine Erwartungen der Hilfe gegenüber ihren Familienangehörigen. Von ihrem Sohn und ihren Stieftöchtern erhält sie dennoch eine freiwillige Unterstützung. Ihr Lebenspartner aber leidet unter der Situation der häuslichen Pflege und zieht deshalb vorübergehend aus dem gemeinsamen Haus aus. Diese Entscheidung akzeptiert Frau Bührmann vollständig und zeigt großes Verständnis darüber, dass der Lebenspartner sich belastet fühlt. Die Situation zeigt deutlich, welchem Dilemma Frau Bührmann ausgesetzt ist. Als pflegende Tochter will sie den Bedürfnissen der Mutter gerecht werden, dies aber kollidiert mit den Bedürfnissen des Partners, die Frau Bührmann ebenso wenig aus dem Blick verlieren will:

„Er konnte das vorher nicht einschätzen, dass er dazu nicht geschaffen war, mit alten Leuten umzugehen. Also ich habe das gemerkt, der wurde immer ruhiger und es ist ja auch nicht zu unterschätzen, wenn man nachts nicht mehr in Ruhe schlafen kann." (Frau Bührmann, Z. 410-413)

Insbesondere an dieser Stelle wird erkennbar, was die Alternativlosigkeit der Pflegesituation für Frau Bührmann bedeutet, denn für sie ist die Pflege in dem Maße alternativlos, dass sie es sogar erträgt, dass ihr eigener Lebensentwurf durch die Pflege zerstört wird. Das gemeinsame Leben mit dem Partner gibt sie zugunsten der Pflege auf und trägt darin auch das Risiko, dass ihre Partnerschaft dadurch möglicherweise gar nicht mehr aufrechterhalten werden kann. Umso erschütternder ist es für Frau Bührmann, dass ihr Partner plötzlich verstirbt. Unter den Eindrücken des plötzlichen und unerwarteten Todes steht Frau Bührmann vor der schwierigen Aufgabe, die Sterbephase ihrer Mutter zu begleiten, die zwei Wochen nach dem Partner in der Begleitung eines Palliativdienstes verstirbt.

Fallvergleich

Wie die Falldarstellungen verdeutlichen, gestaltet sich die Übernahme der Pflegeverantwortung für Frau Kessler und für Frau Bührmann als alternativlos. Ihre

Handlungsorientierungen sind ausschließlich auf die pflegebedürftige Person ausgerichtet, so dass ihre eigenen Bedürfnisse ohne Artikulationsraum bleiben. Alternativen zur häuslichen Pflege der Mutter werden sowohl bei Frau Kessler als auch bei Frau Bührmann im Interview lediglich wie eine stille Fantasie unter einem schlechten Gewissen thematisiert, ohne dass die sorgenden Töchter dabei ernsthaft eine Veränderung der Situation herbeiführen möchten. Sich aus der Pflegeverantwortung herauszuziehen oder sich auch nur selbst zu entlasten, wird von den sorgenden Angehörigen in diesem Typus als ein persönliches Scheitern betrachtet. Obgleich Frau Bührmann beispielsweise bereits über die Belastungsgrenze hinaus pflegt, sieht sie ihre Grenze noch nicht erreicht und resümiert im Interview, dass sie noch nicht „am Ende ihrer Kraft" gewesen sei.

Diese Handlungsorientierung findet sich auch bei Frau Aslan und Frau Cordes (zunächst Typus 1, nun in Folge der Aufgabe ihrer Erwerbstätigkeit im Verlauf der Pflege einer „eher prekären" Pflegebewältigung zugeordnet) wieder. Auch Frau Aslan zeigt eine ausgeprägte Orientierung an den Bedürfnissen der pflegebedürftigen Person, ihrer Mutter. Erzählungen über kurze Momente der Selbstsorge sind, wie bei Frau Kessler und Frau Bührmann, von starken Schuldgefühlen begleitet. Im Fall von Frau Cordes (II) führen schwierige strukturelle Bedingungen zur alternativlosen Übernahme der Pflegeverantwortung. Zunächst gestaltet sich die Pflegebewältigung von Frau Cordes (I) als „eher gelingend". Im Rahmen dieser Studie wurde Frau Cordes deshalb bezugnehmend auf die erste Phase der Pflege in den ersten Typus und somit einer „eher gelingenden" Pflegebewältigung zugeordnet. Zu Beginn der Pflege gelingt es Frau Cordes, ihre – für sie sehr bedeutsame – Erwerbstätigkeit aufrechtzuerhalten. Doch ihr Arbeitgeber ermöglicht Frau Cordes keine Arbeitszeitflexibilisierung, was zunehmend zu erheblichen Schwierigkeiten in der Pflegebewältigung führt. Zusätzlich fehlt es an geeigneten kultursensiblen Diensten für die Mutter. Beide Faktoren führen schließlich dazu, dass Frau Cordes unfreiwillig, aber alternativlos ihre Erwerbstätigkeit aufgibt und die Pflegeverantwortung vollumfänglich übernimmt.

Es findet sich bei allen vier sorgenden Angehörigen in diesem Typus also eine entscheidende Gemeinsamkeit: Sie alle sehen sich gezwungen, ihre Erwerbstätigkeit aufzugeben. Die daraus resultierende Nicht-Erwerbstätigkeit ist ein nicht selbst gewählter Lebensentwurf, der mit Bedauern und heimlichen Imaginationen darüber, wie das Leben ohne Pflegeverantwortung aussehen könnte, begleitet wird. Dabei werden kurze Momente der Selbstsorge nicht nur im Interview ausschließlich unter Schuldgefühlen thematisiert, sondern auch im Alltag nur heimlich gelebt und von Schuldgefühlen begleitet. Beispielhaft hierfür steht die Erzählung von Frau Bührmann darüber, dass sie zeitweilig heimlich das Haus verlässt, wenn ihre Mutter schläft, um mit dem Fahrrad eine kurze Runde zu fahren. Auch Frau Aslan thematisiert im Interview ganz ähnlich, wie belastend es für sie ist, wenn sie für eine Stunde in einem Café sitzt, während sie das Wissen darum begleitet, dass ihre Mutter die Wohnung nicht mehr verlassen kann.

Die bedingungslose Orientierung an den Bedürfnissen der pflegebedürftigen Person setzt alle vier sorgenden Frauen in diesem Typus unter einen hohen Anforderungsdruck, die richtige, also die den Bedürfnissen der pflegebedürftigen Person entsprechenden, Hilfe- und Unterstützungsleistungen zu organisieren und das Pflegearrangement nach den Bedürfnissen der pflegebedürftigen Person auszurichten. Alle vier weiblichen Pflegenden setzen sich dabei durchaus mit möglichen Hilfe- und Unterstützungsleistungen auseinander, resignieren jedoch teilweise bereits im Vorfeld an der Umsetzbarkeit oder machen frustrierende Erfahrungen, die sie in ihrer Alternativlosigkeit der Pflegeverantwortung bestätigen. So scheitern beispielsweise Frau Kesslers Versuche einer zeitweisen stationären Unterbringung der Mutter daran, dass die Mutter keinerlei Nahrung von fremden Personen annehmen will, so dass der stationäre Aufenthalt abgebrochen werden muss. Frau Cordes sucht nach sozialen Diensten oder alternativen Wohnformen für ihre türkischstämmige Mutter, die in der Lage sind, sich sprachlich und kulturell angemessen auf die Mutter einzustellen – wird dabei jedoch nicht fündig. Frau Aslan hegt starken Zweifel gegenüber stationären Einrichtungen und professionellen Pflegekräften, da sie befürchtet, dass man ihrer Mutter dort nicht mit der notwendigen Fürsorge beggnen wird. Sie steht ferner wie Frau Cordes vor der Schwierigkeit, einen sozialen Dienst zu finden, der die sprachlichen Barrieren zur Mutter, die aufgrund ihrer Demenzerkrankung zunehmend an die türkische Sprache gebunden ist, abbauen kann. Auch Frau Bührmann kritisiert die Situation in der ambulanten Pflege und entscheidet sich gegen den Pflegedienst, weil sie ihrer Mutter keine wechselnden Personen zumuten und diese nicht unter „zeitlichen Stress" setzen möchte, wenn regelmäßig ein Pflegedienst ins Haus kommt. Nachdem ihre Mutter zunächst kurzfristig in einem Pflegeheim untergebracht wird und erst dann zu Frau Bührmann ins Haus zieht, sieht sich Frau Bührmann zudem erst recht nicht in der Situation, ihrer Mutter einen erneuten Umzug zuzumuten.

Die Pflegemotivation ist bei allen sorgenden Angehörigen in diesem Typus von einer engen Bindung zur pflegebedürftigen Person, die in allen vier Fällen die Mutter der sorgenden Angehörigen darstellt, und einem starken Gefühl von Liebe, Zuneigung und Dankbarkeit ihr gegenüber gekennzeichnet. Dabei zeigt sich deutlich, dass Frau Aslan, Frau Bührmann und Frau Cordes sich auch in ihrer eigenen Kleinfamilie (Partner und Kinder) als zentrale Sorgeperson verorten, die zugunsten der Bedürfnisse ihrer Familie die eigenen Bedürfnisse zurückhält. Für Frau Kessler, die ledig und ohne Kinder ist, stellt ihre pflegebedürftige Mutter wiederum ihre ganze Familie dar. Die schweren Rahmenbedingungen der Pflege zeigen sich bei Frau Kessler deshalb vor allem in der sozialen Isolation, in der sie lebt. Die Pflegesituation macht es nicht möglich, Freundschaften zu pflegen. Auf familiäre Unterstützung durch Partner oder Kinder kann Frau Kessler aber ebenso wenig zurückgreifen. Bei den anderen drei sorgenden Angehörigen wiederum zeigt sich, dass sie von der Unterstützung durch Partner und Kinder nur zurückhaltend Gebrauch machen, um die Familie zu schützen und nicht zu überfordern. Bei allen Fällen, die diesem Typ zugeordnet sind, zeigt sich die Wirkmächtigkeit der Kategorie Geschlecht. Keiner der sorgenden Frauen gelingt es, Selbstsorgehandeln an den Tag zu legen, was letztendlich zu einer „eher prekären" Pflegebewältigung führt (vgl. dazu auch Kap. 5.2).

5. Die Wirksamkeit der Differenzkategorien

5.1 Sozio-ökonomischer Status in Wechselwirkung mit anderen Differenzkategorien

Die PflegeIntersek-Studie war auf der Basis vorhandener Forschungen (exemplarisch Keck 2012; Kelle 2018, vgl. Kap. 2) mit der Ausgangsannahme gestartet, dass der SÖS eine zentrale Bedeutung für die Bewältigung von Pflegeverantwortung durch sorgende Angehörige hat. Unsere Leitidee war, dass andere Strukturkategorien – wie insbesondere Geschlecht oder Ethnizität – vom SÖS überlagert werden, weil dieser einen solch wichtigen Unterschied für die Bewältigung von Sorgeaufgaben macht und auch die Einstellungen zur Pflege prägt (z.b. Blinkert/ Klie 2008, 2004). Wir erwarteten also beispielsweise, in den Bewältigungsmustern von Männern und Frauen mit hohem SÖS mehr Gemeinsamkeiten zu finden als innerhalb des jeweiligen Geschlechts über unterschiedliche soziale Klassen hinweg. Ebenso nahmen wir an, dass sorgende Angehörige mit hohem oder niedrigem SÖS jeweils – unabhängig von der Frage des Migrationshintergrunds – bedeutsame Ähnlichkeiten in ihren Arrangements und in ihren Bewältigungsstrategien aufweisen würden. Zur empirischen Analyse des SÖS wurden in Bezug auf die sorgenden Angehörigen die Dimension Einkommen und Bildung gleichermaßen herangezogen. Zudem wurde in den Interviews auch die finanzielle Situation der pflegebedürftigen Person berücksichtigt (vgl. Kap. 3.2).

Insgesamt wurden neun Interviews vertiefend ausgewertet, in denen die sorgenden Angehörigen einen niedrigen SÖS aufwiesen (darunter sechs Frauen, drei Männer, fünf Personen mit Migrationshintergrund, vier ohne Migrationshintergrund, fünf Erwerbstätige und vier Nicht-Erwerbstätige). In elf Fällen (darunter sieben Frauen, vier Männer, sieben Personen ohne Migrationshintergrund, vier mit Migrationshintergrund, sieben Erwerbstätige und vier Nicht-Erwerbstätige) wurde der SÖS als hoch eingeordnet.

Die Ergebnisse der Auswertungen zeigen: Sozio-ökonomische Faktoren, wie das Einkommen der pflegebedürftigen und der Pflegeperson sowie der Bildungsgrad der Pflegeperson, sind für die Bewältigung von Pflegesituationen relevant. Allerdings hat sich der SÖS dabei – anders als erwartet – nicht als alles dominierende Kategorie erwiesen. So können sozio-ökonomische Ressourcen beispielsweise durch persönliche Beziehungen und Verhältnisse überlagert werden, so dass prekäre Situationen für die sorgenden Angehörigen entstehen. Gleichzeitig können fehlende finanzielle Ressourcen teils durch informelle familiäre Unterstützungsressourcen kompensiert werden. Es zeigt sich, dass eine differenzierte Betrachtung der Bedeutung des SÖS notwendig ist, die sich je nach Typus des Pflegebewältigungshandelns (vgl. Kap. 4) unterscheidet. Auf Basis des hier analysierten, qualitativen Samples stellt sich ein hoher SÖS somit weder als hinreichende noch als notwendige Bedingung für eine gelingende Pflegebewältigung dar. Dies soll im Folgenden anhand ausgewählter Fallbeispiele aus Tabelle 4 näher erläutert werden.

Tab. 4: Sozio-ökonomischer Status und Pflegebewältigung

	Eher gelingende Pflegebewältigung (Typus Nr.)	*Eher prekäre Pflegebewältigung (Typus Nr.)*
Hoher SÖS	Frau Cordes I (1)** Herr Kaya (1) Frau Keller (1) Herr Otten (1) Herr Stelter (1) Frau Heinrich (1 und 3) Frau Demir (2)** Herr Münster (3)	Frau Meierjohann (4) Frau Yüksel (4) Frau Bührmann (5) Frau Cordes II (5)**
Niedriger SÖS	Herr Aydin (2)* Herr Behrens (3) Frau Goder (3)* Frau Uenal (2) Herr Yildirim (3)	Frau Herbst (4) Frau Jakobi (4)** Frau Aslan (5) Frau Kessler (5)

* Herr Aydin und Frau Goder haben einen geringen Einkommens-, jedoch einen höheren Bildungsstatus.
** Frau Cordes, Frau Demir und Frau Jakobi haben einen hohen Bildungs-, jedoch geringeren Einkommensstatus.
Quelle: eigene Darstellung

5.1.1 „Eher gelingende" Pflegebewältigung mit hohem sozio-ökonomischem Status

Dass ein hoher SÖS zu einer gelingenden Pflegebewältigung beiträgt, ist kein überraschender Befund. Dies zeigt sich im PflegeIntersek-Sample vor allem an den Fällen, die dem Typus 1 „Pflegeorganisation rund um die Erwerbstätigkeit" zugeordnet wurden. Der hohe SÖS der sorgenden Angehörigen ist förderlich für eine hohe Erwerbsneigung und gleichzeitig trägt die hohe Erwerbsneigung zu einem hohen SÖS bei. Für diesen Typus ist daher die Aufrechterhaltung der Erwerbstätigkeit zentral (auf Grund von Opportunitätskosten; Erwerbstätigkeit ist hier aber auch ein wichtiger Coping-Mechanismus; vgl. Kap. 5.3). Gleichzeitig erlaubt der hohe SÖS es auch, im Rahmen gemischter Pflegearrangements ggf. privat finanzierte professionelle Dienste in Anspruch zu nehmen, um sich selbst zu entlasten und die berufliche Karriere weiter zu verfolgen. Der SÖS überlagert dabei auch Geschlechterdifferenzen. Zudem sind in dieser Gruppe Pflegepersonen mit und ohne Migrationshintergrund zu finden. So kümmert sich etwa Herr Kaya (Typ 1), dessen Eltern aus der Türkei migriert sind, trotz Vollzeittätigkeit als Betriebswirt mit Leitungsverantwortung um seinen an Demenz erkrankten Vater. Einmal täglich kommt ein Pflegedienst, um die Medikamente zu geben. Ansonsten leistet Herr Kaya selbst täglich die Pflege inklusive der Körperpflege, da der Vater es ablehnt, von fremden Personen gewaschen zu werden. Die Geschwister von Herrn Kaya können sich aufgrund persönlicher und gesundheitlicher Gründe nicht bzw. nur in Ausnahmefällen um den Vater kümmern, weshalb Herr Kaya die Pflege allein übernimmt. Zeitkonflikte sind dabei für ihn ein zentrales Thema. Herr Kaya hat beispielsweise kaum Zeit, um Angebote für pflegende Angehörige zu nutzen oder sich umfassend über Rechte und Möglichkeiten zu informieren. Stattdessen übernimmt er vor allem zu Beginn der Pflege viele Kosten selbst, um die Zeit, die er in Information, Recherche und das Ausfüllen von Antragsformularen stecken müsste, zu sparen:

> „Das habe ich auch ehrlich gesagt, das ist eigene Dummheit, Möglichkeiten vom Staat Unterstützung einzuholen, aber das habe ich dann auch irgendwann erst mal nicht gemacht. Auch da hatte ich überhaupt keine Zeit, mich drum zu kümmern." (Herr Kaya, Z. 939-942)

Aufgrund seiner guten finanziellen Situation kann er sich (zeitliche) Entlastung schaffen, worauf er im Interview selbst verweist: *„Also ich kann das ehrlich gesagt so sagen, weil ich zum Glück finanziell recht gut dabei bin sozusagen. Insofern geht das"* (Herr Kaya, Z. 950-952). Insofern bringt ihn sein Erwerbsstatus einerseits in die Lage, aus Zeitnot Leistungen selbst zu finanzieren, andererseits ermöglicht es ihm der hohe SÖS, der in Verbindung mit seinem Erwerbsstatus steht, finanzielle Herausforderungen im Pflegealltag auszugleichen und Unterstützungsleistungen privat zu finanzieren.

Auch das Pflegearrangement von Frau Keller (Typ 1) beruht darauf, dass soziale Dienstleistungen sowie beispielsweise Verbesserungen des Wohnumfelds ihrer pflegebedürftigen Mutter teils privat finanziert werden. Frau Keller möchte trotz Pflege *„so normal wie möglich"* (Z. 572) weiterleben. Dazu gehören für sie zum einen die Aufrechterhaltung ihrer Vollzeiterwerbstätigkeit, zum anderen die Pflege des eigenen sozialen Lebens mit Ehemann und Freunden. Trotz der Vollzeiterwerbstätigkeit fährt sie jeden zweiten Tag nach der Arbeit und einen Tag am Wochenende zu ihrer Mutter. Sie kümmert sich um Haushalt, Wäsche, Wünsche der Mutter und verbringt Freizeit mit ihr. Lediglich für die Zukunft, wenn es *„dem Ende entgegen"* (Frau Keller, Z. 680) gehen sollte, könnte sie sich vorstellen, die gesetzliche Pflegezeit in Anspruch zu nehmen. Einstweilen beruht das pflegerische Unterstützungsnetzwerk neben Frau Keller selbst auf familiären und nachbarschaftlichen Ressourcen (Schwestern, Nachbarin) sowie dem Einkauf von Fremdpflege (Pflegedienst, Mahlzeitendienst, Putzfrau und Notfallknopf). Der hohe SÖS (hier v.a. die Einkommenssituation) erlaubt Frau Keller und ihren Schwestern die Abwägung und das Ausprobieren verschiedener Optionen: *„Ich muss nun auch sagen, wir sind nun wirklich auch eine Familie, die jetzt keine großen finanziellen Sorgen haben."* (Frau Keller, Z. 1343-1344) Zwischenzeitlich gehörte dazu auch eine Live-in-Pflegekraft (sog. „24-Stunden-Pflege"), was für die Familien ebenfalls relativ hohe finanzielle Eigenleistungen erfordert: *„Ja, dass wir halt diese Pflegekraft auch selber voll bezahlt haben. Und das ist natürlich dann auch schon viel, ne, ..."* (Frau Keller, Z. 712-713)

Ähnliche Muster wie bei Herrn Kaya und Frau Keller lassen sich auch bei Herrn Otten (Typ 1) und Herrn Stelter (Typ 1) sowie in eingeschränkterem Maße bei Frau Cordes (hier: Typ 1) und Frau Heinrich (hier: Typ 1) finden.

Auch bei sorgenden Angehörigen des Typus 3 „Sinnstiftung" zeigt sich, dass ein hoher SÖS hilfreich für die Pflegebewältigung sein kann. Hier ist der SÖS zwar nicht allein ausschlaggebend für die gelingende Pflegebewältigung, aber alle Pflegepersonen haben gemeinsam, dass der finanzielle Verfügungsrahmen für den Lebensunterhalt ausreichend gesichert ist. Ein Mindestmaß an sozioökonomischer Sicherheit stellt also eine notwendige, aber keine hinreichende Bedingung für eine gelingende Pflegebewältigung im Rahmen dieses Typus dar, in welchem die Pflegeentscheidung weitgehend erfolgreich in den eigenen Lebensentwurf integriert und als sinnstiftende Aufgabe konstruiert wird.

Herr Münster (Typ 3) hat nach dem Abitur eine kaufmännische Ausbildung abgeschlossen. Er hat in einem kaufmännischen Beruf gearbeitet, bis er nach dem Erziehungsurlaub der Ehefrau mit dem zweiten Kind bewusst aus dem Beruf ausgeschieden ist, um die Familienarbeit zu übernehmen. Herr Münster hat damals bereits seine Großmutter und Mutter unterstützt. Seine Frau ist in ihren Beruf zurückgekehrt und bis heute in Vollzeit erwerbstätig. Das Einkommen der Familie liegt im Bereich der höchsten Einkommensklasse und Herr Münster bewohnt mit seiner Familie ein Einfamilienhaus in Eigentum. Für Herrn Münster als Hauptpflegeperson seiner Mutter beträgt der Pflegeumfang täglich etwa drei bis vier Stunden. Hinzu kommt die weitere Sorgearbeit bezüglich des eigenen Haushalts und seiner Kinder. Der hohe SÖS ermöglicht hier das gewählte Alleinernährermodell in einer geschlechteruntypischen Variante. Die anfängliche Unterstützung der Großmutter und Mutter gehen mit den zunehmenden Erkrankungen der Mutter in intensive Pflege über. Herr Münster hat die Übernahme der Sorgearbeit für sich als sinnstiftende Aufgabe angenommen und kommt alles in allem gut damit zurecht. Die gesicherte finanzielle Existenz, sein Bildungsstatus und der Hintergrund seiner kaufmännischen Ausbildung bilden dafür eine wichtige Basis. Letzteres wird für ihn beispielsweise relevant, als es darum geht, sich mit den Leistungsträgern darüber auseinanderzusetzen, was ihm bzw. seiner Mutter zusteht, und um die bürokratischen Anforderungen der Pflegesituation zu bewältigen. Dies ist ein zentrales Thema, welches sich durch viele der Interviews zieht.

Ähnlich wie bei Herrn Münster ermöglicht der hohe SÖS auch bei Frau Heinrich (hier: Typ 3) die sinnstiftende Übernahme der Pflege ohne größere finanzielle Sorgen.

5.1.2 „Eher prekäre" Pflegebewältigung trotz hohem sozio-ökonomischem Status

Aus der Fallanalyse ging jedoch auch klar hervor, dass ein hoher SÖS kein Garant für eine „eher gelingende" Pflegebewältigung ist. Dies zeigen die Fälle mit hohem SÖS, welche den Typen 4 „Ringen um Kontrolle" sowie 5 „Alternativlosigkeit" zugeordnet wurden.

So klingt im Fall von Frau Yüksel (Typ 4) an, dass die Übernahme der Pflege ihrer demenzkranken, schwer pflegebedürftigen Großmutter von ihr nicht selbst gewählt ist. Sie sei *„mehr oder weniger da rein gerutscht"* (Frau Yüksel, Z. 39-40). Die Aufgabe wird ihr von ihrer Familie zugeschrieben, weil sie zum einen alleinstehend und ohne Kinder lebt, und weil sie zum anderen diejenige in der Familie ist, die studiert hat und deshalb mit dem Vertrauen auf Fachkompetenz belegt wird (sie sei die *„Kauffrau und Betreuerin in der Familie"*, Frau Yüksel, Z. 45). Hier wird der SÖS von Frau Yüksel innerhalb der Familie für die Entscheidung zur Übernahme der Pflege relevant. Die Position der „Kauffrau der Familie" nimmt sie auch selbst aktiv ein, indem sie versucht, Lösungen für die anstehenden Probleme zu finden. Sie eignet sich die Thematik „Pflege" wie eine Arbeitsaufgabe an und kommt infolge dessen aus der familiären Zuständigkeit auch nicht mehr leicht heraus:

> „Nein, das hat sich so entwickelt. Und ich bin jetzt in allen Themen drin, da ist es auch sehr schwierig, wieder raus zu kommen. Also die Arbeit auch jemandem zu übertragen. Ich, ja, das Thema Pflege ist auch sehr komplex. Welche Möglichkeiten es gibt und so habe ich mich jetzt langsam immer besser in die Materie hineingelernt."
> (Frau Yüksel, Z. 51-54)

Ihr Studium und ihre Erfahrungen aus der Erwerbsarbeit bieten die notwendigen Ressourcen, um ihrer Hilflosigkeit, die sie als große Belastung in der Anfangsphase der Verantwortungsübernahme benennt, entgegen zu treten. Aufgrund des hohen Unterstützungsbedarfs der Großmutter kommen nur die Möglichkeit einer (teil-) stationären Pflege oder die Möglichkeit einer sog. „24-Stunden-Pflegekraft" in Frage. Frau Yüksel verweist darauf, dass es kein zufriedenstellendes (teil-)stationäres Angebot für ausländische Pflegebedürftige gäbe, weshalb diese Lösung schon allein deshalb nicht möglich sei. Insofern ist der Grund für das Pflegearrangement in der häuslichen Umgebung auch strukturell bedingt durch einen Mangel an differenzsensiblen (türkischsprachigen) Angeboten und dadurch verwoben mit der Differenzkategorie der Ethnizität (vgl. auch Kap. 5.4). Der Einsatz einer bulgarischen sog. „24-Stunden-Pflegekraft" mit Türkischkenntnissen, für die Frau Yüksel sich stattdessen entscheidet, bringt jedoch ebenfalls Schwierigkeiten mit sich. Frau Yüksel beschreibt, dass ein permanenter Druck auf ihr lastet, da diese Routinen jederzeit durchbrochen werden können. Keine der Pflegekräfte blieb für einen längeren Zeitraum, so dass viele Umbrüche zu bewältigen sind. Auch wenn Frau Yüksel also um eine stabile Versorgungssituation ringt und die Familie auf Grund ihrer guten finanziellen Situation auch private Ressourcen dafür einsetzen kann, ist das Pflegearrangement nicht gefestigt. Es stellt für Frau Yüksel einen konstanten Unsicherheitsfaktor dar. Die vielen organisatorischen Tätigkeiten, die sie zum Teil auch während der Arbeitszeit verrichten muss, führen ebenfalls dazu, dass ihre Arbeitsleistung beeinträchtigt wird und sie fürchtet, ihren Job zu verlieren.

Frau Bührmann (Typ 5) hat als einzige Tochter lebenslang eine gute Beziehung zu ihren Eltern. Sie ist auf dem Land aufgewachsen und hat erlebt, wie ihre Eltern beide Großeltern bis zu ihrem Tod in deren eigener (nahegelegener) Häuslichkeit gepflegt haben. Ihre Bereitschaft, die Mutter bei sich aufzunehmen, als sich abzeichnet, dass der Vater das Pflegeheim für seine Ehefrau nicht akzeptiert, stellt sie als Fortsetzung dieser *„Art von Familientradition"* dar. Nach einem Krankenhausaufenthalt der Mutter gelingt es Frau Bührmann zunächst, fußläufig von ihrem Haus entfernt einen Pflegeheimplatz für diese zu bekommen. Der Vater kommt jedoch nicht damit zurecht, dass seine Frau im Pflegeheim ist, und übt Druck auf seine Tochter aus, u.a. indem er sich weigert, das Pflegeheim zu betreten. Sie nimmt die Mutter daraufhin zu sich. Frau Bührmann überlegt während des gesamten Pflegeprozesses beider Eltern, der zunehmend häufig an die Belastungsgrenzen von Frau Bührmann stößt, immer wieder, v.a. auch nach dem Tod des Vaters, ob und wie sie ihrer Mutter einen erneuten Heimeinzug nahebringen könnte. Sie bringt dies jedoch nicht über sich. Die demenzerkrankte Mutter hat sich im Laufe des Pflegeprozesses zunehmend auf Frau Bührmann fixiert. So kann Frau Bührmann zeitweise nur noch heimlich und mit schlechtem Gewissen aus dem Haus gehen. Eine selbständige Tätigkeit, die Frau Bührmann als *"Lustgewinn"* (Frau Bührmann, Z. 963) bezeichnet, gibt sie schweren Herzens auf, sieht dies aber als alternativlos an, um die Pflege mit ihren häufig unvorhergesehenen Anforderungen bewältigen zu können. Der hohe SÖS der Familie zeigt sich in der Nicht-Thematisierung der finanziellen Aspekte der Pflege und der komfortablen räumlichen Situation im Eigenheim. Bei der Wahl des Pflegearrangements spielen finanzielle Überlegungen und Zugangshürden aus Sicht von Frau Bührmann allerdings keine Rolle. Obwohl Alternativen zur umfassenden und teils hoch belastenden häuslichen Pflege durch die Tochter finanzierbar gewesen wären, werden diese auf Grund der persönlichen Konstellationen zwischen Frau Bührmann und ihren Eltern nicht realisiert.

Auch bei Frau Meierjohann (Typ 4) und Frau Cordes (hier: Typ 5) gelingt es trotz des hohen SÖS nicht, die Rahmenbedingungen so zu gestalten, dass eine Aufrechterhaltung der gewünschten eigenen Erwerbstätigkeit gelingt (Frau Cordes) bzw. die Pflege der hochgradig unterstützungsbedürftigen Eltern nicht trotzdem teilweise die persönlichen Belastungsgrenzen überschreitet (Frau Meierjohann).

5.1.3 „Eher gelingende" Pflegebewältigung trotz niedrigem sozio-ökonomischem Status

Dass ein niedriger SÖS nicht zwingend zu einer prekären Pflegesituation führen muss, zeigt sich vor allem am Beispiel der sorgenden Angehörigen, welche dem Typus 2 „Aktive Nutzung von Familienressourcen" sowie teilweise auch dem Typus 3 „Sinnstiftung" zugeordnet werden. Durch gut funktionierende familiäre Netzwerke und die selbstbestimmte Annahme der Rolle als Sorgende*r kann ein niedriger SÖS ggf. kompensiert werden. Dabei sind jedoch auch in diesen Fällen mögliche Konsequenzen für den zukünftigen SÖS der sorgenden Angehörigen, wenn diese im Alter selbst einmal pflegebedürftig und nur bedingt vor Altersarmut geschützt sind, nicht zu vernachlässigen.

Frau Uenal ist beim Eintritt in die Pflegesituation noch Schülerin und lebt mit drei Schwestern und zwei Brüdern bei ihren Eltern. Die Familie hat einen türkischen Migrationshintergrund. Die Mutter von Frau Uenal fällt nach einer schwierigen Schwangerschaft ins Koma und wird umfassend pflegebedürftig. Die Familie pflegt die Mutter über 16 Jahre hinweg. Frau Uenal wird dabei zu einer der zentralen Pflegepersonen der Mutter, eingebunden in ein stabiles Netz familiärer Unterstützung sowie ergänzt durch die Versorgung eines ambulanten Pflegedienstes. Es gelingt ihr, den Hauptschulabschluss zu erwerben und eine Ausbildung zur examinierten Altenpflegerin abzuschließen.

Die Familie war zunächst davon ausgegangen, dass die älteste Schwester die Schule aufgeben muss, um die Mutter zu pflegen, wozu sie auch bereit gewesen wäre. An dieser Stelle scheint das anfängliche Nichtwissen über die Unterstützungsmöglichkeiten im deutschen Pflegesystem durch, zu dem voraussichtlich der eher niedrige SÖS in der Dimension Bildung sowie der Migrationshintergrund (geringere Vertrautheit mit dem deutschen Pflegesystem) der Familie beitrug. Das Pflegearrangement, das auf vielen Schultern fußt, spielt sich jedoch so gut ein, dass dies nicht notwendig wird:

> „Wir hatten mit meiner Schwester schon, weil wir ja damals nicht wussten, dass es eine ambulante Pflege gibt, hatten wir mit meiner Schwester damals schon überlegt, also meine Schwester, die Älteste, hatte überlegt, die Schule dann zu schmeißen, sage ich mal [...] Und wir pflegen jetzt Mama und wir ... also Schule können wir nicht – nicht nebenbei mit machen. So hatten wir das dann halt gedacht. Und aber dann, wo die ambulante Pflege kam und wo sie sich da vorgestellt haben und dann die ersten Wochen waren natürlich für uns ganz auch alles neu, und wie man das alles so managt und so. Aber das hat alles ein bisschen dann geklappt. Wir brauchten die Schule doch nicht hinschmeißen." (Frau Uenal, Z. 162-174)

Die notwendige Rund-um-die-Uhr-Betreuung der Mutter wird darüber organisiert, dass alle Familienmitglieder mithelfen. Frau Uenal als Hauptpflegeperson übernimmt einen Großteil der Aufgaben und koordiniert die Hilfen. Dies ist nicht ohne Mühe, dennoch bilanziert Frau Uenal die Phase positiv. Trotz gewisser Abstriche, die sich nicht hätten vermeiden lassen, hätten alle Geschwister ihren Weg machen können, dadurch dass die gesamte Familie mithalf. Im Rückblick auf die lange Phase der Pflege hat Frau Uenal nicht den Eindruck, in ihrem Leben dadurch etwas verpasst zu haben: *„[I]ch kann jetzt nicht sagen, das und das konnte ich nicht machen, weil wir Mama gepflegt haben – gibt es nicht. Kann ich nicht sagen."* (Frau Uenal, Z. 899-900) Mit ihrer durch die Pflegesituation inspirierten Berufswahl als Altenpflegerin ist sie zufrieden.

Ähnlich wie bei Frau Uenal ist auch bei Herrn Aydin (Typ 2) die Verteilung der Verantwortung auf die Schultern verschiedener Familienmitglieder dafür verantwortlich, dass die intensive Betreuung der demenzkranken Mutter trotz des eher niedrigen SÖS der Familie gelingt.

Was Familie Uenal auf Grund ihres niedrigen Einkommens allerdings zu schaffen macht, ist das mühevolle Ringen um versorgungsadäquate Leistungen durch die Pflegeversicherung. Anders als beim oben beschriebenen Fall von Herrn Kaya gib es in dieser Konstellation keine Möglichkeit, in größerem Umfang privat für zentrale Versorgungsleistungen aufzukommen. Die Höherstufung in die (damals noch) Pflegestufe III muss über eine Klage schwer erkämpft und um qualitativ hochwertige Hilfsmittel muss stetig gerungen werden:

> „Also ihre gute Wechseldruckmatratze ist kaputtgegangen. Wir haben die gleiche nicht bekommen. Die Krankenkasse hat das nicht eingewilligt, weil sie zu teuer war. Dann haben wir eine ganz einfache bekommen, eine ganz ... ja, standardmäßige, einfache, günstige, sage ich mal in Anführungsstrichen, wo wir auch nicht mit ihr zufrieden waren, [...] also von der Ausstattung her hatten die sehr geknapst, muss ich schon sagen." (Frau Uenal, Z. 552-566)

Frau Goder (Typ 3) hat sich gerade selbstständig gemacht, als die gesundheitliche Situation ihrer Mutter sich verschlechtert. Aufgrund der Demenzerkrankung der Mutter gibt Frau Goder, die zu dem Zeitpunkt alleinstehend ist, ihre Selbstständigkeit erst einmal auf, kündigt aus finanziellen Gründen ihre Wohnung, lagert ihre persönlichen Einrichtungsgegenstände ein und zieht mit in die Wohnung der Mutter. Frau Goders Mutter benötigt eine kontinuierliche Betreuung rund um die Uhr, sie ist in Pflegegrad 4 eingestuft. Zum Zeitpunkt des Interviews ist Frau Goder nicht erwerbstätig, sondern lebt mit von der Rente ihrer Mutter sowie dem Pflegegeld. Die Pflegesituation wird von Frau Goder trotz der persönlichen und finanziellen Einschränkungen positiv bewertet und mit Engagement gestaltet. Frau Goder trägt die Verantwortung bewusst. Selbstbestimmung in der Verantwortungsübernahme sowie eine starke Familienorientierung zeigen sich als zentrale Werte in Frau Goders Subjektkonstruktion. Ihre zurückliegende Erwerbstätigkeit bewertet Frau Goder sehr positiv, auch zukünftig möchte sie wieder arbeiten und ihr Leben selbstbestimmt führen. Dabei ist sie jedoch nicht auf ihren erlernten Beruf fokussiert, vielmehr ist sie sich ihrer Kompetenzen bewusst und möchte nach Beendigung der Pflege diese wieder in eine – ggf. auch niedriger gestellte – Erwerbstätigkeit einbringen. Ihre Selbstsorge ist für Frau Goder nicht mit der Erwerbstätigkeit verknüpft. Sie organisiert ihr Leben fürsorgeorientiert um die Pflegesituation herum, achtet jedoch auch auf ihre Selbstsorge. Es gelingt ihr trotz der rund um die Uhr notwendigen Versorgung ihrer Mutter, auch kleine Zeitfenster für sich selbst zu nutzen, etwa um eine Runde mit dem Hund zu gehen und sich zu bewegen. Belastungen begegnet Frau Goder konstruktiv. Sie hinterfragt diese und sucht nach Lösungsmöglichkeiten, dabei schließt sie auch eigene Verhaltensänderungen ein und übernimmt Verantwortung für die Gestaltung der Versorgung. Ihr ausgeprägtes Reflexionsvermögen (hier ist voraussichtlich auch der höhere Bildungsgrad von Frau Goder wirksam) sowie ihre selbstbestimmte und optimistische Lebenshaltung wirken sich positiv auf ihr Erleben aus. Trotz schwieriger Situationen, die es in diesem Arrangement auch gibt, überwiegt die Überzeugung, dass der eingeschlagene Weg richtig ist:

> „Und das ... da habe ich dann so das Gefühl, nein, das ist – ist einfach sinnvoll, was ich mache. Das ist einfach ... eigentlich ist es das Natürlichste von der Welt, dass man sich um Familie kümmert. Es ist nicht verkehrt. Also ich glaube auch, wenn ich in Rückschau, wenn das irgendwann vorbei ist und ich wo auch immer stehe in der Welt, dass ich das nicht bereuen werde. Also vielleicht finanziell, ja klar." (Frau Goder, Z. 1364-1369)

Frau Goder ist allerdings auch eine Person, die auf Grund der Übernahme von Sorgeverantwortung für ihre Mutter und der damit verbundenen Aufgabe der Erwerbstätigkeit selbst ein deutlich erhöhtes Altersarmutsrisiko trägt.

Ähnliche Muster wie bei Frau Goder lassen sich auch in den Fällen von Herrn Behrens (Typ 3) und Herrn Yildirim (Typ 3) erkennen, welche die intensive Pflegeverantwortung positiv-sinnstiftend für sich wenden können, aber auch hohe Armutsrisiken für ihr eigenes Alter tragen.

5.1.4 „Eher prekäre" Pflegebewältigung mit niedrigem sozio-ökonomischem Status

Neben den Beispielen, die zeigen, wie eine „eher gelingende" Pflegebewältigung trotz geringerem SÖS sich darstellen kann, beinhaltet das PflegeIntersek-Sample auch Fälle, in denen sehr deutlich wird, vor welchen großen Herausforderungen sorgende Angehörige stehen, wenn die finanziellen Rahmenbedingungen knapp sind und zudem kein breites Familiennetzwerk zur Verfügung steht, um dies abzufedern.

Ein solches Beispiel ist der Fall von Frau Aslan (Typ 5). Frau Aslan ist verheiratet und hat zum Interviewzeitpunkt zwei Kinder im Alter von sieben und zweieinhalb Jahren. Sie lebt mit ihrem Mann, ihren Kindern und ihrer pflegebedürftigen Mutter in einer Dreizimmer-Etagenwohnung. Als die Mutter von Frau Aslan auf Grund ihrer Demenzerkrankung nicht mehr alleine zurechtkommt, wird die Mutter in die Wohnung der Familie geholt. Seitdem gestaltet sich die Pflegesituation in der Weise, dass Frau Aslan ihre Mutter rund um die Uhr bei sich zu Hause pflegt und betreut. Hierzu hat Frau Aslan das Zimmer ihrer Kinder freigeräumt und es der Mutter überlassen. Frau Aslan, ihr Mann und ihre beiden Kinder schlafen nun gemeinsam in einem Zimmer. Darüber hinaus verbleiben nur das Wohnzimmer und die Küche als gemeinsamer Aufenthaltsort und Spielzimmer für die Kinder. Die Mutter selbst kann die Wohnung nicht mehr verlassen, da diese ohne Aufzug im dritten Stock liegt und Frau Aslan die Sorge hat, dass sie stürzen könnte. Über den Entlastungsbeitrag erhält Frau Aslan eine Betreuungskraft für ca. vier bis sechs Stunden die Woche. In dieser Zeit ist es Frau Aslan möglich, aus dem Haus zu gehen, um u.a. Einkäufe zu erledigen. Ansonsten gewährleistet Frau Aslan die Unterstützung ihrer Mutter alleine, da ihre zwei Brüder ihr keine Hilfe bieten und auch ihr Ehemann tagsüber in Vollzeit erwerbstätig ist.

Die Pflegeübernahme ist für Frau Aslan eine familiäre Selbstverständlichkeit. Im Interview wird sichtbar, dass dieses Selbstverständnis mit der Kategorie des Geschlechts zusammenhängt (vgl. Kap. 5.2). Frau Aslan verneint die Frage, dass für sie auch finanzielle Aspekte in der Übernahme der häuslichen Pflegeverantwortung eine Rolle spielen. Dies gilt, obgleich ihre finanzielle Situation begrenzt ist und die Familie dem Haushaltsnettoeinkommen nach einem niedrigen SÖS zuzuordnen ist.

Neben der Betreuung der beiden kleinen Kinder und in der beengten häuslichen Situation stellt die Pflege der dementen Mutter eine große Herausforderung für Frau Aslan dar. Sie ist konstant zwischen dem Wohl der Kinder (etwa deren Bedürfnisse nach Bewegung und Spiel draußen) und dem Wohl ihrer Mutter (häusliche Unterstützung und Beaufsichtigung) hin und her gerissen:

> „Aber manchmal artet das dann so aus, dass ich dann sage: Mama, lass sie jetzt. Und meinen Kindern sage: Lasst die Oma. Und ich bin dazwischen. Weil ich möchte meiner Mutter gerecht sein und ich möchte auch meinen Kindern gerecht sein. Ich möchte keinen von denen … von den beiden Seiten auf Seite schieben. Niemanden. Aber ich bin dazwischen. Ich bin diejenige, die sehr viel einsteckt. Manchmal aus mich heraus komme, also so auch verbal laut werde. (Ja) Weil ich manchen Situationen oder gewisse Anspannung in dem Moment auch nicht mehr ertragen kann."
> (Frau Aslan, Z. 307-314)

Auch spricht sie von „Schuldgefühlen", weil sie der Mutter nicht ermöglichen kann, die Wohnung zu verlassen. Die Familie ist auf der Suche nach einer seniorengerechten Wohnung, die allerdings schwer zu finden ist. Frau Aslan bindet damit ein eigentlich strukturelles Problem an ihre Person. Dies wiederum steht mit ihrer (vergeschlechtlichten) Rolle als sorgende Tochter in Verbindung. Offen bleibt, inwiefern ein kultureller Hintergrund ebenfalls Teil dieser Konstruktion ist (vgl. dazu Kap. 5.4).

Bei Frau Jakobi (Typ 4) ist, bedingt durch die bereits jahrelang langsam fortschreitende Verschlechterung des Gesundheitszustandes ihrer Mutter, die Entscheidung zur Übernahme der Pflege nicht bewusst erfolgt. Frau Jakobi möchte ihrer Mutter jedoch das Verbleiben im eigenen Haus ermöglichen, in dem beide gemeinsam leben. Sie folgt dabei ihrem Verständnis von einem Generationenvertrag, sie möchte das Haus gerne erben, wenn ihre Mutter dieses nicht mehr benötigt. Dabei wirkt ihr enger finanzieller Rahmen stark begrenzend, die Finanzierung einer eigenen Wohnung, eine bauliche Umgestaltung des Hauses oder zusätzlicher, sie selbst entlastender Dienste sind ihr nicht möglich. Frau Jakobi thematisiert die nicht rollstuhlgerechte Bauweise des Hauses ebenso wie den Wunsch nach einem eigenen abgeschlossenen Bereich, sieht jedoch finanziell keine Lösung für diese Bedarfe. Das gemeinsame Bewohnen des Hauses erscheint alternativlos für sie, da sie das Haus – und damit ihr Zuhause – nicht verlieren möchte. Ihrer Mutter gesteht sie das gleiche Recht zu, das Einfamilienhaus hat einen zentralen Stellenwert im Leben von Mutter und Tochter und ist wichtiger Bestandteil der Konstruktion des Generationenvertrags von Frau Jakobi.

Das Pflegearrangement ist ebenfalls durch den engen finanziellen Rahmen sowie durch eine belastete Beziehung zwischen Tochter und Mutter bestimmt. Frau Jakobi positioniert sich dabei als fürsorgeorientiert und gestaltet ihr Leben um die Pflege der Mutter herum. Sie erlebt die Situation dabei jedoch als hochgradig belastend: *„Naja sonst, wenn ich von der Arbeit nach Hause komme, ist immer so bisschen Überraschung, ne, wie treffe ich sie an?"* (Frau Jakobi, Z. 335-336)

Frau Jakobi befindet sich in einem Rollenkonflikt, der ihr Selbstverständnis prägt und ihr die Möglichkeit zur Selbstsorge nimmt. Es scheint auf, dass zwischen Frau Jakobi und ihrer Mutter die jeweiligen Erwartungen aneinander nicht geklärt sind. Der niedrige SÖS von Frau Jakobi wirkt hier begrenzend, da es ihr nicht gelingt, ihrem eher hohen Anspruch in Bezug auf die Unterstützung ihrer Mutter gerecht zu werden.

Ähnliche finanzielle Restriktionen weist auch der Fall von Frau Kessler (Typ 5) auf, deren prekäre finanzielle Situation die Pflegesituation erheblich erschwert und in dem umgekehrt die Pflege auch zur prekären finanziellen Situation von Frau Kessler beiträgt.

Dieser Abschnitt hat anhand ausgewählter Beispiele illustriert, wie der SÖS in Wechselwirkung mit anderen Kategorien für eine „eher gelingende" oder „eher prekäre" Pflegebewältigung relevant wurde. Es wurde deutlich, dass finanzielle und strukturelle (hier insbesondere der Zugang zu bezahlbaren sozialen Diensten und Hilfsmitteln sowie adäquatem Wohnraum) Rahmenbedingungen bedeutsam für die Bewältigung von Pflegeaufgaben sind. Mögliche Limitationen oder Zugangsbarrieren zur Inanspruchnahme von Leistungen, die auf Grund eines geringeren Bildungsstatus erwartet werden könnten, spielten in unserem Material keine sehr bedeutende Rolle. Insgesamt weisen die Ergebnisse der PflegeIntersek-Studie darauf hin, dass eine gelingende Pflegebewältigung nur im Zusammenspiel von SÖS, Geschlecht, Erwerbsstatus und Selbstsorgeorientierung zu verstehen ist, wobei der SÖS je nach typusspezifischem Zusammenspiel dieser Faktoren eine andere Funktion hat. Insbesondere die Fälle „eher gelingender" Pflegebewältigung trotz eines niedrigen SÖS sollten nicht dazu verleiten, anzunehmen, dass für diese Personengruppe kein politischer Handlungsbedarf besteht (vgl. auch Kap. 6). Dies betrifft insbesondere die hohen Armutsrisiken für ihr eigenes Alter, welche diese Pflegepersonen dafür in Kauf nehmen, dass ihre Angehörigen familiär versorgt werden.

5.2 Geschlecht in Wechselwirkung mit anderen Differenzkategorien[1]

Pflegen ist traditionell weiblich konnotiert. Aufgrund der gestiegenen Frauenerwerbstätigkeit (Statistisches Bundesamt 2019), veränderter Geschlechtsrollenvorstellungen (Allmendinger u.a. 2013) und der politischen Förderung des Adult Worker Models (Erwerbstätigenmodell/bei Paaren: Zweiverdienermodell) (Lewis/Giullari 2005; Lewis 2001) nimmt allerdings der Anteil männlicher (Haupt-)Pflegepersonen zu, vor allem im Hinblick auf die Pflege von Eltern(teilen). Im Jahr 2016 wird gut ein Viertel der Pflegebedürftigen von ihren Töchtern gepflegt, gut ein Zehntel von ihren Söhnen. Der Anteil der pflegenden Söhne hat sich von 1998 bis 2010 verdoppelt und stagniert seitdem. Der Anteil der pflegenden Töchter ist bis 2010 um drei Prozentpunkte zurückgegangen und danach ebenfalls konstant geblieben. Insgesamt ist der Anteil der männlichen Hauptpflegepersonen (Partner, Söhne, Schwiegersöhne, Väter und sonstige Verwandte oder Bekannte/Nachbarn) seit 1998 um elf Prozentpunkte von 20% auf 31% im Jahr 2016 angestiegen. Demnach pflegen Männer heutzutage deutlich häufiger als noch vor 20 Jahren, aber auch heute noch ist der größte Teil der häuslich Pflegenden weiblich (Schneekloth u.a. 2017, 56f.). Dieser Befund wird auch von Rothgang u.a. (2017, 144 f.; vgl. auch Geyer 2016) anhand der SOEP-Daten bestätigt. Als Pflegende werden in den SOEP-Daten diejenigen eingestuft, die mindestens eine Stunde

---

1 Zum Themenfeld „Pflege und Geschlecht" vgl. auch den Aufsatz von Auth u.a. (2020).

pro Tag pflegen. Nimmt man diesen eher weiten Pflegebegriff als Ausgangsbasis, ist der Anteil der männlichen Pflegenden über 18 Jahre an allen Männern von 1,9% im Jahr 2001 auf 3,6% im Jahr 2015 angestiegen. Bei den Männern über 18 Jahre, die mehr als zwei Stunden pro Tag pflegen, ist der Anteil im selben Zeitraum auch angestiegen, allerdings nur leicht von 1,9% auf 2,1%. Verglichen mit den Frauen ist der Anteil aber immer noch gering. Von den Frauen über 18 Jahre pflegen im Jahr 2001 4,0% mehr als zwei Stunden täglich, im Jahr 2015 sind es schon 4,6%. Insgesamt hat sich der Anteil der pflegenden Männer über 18 Jahre an allen Pflegenden im Zeitraum zwischen 2001 und 2015 leicht von 34,3% auf 36,7% erhöht (ebd., eigene Berechnungen). Männer pflegen vor allem im höheren Alter ihre Partnerinnen, während Frauen vor allem im erwerbsfähigen Alter ihre Eltern pflegen (ebd.).

Des Weiteren lohnt sich ein genauerer Blick auf die zeitlichen Entwicklungen im Kontext des Pflegeumfangs. Mit Hilfe der Daten, die bei der Deutschen Rentenversicherung (DRV) erfasst werden, können Aussagen über häuslich Pflegende gemacht werden, die eine pflegebedürftige Person im Sinne der Pflegeversicherung im Umfang von mindestens 14 Stunden pro Woche pflegen, maximal 30 Stunden pro Woche erwerbstätig sind und noch keine Altersrente beziehen. Dabei handelt es sich vor allem um (Schwieger-)Töchter und -Söhne, die ihre Eltern(teile) pflegen. Deren Zahl ist zwischen 2000 und 2010 von gut einer halben Mio. auf 380.000 zurückgegangen, wobei die Zahl der pflegenden Frauen/Töchter um ca. 150.000 zurückgegangen ist, die Zahl der pflegenden Männer/Söhne um gut 1.000 (Rothgang u.a. 2012, 82).

Die empirischen Ergebnisse zu den häuslich pflegenden Männern und Frauen sollen in der Studie PflegeIntersek qualitativ vertieft werden. In der Studie wurden sowohl männliche als auch weibliche pflegende Angehörige befragt. Nimmt man das biologische Geschlecht im Sinne von „sex" als Ausgangspunkt, gingen in die Analyse Interviews von 13 Frauen und sieben Männern ein. Pflegende, die sich keinem oder beiden Geschlechtern zuordnen, kamen in der Studie nicht vor. Als zweite Analyseebene neben dem biologischen Geschlecht dient die Ebene von Geschlecht als soziale Kategorie im Sinne von „gender".

Im Hinblick auf die soziale Kategorie „gender" wird im Folgenden zwischen geschlechtsrollen-konformem und geschlechtsrollen-nonkonformem Verhalten unterschieden – und zwar jeweils differenziert nach Männern und Frauen. Geschlechtsrollen-konformes Verhalten bei Frauen liegt vor, wenn die Sorgearbeit Vorrang erhält, bei Männern, wenn der Erwerbsarbeitssphäre Vorrang eingeräumt wird. Frauen mit geschlechtsrollen-konformem Verhalten ordnen ihre Erwerbstätigkeit und ihren Lebensentwurf der Sorgetätigkeit unter. Bei den männlichen Befragten liegt geschlechtsrollen-konformes Verhalten vor, wenn sie die Erwerbstätigkeit und ihren eigenen Lebensentwurf gegenüber den Bedürfnissen der pflegebedürftigen Person prioritär setzen. Geschlechtsrollen-nonkonformes Verhalten bei Frauen entspricht dem geschlechtsrollen-konformem Verhalten von Männern, geschlechtsrollen-nonkonformes Verhalten bei Männern entspricht dem geschlechtsrollen-konformem Verhalten von Frauen.

Verhalten sich Frauen geschlechtsrollen-konform, sind sie meist allein für die Sorgearbeit zuständig. Gibt es einen Partner/Ehemann und geht dieser einer Erwerbstätigkeit nach, liegt das klassische Alleinversorgermodell vor. Weist ein Mann dagegen ein hohes Maßes an Fürsorgeorientierung auf und ist allein für die Pflegearbeit zuständig, geht dies mit geschlechtsrollen-nonkonformem Verhalten einher. Leben diese Männer in einer Partnerschaft oder Ehe und geht die Partnerin/Ehefrau einer Erwerbstätigkeit nach, leben sie in einem (geschlechtsrollenbezogen umgekehrtem) Alleinversorgermodell.

Die Gruppe der pflegenden Angehörigen, die die Sorgearbeit zentral setzen, unterteilt sich nochmal in diejenigen, die erwerbstätig sind (Typ 2), und diejenigen, die nicht-erwerbstätig sind (Typ 3). Aus einer Geschlechter-Perspektive sind die Fälle besonders interessant, in denen Männer und Frauen ein Modell der Parallelität von Sorge- und Erwerbsarbeit praktizieren und die eine „eher gelingende" Pflegebewältigung aufweisen (Typ 1 und 2). Sie legen – in unterschiedlichem Maße – sowohl traditionell weibliches wie auch traditionell männliches Rollenverhalten an den Tag und tragen auf diese Weise dazu bei, traditionelle Geschlechtsrollenvorstellungen zu erweitern oder zu überwinden. Dazu zählen Männer und Frauen, die einer (Vollzeit- oder Teilzeit-)Erwerbstätigkeit nachgehen und gleichzeitig Fürsorgearbeit leisten. Die Vereinbarkeit

Tab. 5: Geschlechtsrollen-(non-)konformes Verhalten von pflegenden Männern und Frauen

Soziales Geschlecht („gender")	*Biologisches Geschlecht („sex")*	
	Männer	*Frauen*
– *Geschlechtsrollenkonform*	Vorrang der Erwerbstätigkeit (Typ 1)	Vorrang der Sorgearbeit (Typ 2, 3 und 5)
– *Geschlechtsrollennonkonform*	Vorrang der Sorgearbeit (Typ 2 und 3)	Vorrang der Erwerbstätigkeit (Typ 1 und 4)

Quelle: eigene Darstellung

gelingt entweder durch das Zukaufen von Diensten oder durch das familiäre Aufteilen der Sorgearbeit. Im Hinblick auf die Kategorie Geschlecht fällt zudem sofort der (Negativ-)Befund ins Auge, dass sich in der Kategorie der „eher prekären" Pflegebewältigung nur Frauen wiederfinden. Dabei geht die „eher prekäre" Pflegebewältigung bei den Frauen des Typs 4 mit geschlechtsrollennonkonformem, bei dem Frauen des Typs 5 mit geschlechtsrollen-konformem Verhalten einher (vgl. Tab. 5).

Im Folgenden wird die Kategorie Geschlecht zwar zentral gesetzt, um deren Spezifika herauszuarbeiten. Gleichwohl findet diese Analyse im Rahmen des intersektionalen Ansatzes statt. Es geht also immer auch darum, geschlechtsrollen-(non-)konformes Verhalten von Männern und Frauen im Kontext der anderen Differenzkategorien (SÖS, Migrationshintergrund, Erwerbstätigkeit) zu analysieren (Bundesministerium für Familie, Senioren, Frauen und Jugend 2017, 83).

5.2.1 Geschlechtsrollen-konformes Verhalten von sorgenden Männern

Die eigene Erwerbstätigkeit zentral zu setzen, entspricht dem traditionellen männlichen Rollenbild des (Familien-)Ernährers. Im Rahmen unserer Typologie trifft dies vor allem auf die Männer des ersten Typs („Pflege rund um die Erwerbstätigkeit") zu.

Pflegemotiv

Trotz des hohen Stellenwerts der Erwerbsarbeit leisten auch diese Männer Sorgearbeit, deren Übernahme meist mit familialen Wertvorstellungen begründet und als Selbstverständlichkeit angesehen wird. So pflegt Herr Stelter (Typ 1) seine Mutter aufgrund eines Versprechens: *„Und beide Söhne haben ihrer Mutter versprochen, sie kommt nicht ins Heim [...]. Wir haben es unserer Mutter versprochen, das heißt, sie kommt in kein Heim."* (Herr Stelter, Z. 45-48) Auch Herr Otten (Typ 1), der sich um seine Mutter kümmert, sieht die Pflege als selbstverständlich an.

> „Ein Stück weit ist das die Selbstverständlichkeit, die ich gerade benannt habe, (Mhm) jetzt auf die Frage, wer sollte das leisten? (Mhm) Also, ne, ich bin der Jüngere in dem Fall (Mhm) und ich bin ihr Sohn, ja? (Ja) Meine Mutter hat mir gewisse Lebensmöglichkeiten eröffnet, auch wenn wir in unserer Lebenszielplanung nicht immer einer Meinung waren, aber (Mhm) hat sie die ja trotzdem eröffnet. Das ist ja nicht zu verleugnen. Vieles von ... viele von meinen sozialen Kompetenzen habe

ich durch sie erworben (Mhm) und dazu gehört auch, dass ich für sie da bin." (Herr Otten, Z. 1117-1124)

Vorstellungen von Geschlechterrollen in der Pflege

Die interviewten Männer dieses Typs geben zwar ihrer Erwerbstätigkeit den Vorrang, aber sie leisten dennoch rund um ihre Erwerbstätigkeit herum eine beträchtliche Menge an Sorgearbeit. Dass die Pflege geschlechtlich konnotiert ist, reflektieren einige der Männer. So ist sich Herr Stelter (Typ 1) darüber im Klaren, dass er sich geschlechtsrollenuntypisch verhält:

> „Ich falle aber aus dem Rost, ne, denn ich bin ein Mann. Wenn ich das mal zurückrechne mit meiner Schwiegermutter, da war das ganz normal. Die Frau hat ihren Mann zu versorgen. Meine Mutter, die Frau hat ihren Mann zu versorgen, ne? Ja, ab einem bestimmten Alter funktioniert das nicht mehr so ganz, aber die Frauen sind halt fitter als die Männer. Bei den Männern funktioniert das. Die werden im Regelfall von den Frauen versorgt." (Herr Stelter, Z 1755-1760)

Und Herr Otten (Typ 1) erzählt über eine Veranstaltung zu Männern in der Pflege:

> „War ein total netter Nachmittag, machte mir aber auch deutlich, auch da muss noch am Bewusstsein gearbeitet werden, weil ... ne, auch ich glaube, dass in unserer Politik auch noch nicht so klar ist, dass es hier nicht um eine Geschlechtsrollenfrage geht, wenn Männer betreuen, ist das bisweilen was anderes, als wenn Frauen betreuen. Und auch da muss noch dringend (Mhm) gearbeitet werden." (Herr Otten, Z. 966-970)

Herr Otten ist des Weiteren der Ansicht, dass Männer anders pflegen als Frauen.

> „Also ist jetzt sehr pauschal, was ich sage. (Mhm) Also Männer sind – wenigstens die meisten, die ich so erlebe – im Vergleich zu den Frauen ein bisschen mehr noch strukturiert (Mhm) und so auch an – an so einem Maßnahmenkatalog orientiert. Je ... wenn – wenn ... gerade bei ... wenn es Ehepaare sind und die sind schon lange zusammen, (Mhm) dann stelle ich fest, dass den Frauen das sehr, sehr, sehr schwer fällt, die Situation zu akzeptieren und in so ein Management einzutreten, (Mhm) ne? Während der Mann, der findet das auch nicht prickelnd, der hätte das auch lieber anders, aber der tritt dann schon mal eher in so ein Management ein, (Mhm) ne? Und wenn es die klassische Rollenverteilung ist, dass der Mann tatsächlich sowieso trotz Berufstätigkeit der aber ... der sich um alles gekümmert hat – Versicherungen, Auto, ja – (Mhm, ja) dann ist die Frau ja in einem noch größeren Dilemma, (Mhm) weil sie sich plötzlich Dinge aneignen muss, die immer wie selbstverständlich gelaufen sind." (Herr Otten, Z. 974-987)

Herr Otten geht davon aus, dass männliches Pflegen strukturierter verläuft und dass das Pflegearrangement gemanagt werden muss. Er sieht bei den Männern spezifische organisatorische Kompetenzen, die Frauen sich erst aneignen müssten, wenn sie pflegen.

Vorrang der Erwerbstätigkeit/Grenzen ziehen

Die Männer dieses Typs sind sehr gut in der Lage, die Grenze der häuslichen Pflegetätigkeit zu benennen. So zieht Herr Kaya (Typ 1) die Grenze der für ihn leistbaren häuslichen Pflege, als der Vater nach einer Hüftoperation nicht mehr in der Lage sein wird, alleine zu leben. Auch Herr Otten (Typ 1) positioniert sich ganz klar, als es darum geht, ob seine Mutter im eigenen Haushalt aufgenommen wird: *„Ich kann nicht aufhören zu arbeiten (Mhm) und die ... mich um die Oma kümmern. Also (Mhm) dann sichert ja keiner unseren Lebensstandard."* (Herr Otten, Z. 426-428)

Ganz ähnlich reagiert Herr Stelter (Typ 1) auf die Frage, ob er bereit wäre, seine Erwerbstätigkeit zu reduzieren, um seine Mutter besser pflegen zu können: *„Nein, werde ich nicht tun. Eher geht sie ins Heim."* (Herr Stelter, Z. 1232)

Die Männer dieses Typs sind sehr gut in der Lage, die Grenzen der eigenen Belastbarkeit zu erkennen und zu formulieren sowie im Hinblick auf die Einschränkung des eigenen Lebensentwurfs auch zu ziehen. Das Grenze-ziehen bezieht sich dabei vor allem auf die Erwerbsarbeit (Einschränkung, Aufgabe) und den Übergang in eine stationäre Pflege. Dabei spielt der hohe SÖS, insbesondere der hohe Bildungsgrad der sorgenden Männer des ersten Typs, eine wichtige Rolle. Insgesamt gelingt es den Männern, die Pflege „eher gelingend" zu bewältigen.

5.2.2 Geschlechtsrollen-konformes Verhalten von sorgenden Frauen

Frauen, die geschlechtsrollen-konformes Verhalten aufweisen und der Sorgearbeit Vorrang vor der Erwerbstätigkeit einräumen, finden sich gleich in drei Pflegebewältigungstypen (Typ 2, 3 und 5). Für die sorgenden Frauen des zweiten Typs gilt, dass die häusliche Versorgung der pflegebedürftigen Person als nicht verhandelbar angesehen wird und dass die Sorgearbeit innerfamilial aufgeteilt wird. Die interviewten Frauen verhalten sich geschlechtsrollen-konform, da sie Sorgeaufgaben übernehmen und zentral setzen. Die Erwerbstätigkeit und sonstige Selbstsorgeelemente werden um die Sorgearbeiten herum organisiert. Die Erwerbstätigkeit, die vor allem aus finanzieller Notwendigkeit heraus praktiziert wird, wird durch die familiale Arbeitsteilung möglich. Auch die Frauen des dritten Typus setzen die Sorgearbeit zentral. Sie empfinden die Übernahme der Pflegetätigkeit und der

Rolle als sorgende Töchter als Sinnstiftung. Die Pflege wird dabei im Sinne des Alternativrollenkonzepts (Offe/Hinrichs 1977) als gesellschaftlich akzeptierte weibliche Alternative zur Erwerbstätigkeit konstruiert. Damit werden die traditionellen Rollenmuster bei den Frauen dieses Typs nicht überwunden, sondern reproduziert. Die pflegenden Frauen des Typus „Alternativlosigkeit" (Typ 5) nehmen die Rolle der pflegenden Töchter ein, erleben diese aber nicht als Sinnstiftung. Stattdessen sehen sie es als ihre traditionell-weibliche Verpflichtung an, sich aufopfernd um die Pflege ihrer Eltern(teile) zu kümmern. Sie pflegen daher rollenkonform weitestgehend alleine und stellen ihre eigenen Lebensentwürfe hinten an. Zudem sind sie aufgrund des fehlenden Selbstsorgehandelns nicht in der Lage, Grenzziehungen vorzunehmen. Sie sind entweder in Teilzeit oder nicht erwerbstätig oder haben die Erwerbstätigkeit pflegebedingt aufgegeben.

Pflegemotiv

Alle weiblichen Pflegenden, die sich geschlechtsrollen-konform verhalten, pflegen aus einer familiären Wert- und Reziprozitätsvorstellung heraus. Die Bedürfnisse und das Wohlbefinden der pflegebedürftigen Person stehen im Zentrum. So übernimmt Frau Demir (Typ 2), die einen starken Bezug zum türkisch-muslimischen Kulturkreis aufweist, die häusliche Pflege aus einer kulturell begründeten Reziprozität und Selbstverständlichkeit heraus. *„Man sollte halt den Eltern immer ... ne, pflegen selber zu Hause, das ist ja so das ... Man lernt es quasi so, das Kultur ist ja so, ne?"* (Frau Demir, Z. 252-253) Auch Frau Aslan (Typ 5) pflegt ihre Mutter aus einem starken, weiblich konnotierten Fürsorgemotiv heraus. Ihrer Ansicht nach ist die Familie (und hier insbesondere die Frauen) zuständig für die häusliche Pflege.

> „Bedeuten tut mir das alles. (Mhm) Ich könnte gar nicht anders leben, wenn ich es nicht getan hätte. (Mhm) Ich hätte keine ruhige Minute für mich, (Ja) wenn ich sie in ein Pflegeheim oder Altersheim, was auch immer, hätte reinstecken müssen. Ich wäre ... ich wäre nicht mehr ich. " (Frau Aslan, Z. 937-940)

Bei Frau Aslan liegt zudem ein starkes Reziprozitätsmotiv vor:

> „Also am Anfang, wo meine Mutter bei mir war und noch dabei war, hat sie ja immer gesagt, ich tu dir zu viel Arbeit. (Mhm) Hm, sie hat sich ja auch ein bisschen geschämt, wenn ich sie zum Beispiel jetzt gewaschen habe, mit allem Drum und Dran. Ich habe ihr immer gesagt: Das, was du uns als Kind gemacht hast, mache ich jetzt für dich. (Mhm) Ich habe sie immer versucht so zu motivieren und zu sagen, du hast das doch bei uns auch gemacht. Und jetzt bist du mein Kind geworden, (Mhm) sage ich dann immer. Deswegen, mach dir da keine Sorgen." (Frau Aslan, Z. 1079-1086)

Vorrang der Sorgearbeit

Die geschlechtsrollen-konform pflegenden Frauen eint, dass sie die Sorgearbeit zentral setzen und ggf. ihre Erwerbstätigkeit aufgeben oder um die Pflege herum organisieren. So weist beispielsweise Frau Demir (Typ 2) eine hohe Fürsorgeorientierung auf.

> „Also ich würde eher zum Beispiel meine Aufga-, meine Arbeit dafür aufgeben, aber nicht meine Eltern [in ein Heim geben], (Mhm) ne? Das ... unvorstellbar so was. [...]. Aber ich persönlich würde so was nicht. Also ich würde eher viele andere Hilfen holen für zu Hause, was halt möglich ist, anstelle halt dort abzugeben und dann einmal in der Woche oder einmal im Monat zu besuchen. Das mache ich nicht." (Frau Demir, Z. 44-452)

Dennoch schafft sie es, durch familiale Aufgabenteilung weiterhin in Vollzeit erwerbstätig zu sein. Sie wird bei der Pflege ihres demenzkranken Vaters von ihrem Lebenspartner, ihrer Mutter sowie gelegentlich von ihrer Schwester unterstützt. Dadurch gelingt es ihr, traditionell weibliches Rollenverhalten (häusliche Pflege) mit traditionell männlichem Verhalten (Vollzeiterwerbstätigkeit) zu verknüpfen. Fürsorge und Selbstsorge geraten so nicht in einen Widerspruch. Die Erwerbstätigkeit dient gleichzeitig als Coping-Strategie und verhindert, dass sich Frau Demir in die ausschließliche Rolle der pflegenden Tochter drängen lässt.

Einige andere geschlechtsrollen-konform pflegende Frauen der Typen 3 und 5 haben ihre Erwerbstätigkeit pflegebedingt aufgegeben. So trifft Frau Heinrich (hier: Typ 3) die Entscheidung zugunsten der häuslichen Pflege, gibt ihre Erwerbstätigkeit auf und nimmt die Rolle der sorgenden Tochter bewusst an. Die Pflegebewältigung ist „eher gelingend". Dabei wirkt der hohe SÖS in ihrem Fall ermöglichend, denn es wird Unterstützung durch einen ambulanten Pflegedienst, eine Reinigungskraft und Essen auf Rädern eingeholt, die teilweise privat finanziert werden. Auch Kurzzeitpflege wird in Anspruch genommen. Auch Frau Goder (Typ 3), die ihre demenzkranke Mutter pflegt, hat ihre Selbständigkeit aufgegeben und ist zudem in die Wohnung ihrer Mutter gezogen. Sie bezeichnet es einerseits als „großes Unglück", dass die beginnende Pflegebedürftigkeit mit dem Anfang der Selbständigkeit zusammengefallen ist, im nächsten Satz aber andererseits als „großes Glück",

> „[...] weil wenn in meinen normalen Verträgen gewesen wäre, hätte ich es gar nicht machen können, dann hätte ich mich gar nicht dafür entscheiden können, meine Mutter zu betreuen, weil wenn man in so einem Vertrag ist, geht man nicht mal eben raus, ne? Klar." (Frau Goder, Z. 138-141)

In das Pflegearrangement sind ein ambulanter Pflegedienst und eine Betreuungskraft involviert. Ansonsten pflegt Frau Goder alleine. Die Sorgearbeit wird von ihr biographisch angenommen und als sinnhaft interpretiert. Dies geschieht im Kontext der weiblich konnotierten Tätigkeit des Sorgens und Pflegens. Es gelingt ihr, sich kleine Nischen im Alltag zu bewahren, die ihr wichtig sind. Auch wenn Frau Goder die Erwerbstätigkeit vermisst, ist sie dennoch der Ansicht, richtig gehandelt zu haben.

In einigen Fällen führt die Aufgabe der Erwerbstätigkeit zu einer „eher prekären" Pflegebewältigung. Bei Frau Cordes (hier: Typ 5) liegt zwar ein hoher SÖS vor, der dazu beiträgt, dass sie die Pflegesituation reflektiert, doch da sie keine kultursensiblen Pflegedienste oder einen Heimplatz mit türkischsprechenden Pflegerinnen findet, wird er nicht ermöglichend wirksam. Zudem erhält Frau Cordes auch familiär nicht die Unterstützung, die ihr die Aufrechterhaltung der Erwerbstätigkeit ermöglichen würde. Der Konflikt zwischen dem Erhalt der eigenen Erwerbstätigkeit und der Rund-um-die Uhr-Betreuung der Mutter wird zugunsten der Sorgearbeit gelöst. Dennoch ist die Pflegebewältigung auch danach „eher prekär".

> „Und ich habe ja gekündigt. Ich bin nicht gekündigt worden oder so was. Wie aufgrund der Belastung ist das überhaupt nicht mehr tragbar gewesen, auch mein Nervenkostüm war auch so strapaziert, dass ich ... erst hatte ich jeden Tag gearbeitet und dann habe ich auf zwei Tage reduziert. Auch die zwei Tage waren nicht mehr machbar, weil der Zustand einfach schlimmer ... und meine Belastung, auch – auch mein Nervenkostüm sehr angegriffen hatten, dass ich mich gar nicht mehr verpflichtet fühlte. [...] Aber das [die Pflegebedürftigkeit der Mutter] hat dazu geführt, dass ich wirklich meinen Beruf drangegeben habe ..." (Frau Cordes, Z. 902-919)

Frau Cordes kommt zu der Erkenntnis: *„[B]eides zu bewältigen, war ich gar nicht mehr imstande zu tun."* (Frau Cordes, Z. 927-928) Selbstsorge während des zweiten Teils der Pflegephase gelingt ihr kaum. *„Ich konnte nie Abstand nehmen. Ich konnte nicht in Urlaub fahren, nicht einen Tag."* (Frau Cordes, Z. 945-946)

Der eigene Lebensentwurf wird zugunsten der Fürsorgeverantwortung vorübergehend aufgegeben. Selbstsorge wird von Frau Cordes nicht mehr praktiziert. Auch Frau Aslan (Typ 5) stellt den eigenen Lebensentwurf und die Selbstsorge hinten an und versucht in erster Linie, eine gute sorgende Tochter zu sein. Sie ist verheiratet und hat zwei Töchter. Die Familie lebt in einer Dreizimmerwohnung. Als die demenzkranke Mutter zu ihnen zieht, müssen die Kinder ihr Zimmer räumen. Frau Aslan pflegt und betreut die Mutter alleine. Weder ihr Mann noch ihre zwei Brüder helfen dabei mit. Lediglich eine Betreuungskraft kommt einmal pro Woche für ein paar Stunden. In dieser Zeit macht Frau Aslan die Einkäufe. In dieser Pflegekonstellation wirkt der niedrige SÖS begrenzend, weil es weder möglich ist, eine größere Wohnung anzumieten noch ambulante Dienste zuzukaufen. Die hohe Bedeutung der Pflege der Mutter zeigt sich auch im Hinblick auf Frau Aslans Erwerbstätigkeit. Sie befindet sich zum Zeitpunkt des Interviews in Elternzeit, die sie pflegebedingt verlängert hat.

> „I: Und so die Entscheidung, falls Sie jetzt aus der Eltern-, also die Elternzeit (Ja) quasi zu verlängern ...
> B: Ja, für meine Mutter.
> I: ... und nicht erwerbstätig zu sein, haben Sie für Ihre Mutter dann ...
> B: Für meine Mutter. Ja.
> I: Und gab es da ... gab es da mal auch Hin- und Her-Überlegungen?
> B: Nein, Hin- und Her-Überlegungen nicht. Aber es gab natürlich Momente, wo ich gesagt habe, oh, ich würde jetzt lieber zwölf Stunden arbeiten gehen (Ja) als das zu machen. [...]" (Frau Aslan, Z. 834-847)

Im letzten Satz wird deutlich, dass das Belastungsempfinden hoch ist, so dass eine Erwerbstätigkeit als Ausgleich durchaus für Frau Aslan attraktiv wäre. Finanzielle Aspekte spielen demgegenüber – trotz des niedrigen SÖS – keine Rolle. Die familiäre Pflege wird als wichtiger angesehen, selbst wenn ein zusätzliches Einkommen die Möglichkeit vergrößern würde, eine größere und seniorengerechte Wohnung anzumieten. Insgesamt zeigt sich in diesem Fall deutlich, dass die „eher prekäre" Pflegebewältigung durch die Wechselwirkung zwischen dem Geschlecht (weibliche Fürsorgeorientierung, familiale Pflege), dem Migrationshintergrund der Mutter (fehlende kultursensible Angebote) und dem niedrigen SÖS (beengte Wohnverhältnisse, begrenzte finanzielle Spielräume) bedingt ist.

Vorstellungen von Geschlechterrollen in der Pflege

Das geschlechtsrollen-konforme Verhalten der pflegenden Frauen geht häufig damit einher, dass sie die Pflege für eine weibliche Aufgabe halten und dass sie innerhalb der pflegebezogenen Arbeiten zwischen eher weiblichen und eher männlichen Pflegeaufgaben unterscheiden. In einigen Fällen wird jedoch auch deutlich, dass die Realität nicht immer mit den Vorstellungen in Einklang zu bringen ist.

Frau Heinrichs (hier: Typ 3) Ansichten zur Pflege sind – entsprechend ihres eigenen Handelns – geschlechtsspezifisch geprägt. Für sie sei die Pflege ihrer Eltern grundsätzlich in Ordnung gewesen, die häusliche Pflege habe ihr ein „gutes Gefühl" gegeben. Sie habe gepflegt, weil sie so erzogen worden sei. Auch wenn die Geschlechtsspezifik hier unerwähnt bleibt, schwingt sie doch im Hinblick auf die (weibliche) Erziehung mit. Frau Heinrich reflektiert mit ihren „Realschulfrauen", dass sie wohl die letzte Generation seien, die häuslich pflegen werden, denn die nächste Generation sei stärker im Erwerbsleben aktiv, müsse an die Altersvorsorge denken und oft sei die räumliche Nähe zu den Eltern nicht gegeben. Hier zeigt sich, dass die traditionell weibliche Sozialisation ihrer Generation einerseits akzeptiert, andererseits aber für die nächste Generation kritisch hinterfragt wird. Das gilt auch für Frau Kessler (Typ 5). Auch ihrer Ansicht nach ist die häusliche Pflege eine Aufgabe der Familie und hier vor allem der Töchter, aber auch sie ist eher skeptisch für die Zukunft. *„Ich [...] bin mir ziemlich sicher, dass manche Frau heutzutage davon ausgehen kann, dass sie von ihrer eigenen Tochter nicht gepflegt wird."* (Frau Kessler, Z. 934-936) Es ist zwar nicht auszuschließen, dass sie hier ihre eigene Situation vor Augen hat, doch im Kontext ihrer traditionellen, stark religiös geprägten Pflegevorstellungen ist es wahrscheinlicher, dass sie Pflege für eine weibliche Aufgabe hält. Sie verhält sich geschlechtsrollen-konform, auch wenn ihr eine zufriedenstellende Bewältigung der Pflege nicht gelingt. Auch Frau Aslan (Typ 5) geht davon aus, dass Männer und Frauen unterschiedliche Aufgaben und Rollen in der Gesellschaft zu erfüllen haben. So erzählt sie im Gespräch über ihren Bruder: *„Er genau weiß, was Frauen zu tun haben, also beziehungsweise was für Lasten sie tra-, Frauen tragen [...]."* (Frau Aslan, Z. 414-415) Sie ist enttäuscht und wütend, dass ihr Bruder (bzw. dessen Familie) sich kaum an der Pflege der Mutter beteiligt, aber sie fordert dies auch nicht weiter ein, sondern erträgt ihre Lage.

„Ja, einmal abgeholt, fünfmal nicht abgeholt. Einmal abgeholt, zehnmal nicht abgeholt. (Mhm) Ich habe es geschluckt, ich habe es geschluckt, ich habe es geschluckt." (Frau Aslan, Z. 425-427)

Als sie gefragt wird, wie sie selbst im Alter versorgt werden will, erkennt man die unterschiedlichen Geschlechtsrollenerwartungen ebenfalls.

„[...]. Meine Tochter sagt: Mama, ich werde dich auch so pflegen, wie du die alleine pflegst, die Oma pflegst. (Mhm) Ja, ich habe Angst, dass mir das [eine Demenzerkrankung] auch passiert. (Ja) Und meine Tochter das Gleiche mit mir durchmachen muss. (Mhm) Habe ich Angst. Aber da kann man leider nichts machen. (Mhm) Im Voraus. " (Frau Aslan, Z. 1007-1010)

Sie sieht es als natürlich an, dass ihre Tochter sich später um sie kümmern wird, auch wenn sie aus eigener Erfahrung um die Last weiß, die eine Demenzerkrankung mit sich bringt.

In einigen Fällen ist die Körperpflege geschlechtlich konnotiert. Gegengeschlechtliche Körperpflege wird abgelehnt. So übernimmt beispielsweise der Lebensgefährte von Frau Demir (Typ 2) die Körperpflege, weil der Vater diese durch seine Tochter aus kulturellen Gründen ablehnt. Auch Frau Uenal (Typ 2) geht davon aus, dass pflegerische Tätigkeiten geschlechtlich konnotiert sind, wie sie im Hinblick auf Auffassungen ihres Vaters formuliert, der männliche

Pflegekräfte für seine Frau ablehnte. Trotz der generellen Einbeziehung aller Familienmitglieder in die Pflege bestehen Geschlechtsrollenvorstellungen, die auch – nach Möglichkeit – in der Familie von Frau Uenal gelebt werden, weiter.

> „I: Okay. Ich glaube, Sie haben eben auch gesagt, Sie haben Brüder?
> B: Ja, zwei Jungs.
> I: Waren die auch in die Pflege irgendwie einbezogen?
> B: Ja, Pflege nicht. Also so gesehen jetzt in der Grundpflege waren sie nicht dabei."
> (Frau Uenal, Z. 1134-1138)

Doch die bestehenden traditionellen Geschlechtsrollenvorstellungen müssen teilweise vor dem Hintergrund der Selbstverständlichkeit und der Alternativlosigkeit der häuslichen Pflege zurückstehen. „*Und mein Vater war auch immer fleißig am lagern, [lacht] nachts zum Beispiel kam er um die Ecke, hat sie dann gelagert.*" (Frau Uenal, Z. 635-636) Oder:

> „Jaja. Jaja. Absaugen. Alle von uns, groß bis klein, konnte bei uns absaugen ne? Also das – das war Pflicht. Das wurde denen auch gezeigt. Hier das, so musst du das absaugen. [...] Das war für die auch selbstverständlich, auch für die Jungs war das selbstverständlich." (Frau Uenal, Z. 1151-1156)

Die Aufteilung der Pflegetätigkeiten wird des Weiteren teilweise im Hinblick auf persönliche Eigenschaften und nicht durchgängig geschlechtlich begründet.

> „Also meine Schwester, ich und mein Vater. Wir drei waren involviert. Ich war mehr der pflegische und der ... ja, der es organisiert. Managen und so, sage ich mal, ne? Und meine Schwester hat den Papierkram gemacht, die hatte da mehr Ahnung. Mein Vater war der Betreuer. Aber ja, mein Vater war der ... ja, der Stützer, sage ich mal, hinter uns, sage ich mal. Meine Schwester und ich, wir waren die meisten, die das gemacht haben, ne? Haushalt, Geschwister, Mama, Papierkram etc. managen, hin und her." (Frau Uenal, Z. 296-302)

Frau Uenal selbst sieht sich als pflegende Tochter, die auch Managerin und Organisatorin der Pflege ist. Damit übernimmt sie teils eher männlich konnotierte pflegerische Aufgaben.

Bei Frau Bührmann (Typ 5) zeigen sich Widersprüche zwischen dem eigenen Verhalten und ihrem sozialen Umfeld. Sie übernimmt die weibliche Rolle der pflegenden Tochter und bezeichnet diese Tätigkeit sogar als ihren „Job". Obwohl sie sich damit im Einklang befindet mit traditionell weiblichen Rollenvorstellungen, nimmt sie in ihrem Umfeld Missstimmungen und Distanzierungen wahr. Dort herrscht eher Unverständnis darüber, dass sie ihre schwer pflegebedürftige und demenzkranke Mutter nicht stationär versorgen lässt, wie andere Bekannte dies auch tun. Frau Bührmann steht jedoch selbstbewusst zu ihrer hohen Fürsorgeorientierung. Hier stellen die traditionellen Geschlechtsrollenvorstellungen einen

Kontrast dar zum hohen SÖS und dem hohen Bildungsgrad von Frau Bührmann und (vermutlich auch) ihrem sozialen Umfeld. Die Studie von Blinkert und Klie hat gezeigt, dass die Geschlechtsrollenvorstellungen moderner und egalitärer sind, je höher der Bildungsgrad/SÖS ist (Blinkert/Klie 2000).

Grenzen ziehen

Einem Teil der pflegenden Frauen, die sich geschlechtsrollen-konform verhalten, fällt es schwer, Grenzen der häuslichen Pflege zu ziehen. So würde Frau Demir (Typ 2) im Zweifelsfall eher die Erwerbstätigkeit aufgeben als einer stationären Pflege zuzustimmen. Frau Heinrich (hier: Typ 3) ist zwar grundsätzlich in der Lage, Grenzen zu ziehen, doch als die Situation mit einer demenzkranken Mutter und einem körperlich pflegebedürftigen Vater in einem Haushalt eskaliert, wird ihr die Entscheidung zugunsten einer stationären Versorgung der Mutter abgenommen. *„Das kann ich nicht leisten"*, lautet das entlastende Fazit von Frau Heinrich. *„Ich habe jetzt nur noch eine Person, für die ich schwerpunktmäßig da bin, und die andere, da gucke ich eben, das habe ich abgegeben."* (Frau Heinrich, Z. 1081-1082). Die Heimpflege der Mutter wird hier positiv umgedeutet, da Frau Heinrich eigentlich bestrebt war, ihre Eltern häuslich zu pflegen.

Eine stationäre Pflege kommt für Frau Aslan (Typ 5) nicht in Frage. Sie äußert allerdings Bedenken, ob sie alleine in der Lage sein wird, die Pflege der Mutter zu gewährleisten. Ihre eigenen Lebens- und Familienvorstellungen sowie ihre Erwerbstätigkeit spielen dabei keine Rolle. Die Versorgung der Mutter wird zentral gesetzt.

Die Frauen des fünften Typs eint, dass sie alle eine sehr hohe Fürsorgeorientierung aufweisen. Ihrer Ansicht nach ist die Pflege von Angehörigen eine familiale Aufgabe, und innerhalb der Familie ist es vor allem die Aufgabe der Frauen, sich um die pflegebedürftigen Angehörigen zu kümmern. Die vier Frauen setzen die Bedürfnisse der pflegebedürftigen Person zentral und versuchen (fast um jeden Preis), die Rolle als sorgende Töchter bestmöglich auszufüllen. Dies geht häufig auf Kosten der eigenen Selbstsorge. Dies bedeutet – je nach Fall – die Aufgabe der Erwerbstätigkeit, die Vernachlässigung der eigenen Gesundheit oder die Zurückstellung von Bedürfnissen anderer Familienmitglieder, insbesondere der eigenen Kinder oder der Partnerschaft. Die Prekarität wird verschärft, wenn der SÖS niedrig ist und/oder wenn ein Migrationshintergrund vorliegt. Ersteres geht mit geringen finanziellen Ressourcen zur Pflegebewältigung einher, letzteres mit der Schwierigkeit, kultursensible Dienste und Einrichtungen zu finden. Erschwerend wirkt sich auch aus, wenn es kaum pflegebezogene Unterstützung durch weitere Familienmitglieder gibt. In der Wechselwirkung der Differenzkategorien (Geschlecht, Nichterwerbtätigkeit, u.U. niedriger SÖS, ggf. Migrationshintergrund der pflegebedürftigen Person) gelingt es den Frauen nicht, Selbstsorge zu betreiben und die Grenzen der eigenen Belastbarkeit zu ziehen. Sie verhalten sich in ihrer starken Fürsorgeorientierung durchgängig geschlechtsrollen-konform, was in diesen Fällen zu einer „eher prekären" Pflegebewältigung führt.

5.2.3 Geschlechtsrollen-nonkonformes Verhalten von sorgenden Männern

Geschlechtsrollen-nonkonformes Verhalten legen die Männer der Typen 2 und 3 an den Tag. Die sorgenden Männer des zweiten Typs übernehmen dabei zum Teil traditionell weibliche Rollen, wenn sie sich an der Angehörigenpflege beteiligen, was mit der hohen Relevanz der Aufrechterhaltung des familiären Pflegearrangements legitimiert wird. Die Sorgearbeit erhält Vorrang. Gleichwohl gilt für die sorgenden Männer (wie für die sorgenden Frauen dieses Typs), dass es ihnen gelingt, den eigenen Lebensentwurf inklusive einer Erwerbstätigkeit aufrechtzuerhalten. Die Pflegebewältigung ist „eher gelingend". Bei den männlichen Pflegenden des dritten Typs stellt die Pflege einen sinnstiftenden „Ersatz" für eine Erwerbstätigkeit dar, die im Kontext einer männlichen Normalbiographie (Kohli 1988) als zentral angesehen wird. Dadurch verschaffen sich die sorgenden Männer eine männlich-anerkannte Subjektposition. Aus einer Geschlechterperspektive sind diese männlichen Pflegenden interessant, weil sie die traditionell männliche Rolle des Ernährers zu erweitern versuchen, indem sie die Pflege als sinnstiftenden „Erwerbsersatz" interpretieren, um sich so gesellschaftliche Anerkennung zu verschaffen. Auch diesen Männern gelingt die Bewältigung der Pflege gut.

Pflegemotiv

Den Wertvorstellungen der geschlechtsrollen-nonkonform pflegenden Männer zufolge soll die Pflege häuslich-familiär erbracht werden. Dies ist beispielsweise für Herrn Aydin (Typ 2) eine Selbstverständlichkeit. Das Pflegemotiv ist kulturell, aber nicht religiös geprägt. *„Nein, das [die familiale Aufteilung der Pflege] ist automatisch. Also das ist, wenn ich Zeit habe, kümmere ich mich um sie [seine pflegebedürftige Mutter]."* (Herr Aydin, Z. 62-63)

Herr Behrens (Typ 3) dagegen pflegt seinen Schwiegervater aus einer religiösen Überzeugung heraus und vertritt die Vorstellung gesellschaftlicher Reziprozität,

d. h., er geht davon aus, dass er etwas zurückbekommt, wenn er es entsprechend vorlebt. Er empfindet es als sinnstiftend, wenn der Schwiegervater zufrieden ist. „*Und es war immer das, wo ich drauf geachtet habe, dass er den schönen Tag hat. Ne?*"(Herr Behrens, Z. 898) Auch für Herrn Yildirim (Typ 3) und seine Familie ist die häusliche Versorgung des Vaters alternativlos.

> „Wir haben es soweit es geht selber und gerne getan. Es ist unser Vater und unsere Pflicht gewesen. Wir müssen uns als Kinder um unseren Vater kümmern." (Herr Yildirim, Z. 331-333)

Vorrang der Sorgearbeit

Alle pflegenden Männer, die sich geschlechtsrollen-nonkonform verhalten, eint die Zentralität der Sorgearbeit und der Wünsche der pflegebedürftigen Person. Als Beispiel für den Vorrang der Sorgearbeit kann Herr Yildirim (Typ 3) gelten. Er ist erwerbsunfähig und erfährt die Rolle als pflegender Sohn als anerkennungswürdige Alternative zur Erwerbstätigkeit. Die Familienangehörigen teilen sich die häuslichen Pflegeaufgaben.

> „Wir haben uns alle sehr gerne um ihn gekümmert und ihn gepflegt. Jeder von uns übernahm eine Aufgabe. Der eine gab ihm seine Medikamente, der andere kümmerte sich um seine Pflege, Mobilität oder sein Essen. Meine Mutter spielte Karten mit ihm, um ihm die Zeit zu vertreiben." (Herr Yildirim, Z. 278-281)

Dabei übernimmt Herr Yildirim aufgrund seiner Zeitressourcen den größten Teil der Pflege. Kraft schöpft er – neben der Pflege – aus seinem christlichen Glauben.

Herr Münster (Typ 3), der mit seiner Frau und seinen zwei Kindern im eigenen Haushalt lebt, pflegt seine Mutter und kümmert sich um seine Schwiegereltern. Nach der Elternzeit stellt sich für das Paar die Frage, wer wieder eine Erwerbstätigkeit aufnimmt.

> „Also dass beide berufstätig waren, ging nicht. So, und dann haben wir gesagt, ja, wer geht weiter arbeiten? Meine Frau arbeitete im [Unternehmen]. Und finanziell war es ungefähr das Gleiche, was wir hatten. Nur, ich musste 75 Kilometer fahren bis nach [Stadt], also 150 Kilometer jeden Tag hin und zurück." (Herr Münster, Z. 86-89, Herv. die Verf.)

Das Paar entscheidet sich für einen Rollentausch. Herr Münster ist sich darüber bewusst, dass die gewählte Arbeitsteilung geschlechtsrollenuntypisch ist. Dennoch entscheidet sich das Paar für diese Variante, weil es aus der Perspektive der zeitlichen Ressourcen sowie der inhaltlichen Tätigkeiten die rationalere Entscheidung ist. Herr Münster erhält in der Folge Pflegegeld. Die Pflegetätigkeit zieht er seiner Erwerbstätigkeit vor, weil er im Beruf häufig mit Entlassungsängsten konfrontiert war. „[...] *mein ganzes Berufsleben lang musste ich immer Angst um den Arbeitsplatz haben."* (Herr Münster, Z. 899-900) Und: „*Es war damals ein anderer Druck.* [...]. *Hier bin ich mein eigener Herr."* (Herr Münster, Z. 890-891) Anders als in den beiden anderen Fällen dieses Typs ist hier die Aufgabe der Erwerbstätigkeit frei gewählt. Herr Münster lebt – aufgrund der konkreten Erwerbsituation und den persönlichen Neigungen – das Alleinverdienermodell mit umgekehrten Geschlechterrollen. Der hohe SÖS wirkt insofern ermöglichend, als die gewünschte häusliche Pflege (und damit verbunden der Erwerbsausstieg von Herrn Münster) durch das (hohe) Einkommen der Ehefrau ermöglicht wird.

Vorstellungen von Geschlechterrollen in der Pflege

Im Hinblick auf die Geschlechtsrollenvorstellungen in der Pflege finden sich unter den geschlechtsrollen-nonkonform pflegenden Männer sowohl solche, die eher männlich konnotierte Aufgaben übernehmen, als auch diejenigen, die zudem die eher weiblich konnotierten Pflegetätigkeiten ausführen. Herr Aydin (Typ 2) beispielsweise übernimmt eher die traditionell männlich konnotierten Pflegetätigkeiten. Er fährt seine Mutter mit dem Auto durch die Stadt, begleitet sie zu Arztbesuchen und übernimmt Übersetzungsaufgaben. Er kann sich aber durchaus vorstellen, bei Bedarf weitere Pflegeaufgaben zu übernehmen, allerdings nur im Rahmen männlich konnotierter Pflegetätigkeiten.

„Das kann ich mir vorstellen. Ja. Ja. Auf jeden Fall. So waschen und so kann ich mir eher nicht vorstellen. Da habe ich bisschen Hemmungen. Aber sonst alles andere ja. Ja." (Herr Aydin, Z. 771-773)

Im Gegensatz dazu hat Herr Yildirim (Typ 3) bei der Pflege seines Vaters und seiner hilfebedürftigen Mutter alle Tätigkeiten übernommen, auch traditionell weiblich konnotierte, wie Wohnung putzen oder Körperpflege. Auch Herr Münster (Typ 3) übernimmt die komplette Pflege, auch die traditionell weiblichen Tätigkeiten, wie Kochen und Wäsche waschen. Dabei reflektiert er auch den niedrigen Anerkennungswert der häuslichen Pflege.

„Weil Arbeiten, die nicht bezahlt werden, werden ja auch nicht anerkannt. Aber das muss man eben wissen, dass das so ist. Und eben denken, ja, wenn ich dann mit meiner Mutter um 8 Uhr zum Arzt fahre und komme um 11 Uhr wieder und gehe hier vorn durch die [Straße] zum Bäcker ein paar Brötchen holen und da kommt mir da einer entgegen und sagt: Na, auch schon aufgestanden? Das sind dann so Sprüche, die kann man dann sehr gut wechseln. Dann muss ich also auch immer an mich halten und ... oder auch nicht." (Herr Münster, Z. 1337-1344)

Auch Herr Behrens (Typ 3) reflektiert sein Geschlecht, denn er hat es erlebt, dass an Schulungen von Ehrenamtlichen im sozialen Bereich fast nur Frauen teilnehmen. Dass er sich geschlechtsrollenuntypisch verhält, spiegelt ihm auch sein Umfeld. Er muss sich Äußerungen über sein pflegerisches Engagement anhören, die Unverständnis ausdrücken. „*[D]as interessiert mich nicht. Ich mache das und ich habe das auch als Ehrenamt gemacht [...]*", erläutert Herr Behrens (Z. 256-257). „*[...] ich habe auch kein Problem, was die ... was andere dazu sagen.*" (Herr Behrens, Z. 261) Dass die traditionell weiblich konnotierte pflegerische Arbeit nicht anerkannt wird, stört ihn nicht.

Grenzen ziehen

Die pflegenden Männer, die geschlechtsrollen-nonkonform pflegen, setzen die Wünsche der pflegebedürftigen Person zentral. Im Hinblick auf die Grenze der häuslichen Versorgung ist das Verhalten allerdings unterschiedlich. So ist es für Herrn Aydin (Typ 2) sowohl denkbar, zusammen mit seiner Mutter in eine Wohnung zu ziehen, als auch einer stationären Versorgung zuzustimmen. Für die Ausgestaltung des konkreten Pflegearrangements sind ausschließlich die Wünsche und das Wohlbefinden seiner Mutter zentral. Das gilt auch für seine Erwerbstätigkeit, die er bereit wäre, für seine Mutter weiter einzuschränken oder aufzugeben. Als persönliche Grenze formuliert Herr Aydin lediglich die Übernahme der Körperpflege seiner Mutter. Hier zeigen sich sowohl seine kulturelle Prägung als auch sein Geschlecht wirksam. Auch für Herrn Yildirim (Typ 3) stehen die Bedürfnisse des Vaters immer im Zentrum des Handelns. Eine stationäre Pflege kommt für ihn nicht in Frage. Dabei lässt sein gesundheitlicher Zustand eigentlich eine weitere häusliche Pflege nicht zu.

> „Aber nur, damit es meinem Vater besser ging, kämpfte ich mit mir, um auf meinen eigenen Beinen zu stehen. Ich musste und wollte mich um meinen Vater kümmern. [...] Wie gesagt, ich hatte mich dabei komplett vergessen. Ausschließlich er war in diesem Moment wichtig." (Herr Yildirim, Z. 426-432)

Etwas anders verhält sich Herr Münster (Typ 3). Er erhält bei der Pflege kaum Unterstützung durch seine Geschwister, erlebt die Pflege phasenweise als belastend und kann im Urlaub nicht richtig abschalten. Aber er ist generell in der Lage zu benennen, ab wann für ihn die Grenze der häuslichen Pflege erreicht ist und eine stationäre Pflege organisiert werden müsste.

5.2.4 Geschlechtsrollen-nonkonformes Verhalten von sorgenden Frauen

Den Vorrang der Erwerbstätigkeit, der bei den Männern mit einem geschlechtsrollen-konformen Verhalten einhergeht, findet man auch bei den Frauen des ersten und des vierten Typs. Die sorgenden Frauen des Typs „Pflege rund um die Erwerbstätigkeit" setzen – wie die Männer – die Erwerbstätigkeit und ihren eigenen Lebensentwurf zentral, sind aber bereit, darum herum Ressourcen zur Übernahme der Pflegeverantwortung und -tätigkeit zu mobilisieren und einzusetzen. Die pflegenden Frauen zeichnet aus, dass sie über finanzielle Ressourcen verfügen, die es ihnen erlauben, soziale Dienste zuzukaufen. Zudem eint sie, dass sie sich, ebenfalls wie die Männer dieses Typs, ggf. einen Übergang in die stationäre Pflege vorstellen können. Sie sind jedoch nicht bereit, ihre Erwerbstätigkeit zu reduzieren oder zu unterbrechen. Die Frauen des ersten Typus übernehmen zunächst einmal das traditionell männliche bzw. ein geschlechtsrollen-untypisches Verhalten. Das gilt insbesondere für (verheiratete) Frauen mit einem hohen SÖS, die nicht zwingend auf eine Erwerbstätigkeit als Existenzsicherung angewiesen sind. Da sie versuchen, die Sorgearbeit neben der Erwerbstätigkeit zu leisten, kann eine gewisse Vereinbarkeitsorientierung konstatiert werden. Hier wird deutlich, dass die alten Rollenmuster mittlerweile von einem Teil der sorgenden Frauen, vor allem denjenigen mit einem hohen SÖS und einer Karriere-/Aufstiegsorientierung, aufgebrochen werden – und zwar unabhängig vom Migrationshintergrund.

Die Frauen des Typus „Ringen um Kontrolle" (Typ 4) sind – wie die Pflegenden des ersten Typs – (Vollzeit) erwerbstätig, aber es gelingt ihnen nicht in ausreichendem Maße, Selbstsorgepotentiale zu entwickeln. Die Frauen sind in ihrem Selbstsorgehandeln weniger rigide und weniger erfolgreich als die sorgenden Angehörigen des ersten Typs. Es gelingt ihnen weniger gut, ihre Bedürfnisse gegenüber der pflegebedürftigen Person und/oder gegenüber anderen Familienmitgliedern durchzusetzen. Sie ringen um die Aufrechterhaltung des eigenen Lebensentwurfs und ihr Grenzziehungspotential ist geringer. Die gesamte Kraft wird dazu verwendet, trotz häuslicher Pflege wenigstens die Erwerbstätigkeit aufrechtzuerhalten. Es gelingt ihnen jedoch nur schwer, dies durchzusetzen und/oder als Ausgleich zur häuslichen Pflegetätigkeit zu empfinden. Die Erwerbstätigkeit wird zwar als notwendig erachtet (entweder als Existenzsicherung oder als Ausgleich zur häuslichen Pflege), in der konkreten Pflegesituation aber nicht als Entlastung erlebt. Die Pflegebewältigung ist daher „eher prekär". Es scheint so, als sei es aufgrund der traditionellen Zuweisung von Sorgearbeit an Frauen leichter, weibliche Pflegende, insbesondere in der Wechselwirkung mit (familien-)kulturellen und/oder religiösen Wertvorstellungen, auf Sorgearbeiten zu verweisen, ein aufopferndes Verhalten und die Zurückstellung eigener Bedürfnisse zu verlangen.

Pflegemotiv

Bei den Frauen des ersten Typs stehen, wie bei den Männern, Reziprozität und eine familiäre Wertvorstellung im Vordergrund, so etwa bei Frau Cordes (hier: Typ 1):

> „Nein, also mein Mann und ich waren von vorn herein uns überein, dass wir die Mutti zu uns holen, weil mein Mann hat meine Mutter genauso geliebt, wie ich sie geliebt habe. Und wir waren der Meinung, sie hat als Alleinerziehende aus der Türkei kommende Frau so viel für vier Kinder getan, (Ja) okay, die zwei Älteren mussten mit arbeiten, aber für meinen Bruder und für mich, wir sind hier zur Schule gegangen, wir haben unsere Ausbildung gemacht, mein Bruder hat studiert und sie hat uns das ermöglicht." (Frau Cordes, Z. 345-351)

Ein Teil der Frauen des vierten Typs beschreibt das Pflegemotiv dagegen eher als Hineinrutschen in die Pflegesituation, ohne sich bewusst dafür entschieden zu haben. Im Falle von Frau Yüksel (Typ 4) war beispielsweise zunächst der Bruder für die Pflege der Großmutter hauptverantwortlich. Doch nachdem die Großmutter gestürzt war und die Pflege intensiver wurde, ging die pflegerische Verantwortung ohne Diskussion an Frau Yüksel über.

> „Ich bin nicht verheiratet und habe keine Kinder. [...] Mein Vater, ja der hält sich da gerne zurück und meine Tante genauso. Die Kinder halten sich da eher gerne zurück. Und ja, somit ist das bei mir hängen geblieben. Meine Schwester hat zwei Kinder. Mein Bruder hat ein Kind, das zweite ist unterwegs, so dass die meiste Arbeit dann auch bei mir hängen geblieben ist. Hinzu kommt, dass ich studiert habe und sowieso mit den administrativen Dingen sehr gut umgehe. So bin ich die Kauffrau und Betreuerin der Familie. So hat sich das entwickelt. Ja. (...) Ja, ich denke, dass – aber das ist alles so unbewusst. Das hat sich alles so unbewusst entwickelt." (Frau Yüksel, Z. 39-46)

Frau Jakobi (Typ 4) pflegt als Einzelkind ihre Mutter im selben Haushalt. Auch sie hat sich nicht bewusst für die häusliche Pflege ihrer Mutter entschieden, sondern ist durch den zunehmend schlechteren Gesundheitszustand der Mutter in die weiblich konnotierte Betreuungsrolle hineingeraten.

> „Im Prinzip hat sich das so hin entwickelt, ne? Also ich habe das an keinem Punkt irgendwie wirklich so richtig bewusst entschieden oder gesagt, jau, das mache ich jetzt. Das war, sich brauchte, ne, immer mehr Hilfe." (Frau Jakobi, Z. 207-209)

Vorrang der Erwerbstätigkeit/Grenzen ziehen

Alle geschlechtsrollen-nonkonform pflegenden Frauen eint, dass die Erwerbstätigkeit eine wichtige Rolle in ihrem Leben einnimmt und auch in der Phase der häuslichen Pflege aufrechterhalten wird. Als Beispiel für eine hohe Erwerbsorientierung kann Frau Keller (Typ 1) dienen, die sich neben ihrer Vollzeiterwerbstätigkeit um ihre Mutter kümmert. Um das Pflegearrangement aufrechtzuerhalten, sind Frau Kellers Schwestern, ein ambulanter Pflegedienst und eine Nachbarin in die Pflege eingebunden. Auch Frau Cordes (hier: Typ 1), die ihre türkischstämmige Mutter aus der Türkei zurückholt, weil sie hier besser versorgt werden kann, schafft ein Pflegearrangement, in dem sich eine türkischsprechende Altenpflegerin um die Mutter kümmert, während Frau Cordes einer (Teilzeit-)Erwerbstätigkeit nachgeht. Sie stellt die Erwerbstätigkeit, die die Bedeutung eines Zuverdienstes hat, als Coping-Strategie dar.

> „Ich habe das für mich gemacht, hier rauszukommen, die zwei Tage sind wichtig, du bleibst noch im Geschehen, wenn deine Mutter dann nicht mehr am Leben ist, kannst du wieder deinen normalen Fünftage-Rhythmus anknüpfen. Und so war ja eigentlich geplant [...]." (Frau Cordes, Z. 906-909)

Wie die Männer dieses Typs, so benennen auch die Frauen Grenzen der Aufrechterhaltung des häuslichen Pflegearrangements. Dabei sind allerdings Unterschiede zwischen den Geschlechtern erkennbar, wie die folgenden Zitate zeigen. Zunächst einmal konstatiert Frau Keller (Typ 1), dass sie trotz der Fürsorgeorientierung nicht bereit ist, ihre Erwerbstätigkeit pflegebedingt zu reduzieren.

> „Hm, also ich bin ja hier in der ... oder ich wäre hier in der guten Situation, dass ich ja Teilzeit machen könnte. (Mhm) Aber ich möchte das nicht, weil [zwitscht] ich ja, wie soll man das ausdrücken? Also ich möchte schon mein Leben so normal wie möglich halten. [...] Ich finde hier so diese Arbeit hat ja auch so einen sozialen Aspekt. Also man ist ja hier auch (Mhm) unter den Kollegen, man kriegt was ganz anderes mit. Man muss an was anderes denken, (Mhm) also und das ist mir auch wichtig, (Mhm) ne?" (Frau Keller, Z. 569-581)

Im Hinblick auf die Grenzziehung, also die Entscheidung zwischen Heim oder Erwerbstätigkeit, ist Frau Keller allerdings zögerlicher und weniger eindeutig als die Männer dieses Typs. *„Also pfft, gut, wenn es so sein müsste, wenn es keine andere Möglichkeit gäbe, ich weiß es nicht, ich weiß nicht, wie ich mich entscheiden würde."* (Frau Keller, Z. 581-583)

> „Also das eine wäre bei meiner Mutter. Also ich denke, wenn wirklich jetzt eine Demenz dazu käme, oder wenn jetzt diese Krankheit so würde, dass sie ihre Selbstständigkeit weiter verlieren würde. (Mhm) Wenn meine Mutter jetzt wirklich

bettlägerig würde, dann weiß ich nicht, was dann passieren würde. Also dann würde ich wahrscheinlich ... und ich denke, auch meine Schwester, dann würden wir in der Tat über ein Pflegeheim nachdenken. (Mhm) Weil also das kriegen wir dann nicht mehr geregelt. (Mhm) Weil ... also das hatten wir uns auch am Anfang gesagt, wenn es hart auf hart kommt, sind unsere eigenen Familien dann wichtig. (Mhm) Also die eigenen Ehepartner. (Mhm) Und dann müssten wir halt eine Lösung ... eine andere Lösung finden. Aber dann wäre wirklich, wenn es spitz auf Knopf steht, [seufzt] dann würde die Entscheidung ... das wäre schwer. (Mhm) Ne?" (Frau Keller, Z. 896-907)

Auf die Frage nach den Grenzen antwortet Frau Keller einerseits klar, wenn sie ihre Familie als prioritär beschreibt, andererseits ausweichend, weil sie die Entscheidung zugunsten einer stationären Pflege scheut. Der Unterschied zu den Männern dieses Typs tritt bei Frau Cordes und Frau Heinrich noch deutlicher hervor. Beide sind im entscheidenden Moment nicht in der Lage, Grenzen der häuslichen Pflege zu ziehen. Frau Cordes (hier: Typ 1) gibt ihre Erwerbstätigkeit auf, weil sie keine türkischsprachige Betreuerin mehr findet, nachdem die alte gekündigt hat. Der Beschäftigung mit der Frage, wann ihre eigene Belastbarkeit überschritten ist und über eine stationäre Lösung nachgedacht werden muss, geht sie eher aus dem Weg. *„Solange ich es machen kann, mache ich."* (Frau Cordes, Z. 286) Frau Heinrich (hier: Typ 1) hat ihre Arbeitszeit pflegebedingt zunächst reduziert und dann zwei Jahre vor Rentenbeginn ganz aufgegeben. Frau Heinrich gibt die Erwerbstätigkeit auf, weil ihr Partner (zusammen mit einem ambulanten Pflegedienst) nicht mehr in der Lage waren, die beiden Schwiegerelternteile alleine zu pflegen, weil die Einstellung einer ausländischen Pflegekraft an der Weigerung der Eltern scheiterte und weil die Eltern auch nicht in ein Pflegeheim wollten. Frau Heinrich rettete mit der Erwerbsaufgabe den „Familienfrieden", wie sie sagt.

Im Vergleich zu den Männern dieses Typs verteidigen die Frauen in deutlich geringerem Maße ihre Erwerbstätigkeit und ihr Lebenskonzept. Dabei ist Frau Keller noch am stärksten bemüht, ihre Erwerbstätigkeit und ihre Familie vor der zunehmenden Belastung zu schützen. Demgegenüber geben Frau Heinrich und Frau Cordes pflegebedingt ihre Erwerbstätigkeit auf und stellen ihre eigenen Lebensvorstellungen zugunsten der Wünsche der pflegebedürftigen Person zurück. Frau Heinrich wechselt von Typ 1 zu Typ 3, wobei hier die Pflegebewältigung durch das Erleben eines sinnhaften Tuns weiterhin als „eher gelingend" anzusehen ist. Bei Frau Cordes dagegen führt die bis dahin gelingende Pflegebewältigung durch den Wechsel von Typ 1 zu Typ 5 zu einer „eher prekären" Situation.

Die hohe Bedeutung der Erwerbstätigkeit zeigt sich auch beim vierten Typ und zwar in allen Fällen. So bekräftigt beispielsweise Frau Yüksel (Typ 4), die Vollzeit erwerbstätig und gleichzeitig Hauptpflegeperson für ihre Großmutter ist, mehrfach in dem Interview, dass sie nicht bereit wäre, ihre Erwerbstätigkeit pflegebedingt aufzugeben. Als Single ist sie auf die Erwerbstätigkeit als Existenzsicherung angewiesen. Die Vereinbarkeit von Beruf und Familie gelingt ihr durch die Nutzung von Gleitzeit gut und die Tätigkeit gibt ihr „neue Kraft" für die häusliche Pflege. „*Also Änderungen an meiner Arbeitssituation, also wegen meiner Oma? Das kommt für mich nicht in Frage.*" (Frau Yüksel, Z. 390-391) Wenn die häusliche Pflegesituation nicht mehr aufrechterhalten werden kann, ist ein Heimaufenthalt als „letzte Station" geplant. Trotz dieses Aktes der Selbstsorge erlebt Frau Yüksel die aktuelle Situation als wenig kontrollierbar und selbstbestimmt. Sie beschreibt das Prekäre folgendermaßen:

> „Ja, und dann auch immer diese Angst, dass sie sich nicht verstehen [die „24-Stunden-Pflegekraft" und die Großmutter], Und alles noch einmal von vorne beginnt. Ja, das ist mir wirklich an die Substanz gegangen. Auch mit, also ich habe wirklich irgendwann gedacht, jetzt kriegst du Depressionen. Jetzt kriegst du Depressionen, wenn das jetzt nicht funktioniert. Ich konnte nachts nicht mehr schlafen. Ich konnte nachts nicht mehr schlafen vor Angst, dass keine Nachfolge gefunden wird oder auch die Angst, dass das nicht funktioniert mit der 24-Stunden-Kraft, oder, oder, oder (Frau Yüksel, Z. 225-231)

Die Schwierigkeiten, eine geeignete Pflegekraft zu finden, werden bei Frau Yüksel dadurch erschwert, dass die Großmutter kaum deutsch spricht und eine Pflegekraft gefunden werden muss, die türkisch spricht. Frau Yüksel sucht lange nach einer geeigneten Pflegekraft und entwickelt in dieser Zeit Ängste, dass sie wegen ihrer Großmutter ihren Arbeitsplatz verliert. Sie kämpft um die Vereinbarkeit ihrer Erwerbstätigkeit mit den Pflegeaufgaben. Da es ihr aber weder gelingt, kultursensible Dienste oder familiäre Unterstützung zu akquirieren, erlebt sie das Pflegearrangement als „eher prekär".

Auch Frau Herbst (Typ 4) ist im Wesentlichen alleine rund um die Uhr für die Pflege ihrer Mutter zuständig. „*Ich mache das komplett alleine.*" (Frau Herbst, Z. 79) Sie ist in langer Teilzeit erwerbstätig. Die Erwerbstätigkeit, die sie pflegebedingt um mehrere Stunden reduziert hat, ist aus finanziellen Gründen notwendig, eine Erwerbsaufgabe nicht möglich. „*Finanziell nicht möglich. Das geht leider nicht.*" (Frau Herbst, Z. 951) Sie belastet aber die Pflege, weil Zeitressourcen fehlen. Diese fehlen auch zur Selbstsorge und zur Regeneration. Frau Herbst informiert sich daher über Möglichkeiten der stationären Pflege, weil ihr die Nachtaktivität der Mutter den Schlaf raubt. Sie hadert aber damit, weil es nicht ihren pflegebezogenen Wertvorstellungen entspricht.

> „Ich weiß es noch nicht. Ich kann es nicht sagen. Ich hoffe, dass ich noch ein paar Monate oder auch vielleicht noch ein Jahr oder so das – das aushalte. Es kommt auch

drauf an, wie schnell schreitet das bei ihr voran. Ich hoffe halt, dass wir da noch ein bisschen Zeit haben." (Frau Herbst, Z. 1038-1041)

Zum Interviewzeitpunkt fühlt sich Frau Herbst allerdings immer mal wieder „am Limit". Dennoch hält sie an der häuslichen Pflege fest. Es werden keine Grenzen gezogen, auch wenn es Frau Herbst nur schlecht gelingt, die Pflege rund um die Erwerbstätigkeit zu organisieren. Die Erwerbstätigkeit wird dabei einerseits der Fürsorgeorientierung und den Bedarfen der pflegebedürftigen Mutter untergeordnet (Wirkmächtigkeit der Kategorie Geschlecht), sie ist aber andererseits zur Existenzsicherung notwendig (Wechselwirkung zwischen den Differenzkategorien Frau und niedriger SÖS). Frau Herbst ringt damit um Kontrolle über ihren eigenen Lebensentwurf zwischen Pflege und Erwerbstätigkeit.

Die meisten der pflegenden Angehörigen des vierten Typus eint, dass bei ihnen meist keine intrinsische Motivation zum Pflegen ihrer Angehörigen vorliegt. Sie fühlen sich den pflegebedürftigen Angehörigen zwar sehr verbunden und plädieren für eine häusliche Pflege, sind aber dennoch in die Pflegesituation langsam „reingerutscht", ohne persönlich aktiv entschieden zu haben, die (Haupt-) Pflegeverantwortung übernehmen zu wollen. Geschlechtsrollen-konform übernehmen sie die Verantwortung aber trotzdem. Des Weiteren erhalten sie wenig bis keine Unterstützung durch andere Familienangehörige, insbesondere durch die Geschwister. Es gelingt ihnen auch nicht, diese Beteiligung aktiv einzufordern. Lediglich der hohe SÖS, verbunden mit einem hohen Erwerbseinkommen, ermöglicht es einigen dieser pflegenden Angehörigen, Dienste zuzukaufen und dadurch die eigene Erwerbstätigkeit aufrechtzuerhalten. Dennoch erleben die pflegenden Frauen die Pflegesituation als unsicher, fragil und prekär. Die Selbstsorge gelingt nur ansatzweise, meist im Hinblick auf die Aufrechterhaltung der eigenen Erwerbstätigkeit. Die Frauen sind allerdings nicht bereit, die traditionelle Frauenrolle des ausschließlichen Pflegens einzunehmen. Sie nehmen eher eine modernisierte Version der weiblichen Rolle ein, die häusliche Pflege und Erwerbstätigkeit zu vereinbaren versucht. Das „Ringen um Kontrolle" bezieht sich dabei vor allem auf die Schwierigkeit, ein geeignetes, also erwerbsarbeitskompatibles Pflegearrangement aufzubauen und aufrechtzuerhalten. Besondere Schwierigkeiten haben sorgende Frauen mit Migrationshintergrund, weil es ihnen kaum möglich ist, kultursensible Dienste/Einrichtungen zu finden. In diesen Fällen wird die Kategorie „hoher SÖS" von der Kategorie Migrationshintergrund der pflegebedürftigen Person überlagert und kann nicht mehr ermöglichend wirken.

5.2.5 Sorgende Männer und Frauen im Kontext „eher gelingender" und „eher prekärer" Pflegebewältigung

Zusammenfassend lässt sich im Hinblick auf die Differenzkategorie Geschlecht festhalten: Allen interviewten Männern gelingt es – unabhängig von der Schichtzugehörigkeit, dem Migrationshintergrund und/oder der Erwerbstätigkeit – die Pflege „eher gelingend" zu bewältigen (vgl. Tab. 6).

Tab. 6: Geschlecht und Pflegebewältigung

	Eher gelingende Pflegebewältigung (Typus Nr.)	*Eher prekäre Pflegebewältigung (Typus Nr.)*
Männer		
Geschlechtsrollen-konform	Herr Kaya (1) Herr Otten (1) Herr Stelter (1)	
Geschlechtsrollen-nonkonform	Herr Aydin (2) Herr Münster (3) Herr Behrens (3) Herr Yildirim (3)	
Frauen		
Geschlechtsrollen-konform	Frau Demir (2) Frau Uenal (2) Frau Goder (3) Frau Heinrich II (3)	Frau Bührmann (5) Frau Cordes II (5) Frau Kessler (5) Frau Aslan (5)
Geschlechtsrollen-nonkonform	Frau Keller (1) Frau Cordes I (1) Frau Heinrich I (1)	Frau Meierjohann (4) Frau Herbst (4) Frau Jakobi (4) Frau Yüksel (4)

Samplebeschreibung – Geschlecht (n=22*)
* Frau Cordes wird zweimal gezählt, einmal zu Typ 1, einmal zu Typ 5; Frau Heinrich wird zweimal gezählt, einmal zu Typ 1, einmal zu Typ 3
Quelle: eigene Darstellung

Dabei zeichnen sich unterschiedliche Gelingensmuster ab: Männer mit hohem SÖS weisen – neben der Fürsorgeorientierung – ein hohes Maß an geschlechtsrollen-typischem (männlichen) Verhalten auf, wenn sie ihre Erwerbstätigkeit zentral setzen und ein hohes Selbstsorgehandeln aufweisen. Männern mit niedrigem SÖS gelingt es auf zwei verschiedene Weisen, eine „eher gelingende" Pflegebewältigung zu erzielen, entweder im Rahmen familiärer Aufgabenteilung oder im Rahmen des Modells der „Sinnstiftung". In beiden Fällen hat die Aufrechterhaltung des häuslichen Pflegearrangements Vorrang. Bei Ersterem übernehmen auch die männlichen Familienmitglieder Sorgeaufgaben, zum Teil auch traditionell weiblich konnotierte, wie Körperpflege, was es ihnen wiederum ermöglicht, ihre Erwerbstätigkeit aufrechtzuerhalten und Selbstsorge zu betreiben, wobei die Vereinbarkeitsorientierung im Zentrum steht. Im Kontext des Modells der Sinnstiftung wirken traditionell weibliche Rollenmuster identitätsstiftend und männliche Geschlechtsrollenvorstellungen werden durch Neu-/Uminterpretation erweitert. Auslösende Faktoren können Einschränkungen der Erwerbsfähigkeit oder auch eine umgekehrt traditionelle partnerschaftliche Arbeitsteilung sein. Hier wirkt die traditionell weibliche Sorgearbeit als Ersatz für eine Erwerbstätigkeit sinnstiftend.

Betrachtet man die Gruppe der weiblichen Pflegenden, finden sich hier nicht nur Fälle „eher gelingender", sondern auch Fälle „eher prekärer" Pflegebewältigung. Auch für die hier interviewten Frauen gibt es mehrere Wege hin zu einer „eher gelingenden" Pflegebewältigung. Bei Frauen mit einem hohen SÖS, insbesondere mit einem hohen Bildungsgrad, und mit einer Erwerbstätigkeit, ist die Selbstsorgeorientierung und das Selbstsorgehandeln (wie bei den Männern mit einem hohen SÖS und einer Erwerbstätigkeit) hoch. Die Pflegebewältigung dieser Frauen ist „eher gelingend". Trotz hohem SÖS können hier jedoch die Vorstellungen der pflegebedürftigen Person (keine Fremd- und/oder Heimpflege) sowie der Migrationshintergrund der pflegebedürftigen Person (keine kultursensiblen ambulanten Dienste oder Heime) begrenzend wirken. Bei besonders hohem Pflegeaufwand spielt auch die geschwisterliche bzw. familiäre Unterstützung eine wichtige Rolle. Die erwerbstätigen Frauen mit hohem SÖS tragen dazu bei, traditionell weibliche Geschlechtsrollenvorstellungen zu überwinden, wenn sie ihre Erwerbstätigkeit und Selbstsorge zentral setzten. Auch die familiäre Aufteilung der Sorgearbeit oder eine sinnstiftende Übernahme der Pflegeaufgaben können – wie bei den Männern – zu einer „eher gelingenden" Pflegebewältigung beitragen. Bei dem Teilen der Sorgearbeit verhalten sich die Frauen einerseits durch die Übernahme von Pflegeaufgaben geschlechtsrollen-konform, doch durch die familiäre Aufteilung der Aufgaben können sie eine Erwerbstätigkeit aufnehmen und Selbstsorge betreiben. Hier kann zusammenfassend von einem eher vereinbarkeitsorientierten Verhalten gesprochen werden, denn traditionell weibliche und traditionell männliche Rollenvorstellungen werden verknüpft – wobei im Zweifelsfall die Sorgearbeit Vorrang erhält. Im Hinblick auf die Frauen, die in der Pflegearbeit „Sinnstiftung" erfahren, findet ein positiv konnotiertes weibliches Fürsorgeverhalten statt. Statt erwerbstätig zu sein, leben sie die Alternativrolle der häuslich Sorgenden. Die Sorgeorientierung ist hoch. Durch die sinnstiftende Interpretation kann man in diesen Fällen von einer „eher gelingenden" Pflegebewältigung sprechen.

Traditionell (weibliche) Geschlechtsrollenvorstellungen können allerdings auch zu einer „eher prekären" Pflegebewältigung führen, vor allem, wenn sie in der Wechselwirkung mit einem niedrigen SÖS und kulturell-religiösen Wertvorstellungen, z.B. im Kontext traditioneller Familien- und/oder religiöser (christlicher oder islamischer) Wertvorstellungen, sowie bei Nichtvorhandensein oder Aufgabe einer Erwerbstätigkeit vorkommen. In diesen Fällen ist die Selbstsorgeorientierung und unter Umständen auch das Selbstsorgehandeln der pflegenden Frauen niedrig, die Pflegebewältigung „eher prekär". Auch einigen erwerbstätigen Frauen mit hohem SÖS gelingt es nicht, eine eher gelingende Pflegebewältigung zu erreichen. Manche „ringen um Kontrolle" und kämpfen um den Erhalt ihrer Erwerbstätigkeit bei gleichzeitig hoher Sorgeorientierung.

Der Verzicht auf die Selbstsorge und das Zurückstellen der eigenen Lebensvorstellungen bei den betroffenen Frauen lassen sich zum einen mit Hilfe der anerzogenen und gesellschaftlich zugewiesenen Zuständigkeit von Frauen für Sorgearbeit und den daraus resultierenden weiblichen Rollenerwartungen erklären. Die Frauen empfinden daher in höherem Maße als die Männer Schuldgefühle, wenn sie es nicht schaffen, die häusliche Pflege aufrechtzuerhalten und zu gewährleisten. Wichtig ist es aber zum anderen, die Erwartungshaltung, die durch die Konstruktion und Struktur der Pflegeversicherung erzeugt wird, in die Interpretation miteinzubeziehen. Der Grundsatz „ambulant vor stationär" sowie die Begrenzung auf eine Grundversorgung haben zu Defiziten im Hinblick auf den Ausbau der Pflegeinfrastruktur geführt. Die Frauen fangen die fehlende gesellschaftliche Verantwortung für die Grenzen der häuslichen Pflege durch geschlechtsrollen-konformes Verhalten, durch das Übergehen und gesundheitsgefährdende Hinausschieben der eigenen Belastbarkeitsgrenzen auf. Die anerzogene hohe Sorgeorientierung vieler Frauen wird pflegepolitisch und gesellschaftlich (aus-)genutzt, um die Kosten der Pflege zu begrenzen. Dieser Teil der häuslich pflegenden Frauen wird nicht in ausreichendem Maße durch die Leistungen der Pflegeversicherung (Beratung, Dienste etc.) unterstützt.

5.3 Erwerbsstatus in Wechselwirkung mit anderen Differenzkategorien

Noch bis in die 1970er Jahre hinein stellte – zumindest in der BRD – das Familienmodell der männlichen Ernährer-Ehe die Versorgung von pflegebedürftigen Angehörigen durch die Nicht-Erwerbstätigkeit von Ehefrauen sicher. Die Zunahme der Frauenerwerbstätigkeit und die Hinwendung zur aktuellen arbeitsmarkt- und sozialpolitischen Orientierung am Adult Worker Model (Lewis 2001), in dem alle erwerbsfähigen Erwachsenen auch erwerbstätig sein sollen, führten zu einer Verknappung der Zeitressourcen, die in Familien für Angehörigenpflege aufgewendet werden (können). Zwar befinden sich 38% der pflegenden Angehörigen bereits selbst im Rentenalter, die überwiegende Mehrheit der pflegenden Angehörigen ist jedoch im erwerbsfähigen Alter (vgl. Schneekloth u.a. 2017) und somit potentiell mit Fragen der Vereinbarkeit von Pflege und Beruf konfrontiert.

Nimmt man die Bevölkerung im erwerbsfähigen Alter als Grundgesamtheit, dann kümmern sich laut Geyer (2016) auf Basis von Daten des SOEP aus dem Jahr 2012 6% der 16-64 Jährigen um pflegebedürftige Angehörige, wobei insbesondere die Altersgruppe zwischen 45 und 64 Jahren häufiger (8%) Pflegeaufgaben übernimmt. Frauen pflegen öfter als Männer: Bei den 45-54jährigen sind es 10% (Männer 6%), bei den 55-64jährigen 11,5% (Männer 7,5%).

> „Diese Ergebnisse belegen, dass pflegende Angehörige im Erwerbsalter vor allem in den Personengruppen, nämlich Frauen und ältere Arbeitnehmer, vertreten sind, in denen im letzten Jahrzehnt die Erwerbsbeteiligung am stärksten gestiegen ist – und voraussichtlich weiter steigen wird." (Geyer 2016, 28)

Fragen nach der Vereinbarkeit von Pflege und Beruf gewinnen deshalb zunehmend an Bedeutung: Pflegende Angehörige im Erwerbsalter wenden laut SOEP-Daten von 2017 an einem Werktag durchschnittlich 2,2 Stunden (Männer) bzw. 2,5 Stunden (Frauen) für Hilfe- oder Pflegetätigkeiten auf. Gleichzeitig stieg die Erwerbstätigenquote von Pflegepersonen im erwerbsfähigen Alter zwischen 2001 und 2017 von 49% auf 71% bei den Frauen und von 61% auf 79% bei den Männern (vgl. Ehrlich 2019).

Einen massiven Anstieg der Erwerbstätigkeit bei pflegenden Angehörigen zeigen auch die Daten der Pflegeversicherung: Im Jahr 2016 waren 65% der Hauptpflegepersonen[2] im Erwerbsalter tatsächlich erwerbstätig im Vergleich zu 59% im Jahr 2020 und 36% im Jahr 1998. Die erwerbstätigen Hauptpflegepersonen waren 2016 zu 10% weniger als 15 Stunden pro Woche beschäftigt, 26% waren zwischen 15 und 30 Stunden pro Woche erwerbstätig und 28% der Hauptpflegepersonen arbeiteten sogar 30 Stunden und mehr pro Woche. Im Durchschnitt sind männliche Hauptpflegepersonen im erwerbsfähigen Alter etwas häufiger

---

2 Hauptpflegepersonen im Sinne der Pflegeversicherung sind diejenigen pflegenden Angehörigen, die eine pflegebedürftige Person mit Leistungsansprüchen aus der Pflegeversicherung schwerpunktmäßig versorgen.

erwerbstätig als ihr weibliches Pendant und fast die Hälfte der Männer arbeitet in Vollzeit, während dies nur bei 20% der Frauen der Fall ist. Trotz dieser zunehmenden Bedeutung der Erwerbstätigkeit haben 14% der Hauptpflegepersonen die Erwerbstätigkeit wegen der Pflege aufgegeben, 23% haben die Erwerbstätigkeit pflegebedingt eingeschränkt (vgl. Schneekloth u.a. 2017).

Mit zunehmender Pflegebelastung und Dauer der Pflege steigt die Wahrscheinlichkeit, aus der Erwerbstätigkeit auszusteigen (Geyer 2016). Allerdings gibt es wenige Längsschnittuntersuchungen, die die Erwerbsverläufe von Pflegenden vor, während und nach der Angehörigenpflege analysieren (Czaplicki 2016; Keck 2016). Mehrere Studien zeigen, dass Frauen sich im Falle einer Pflegesituation häufiger als Männer aus dem Erwerbsleben zurückziehen, indem sie entweder in Teilzeit wechseln oder ganz aus dem Beruf ausscheiden – mit allen Folgen für die eigenständige Existenzsicherung und die spätere Altersvorsorge (Keck 2012; Lüdecke u.a. 2006; Landtag Nordrhein-Westfalen 2004; Schneider u.a. 2001). Es zeichnet sich allerdings auch die Tendenz ab, dass Frauen zum Rückzug aus dem Beruf zugunsten einer Pflegeübernahme immer weniger bereit sind (Zulehner 2009). Kelle (2018) konnte zeigen, dass Frauen im Alter von 45 bis 59 Jahren, die mehr als zehn Stunden pro Woche pflegen, häufiger ihre Erwerbsarbeit aufgeben oder einschränken als Frauen, die weniger als zehn Stunden pro Woche oder gar nicht pflegen. Diese Frauen mit hoher Pflegebelastung haben gleichzeitig geringere Einkommen, ein geringeres Qualifikationsniveau und eine schwächere Bindung an den Arbeitsmarkt als Frauen mit geringer oder ohne Pflegebelastung. Insofern scheint die individuelle Erwerbsbiographie einen Einfluss auf die Entscheidung zur Übernahme von Pflege bzw. auf das Ausmaß der Übernahme von Pflege zu haben. Darüber hinaus kann Keck (2012) zufolge festgestellt werden, dass Frauen mit einer hohen Erwerbsneigung, die in Vollzeit arbeiten und keine Kinder haben, ihre Berufstätigkeit eher nicht reduzieren oder aufgeben, sondern professionelle Dienste mit der Pflege beauftragen. Diese Organisation von Pflege „rund um die Erwerbstätigkeit" wurde bei erwerbstätigen pflegenden Männern von Auth u.a. (2016) herausgearbeitet und ließ sich – unabhängig von Geschlecht – als Bewältigungsmuster auch in der Studie PflegeIntersek identifizieren (Pflegebewältigungstyp 1).

Das Geschlecht an sich lässt sich demnach nicht als der alleinige oder entscheidende Faktor für die individuelle Vereinbarkeitsstrategie von Pflege und Beruf ausmachen. Vielmehr zeigt sich, dass eine bereits vor der Pflegeübernahme vorhandene eher schwache Verankerung am Arbeitsmarkt durch Teilzeit-Erwerbstätigkeit, niedriges Einkommen und niedrige Berufsposition mit einem höheren Engagement in der Pflege einhergeht. Dieser Befund zur Bedeutung des

SÖS lässt sich zumindest für die Übernahme intensiver Pflegetätigkeit belegen und kann durch die sog. Opportunitätskostenhypothese erklärt werden. Demnach wird der Einkommensausfall, der durch die Reduktion oder Aufgabe der Erwerbsarbeit entsteht, umso eher durch die Einnahmen (z.B. Pflegegeld) oder vermiedenen Mehrkosten (z.b. durch die Nicht-Inanspruchnahme von professioneller Pflege) aufgewogen, je niedriger das durch die Erwerbsarbeit erzielte Einkommen ist (Keck 2012).

5.3.1 Erwerbsstatus der im Projekt PflegeIntersek Befragten

Von den 22[3] befragten sorgenden Angehörigen waren 19 vor der Übernahme der Pflege mehr als geringfügig beschäftigt, davon elf in Vollzeit und acht in Teilzeit. Von den elf Vollzeit-Erwerbstätigen haben sieben ihre Arbeitszeit während der Pflege beibehalten, eine Person hat ihre Arbeitszeit reduziert (auf 33 Stunden), drei haben ihre Erwerbstätigkeit aufgegeben. Von den acht Teilzeit-Erwerbstätigen haben drei ihre Arbeitszeit während der Pflege nicht verändert, zwei haben die Arbeitszeit weiter reduziert, drei haben ihre Erwerbstätigkeit aufgegeben.

Der Erwerbsstatus des Samples vor der Pflege (elf Vollzeit, acht Teilzeit, drei nicht erwerbstätig) änderte sich im Laufe der Pflegedauer in: sieben Vollzeit, sechs Teilzeit, neun nicht erwerbstätig. Die Pflegebewältigungstypen 1 und 2 weisen eine stabile Erwerbsbeteiligung über die Pflegedauer hinweg auf, hier scheinen keine größeren Vereinbarkeitsprobleme auf bzw. können diese durch den Zukauf von Diensten (Typ 1 – „Pflegeorganisation rund um die Erwerbstätigkeit") oder die Unterstützung durch die Familie (Typ 2 – „Aktive Nutzung von Familienressourcen") gelöst werden, wobei in beiden Typen auch pflegesensible Arbeitsbedingungen eine wichtige Rahmenbedingung darstellen.

Typ 3 weist als einziger Typus bereits vor der Übernahme der Pflege nicht erwerbstätige Angehörige auf und geht mit Übernahme der Pflege geschlossen in den Status der Nicht-Erwerbstätigkeit über, der als Ersatz bzw. Alternative zur „Normalität" der Erwerbsarbeit konzipiert ist („Pflege als Sinnstiftung").

Typ 4 („Ringen um Kontrolle") tendiert zur Aufrechterhaltung des Erwerbsstatus vor Übernahme der Pflege, was aber nicht in jedem Fall vollständig gelingt, während Typ 5 („Alternativlosigkeit) mit Übernahme der Pflege von der Vollzeit- bzw. Teilzeit-Erwerbstätigkeit in den Status der Nicht-Erwerbstätigkeit

---

3   Frau Cordes und Frau Heinrich werden zweimal gezählt, da sie in der frühen Pflegephase zu Typ 1 und in der späteren Pflegephase zu Typ 3 (Heinrich) bzw. Typ 5 (Cordes) zugeordnet werden.

wechselt, allerdings nicht als sinnstiftende Alternative, sondern aus erzwungener Notwendigkeit der Umstände.

Betrachtet man die Veränderung des Erwerbsstatus nach Übernahme der Pflege aus einer Geschlechterperspektive, so fällt auf, dass die Männer in unserem Sample ihren Erwerbsstatus durchgängig beibehalten, wobei drei Männer bereits vor der Pflegeübernahme nicht erwerbstätig waren (vgl. Abb. 1).

Abb. 1: Erwerbsstatus von Männern im Pflegeverlauf nach Typen (n=7)

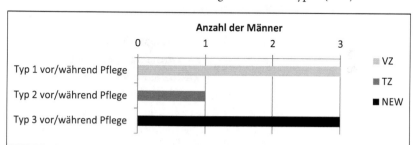

VZ = Vollzeit, TZ = Teilzeit, NEW = nicht erwerbstätig
Quelle: eigene Darstellung

Ebenso bleiben die Frauen in Typ 1 und 2 nach Übernahme der Pflege Vollzeit bzw. Teilzeit erwerbstätig. In den Typen 3 („Sinnstiftung") und 5 („Alternativlosigkeit") geben alle sorgenden Frauen ihre Vollzeit- oder Teilzeit-Erwerbstätigkeit komplett auf, in Typ 4 („Ringen um Kontrolle") reduziert eine Frau von Vollzeit auf Teilzeit, während die anderen ihre Vollzeit- bzw. Teilzeit-Erwerbstätigkeit beibehalten (vgl. Abb. 2). Insbesondere für die sorgenden Angehörigen mit einer „eher prekären" Pflegebewältigung (Typ 4 und 5) spielt dabei die Problematik der Vereinbarkeit von Pflege und Beruf eine bedeutende Rolle.

Insgesamt verhalten sich Frauen der Typen 2, 3 und 5 geschlechtsrollen-konform, auch wenn sie – wie in Typ 2 – erwerbstätig bleiben: Hier überwiegt die Fürsorgeorientierung, sie würden ihre Erwerbstätigkeit im Zweifelsfall aufgeben. Die Frauen der Typen 1 und 4 hingegen verhalten sich geschlechtsrollen-nonkonform, sie halten an ihrer Erwerbstätigkeit fest, weil bei ihnen die Erwerbsorientierung überwiegt. Bei den Männern findet sich Geschlechtsrollen-Konformität in Typ 1, während sich Männer in Typ 2 und 3 geschlechtsrollen-nonkonform verhalten, bei ihnen überwiegt die Fürsorgeorientierung (vgl. Kap. 5.2).

Von denjenigen Frauen, die ihre Erwerbstätigkeit während der Pflege aufgeben (Typ 3 und Typ 5), sind zwei einem hohen SÖS zugeordnet und weisen keine

Abb. 2: Veränderung des Erwerbsstatus von Frauen im Pflegeverlauf nach Typen (n=15*)

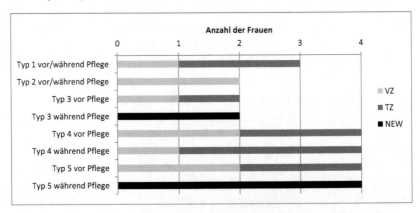

* Frau Cordes und Frau Heinrich werden hier zweimal gezählt. Frau Cordes einmal zu Typ 1 (Teilzeit) und einmal zu Typ 5 (von Teilzeit zu Aufgabe der Erwerbstätigkeit). Frau Heinrich einmal zu Typ 1 (Teilzeit) und einmal zu Typ 3 (von Teilzeit zu Aufgabe der Erwerbstätigkeit).
** Frau Uenal (Typ 2) war vor der Übernahme der Pflege Schülerin, ihr Status wird als Vollzeit erwerbstätig gewertet.
*** VZ = Vollzeit, TZ = Teilzeit, NEW = nicht erwerbstätig
Quelle: eigene Darstellung

Migrationserfahrung auf. Vier sind einem niedrigen SÖS zugeordnet, wovon zwei türkischstämmig sind.

Bevor nun nach den Gründen für die jeweiligen Erwerbsverläufe gefragt wird, soll zunächst die Bedeutung der Erwerbsarbeit für die Bewältigung der Pflegesituation in den Blick genommen werden. Denn nur unter dieser Perspektive kann die normative Frage nach dem Sinn und Zweck der Aufrechterhaltung von Erwerbsarbeit während der Pflege behandelt werden.

5.3.2 Die herausragende Funktion von Erwerbstätigkeit für die Selbstsorge

Folgt man der so genannten Rollenerweiterungshypothese, kann Erwerbstätigkeit pflegende Angehörige entlasten und stabilisieren. Durch die Übernahme von mehreren Rollen im Alltag werden Fähigkeiten erweitert, soziale Kontakte aufgebaut und das Selbstbewusstsein gestärkt:

> „Pflegende Angehörige können sich beispielsweise am Arbeitsplatz von pflegebedingten Sorgen ablenken, sich in einem anderen Kontext nützlich und kompetent fühlen, finanziell absichern und vom sozialen Austausch mit den Kolleginnen und Kollegen emotional profitieren." (Pinquart 2016, 67)

Diese Annahme korrespondiert mit dem analytischen Konzept der Pflegebewältigung, das Erwerbstätigkeit als eine Ausprägung von Selbstsorgehandeln sowie Teil von individuellen Bewältigungsstrategien betrachtet, und wird von den Ergebnissen des Projekts PflegeIntersek bestätigt: Die erwerbstätigen sorgenden Angehörigen berichten in ihrer großen Mehrheit von den entlastenden Effekten ihrer Erwerbstätigkeit. Exemplarisch kann hier Herr Kaya (Typ 1) angeführt werden, der sich als Organisator und Kümmerer für seine Familie präsentiert und gleichzeitig die Wichtigkeit seiner beruflichen Karriere betont. Für ihn ist die Erwerbsarbeit zum einen Entlastung, „teilweise wie Urlaub" (Herr Kaya, Z. 1158), und zum anderen auch ein Kompetenzbereich, der grundlegend zur Steigerung des Selbstwerts beiträgt:

> „Deswegen bin ich auch nicht im ersten Schritt bereit zu sagen, ich gehe da ein Stück weit ... trete da kürzer. Also weil ich – ich weiß, es macht mir Spaß, wenn ich meinen Job in Ruhe erledigen kann. Und – und die – die Dinge regeln kann und entwickeln kann, ja, und ich sage mal so, Ergebnisse produzieren kann, dann hilft mir das auch in der Motivation generell, ja." (Herr Kaya, Z. 1162-1166)

Herr Stelter (Typ 1), für den die Erwerbsarbeit vorrangig identitätsstiftend ist, bringt den motivierenden Effekt seiner Berufstätigkeit bildlich auf den Punkt: *„Von irgendwas muss der Schornstein rauchen. (Ja) Ja, und wenn ich nicht mehr erwerbstätig bin, von was soll ich ..."* (Herr Stelter, Z. 1398-1399)

Frau Keller (Typ 1), die – als kinderlose Frau – eine langjährige kontinuierliche Vollzeit-Erwerbstätigkeit aufweist, betont beispielhaft die Möglichkeiten zur emotionalen Distanz von der Pflegesituation durch die Erwerbstätigkeit:

> „Also ich möchte schon mein Leben so normal wie möglich halten. Und ich glaube, es würde mich auch emotional noch viel, viel mehr vereinnahmen, wenn ich jetzt halt längere Zeit dann auch noch bei meiner (Mhm) wäre, ja?" (Frau Keller, Z. 570-573)

Zudem betont sie die soziale Einbindung durch die Kolleg*innen:

> „Ich finde hier so diese Arbeit hat ja auch so einen sozialen Aspekt. Also man ist ja hier auch (Mhm) unter den Kollegen, man kriegt was ganz anderes mit. Man muss an was anderes denken, (Mhm) also und das ist mir auch wichtig, (Mhm) ne?" (Frau Keller, Z. 577-580)

Frau Demir (Typ 2), die in der Pflege des Vaters von ihrem Ehemann, ihrer Schwester und ihrer Mutter unterstützt wird, beschreibt das Festhalten an der

Vollzeit-Erwerbstätigkeit als die Möglichkeit des Eintauchens in eine andere Welt ohne Gedanken an die Pflegesituation:

> „Also das war schon, wie ich gesagt habe, also weil man hat ja dann quasi, wenn ich zum Beispiel damals das Arbeiten aufgegeben hätte, kein- keine Möglichkeit, irgendwie mich – mich zu entlasten, ne? Wenn ich dann zum Beispiel um meinen Vater mich gekümmert habe, da waren ja die Kinder da, dann war meine Mutter da oder halt andere Probleme, das kam ja dann halt immer wieder. Und bei der Arbeit ist es ja so, dass man ja quasi die Sachen hinter sich lässt und man ist nur mit den Leuten oder beziehungsweise mit der Arbeit dann beschäftigt." (Frau Demir, Z. 551-557)

Ähnlich formulieren es auch Frau Jakobi (Typ 4), die Teilzeit erwerbstätig ist und mit ihrer Mutter in einem Haus wohnt: *„Ich muss mich mal mit was anderem beschäftigen als immer nur irgendwie was Negatives."* (Frau Jakobi, Z. 978-979) und Frau Yüksel (Typ 4), deren Vollzeit-Erwerbstätigkeit für sie nicht verhandelbar ist:

> „Also die Arbeit hat mich aus dem Stress auch wieder rausgeholt. Das war eine andere Beschäftigung und ja, insofern hat mir die Arbeit da eben auch nochmal neue Kraft gegeben." (Frau Yüksel, Z. 407-408)

Die Aufrechterhaltung der eigenen Erwerbstätigkeit ist für viele der befragten sorgenden Angehörigen ein herausragendes Instrument der Selbstsorge, eine Möglichkeit des Energietankens, um die Pflegeaufgaben dauerhaft bewältigen zu können. Frau Meierjohann (Typ 4), die 30 Stunden pro Woche einer selbständigen Tätigkeit nachgeht, bringt dies vielleicht am stärksten zugespitzt zum Ausdruck: *„Ich arbeite gerne und das – das habe ich auch dann richtig ausgekostet."* (Frau Meierjohann, Z. 622)

Interessant ist, dass sowohl diejenigen sorgenden Angehörigen, die ihren Erwerbsstatus während der Pflege aufrechterhalten, diese positiven Effekte der Erwerbstätigkeit betonen, als auch diejenigen, die ihre Arbeitszeit im Verlauf der Pflegedauer reduzieren. So beispielsweise Frau Herbst (Typ 4), die ihre Vollzeit-Stelle auf 33 Stunden pro Woche reduziert hat und eine weitere Reduktion der Arbeitszeit auf 30 Wochenstunden plant, aber unbedingt an ihrer Erwerbstätigkeit festhalten will:

> „Ich sage mal, es ist halt auch mal ein bisschen abschalten. Es ist halt was anderes. Man ist ... ja, ich denke halt auch mal nicht an zu Hause, ne? Das ist eigentlich auch ganz gut, auch zum Abschalten. Es ist natürlich dann hier in der Praxis irgendwie stressig, aber wenn ich dann hier bin, dann bin ich auch hier. Und dann ist zu Hause zu Hause. Kann auch ein Vorteil sein, ne, also ist jetzt nicht so, ich sage mal, wenn man dann vielleicht 24 Stunden mit der Person zusammen ist, ich sehe es ja am Wochenende, ich weiß nicht, ob das sieben Tage die Woche so gut ist für einen selber. Ich sage mal, wenn man im – im pflegerischen Bereich tätig ist, die gehen nach

Hause. Die schalten ab. Aber man selber ist ja dann immer noch wieder präsent. Ich glaube nicht, dass das für einen selber so gut ist." (Frau Herbst, Z. 958-968)

Sogar bei denjenigen, die ihre Erwerbstätigkeit für die Pflege aufgegeben haben, hat diese zum Teil noch einen hohen Stellenwert. So äußert z.B. Frau Aslan (Typ 5), die die Pflege während ihrer Elternzeit übernommen hat, dass sie in manchen Momenten des Pflegealltags *„lieber zwölf Stunden arbeiten gehen"* würde (Frau Aslan, Z. 845-847). Gleichzeitig belastet sie, dass sie keine realistische Möglichkeit der Wiederaufnahme der Erwerbstätigkeit nach der Elternzeit sieht:

> „Und meine Überlegung immer: Was mache ich, wenn ich arbeiten gehe? (Ja) Was mache ich dann? Ich kann ja nicht ... ich gehe fünfmal die Woche arbeiten, fünf Tage lang sechs Stunden, sieben Stunden jemanden da hinsetzen. Das geht nicht." (Frau Aslan, Z. 852-855)

Frau Bührmann (Typ 5), die vor der Pflege als Selbständige erwerbstätig war, vermisst ihre Erwerbstätigkeit ebenfalls:

> „Das hätte ich gerne weiter gemacht. Aber das ging ja gar nicht mehr, ne, weil es ist ja im Grunde genommen nicht mal mehr möglich gewesen, mit gutem Gewissen eine Verabredung einzugehen oder sich Karten für irgendwas im Vorhinein zu kaufen, oder zu bestellen oder auszumachen irgendwas, weil garantiert war es so, dass irgendetwas ganz Unvorhergesehenes wieder passierte genau da an dem Tag oder Abend." (Frau Bührmann, Z. 977-982)

Die Nicht-Erwerbstätigkeit kann in diesen Fällen als Verhinderung von Selbstsorgehandeln interpretiert werden, so auch bei Frau Goder (Typ 3), die sich Sorgen macht um den Wiedereinstieg nach der Pflege aufgrund ihrer jahrelangen Nicht-Erwerbstätigkeit:

> „Wenn meine Mutter nicht mehr lebt, kann das sein, dass ich in die Arbeitslosigkeit rutsche, ich bin ja nun auch schon nicht mehr die Jüngste – weiß man nicht. Also ist ... das Risiko besteht." (Frau Goder, Z. 1251-1254)

Hier zeigt sich, dass selbst bei einer „eher gelingenden" Pflegebewältigung („Pflege als Sinnstiftung") perspektivisch eine prekäre Lebenssituation nach Beendigung der Pflege entstehen kann.

5.3.3 Stabilisierende Faktoren des Erwerbsstatus

Wenn die Erwerbstätigkeit einen derartig hohen Stellenwert für die Selbstsorge in der Pflege hat, erscheint es normativ als wünschenswert, den Erwerbsstatus von sorgenden Angehörigen langfristig stabil zu halten. Wie aus vielfachen Studien bekannt (Dosch 2012; Kohler/Döhner 2012; Kümmerling/Bäcker

2012; Reuyß u.a. 2012; Keck u.a. 2009; Schneider u.a. 2006), spielen gute Vereinbarkeitsbedingungen eine bedeutende Rolle für die Aufrechterhaltung der Erwerbsarbeit während der Pflege. Vor allem flexible Arbeitszeiten, die Möglichkeit zur (vorübergehenden) Arbeitszeitreduktion und generell eine gewisse betriebliche Flexibilität in Bezug auf das Tätigkeitsspektrum und den Arbeitsort stellen wirkungsvolle Instrumente für die Vereinbarkeit von Beruf und Pflege dar. Problematisch sind hingegen Arbeitsanforderungen wie hohe Mobilität und zeitliche Verfügbarkeit. Insbesondere sensibilisierte Vorgesetzte spielen in Bezug auf die tatsächlich umgesetzte Pflegefreundlichkeit eines Unternehmens eine wichtige Rolle. Eine Unternehmensbefragung des Zentrums für Qualität in der Pflege (Eggert u.a. 2015) macht allerdings deutlich, dass hier noch erheblicher Entwicklungs- und Handlungsbedarf besteht: Die Vereinbarkeit von Pflege und Beruf ist in den Betrieben demnach zwar als wichtiges Thema angekommen. Dieses Bewusstsein steht jedoch in deutlicher Diskrepanz zu der Bereitschaft in einem Großteil der Unternehmen, Maßnahmen im Sinne von Pflegefreundlichkeit betrieblich zu verankern und die eigenen Führungskräfte demensprechend zu schulen.

Bei den befragten sorgenden Angehörigen des Projekts PflegeIntersek werden häufig flexible Arbeitszeiten als wichtige unterstützende Rahmenbedingung benannt, so z.B. bei Frau Yüksel (Typ 4) in Form eines Gleitzeitmodells:

> „Mir hat dabei die Arbeitszeitregelung viel geholfen. Also ich habe in meiner Firma Gleitzeit. Gleitzeitregelung. Ich kann mir das also selber aufteilen. Da bin ich sehr früh in der Firma gewesen, also wenn ich jetzt beispielsweise Termine hatte, die ja auch oft vorkamen, dann bin ich beispielsweise an dem Tag sehr früh zur Arbeit gefahren und dann meine Arbeit geschafft und dann eben früher Feierabend gemacht. So dass ich dann diese Termine auch wahrnehmen konnte. Darüber habe ich das dann gesteuert. Das hat auch funktioniert. Diese Telefonate, die ich dann tagsüber hin und wieder führen musste, ja, also das war bisher Gott sei Dank kein Problem bei meinem Arbeitgeber. Das ist dann eben über Pausenzeiten geregelt." (Frau Yüksel, Z. 291-298)

Oder noch flexibler bei Herrn Kaya (Typ 1), der eine Leitungsfunktion einnimmt und sich seine Arbeitszeit größtenteils selbst einteilen kann:

> „Ja, und – und wie gesagt, wenn ich mir vorstelle, ich wäre irgendwo in einem Betrieb, wo ich acht Stunden an einer Maschine arbeiten muss oder irgendwo, wo ich halt gebunden bin oder in der Gastronomie hinter der Theke oder so was – keine Chance. Ich hätte keine Chance." (Herr Kaya, Z. 597-600)

Zeitflexibilität kann aber auch punktuell funktional eingesetzt werden wie bei Herrn Aydin (Typ 2), der Teilzeit erwerbstätig ist:

„Also ich kann mir die Zeiten auch aussuchen, wann ich arbeite. Jetzt nicht immer, aber ich kann so angeben, da hätte ich gerne frei. Und ja, dann, wenn – wenn meine Mutter einen Arzttermin hat, dann nehme ich mir an dem Tag frei." (Herr Aydin, Z. 466-469)

Oder bei Herrn Otten (Typ 1), der sich primär über seine Vollzeit-Erwerbstätigkeit definiert und versucht, Pflegeanforderungen um die Erfordernisse der Erwerbsarbeit herum zu organisieren:

„Naja, also ich bin ja relativ selbstständig in der Ausgestaltung meiner Arbeitszeit. Aber es gibt natürlich auch Dinge, die sind unverrückbar. (...) Darum herum habe ich das dann halt immer alles mir zurecht gebastelt." (Herr Otten, Z. 799-807)

Zu einer guten zeitlichen Planung der Vereinbarkeit gehört aber z.B. auch eine langfristige Perspektive wie die Urlaubsplanung. Frau Jakobi (Typ 4) macht hier deutlich, wie Anforderungen der Pflege und der Erwerbsarbeit ineinandergreifen:

„(...) wenn es nämlich darum geht, dass ich sage, liebe Leute, wir müssen uns mal auf einen Urlaubsplan einigen, weil für mich ist es sehr wichtig, das sehr früh zu wissen, ansonsten kriege ich nämlich sehr schlecht einen Kurzzeitpflegeplatz." (Frau Jakobi, Z. 922-925)

Auch die Flexibilität des Arbeitsorts wurde als wichtiges Vereinbarkeitsinstrument benannt:

„Mein Arbeitgeber war eigentlich immer sehr sozial eingestellt und hatte eigentlich für solche Fälle seinen Mitarbeitern die Möglichkeit von zwei Telearbeitstagen eingeräumt." (Herr Stelter, Z. 1074-1076)

Herrn Stelter (Typ 1) ist es somit möglich, einen Tag pro Woche im Homeoffice zu arbeiten, um der sog. „24-Stunden-Pflegekraft" einen freien Tag pro Woche zu garantieren.

5.3.4 Gründe für Arbeitszeitreduktion oder Ausstieg aus der Erwerbsarbeit

Umgekehrt werden mangelnde Vereinbarkeitsbedingungen als Grund für die Reduktion oder Aufgabe der Erwerbsarbeit angeführt. So beschreibt z.B. Frau Cordes (wechselt von Typ 1 in Typ 5) die Aufgabe der Erwerbstätigkeit als Lösung für unvereinbare Anforderungen: *„(...) weil beides zu bewältigen, war ich gar nicht mehr imstande zu tun."* (Frau Cordes, Z. 925-926)

Ähnlich schildert Frau Heinrich (Typ 3), die ihre Vollzeit-Erwerbstätigkeit zunächst reduziert und dann ganz aufgegeben hat, den Konflikt zwischen Erwerbstätigkeit als Selbstsorgehandeln und der Unmöglichkeit der Vereinbarkeit von Pflege und Beruf: *"Also ich hätte lieber gearbeitet. Ich hatte es in der Arbeit besser."* (Frau Heinrich, Z. 71) *"Ich wurde da ... ich konnte nicht mehr den Beruf und die Aufgaben hier miteinander verbinden."* (Frau Heinrich, Z. 110-111) Vereinbarkeitskonflikte zählen zu den höchsten Belastungsfaktoren von pflegenden Angehörigen (Pinquart 2016, 68). Die Rollenkonflikthypothese geht davon aus, dass mehrere parallel ausgeübte Rollen zu Zeit- und Rollenkonflikten führen können. Insbesondere Zeitkonflikte werden oft auf Kosten der eigenen Erholung gelöst (Pinquart 2016, 67; siehe auch Auth u.a. 2016). Selbst Frau Keller (Typ 1), die ihre Vollzeiterwerbstätigkeit langfristig aufrechterhält, formuliert in Hinblick auf die zeitliche Belastung:

> „Wobei, es ist schon, also in den Zeiten, wo viel anliegt zu Hause, ist es teilweise schwer, halt seine 40 Stunden hinzukriegen. Und umgekehrt hat man, was weiß ich, so 13-/14-Stunden-Tage, ja? (Mhm) Also dann wird es hart." (Frau Keller, Z. 592-594)
>
> „Also es ist auch so, dass ich dann auch manches Mal denke: Naja, mal gucken, wie lange du das durchhältst zeitlich, auch diese zeitliche Belastung." (Frau Keller, Z. 869-870)

Frau Kessler (Typ 5), die ihre Vollzeit Erwerbstätigkeit für die Pflege aufgegeben hat, schildert ihre Überlastungssituation, die zu dieser Entscheidung geführt hat, folgendermaßen:

> „(...) nachher war ich dann mal wieder kurze Zeit arbeiten, aber immer nur für wenige Tage, wenige Wochen, mich immer wieder, immer wieder, immer wieder auf ein Neues krankschreiben lassen. [...] Ja, und darüber hatte ich dann einen Nervenzusammenbruch. Da habe ich gesagt, nein, also Mama muss ins Heim. Ich kann nicht mehr, ich kann nicht mehr." (Frau Kessler, Z. 105-108 und Z. 117-118)

Neben der zeitlichen Belastung können auch Konflikte mit Kolleg*innen über die Flexibilitätserfordernisse, die aus der Pflegesituation entstehen, zusätzlichen Stress auslösen, so beispielsweise bei Frau Meierjohann (Typ 4):

> „Da hat ... mein Kollege hat mich da schon sehr unterstützt. Der hat es aber auch nicht verstanden, wie schwierig das zu Hause war, auch wenn ich ihm das erzählt habe. Und da haben wir uns auch manchmal ... haben wir uns auch einmal ganz fürchterlich drüber gezankt." (Frau Meierjohann, Z. 552-556)

Stress kann selbst dann entstehen, wenn der Konflikt nur als Möglichkeit im Raum steht und (noch) gar nicht real existiert, wie bei Frau Yüksel (Typ 4):

> „Es gab sogar Zeiten, wo ich auch ernsthaft überlegt und auch Angst hatte, dass ... ja, dass meine Kollegen das nervt. Also gerade in der Zeit, wo es so, wo ich die neue Pflegekraft gesucht habe und viel und sehr lange verzweifelt war, weil ich keine Dame gefunden habe, die zu meiner Oma passt, da hatte ich auch sehr oft die Gedanken,

dass ich wegen meiner Oma eventuell meinen Arbeitsplatz verliere. Also diese Angst und diese Gedanken hatte ich zeitweise. Auch wenn meine Kollegen mir nicht das Gefühl gegeben haben, aber trotzdem, also zeitweise waren da schon sehr viele Telefonate, die ich da tagsüber geführt habe. Wo ich auch manchmal lauter werden musste." (Frau Yüksel, Z. 337-340)

Es können aber auch belastende Rollenkonflikte anderer Art auftreten, die durch die enge zeitliche Taktung zwischen Pflege- und Berufstätigkeiten sowie die Unvorhersehbarkeit von Pflegesituationen und die Ausblendung der Pflegerolle aus dem Bereich der Erwerbstätigkeit entstehen: So schildert Herr Kaya (Typ 1) beispielsweise die Situation, als er schon im Business-Outfit auf dem Weg zu einem wichtigen Termin noch kurz bei seinem Vater vorbei schaut und diesen in einem desolaten Zustand antrifft. Er muss spontan und unter Zeitdruck Urin und Kot beseitigen, den Vater auskleiden, waschen und neu anziehen.

> „So, und dann Situation erledigt, dann eine Stunde Fahrt zum Kunden und dann auf höchster Ebene, sage ich mal, im ... mit ... im Top-Management ein Gespräch führen." (Herr Kaya, Z. 335-337)

Alle diese Belastungsfaktoren können zu einer Reduktion oder zur Aufgabe von Erwerbstätigkeit führen.

5.3.5 Wahlfreiheit zwischen Pflege und Beruf?

Aber nicht in jedem Fall ist diese Reaktion auf Vereinbarkeitsprobleme finanziell möglich und die Erwerbstätigkeit muss aus Gründen der Existenzsicherung aufrechterhalten werden. So beschreibt beispielsweise Frau Herbst (Typ 4), dass sie zwar ihre Arbeitszeit reduzieren, aber nicht komplett auf ihr Erwerbseinkommen verzichten kann:

> „Finanziell nicht möglich. Das geht leider nicht. Ich sage, dafür ist es halt dann halt wirklich mit dem Pflegegeld, habe dann leider etwas zu wenig, dass ich das dann halt ... ich bin halt auch nicht verheiratet." (Frau Herbst, 951-953)

Und Frau Kessler (Typ 5) macht sich große Sorgen, ob sie auch nach Ablauf ihrer aus gesundheitlichen Überlastungsgründen gewährten Rente auf Zeit in der Nicht-Erwerbstätigkeit verbleiben kann, sollte ihre Mutter noch leben:

> „In dieser Rente auf Zeit befinde ich mich dann jetzt bis nächstes Jahr September (...) Was allerdings nächstes Jahr im September passiert, weiß keiner von uns." (Frau Kessler, Z. 156-169)

Insofern wirkt ein hoher SÖS nicht nur fördernd für die Ermöglichung der Vereinbarkeit von Pflege und Beruf, weil er den Zukauf von entlastenden Diensten erlaubt, sondern er ist auch die Voraussetzung für eine Einschränkung oder Aufgabe der Erwerbstätigkeit. Wahlfreiheit zwischen Pflege und Beruf kann auch durch familiäre Unterstützung hergestellt werden, insofern wurde im Pflegebewältigungstyp 2 ein entlastendes Familiennetzwerk als funktionales Äquivalent zu einem hohen SÖS identifiziert. Im Fall von Frau Herbst (s.o.) wird zudem deutlich, dass die finanzielle Absicherung durch das Einkommen eines Ehemannes[4] ebenso als funktionales Äquivalent für einen hohen SÖS durch eigene Erwerbstätigkeit fungieren und Wahlfreiheit ermöglichen kann.

Weitere Gründe für eine Einschränkung der Wahlfreiheit können in der mangelnden Verfügbarkeit von adäquaten unterstützenden Dienstleistungen liegen. So verzichtet Frau Bührmann (Typ 5) – trotz hohem SÖS – beispielsweise auf einen Pflegedienst, da dieser nur früh am Morgen kommen kann, während ihre Mutter gerne lange schläft. Bei Frau Aslan (Typ 5) steht die Überlegung im Raum, nach ihrer Elternzeit die Mutter in die stationäre Pflege zu geben, aber es findet sich kein kultursensibles Angebot. Frau Cordes hat zunächst (hier: Typ 1) eine türkischsprachige Betreuungskraft, die während ihrer Arbeitszeit ihre Mutter versorgt. Als diese nicht mehr zur Verfügung steht, gibt Frau Cordes ihre Erwerbstätigkeit auf (und wechselt in Typ 5). Auch bei Frau Yüksel (Typ 4) steht und fällt das Pflegearrangement mit einem kultursensiblen Angebot, das derzeit durch eine sog. „24-Stunden-Pflegekraft" realisiert werden kann. Insgesamt wird an diesen Beispielen nochmals deutlich, wie die Differenzkategorie Ethnizität indirekt auf Grund der Verfügbarkeit oder Nicht-Verfügbarkeit kultursensibler Dienste für die sorgenden Angehörigen wirksam wird.

Zusammenfassend bleibt festzuhalten: Erwerbstätigkeit konnte im Projekt PflegeIntersek als wichtige Form des Selbstsorgehandelns sowohl von Männern als auch von Frauen identifiziert werden und trägt bei den sorgenden Angehörigen der Pflegebewältigungstypen 1 und 2 wesentlich zu einer gelingenden Pflegesituation bei. Im Pflegebewältigungstyp 3 ist die Selbstsorge nicht an Erwerbstätigkeit geknüpft, die sorgenden Angehörigen dieses Typs sind alle nicht erwerbstätig, und trotzdem gelingt es ihnen, die Pflegesituation für sich positiv zu bewältigen. Hingegen muss die Nicht-Erwerbstätigkeit von sorgenden Angehörigen im Pflegebewältigungstyp 5 als Verhinderung von Selbstsorgehandeln interpretiert werden, während im Pflegebewältigungstyp 4 um die Aufrechterhaltung des Erwerbsstatus trotz ungünstiger Rahmenbedingungen in Bezug auf die Verfüg-

---

4 Die gleiche Funktion könnte eine finanzielle Unterstützungsleistung durch andere Familienmitglieder erfüllen.

barkeit von adäquaten unterstützenden Diensten gerungen wird. Erwerbstätigkeit ist also auch in diesem Typus Ausdruck von Selbstsorgehandeln.

Insgesamt kann konstatiert werden, dass sich pflegesensible Arbeitsbedingungen, ein adäquates (kultursensibles) Dienstleistungsangebot in Kombination mit einem hohen SÖS bzw. alternativ: einem funktionierenden familialen Unterstützungsnetzwerk günstig für die Aufrechterhaltung des Erwerbsstatus von sorgenden Angehörigen auswirken. Ebenso wirkt bei Männern ein geschlechtsrollen-konformes Verhalten und bei Frauen ein geschlechtsrollen-nonkonformes Verhalten begünstigend auf die Beibehaltung der Erwerbstätigkeit. Ein hoher SÖS ist gleichzeitig die Voraussetzung für echte Wahlfreiheit in Bezug auf die Reduktion oder Aufgabe der Erwerbstätigkeit, zumal Zeitrechte für sorgende Angehörige (Pflegezeit, Familienpflegezeit) bislang nicht mit einer Lohnersatzleistung verbunden sind.[5] Langfristig stellen sich Fragen des Wiedereinstiegs in den Arbeitsmarkt bzw. der Rückkehr auf eine Vollzeit-Erwerbstätigkeit nach der Pflegephase sowie der eigenen Altersvorsorge. Daraus ergeben sich aus einer normativen Perspektive wiederum politische Handlungsfelder, um eine nachhaltig gelingende Bewältigung der Pflegesituation für sorgende Angehörige zu ermöglichen.

5.4 Ethnizität in Wechselwirkungen mit den anderen Differenzkategorien

„Die Bevölkerung mit Migrationshintergrund ist sehr heterogen." (Tezcan-Güntekin u.a. 2015, 6) Mit diesem Satz leitet die im Auftrag der Beauftragten der Bundesregierung für Migration, Flüchtlinge und Integration erstellte Expertise „Pflege und Pflegeerwartungen in der Einwanderungsgesellschaft" die Zusammenfassung ihrer Ergebnisse ein. Diese Aussage wird ebenfalls durch die Ergebnisse der PflegeIntersek-Studie stark untermauert, welche türkischstämmige sorgende Angehörige mit in den Blick nimmt.

Bisher vorhandene, vorwiegend qualitative Untersuchungen hatten darauf hingewiesen, dass sich die Pflegebedürfnisse und -erwartungen von Pflegebedürftigen mit Migrationshintergrund zumindest teilweise von denen der Pflegebedürftigen ohne Migrationshintergrund unterscheiden. Dabei werden jedoch lückenhafte Datengrundlagen, eine teils widersprüchliche Studienlage sowie hoher, weiterer Forschungsbedarf konstatiert (ebd., vgl. auch Kap. 2 dieses Buchs).

---

5   Abgesehen von der kurzfristigen Pflegefreistellung von maximal 10 Arbeitstagen.

Mit Blick auf Familien mit türkischem Migrationshintergrund, die pflegebedürftige Angehörige versorgen, zeigten einige Studien auf, dass diese in Pflegesituationen ambulante und (teil-)stationäre Leistungen in eher geringem Maß bzw. weniger kontinuierlich in Anspruch nehmen (z.B. Kücük 2012; Okken u.a. 2008). Dies wurde zunächst v.a. auf Wissens- und Informationsdefizite sowie sprachliche und kulturelle Barrieren zurückgeführt. Als Erklärungsfaktoren wurden beispielsweise Angst vor Ansehensverlust in der eigenen „Community", wenn in dieser Pflege als Familiensache gilt (Dibelius 2012), Diskriminierungserfahrungen mit staatlichen Institutionen sowie Scham und Tabuisierung von Demenzerkrankungen genannt (ausführlich zum Forschungsstand Tezcan-Güntekin/Razum 2018, 70f.).

In jüngerer Zeit scheint die Inanspruchnahme von professioneller Unterstützung jedoch tendenziell zuzunehmen. Hürden der Inanspruchnahme werden inzwischen weniger auf Unterschiede in den Präferenzen als auf (finanzielle) Zugangsbarrieren zurückgeführt (Tezcan-Güntekin u.a. 2015, 5). Tezcan-Güntekin/Razum (2018, 79) arbeiten beispielsweise heraus, dass eine kontinuierliche Nutzung von Unterstützungsangeboten insbesondere *„durch fehlende Nutzerorientierung und eine geringe Passung in die individuellen Lebenswelten verhindert wird"*. Eine – wenngleich qualitative und nicht repräsentative – Studie von Krobisch u.a. (2014) zu Pflegeerwartungen türkischstämmiger Menschen kommt entgegen früheren Erkenntnissen zu dem Ergebnis, dass diese für professionelle Dienste durchaus offen sind. Dies deutet auf weiteren Forschungs- sowie Differenzierungsbedarf hin. Zudem

> „[...] gilt es, nicht ausschließlich den Migrationshintergrund eines Menschen zu sehen, der diesen in eine vermeintlich einheitliche ‚Kultur' einordnet, denen bestimmte Handlungsweisen oder Bedürfnisse zugeschrieben werden. Die Bedürfnisse von Menschen aus bestimmten Herkunftsländern sind ebenso heterogen wie die von Menschen in der autochthonen Bevölkerung – auch wenn teilweise migrationsspezifische Erwartungen innerhalb Communities vorhanden sein können." (Tezcan-Güntekin/Razum 2018, 81)

Auf dieser Vorannahme baut die intersektionale Herangehensweise der vorliegenden Studie auf. Anliegen des PflegeIntersek-Projekts war es, die Bedeutung der Strukturkategorie Ethnizität (operationalisiert als Vorhandensein oder nicht eines türkischen Migrationshintergrunds) in der Bewältigung von Pflegesituationen durch sorgende Angehörige zu untersuchen und dabei insbesondere die Wechselwirkungen mit den Kategorien SÖS, Geschlecht und Erwerbstätigkeit in den Blick zu nehmen. Im Rahmen des PflegeIntersek-Projekts wurden acht Interviews vertiefend ausgewertet, in denen die sorgenden Angehörigen einen türkischen Migrationshintergrund aufwiesen, darunter fünf Frauen, drei Männer, vier Personen mit geringem SÖS, vier mit hohem SÖS, fünf Erwerbstätige und drei Nicht-Erwerbstätige. Zwölf Interviewte gehörten der autochthonen Bevölkerung an, darunter acht Frauen, vier Männer, fünf Personen mit geringem SÖS, sieben mit hohem SÖS, sieben Erwerbstätige sowie fünf Nicht-Erwerbstätige.

Durch den unmittelbaren Vergleich der Bewältigungsstrategien von sorgenden Angehörigen mit und ohne Migrationshintergrund entlang weiterer Differenzkategorien wurde deutlich: Aufgrund der *Heterogenität der sorgenden Angehörigen mit Migrationshintergrund* lassen sich keine einheitlichen oder dominierenden Unterschiede ausmachen, die es rechtfertigen würden, diese Personengruppe im Hinblick auf ihre pflegerelevanten Identitätskonstruktionen oder kulturellreligiösen Prägungen kategorisch von den übrigen pflegenden Angehörigen abzugrenzen. Auch für die Einordnung in eine „eher gelingende" oder „eher prekäre" Pflegebewältigung zeigte sich die Kategorie Ethnizität nicht ausschlaggebend (vgl. Tab. 7).

Tab. 7: Ethnizität und Pflegebewältigung

	Eher gelingende Pflegebewältigung (Typus Nr.)	*Eher prekäre Pflegebewältigung (Typus Nr.)*
Türkischer Migrationshintergrund vorhanden	Herr Aydin (2) Frau Demir (2) Frau Cordes I (1) Herr Kaya (1 Frau Uenal (2) Herr Yildirim (3)	Frau Aslan (5) Frau Cordes II (5) Frau Yüksel (4)
Kein Migrationshintergrund vorhanden	Herr Behrens (3) Frau Goder (3) Frau Heinrich (1 und 3) Frau Keller (1) Herr Münster (3) Herr Otten (1) Herr Stelter (1)	Frau Bührmann (5) Frau Herbst (4) Frau Jakobi (4) Frau Kessler (5) Frau Meierjohann (4)

Quelle: eigene Darstellung

Allerdings erwies sich der Migrationshintergrund der pflegebedürftigen Person als relevant, insbesondere im Hinblick auf erschwerte Zugänge zu kultursensiblen Diensten und Einrichtungen, welche das Pflegearrangement beeinflussten. Dies soll im Folgenden anhand ausgewählter Beispiele veranschaulicht werden.

5.4.1 Pflege als familiäre Selbstverständlichkeit und Pflicht

Das Sample der PflegeIntersek-Studie ist zunächst dadurch gekennzeichnet, dass alle der 20 intensiv ausgewerteten Fälle sich durch eine hohe Fürsorgeorientierung auszeichnen, weil sie sich für die Übernahme der häuslichen Pflege ihrer Angehörigen entschieden haben.

In den Fällen der sorgenden Angehörigen mit Migrationshintergrund zeigt sich durchaus die in der Literatur (z.B. Tezcan-Güntekin u.a. 2015, 13) herausgestellte Selbstverständlichkeit, mit der Pflege als eine familiäre Aufgabe angesehen wird. Dabei sehen sich sowohl Frauen als auch Männer in der Verantwortung, allerdings teilweise in geschlechtsspezifischen Rollen (s. unten). Für Herrn Aydin (Typ 2) steht es völlig außer Zweifel, dass er sich um die Mutter kümmert, als sich bei ihr eine Demenzerkrankung zeigt: *"Erwartungen von meiner Mutter Seite aus? (Mhm) Hm, ich [...] Nein, so etwas nicht. Also es ... ich tue das freiwillig natürlich. Ist ja ... ist ja die Mutter."* (Herr Aydin, Z. 81-84) Auch Herr Yildirim (Typ 3) betont die familiäre Zuständigkeit und Pflicht, die er selbst mit seiner kulturellen Prägung begründet: *"Es war mein Vater und unsere Pflicht. Ich würde meinen Vater nie im Stich lassen. So sind wir in unserer Kultur in der Türkei erzogen worden, mit Liebe und Respekt."* (Herr Yildirim, Z. 352-355) Ihm ist die familiäre Pflege auch deshalb wichtig, um den deutschen Staat, der seiner Ansicht nach bereits sehr viel für seine Familie getan habe, nicht unnötig zu belasten: *"Der Staat hat genügend für uns getan. Wir machten das Beste aus der Situation. Meine Kinder kümmern sich auch um mich, wenn es notwendig ist."* (Herr Yildirim, Z. 531-532) Familie Uenal (Typ 2) kämpft sogar entgegen den ärztlichen Empfehlungen darum, die Mutter um jeden Preis zu Hause zu versorgen, nachdem diese in ein Koma gefallen ist: *"Die wollten partout nicht, dass Mama nach Hause kommt. Mein Vater wollte das. Und nach langem Gerede hin und her ist sie doch nach Hause gekommen."* (Frau Uenal, Z. 131-133) Auch das Motiv der Reziprozität kommt an verschiedenen Stellen zum Ausdruck, wie dieses Beispiel von Frau Aslan (Typ 5) zeigt, die hervorhebt, wie viel sie ihrer Mutter verdankt:

> „Weil meine Mutter, wie viele Mütter auch vielleicht ... wahrscheinlich für ihre Töchter ein Vorbild war oder ist, (Mhm) war sie auch für uns so eine sehr starke Person. Sie ist mit 42 Witwe geworden, (Mhm) hat drei Kinder großgezogen ohne Wenn und Aber und ist währenddessen auch noch in zwei Schichten arbeiten gegangen. (Mhm) Also wir haben alles von ihr gelernt. Ich habe sehr viel von meiner Mutter gelernt, (Mhm) aber wirklich alles, was ich heute tue, ist ihre Arbeit. [...] Sie ist Schneiderin. Sie hat zu Hause genäht, sie hat gehäkelt, sie hat gestrickt, alles gemacht. All ihre Sachen selber erledigt. Bis auf jetzt, dass sie diese Krankheit bekommen hat und sehr auf mich angewiesen ist." (Frau Aslan, Z. 148-163)

Allerdings waren im qualitativen Sample der PflegeIntersek-Studie ähnliche Haltungen und Einstellungen auch unter den sorgenden Angehörigen ohne Migrationshintergrund zu finden. Frau Herbst (Typ 4) beschreibt die Entscheidung zur Übernahme der Pflege ihrer Mutter beispielsweise wie folgt:

> „Ich sage mal, meine Mutter, ich sage mal, die hat für mich gesorgt, wie ich klein war, wie ich nichts konnte, da war sie für mich da. Warum soll ich jetzt nicht für sie da sein? Das ist für mich ganz ... das ist für mich normal, das gehört dazu. Also ich wäre jetzt vom Typ her gar nicht, der sagen würde, um Gottes willen, da ist jetzt was – bloß weg damit! Gibt es ja nun auch. Das ist vom Typ her einfach ... das ist ... das gehört zum Leben dazu. Das ist für mich ganz normal, dass ich da halt dann halt dann auch bisschen engagierter vielleicht bin als vielleicht andere. Aber sie war ja auch immer für mich da, warum soll ich nicht für dich ... für sie da sein? Mehr brauche ich da glaube ich gar nicht dazu sagen. Das ist halt einfach so". (Frau Herbst, Z. 1092-1102)

Bei Herrn Behrens (Typ 3), der die Pflege seines hochgradig pflegebedürftigen Schwiegervaters übernimmt, kommt die Selbstverständlichkeit familiärer Pflege ebenfalls zum Ausdruck. In diesem Fall ist dies verbunden mit einer gewissen gesamtgesellschaftlichen, in die christliche Nächstenliebe eingebettete Reziprozitätserwartung für den Fall, dass Herr Behrens später selbst einmal Hilfe benötigt. Eingebettet in sein christlich-religiöses Selbstverständnis kommt aber auch das sinnstiftende Element der Pflege für Herrn Behrens zum Tragen:

> „Ich persönlich, ich habe früh meine Mutter verloren. Ich war sozial, ich war im Kriegsgebiet und ich persönlich sage mal, ich bin auch sehr christlich und ich bin auch bei der Kirche und ich sage mal, das ... Ich bin, wie gesagt, das ... Ich hoffe immer für mich, was ich jetzt tue, vielleicht irgendwann ... ich erwarte das nicht, aber irgendwann, wenn ich das vorlebe, dass irgendeiner sagt, dem muss ich auch helfen, ne?" (Herr Behrens, Z. 225-239)

Auch Beispiele, in denen die familiale Pflegeübernahme weniger freiwillig auf Basis selbstverständlicher Fürsorge, sondern durch familiäre Zuschreibungen und Erwartungen zu Stande kam, fanden sich sowohl unter den Fällen mit als auch ohne Migrationshintergrund. Bei Frau Yüksel (Typ 4) steht die Übernahme der Pflege ihrer Großmutter in engem Zusammenhang zur Position, die sie in ihrer Familie innehat. Das Pflegemotiv, das im Interview explizit und implizit aufscheint, ist ambivalent: Frau Yüksel verweist einerseits auf die enge Bindung zu ihrer Großmutter. Andererseits beschreibt sie die Pflegeübernahme nicht als von ihr aktiv gesucht, sondern als ihr von der Familie zugewiesen.

Bei Frau Bührmann (Typ 5) übt vor allem der Vater Druck auf sie aus, die Mutter nach einem Krankhaus- und Heimaufenthalt wieder nach Hause zu holen, und die intensive Unterstützung beider Eltern selbst zu übernehmen. Sie selbst sah sich dabei auch einer gewissen Familientradition verpflichtet, würde es rückblickend aber nicht noch einmal so machen:

> „Ich denke mal, im Nachhinein würde ich, wenn ich das Wissen darum gehabt hätte, welche Ausmaße Pflege annehmen kann, würde ich es nie mehr machen. Dann hätte ich es bei dem Zustand belassen. Meine Mutter bleibt dort in dem Pflegeheim, was ihr ja gar nicht schlecht bekommen ist. [...] Aber da ich das Wissen darum nicht hatte und auch überhaupt keine Vorkenntnisse, ich kannte keine vergleichbare Situation. Wobei das letztendlich auch nicht stimmt, weil – fällt mir gerade so ein – wenn ich das berücksichtige, meine Eltern haben also in einem ... in einer kleinen Stadt gelebt zusammen mit den Eltern meines Vaters in einem Haus. Und die Eltern meiner Mutter wohnten ein paar Sträßchen weiter. Was ich als Kind toll fand. Meine Eltern haben sich bis zum Ableben all dieser vier Menschen mehr oder weniger auch darum gekümmert. Da ist niemand irgendwie ins Altersheim gekommen. Vielleicht hat mich das irgendwo dazu bewogen, diese Art von Familientradition fortzusetzen." (Frau Bührmann, Z. 296-310)

Die qualitative PflegeIntersek-Studie kann keine repräsentativen Aussagen über den Verbreitungsgrad dieser Haltungen in den jeweiligen Untersuchungsgruppen treffen, was für Anschlussforschungen interessant wäre. Auch qualitativ-kategoriale Unterschiede zwischen sorgenden Angehörigen mit und ohne Migrationshintergrund in Bezug auf die Selbstverständlichkeit oder das durch familiäre Erwartungen hervorgerufene Verpflichtungsgefühl zur Pflegeübernahme erscheinen auf dieser Basis nicht gerechtfertigt. Die Angehörigen haben jeweils ganz unterschiedliche Subjektpositionen zu füllen und sind eben nicht nur „Angehörige mit oder ohne Migrationshintergrund", sondern vieles mehr.

5.4.2 Der Wunsch nach gleichgeschlechtlicher Pflege

Generell zeigt sich im Sample ein bemerkenswertes Engagement in der Unterstützung pflegebedürftiger Angehöriger sowohl auf Seiten von Frauen wie auch von Männern (vgl. auch Kap. 5.2). Hierbei lässt sich auch kein prinzipieller Unterschied zwischen den Fallbeispielen mit und ohne Migrationshintergrund feststellen. Was sich im Sample deutlich bestätigte, war der aus der Literatur bereits bekannte Wunsch vieler pflegebedürftiger Personen mit türkischem Migrationshintergrund – und vereinzelt auch ihrer sorgenden Angehörigen – nach gleichgeschlechtlicher Pflege. Dementsprechend beschreibt Herr Kaya (Typ 1) die Situation seines Vaters:

> „Also erst mal hatte er Scheu vor Damen, dass – dass die kommen und ihn so sehen. Das wollte er einfach nicht. Er ist ja auch ... also wir sind muslimischen Glaubens. Und für ihn ist das ... also ich bin hier aufgewachsen, bisschen lockerer. Aber für

ihn ist das unvorstellbar, dass das eine Frau macht. Also vor allem eine fremde Frau, ja?" (Herr Kaya, Z. 505-509)

Auch der Vater von Frau Uenal (Typ 2) legt als sorgender Angehöriger großen Wert darauf, dass die Körperpflege seiner schwer pflegebedürftigen Frau von den Frauen der Familie durchgeführt wird. Frau Uenals Brüder sind zwar in vielfältige Sorgeaufgaben (z.B. Lagerung der Mutter, Hilfe bei der Überwachung der Beatmung, Beaufsichtigung) mit eingebunden. Die Körperpflege gilt jedoch als Frauensache. Auch eine medizinische Behandlungspflege durch einen männlichen Pflegedienstmitarbeiter ist für den Vater nicht vorstellbar:

> „Also es kam … wir hatten auch schon solche Sachen, wo wir auch überhaupt nicht zufrieden waren, wo wir gesagt haben partout, bitte diese Person nicht noch mal. Wir möchten es definitiv nicht aus den und den und den Gründen – möchten wir nicht. Männliche Pflegekraft wollte mein Vater sowieso nicht haben. Wenn … überhaupt nicht. Also männliche Pfleger gar nicht." (Frau Uenal, Z. 331-336)

Herrn Yildirim (Typ 3) engagiert sich gemeinsam mit seinem Bruder ganz selbstverständlich und umfänglich in der Unterstützung und Beaufsichtigung seiner demenzkranken Mutter. Die Körperpflege wird jedoch, wenn notwendig, von einer Frau (Herrn Yildirims Schwägerin) übernommen. Herr Kaya (Typ 1) übernimmt die Körperpflege seines Vaters selbst, was aber ebenfalls vor dem Hintergrund des Wunsches des Vaters nach gleichgeschlechtlicher Pflege zu sehen ist. Er thematisiert die Körperpflege als „Schock", fügt sich der Aufgabe jedoch, da es keine Alternative dazu gibt:

> „Wenn man so als Sohn dann auf einmal seinen Vater duschen muss oder baden muss, weil man merkt, okay, es geht … ist keiner – keiner da, der einem hilft. Und der kriegt es alleine nicht hin. Dann muss man halt da durch die Situation irgendwie durch. Das ist für ihn unangenehm, für mich unangenehm, weil man das so nicht kannte. Ja, wir kommen ja auch aus einem Kulturkreis, wo das jetzt nicht so … ich sage mal, wo man jetzt nicht früher irgendwie FKK-Strände besucht hat oder so, ja? Und insofern war das alles schon so ein bisschen … teilweise immer so kleinere Schocks, sage ich mal." (Herr Kaya, Z. 182-189)

5.4.3 Aspekte von „Fremdheit"

In der Literatur zur Pflege von demenzerkrankten Menschen mit türkischem Migrationshintergrund wird betont, dass diese *„mit einer mehrfachen Fremdheit konfrontiert"* (Tezcan-Güntekin/Razum 2018, 70) seien. Dabei kämen altersbedingte Veränderungen, die Fremdheit hervorrufen, spezifische Fremdheitsgefühle, die sich im Kontext einer Demenzerkrankung entwickeln, und *„Fremdheit,* *die durch die Migration erfahren wurde bzw. deren Folgen noch immer mit einem Gefühl von Fremdheit in Verbindung stehen"* (ebd. unter Bezugnahme auf Dibelius u.a. 2006) zusammen. Auch im empirischen Material der PflegeIntersek-Studie scheinen verschiedene Themenstränge auf, welche wir unter das Schlagwort „Überwindung von Fremdheit" gefasst haben. Aspekte von „Fremdheit" sind dabei in einigen Fällen mit dem Migrationshintergrund verwoben, in anderen Fällen aber auch – unabhängig vom Migrationshintergrund – besonders eng mit dem Thema Demenz verknüpft.[6]

Das Motiv der "Fremdheit" scheint im Material einerseits auf, wenn pflegebedürftige Personen die Pflege durch fremde Personen kulturell geprägt und/ oder demenzbedingt ablehnen. Dies ist etwa der Fall beim Vater von Herrn Kaya (Typ 1), der, selbst als sein Sohn versucht, eine gleichgeschlechtliche Pflege durch einen Pflegedienst zu organisieren, dies nicht akzeptiert:

> „Der Pflegedienst hatte nicht so viele [...] Männer. Dann haben sie einen doch gehabt, der dann kam. Und an den wollten wir ihn halt gewöhnen. Aber auch das wollte er nicht. Er hat immer gesagt, mach du das." (Herr Kaya, Z. 513-515)

Die an Demenz erkrankte Mutter von Herrn Aydin (Typ 2) lehnt fremde Hilfe ebenso kategorisch ab:

> „Also sie sagt, nur ihr könnt mir helfen, also ihre Söhne und die Nichte. Also ihre Enkelin. (Mhm) Und sonst lässt sie irgendwie keinen anderen an sich ran. Ja. Und das ist auch ein bisschen problematisch, weil wir – wir können ja nicht immer für sie da sein." (Herr Aydin, Z. 212-215)

Doch auch Frau Bührmann (Typ 5), Frau Kessler (Typ 5) und Frau Herbst (Typ 4) sind mit der Pflege ihrer an Demenz erkrankten Mütter mit ähnlichen Problemen konfrontiert. Den Töchtern fällt es schwer, sich selbst zu entlasten, weil die Demenzerkrankung eine Unterstützung durch Fremde erschwert. Bei Frau Kessler geht dies sogar soweit, dass die Mutter die Nahrungs- und Flüssigkeitsaufnahme verweigert, so dass die Tochter kaum noch das Haus verlässt.

Andererseits wird die Kategorie der „Fremdheit" auch auf Seiten der sorgenden Angehörigen relevant, wenn diese sich scheuen oder davor zurückschrecken, Pflegeverantwortung in „fremde Hände" zu legen. So beschreibt Frau Goder (Typ 3) ihre Erfahrungen mit einem Pflegedienst:

> „Also ich bin immer zum Telefon, ich habe immer sofort gemeckert und habe immer gesagt, wenn – wenn sie einen Fremden und dann auch noch einen Mann zu mir

---

6 Zu weiteren Facetten der „Überwindung von Fremdheit" s. auch Kapitel 6 dieses Buches sowie Auth u.a. (2018, Kapitel 4).

schicken, dann ist die den Rest des Tages mit diesem Mann beschäftigt im Kopf. Und dann macht die meinen Tag zur Hölle. Das geht nicht! Also dann lieber keinen schicken." (Frau Goder, Z. 790-793)

Die mangelnde Fähigkeit des ambulanten Pflegedienstes, eine kontinuierliche Bezugspflege zu gewährleisten, führt in diesem Fall dazu, dass die vermeintliche Unterstützung durch einen professionellen Dienst Frau Goder eher belastet als entlastet. Dann erledigt sie die Dinge lieber selbst. An diesem Beispiel wird ebenfalls deutlich, dass gleichgeschlechtliche Pflege keineswegs ein Thema ist, das ausschließlich für Menschen mit Migrationshintergrund von Belang ist.

Frau Demir (Typ 2) empfindet es auf Grund ihrer Erziehung und kulturellen Prägung nicht als angemessen, sich nicht selbst um die Pflege zu kümmern:

„Ich denke, für mich käme das auch nicht infrage, ehrlich gesagt, wenn – wenn ich meine Eltern allgemein pflegen sollte, würde ich nicht auf einen Pflegedienst zurückgreifen, das ist auch so bisschen bei uns so das Thema, ne?" (Frau Demir, Z. 249-251)

Das Hinzuziehen eines Pflegedienstes käme für sie zur Not in Frage, wenn die Pflegebelastung sehr zunimmt. Die Eltern ins Heim zu geben ist für sie jedoch unvorstellbar und damit verbunden, diese „aufzugeben":

„Bei mir – mir zu Hause, ja. Also ich würde, wenn – wenn wirklich so komplett Pflegefall wäre, auf jeden Fall Pflegedienst holen, aber kein Heim oder so abgeben. Ja, das wäre auf gar keinen Fall meine Vorstellung [...] Also das sind meine Eltern und die haben mich quasi großgezogen oder meine Schwestern ja auch. Ich weiß nicht, das passt irgendwie nicht so von den Gedanken her, schon von der Moral her passt das nicht. Also ich würde eher zum Beispiel meine [...] Arbeit dafür aufgeben, aber nicht meine Eltern [...] Das ... unvorstellbar so was." (Frau Demir, Z. 435-446)

Frau Aslan (Typ 5) antwortet auf die Frage, inwiefern sie sich Hilfe von außen geholt habe:

„Am Anfang fand ich es schwer. So schwer. Wenn jetzt jemand nach Hause kam, zum Beispiel was die [Pflegeberaterin] mir vorgeschlagen hat [...] Dann kam ich mir so vor, als ob ich nicht in der Lage wäre, für meine Mutter da zu sein. (Mhm) Sei es meiner Mutter gegenüber, oder auch demjenigen, der dann nach Hause kommt. (Mhm) Ach guck mal, die will ja nur raus, und deswegen sind wir jetzt hier. (Mhm) So. Aber ich habe meiner Mutter das erklärt, warum das so ist. (Mhm) Denn ich möchte raus, eventuell einkaufen, Arztbesuche, was auch immer, mit einem freien Kopf. (Ja) Ich möchte nicht, während ich draußen bin, noch an dich denken, ob du gefallen bist. (Ja) Deswegen kommt jemand hierhin. Das war am Anfang so schwer, weil ich so das Gefühl hatte, dass man mir sagt: Hm, schafft die das nicht alleine?" (Frau Aslan, Z. 508-524).

In diesem Fall führt das familiäre Selbstverständnis von Frau Aslan dazu, dass es ihr zunächst schwerfällt, externe Unterstützung anzunehmen, da sie dies als ein Scheitern betrachtet. Sie hat das Gefühl, sich dafür rechtfertigen zu müssen und kann im weiteren Verlauf die Situation erst dann besser akzeptieren, als ihr soziales Umfeld sie darin bestätigt, dass die Einbindung dieser Hilfe (eine Frau, die die Mutter stundenweise beaufsichtigt, während Frau Aslan einkauft) nachvollziehbar und sinnvoll ist.

Auch in der Familie von Frau Uenal (Typ 2) wird betont, dass die Mutter stets von jemandem aus der Familie und nicht von jemand „Fremdem" versorgt wurde:

> „Also wenn wir jetzt irgendwo unterwegs waren, einkaufen, irgendwo zu Besuch, immer jemand ... war einer zu Hause bei uns, also ...[...] Das war keine fremde Person. Entweder meine Schwester, meistens war ich, [lacht kurz] war ich es, wenn mein Vater in Urlaub gefahren ist mit meinen Geschwistern in die Türkei, dann war ich dann vier, fünf Wochen hier alleine." (Frau Uenal, Z. 208-215)

Nur ein einziges Mal innerhalb von 16 Jahren, das ist Frau Uenal besonders wichtig, sei die Mutter in Kurzzeitpflege gewesen, nämlich an der eigenen Hochzeit von Frau Uenal. Dass ein professioneller Pflegedienst die Familie bei der aufwändigen medizinischen Behandlungspflege der Mutter unterstützt, wird zunächst mit Skepsis betrachtet und kommt durch die Vermittlung es Hausarztes zu Stande:

> „Dann unser Hausarzt, von meiner Mutter der Hausarzt, kam dann mit einer Dame. Ich weiß das noch wie heute. Er kam um die Ecke, ich sage, warum – warum reden die ... redet der Hausarzt immer mit dieser Dame? Die hatte sich noch nicht vorgestellt und warum erzählt sie alles von meiner Mutter, die Dame? Was will die Frau? Und warum – warum muss die das alles wissen? Waren wir immer am überlegen. Da hat sie sich später dann vorgestellt. Das war die Leiterin von der ambulanten Pflege [...], die hat auch uns 16 Jahre lang begleitet, die ambulante Pflege. Die hat sich auch vorgestellt, dass sie dann dreimal täglich kommen würde, dass sie von der Krankenkasse bezahlt ... beauftragt ist und bezahlt wird. [...] das fanden wir dann halt gut." (Frau Uenal, Z. 133-144)

Längerfristig wird diese Unterstützung von außen für Familie Uenal vor allem dadurch akzeptabel, dass sie gut funktioniert und über eine lange Zeit kontinuierliche Ansprechpersonen vorhanden sind, die zu den Uenals ein enges, gleichsam familiäres Vertrauensverhältnis entwickeln: *„Die [professionelle Pflegekraft] gehörte also schon zur Familie dazu. Die wusste schon über alle Bescheid, jeden Namen wusste sie von der Verwandtschaft und so, ne?"* (Frau Uenal, Z. 1141-1143) An diesem Beispiel zeigt sich, dass sich Zugangshürden zu entlastenden Dienstleistungen, welche darauf beruhen, dass Pflege eigentlich als Familienangelegenheit angesehen wird, überwunden werden können. Wenn Unterstützungsangebote durch Schlüsselpersonen des Sozialsystems (in diesem Fall durch den Hausarzt) vermittelt und durch Kontinuität sowie Vertrauen „familienähnlich" gestaltet werden können, entstehen positive Erfahrungen.

Solche Zugangsbarrieren zu entlastenden Dienstleistungen, die auf Fremdheits- und ggf. sogar Schamgefühlen der Pflegepersonen beruhen, kommen in einigen der Fälle mit türkischem Migrationshintergrund dezidiert zum Tragen. Gleichwohl muss betont werden, dass eine Ablehnung professioneller Dienste sich nicht als ein allgemeines Muster durch diese Fälle zieht, wie etwa die Gegenbeispiele von Herrn Kaya (Typ 1), Frau Cordes (Typ 1 und Typ 5) oder Frau Yüksel (Typ 4) zeigen. Diese türkischstämmigen Angehörigen wären entlastenden Diensten gegenüber prinzipiell aufgeschlossen, haben jedoch Probleme, adäquate, kultursensible Dienstleistungen zu finden (siehe unten) und/oder damit zu kämpfen, dass die pflegebedürftige Person fremde Hilfe ablehnt (wie oben beschrieben).

Des Weiteren ist festzuhalten, dass auch in Fallbeispielen ohne Migrationshintergrund, wie hier bei Frau Bührmann (Typ 5), das Motiv zu finden ist, sich für die Inanspruchnahme professioneller Pflege zu rechtfertigen und es als erstrebenswert anzusehen, es möglichst weitgehend ohne diese Hilfe zu schaffen:

> „Aber die vier Jahre, die sie ja gelebt hat, habe ich keinen Pflegedienst in Anspruch genommen für Unterstützungen, weil ich morgens einfach meiner Mutter so was wie, du bist in der Familie und du sollst jetzt noch mal so was wie Lebensqualität haben." (Frau Bührmann, Z. 176-178)

Die vorgestellten Beispiele zeigen auf, dass Fremdheitsgefühle eine Nicht-Nutzung von sozialen Diensten oder Entlastungsangeboten bewirken können und eine „Überwindung von Fremdheit" dazu beitragen kann, professionelle oder außerfamiliäre Unterstützung gewinnbringend anzunehmen. Dieses Phänomen zeigte sich im Material als bedeutsam für sorgende Angehörige mit Migrationshintergrund, ist aber nicht ausschließlich auf diese begrenzt. Generell ist das Thema Fremdheit eng mit dem Thema Demenz verbunden, weil die Krankheit dazu führt, dass die Pflegebedürftigen sich mit „Fremdem" und „Fremden" allgemein sehr schwer tun, was ebenfalls unabhängig von der Kategorie Ethnizität wirksam wird.

5.4.4 Weitere Zugangsbarrieren zur Inanspruchnahme von staatlichen Leistungen

Neben den Fremdheitsgefühlen und -erfahrungen kommen im Material weitere Zugangsbarrieren zur Inanspruchnahme von staatlichen Leistungen zum Tragen, die nun jedoch eindeutig mit dem Migrationshintergrund der pflegebedürftigen Person in Verbindung stehen.

Herr Aydin (Typ 2) thematisiert, dass er sich mehr türkischsprachige Ärzte und Therapeuten wünscht, *"damit man mehr Auswahl hat"* (Herr Aydin, Z. 999- 1002), etwa im Falle komplexer Erkrankungen älterer Menschen.

In mehreren Fällen mit türkischstämmigen Pflegebedürftigen wird zudem das Problem aufgegriffen, keine hinreichenden kultursensiblen Unterstützungs- und Entlastungsangebote zu finden, in denen auch türkisch gesprochen wird. Dies befürchtet beispielsweise Herr Kaya (Typ 1) in Bezug auf seinen Vater, falls dieser einmal ins Heim gehen müsste:

> „Türkisch spricht er natürlich, ist seine Muttersprache. Deutsch spricht, versteht er. Konnte er auch sprechen. Also halbwegs gebrochen, so dieses typische gebrochene Deutsch, was – was viele seiner Generation haben. Aber dadurch, dass er schwerhörig ist auf beiden Seiten und die Hörgeräte, die wir für teures Geld besorgt haben, auch nicht viel bringen, ist das extrem schwierig in der Kommunikation. So gewisse Dinge versteht er. [...] Das wird wahrscheinlich auch später, wenn er irgendwo unterkommt, ein großes Thema sein. Ja, also das – das ... die Kommunikation funktioniert nicht so gut. Und die Sprache ist ihm schon wichtig, dass da jemand ist, der Türkisch spricht. Ja." (Herr Kaya, Z. 876-889)

Insbesondere gilt dies für demenzerkrankte Personen mit Migrationshintergrund, die, selbst wenn sie vorher gut deutsch sprechen konnten, die zweite Sprache in der Regel krankheitsbedingt verlieren. In diesem Sinne beklagt Frau Yüksel (Typ 4):

> „Also auch in der Kurzzeitpflege, da gab es keine türkische Pflegekraft, die da auch mal Unterstützung gegeben hat oder die mal übersetzt hat. Die eine oder andere Putzhilfe war mal morgens da, die dann vielleicht ein bisschen unterstützt hat. Aber die Sprache ist schon ein großer, ein sehr großer Verlust. Eine große Lücke. Also dass da, an der Stelle, so wenig angeboten wird." (Frau Yüksel, Z. 75-79)

Am Beispiel von Frau Cordes (Typ 1 und Typ 5) lässt sich besonders gut ablesen, wie problematisch es sein kann, keinen adäquaten Pflegedienst für demente, türkischsprachige Senioren zu finden, obwohl sie sogar in einem städtischen Umfeld lebt:

> „Deutschland ist voller Türken oder türkischstämmiger oder Türkisch sprechenden Leuten. Wenn Sie aber dann brauchen zu Hause die Unterstützung, es gibt keinen ambulanten Pflegedienst mit Türkisch sprechenden Leuten. Zumindest in [Stadt] nicht. In [Stadt] weiß ich, gibt es, da ist sogar ... die hat Preise vom Gesundheitsministerium bekommen [...] Aber in [Stadt] gibt es so was nicht, obwohl das so zentral gelegen ist." (Frau Cordes, Z. 513-523)

In den ersten dreieinhalb Jahren der Pflege kann Frau Cordes mit Hilfe einer türkischsprachigen Betreuungskraft mit Altenpflegeerfahrung ihre Teilzeitberufstätigkeit aufrechterhalten. Diese über persönliche Kontakte zu finden, nachdem das Arbeitsamt nicht weiterhelfen konnte, war für sie bereits sehr mühevoll:

> „Ich habe Arbeitsamt eingeschaltet, ich brauche Altenpflegerin, die türkischstämmig ist. Weil mir war viel wert, dass ich kultursensible Pflege meiner Mutter geben konnte [...] Und die hatten mir irgendeine Asylsuchende aus Persien vermitteln wollen, eine junge Frau, die kaum Deutsch kann und Türkisch noch schlechter kann, aber mit so was kann ich ja nichts anfangen. Ich brauchte richtig Unterstützung. (Ja) Und das gab es nicht. Und durch wirklich Glücksituation über meine Freundinnen bin ich an diese Dame gekommen, die meine Mutter über viereinhalb ... nein, über dreieinhalb Jahre begleitet hatte, wo ich berufstätig war vorher noch. Und die war Altenpflegerin. [...] Das war mehr als Glücksfall." (Frau Cordes, Z. 611-625)

Als die Betreuungskraft nach dreieinhalb Jahren nicht mehr zur Verfügung steht, reduziert Frau Cordes ihre Erwerbstätigkeit zunächst schrittweise, bevor sie sich gezwungen sieht, auf Grund der dauerhaften körperlichen und psychischen Anforderungen der Pflege ganz aus dem Erwerbsleben auszuscheiden. Zwei Monate vor dem Tod der Mutter ist Frau Cordes so überlastet, dass sie sie in eine Kurzzeitpflege gibt. Obwohl die Erfahrungen mit der Kurzzeitpflege schlecht sind, zieht sie zu diesem Zeitpunkt in Erwägung, die Mutter dort auch dauerhaft stationär aufnehmen zu lassen. Als eine Begründung dafür gibt sie an, dass dort wenigstens eine türkisch sprechende Putzfrau sowie eine türkisch sprechende Krankenschwester im Haus seien, die ggf. helfen könnten zu übersetzen. Nicht ohne Grund wünscht sie sich auf Basis ihrer persönlichen Erfahrungen von der Politik:

> „Und ich wünschte mir, dass für pflegende Angehörige, wenn die dann nicht mehr können, dass zumindest eine Etage in einem Wohnheim, Altenwohnheim, frei gemacht wird für muslimische Leute und dass in jedem dieser Häuser, wo mindestens 50 bis 100 Patienten versorgt werden, dementsprechend je nachdem, was da für ein Landsmann ist, dass man dementsprechend Sprachmöglichkeiten [schafft]." (Frau Cordes, Z. 1262-1270)

In einer ähnlichen Weise stellt Frau Demir (Typ 3) heraus: Soziale Dienste *„sollten mehr kultursensibel sein, auf jeden Fall. Die sollen mehr kulturangepasst sein"* (Frau Demir, Z. 794-795). Darunter versteht sie neben der Berücksichtigung der Muttersprache eine Rücksichtnahme auf die in der jeweiligen Biografie angelegten Bedürfnisse der Menschen, etwa was die Ausübung von Religion und damit verbundener Feste sowie Essgewohnheiten betrifft, welche bei Migrant*innen der ersten Generation noch besonders ausgeprägt seien:

> „Es fängt von Essen an bis zu Feiertagen, bis zu Gebeten, [...] Die erste Generation, die hier lebt, das ist ... die sind nun mal so. Die sind eng verbunden mit Kultur, auch eng verbunden mit – mit – mit der Glaube, ne, das sollte man halt denen [nicht] wegnehmen, denke ich mir. Und auch diese Räumlichkeiten auch erschaffen, dass sie das auch mal ermöglichen, dass sie das machen können. Und auch, wenn sie zum Beispiel untereinander auch reden, auch vielleicht türkischsprachige Mitarbeiter würden sehr zum Herzen kommen." (Frau Demir, Z. 824-831)

Neben dem Zugang zu kultursensiblen Diensten werden in der Literatur im Themenfeld „Pflege von Menschen mit Migrationshintergrund" auch Wissens- und Informationsdefizite als mögliche Zugangsbarrieren identifiziert (z.B. Tezcan-Güntekin u.a. 2015; dort Kap. 4.1). Aus dem qualitativen Material der PflegeIntersek-Studie ergibt sich hier ein gemischtes Bild. Mit allen Interviewten wurde über das Thema Zugang zu Informationen gesprochen und es gab darunter mehrere, auch unter den sorgenden Angehörigen mit Migrationshintergrund, für die dies kein größeres Problem darzustellen schien. Die sorgenden Angehörigen schienen weitgehend gut in der Lage, sich im „Informationsdschungel" zu orientieren. So antwortet etwa Herr Kaya (Typ 1) auf die Frage, ob er es schwierig findet, an pflegerelevante Informationen zu kommen:

> „Nein, eigentlich ... es geht eigentlich. Es ist erst mal, man muss sich so bisschen durchwursteln. Blöderweise gab es dann auch diese Pflegereform dann zu der Zeit, wo ... hin und her, dann auch ... der eine hat dann geschrieben Pflegestufen, der andere die Pflegegrade und was passiert eigentlich, und Begutachtungssystem wird komplett geändert, und so weiter, und so fort. Da musste man sich natürlich bisschen damit beschäftigen." (Herr Kaya, Z. 381-386)

Im oben bereits beschriebenen Fall der Familie Uenal (Typ 2) kam zum Tragen, dass diese zunächst tatsächlich sehr wenig über staatliche Unterstützungsmöglichkeiten wusste, und die Einbeziehung eines Pflegedienstes erst über die Vermittlung des Hausarztes in die Wege geleitet wurde. Gleichzeitig gelingt es Familie Uenal immerhin, die Einstufung der Mutter in eine höhere Pflegestufe mit Hilfe einer Klage durchzusetzen. Frau Demir (Typ 3) thematisiert ausdrücklich Informationsdefizite innerhalb türkischer „Communities", die darauf beruhen würden, dass die Menschen sich häufig keinen professionellen Rat holen, sondern eher auf Empfehlungen in ihren sozialen Netzwerken verlassen. Angestoßen durch ihre persönlichen Pflegeerfahrungen hat Frau Demir daher auch einen türkischen Alzheimerverein mitgegründet, um Angehörige besser zu beraten:

> „Wir verweisen sie darauf auch hin, dass es nicht stimmt, dass sie auf jeden Fall Professionelle von den Ämtern holen sollen oder ... aber nicht von der Nachbarschaft. Okay, bei dem hat es geklappt, aber bei Ihnen kann es nicht klappen, ne? Also es ist sehr viel Unwissenheit da. Aber über diese Unwissenheit wird auch nicht vieles gemacht, ne? Also es wird nicht nachgeforscht, es wird nicht gelesen. Es wird immer gewartet, dass andere für einen da irgendetwas machen. Oder andere irgendetwas sagen und wenn sie dann sagen, oh, der andere hat gesagt, ah das ... dann stimmt das bestimmt." (Frau Demir, Z. 750-757)

Insgesamt finden sich die sorgenden Angehörigen jedoch im deutschen Pflegesystem weitgehend zurecht. Es kommt durchaus Mühe dabei zum Ausdruck, aber es gibt kaum „grundsätzliche" Zugangshürden. Dies könnte allerdings auch daran liegen, dass alle Interviewten, abgesehen von Herrn Yildirim (Typ 3), gut genug Deutsch konnten, um auf Deutsch interviewt zu werden. Auch sind mehrere als Angehörige der zweiten Generation in Deutschland geboren. Hier liegt also eine gewisse Selektivität des Samples vor.

Zusammenfassend lässt sich festhalten, dass die Strukturkategorie Ethnizität in Bezug auf das Bewältigungsverhalten sorgender Angehöriger nur sehr bedingt Wirkkraft entfaltete und die Heterogenität der persönlichen Situationen und Lebenslagen türkischstämmiger sorgender Angehöriger hoch ist. Die Ethnizität der pflegebedürftigen Person wurde insbesondere in Bezug auf Probleme des Zugangs zu kultursensiblen unterstützenden Dienstleistungen wirksam. Gleichwohl sollte in Bezug auf die Pflegebewältigung im Blick behalten werden, dass im Pflegebewältigungstypus „Aktive Nutzung von Familienressourcen" (vgl. Kap. 4.2.2) in unserem Sample ausschließlich sorgende Angehörige mit Migrationshintergrund zu finden sind. Eine solche Bewältigungsstrategie ist grundsätzlich auch unabhängig vom Migrationshintergrund in unterschiedlichen familiären Konstellationen denkbar, vermutlich insbesondere bei Familien mit niedrigem SÖS, in einem religiös-christlich geprägten Umfeld und dort, wo traditionelle Geschlechterrollenbilder noch stärker verankert sind, etwa im ländlichen Raum, den die PflegeIntersek-Studie nicht näher in den Blick nehmen konnte (vgl. jedoch Trompetter/Seidl 2018). Dennoch könnte ein Spezifikum für Menschen mit Migrationshintergrund darin liegen, dass diese zwangsläufig besonders stark auf die Familie zurückgeworfen sind, weil der Zugang zu kultursensiblen Dienstleistungen sich so begrenzt darstellt. Es ist also nicht nur eine Frage der Werte, sondern auch eine Frage institutioneller Hürden, dass sorgende Angehörige mit Migrationshintergrund nur bedingt auf außerfamiliäre Unterstützung zurückgreifen (können). Insbesondere in Fällen, in denen ein breiteres Familiennetzwerk auf Grund von räumlicher Distanz oder Konflikten in der Familie nicht gut funktioniert (vgl. beispielsweise Frau Aslan oder Frau Cordes), geht dies für die sorgenden Angehörigen mit sehr hohen Belastungen einher. Politisch ist der Ausbau niedrigschwelliger kultursensibler professioneller Dienstleistungen daher zentral. Zukünftige Forschung sollte sich zudem der Frage zuwenden, welche Muster sich auf Basis repräsentativer Daten zeigen.

6. Bedarfe sorgender Angehöriger nach Pflegebewältigungstypen

Ein weiterer Fokus der Studie PflegeIntersek lag auf der Analyse der Bedarfe sorgender Angehöriger, die ihre (Schwieger-)Eltern pflegen. Diese Gruppe stellt insgesamt 43 Prozent aller Pflegepersonen dar (Schneekloth u.a. 2017, 56). Sie alle haben pflegebedingt neue, ungewohnte und (un-)freiwillige Anforderungen zu bewältigen, für die sie in variierendem Umfang und zu unterschiedlichen Zeitpunkten im Verlauf des Pflegeprozesses auf den Zugang zu pflegerelevanten Informationen, auf Beratungsangebote sowie auf eine regelmäßige oder mindestens zeitweise Entlastung von Pflegeaufgaben angewiesen sind. Von den informell Pflegenden unter 65 Jahren sind zwei Drittel gleichzeitig erwerbstätig (vgl. Nowossadeck u.a. 2016, 15) und müssen auf unbestimmte Zeit Lösungen finden für die Vereinbarkeit ihres Berufes mit der Pflege. Doch auch für diejenigen sorgenden Angehörigen, die bei Übernahme von Pflegeaufgaben bereits den (Vor-)Ruhestand erreicht haben oder aus anderen Gründen zur Gruppe der Nicht-Erwerbstätigen gehören, kann davon ausgegangen werden, dass sie ihren Lebensentwurf nicht von vornherein unter der Prämisse einer Sorgeverantwortung geplant haben. Sei es, dass Betroffene schleichend in die Rolle einer Pflegeperson geraten oder sich plötzlich und unerwartet vor die Bewältigung von Pflegeaufgaben gestellt sehen; die Abgrenzung der eigenen Bedürfnisse, Alltags- und Lebensplanungen wird in allen Fällen mehr oder weniger stark von den Fürsorgeaufgaben für ein erkranktes Elternteil herausgefordert und generiert unterschiedliche Bedarfskonstellationen.

In der vorliegenden Untersuchung wurden die pflegenden (Schwieger-)Söhne und Töchter sowohl danach gefragt, welche Beratungs- und Unterstützungsangebote sie als hilfreich erlebt haben, als auch danach, welche Wünsche und Bedarfe offengeblieben sind. Die eingenommene intersektionale Analyseperspektive hat hier nicht nur die Ermittlung der explizierten Bedarfe ermöglicht, es konnten auch implizit aufscheinende Bedarfe entlang der Differenzkategorien herausgearbeitet werden. Hierbei handelt es sich um jene Bedarfe, die im empirischen Material eine Relevanz für das „Gelingen" der Pflegebewältigung aufweisen, die aber von den Betroffenen selbst nicht als Bedarfe erkannt oder formuliert werden (können). Gerade diese Bedarfe laufen in den Beratungs- und Hilfestrukturen Gefahr, unerkannt zu bleiben.

Die Interpretation der Bedarfe sorgender Angehöriger wurde vor dem Hintergrund der Fragestellung vorgenommen, in welchem Verhältnis Belastungserleben und Bewältigungsstrategien zueinander stehen und wie Pflegepersonen trotz der übernommenen Pflegeaufgaben handlungsfähig bleiben und die Pflege in Einklang mit eigenen Vorstellungen und -bedürfnissen „wirkmächtig" gestalten können. Damit folgt die Interpretation dem in Kapitel 4.1 definierten Pflegebewältigungsbegriff und lehnt sich an das Lebensbewältigungskonzept von Böhnisch an. Eine besondere Rolle kommt der Strukturkategorie „Ethnizität" auch bei der Frage nach den Bedarfen zu, da sie – wie in Kapitel 5.4 beschrieben – v.a. indirekt über die pflegebedürftige Person relevant werden kann. Sorgende Töchter und Söhne mit Migrationshintergrund haben für die Abstimmung ihrer Selbstsorgewünsche mit den Pflegebedürfnissen ihrer Eltern ein zwei Generationen umfassendes transnationales Spannungsfeld zu berücksichtigen. Die allgemein als unzureichend bedarfsgerecht beklagte Beratungs- und Dienstleistungsinfrastruktur im Bereich Pflege ist für den spezifischen Bedarf an muttersprachlichen und kultursensiblen Dienstleistungen noch deutlich lückenhafter und kann deshalb (mit-)entscheidend sein für die Zuweisung zu einer „eher gelingenden" oder „eher prekären" Pflegebewältigung.

Nachfolgend werden die aus der Studie PflegeIntersek gewonnenen Analyseergebnisse entlang der Pflegebewältigungstypologie dargestellt. Das Pflegehandeln der sorgenden Angehörigen schließt über die Phasen des Pflegeverlaufs hinweg sowohl explizite als auch implizite Bedarfe ein. Wie diesen Bedarfen aus der jeweils individuellen Perspektive entsprochen werden kann und welche politisch- und/oder sozial-strukturellen Rahmenbedingungen hier wirksam werden, trägt entscheidend dazu bei, wie es den Angehörigen gelingt, Selbstsorgewünsche und -strategien im Pflegeprozess zu entwickeln und deren Umsetzung zu verstetigen.

6.1 Bedarfe des Pflegebewältigungstypus 1

Sorgende Angehörige, die „Pflege rund um die Erwerbstätigkeit" organisieren, explizieren konkret persönliche Bedarfe an Unterstützung und Entlastung in der Pflegesituation. Weitere Bedarfe lassen sich ableiten aus der im Interview als hilfreich beschriebenen Verfügbarkeit milieu- und netzwerkbezogener sowie sozialer Ressourcen (privat wie beruflich). Die hier verorteten sorgenden Töchter und Söhne sind sich in der Regel unmittelbar mit Einstieg in die Pflege dessen bewusst, dass sie ein „eher gelingendes" häusliches Pflegearrangement auf Dauer nur mit der Unterstützung Dritter mit ihrer Erwerbstätigkeit vereinbaren können.

Bei Eintritt der Pflegesituation und bei allen neu hinzutretenden pflegebedingten Anforderungen wünschen sich Sorgepersonen des Typus 1 eine arbeitszeitkompatible und zeiteffiziente Beratung, Information und Wegweisung aus einer Hand, um ihren Handlungsspielraum für die Gestaltung der häuslichen Pflege zu verstehen und umzusetzen. Für ihre gewählte Selbstsorgestrategie „Erhalt der Erwerbstätigkeit" sind sie zudem unbedingt auf eine pflegesensible Betriebskultur angewiesen; das schließt *niedrigschwellige betriebliche Maßnahmen wie Informationsangebote und die Flexibilität von Arbeitszeit sowie -organisation*" ein (vgl. Auth u.a. 2015a, 3). Idealerweise gehört dazu auch ein offener und verständnisvoller Umgang mit dem Thema Angehörigenpflege über betriebliche Hierarchien hinweg, d.h. sowohl unter Kolleg*innen als auch mit Vorgesetzten. Ein weiterer relevanter Bedarf wird für die Unterweisung im alltäglichen Pflegehandeln und spezifische Informationen zum Pflegebedarf (orientiert an Krankheitssymptomen und -verlauf, insbesondere bei Demenz) durch Ärzt*innen, Krankenhaus- und Reha-Personal angezeigt, ergänzt durch einen lückenlosen und zeitnahen Informationsaustausch an Schnittstellen zwischen den beteiligten Akteur*innen. Schließt sich daran ein unbürokratischer Zugang zu wohnortnahen Pflegedienstleistungen und/oder teilstationären Diensten an, so kann der Beruf-Pflege-Konflikt gering gehalten und die „eher gelingende" Pflegebewältigung der Sorgepersonen im Typus 1 unterstützt werden.

Der jeweilige zeitliche und materielle Aufwand, der in einem Pflegearrangement entsteht, kann meist nicht ohne den Zukauf weiterer Pflegeressourcen aufrechterhalten werden. Hier wird der für diese Gruppe charakteristische hohe SÖS differenzwirksam. Eine Entlastung zur Lösung von Vereinbarkeitskonflikten kann umso besser nach eigenen Vorstellungen sichergestellt werden, je größer der finanzielle Spielraum ist. Voraussetzung ist allerdings, dass Dienstleistungen zur Verfügung stehen und dem erwerbsarbeitsbezogenen Handlungsspielraum entsprechen. Eine im Pflegeprozess abnehmende Ressourcenausstattung und -konstellation (z.B. Finanzkraft, Zeitressourcen für Pflege, familiale, informelle und professionelle Unterstützungsnetzwerke) kann hingegen die psycho-soziale Handlungsfähigkeit im Pflegearrangement des Typus 1 gefährden (vgl. Kap. 4.1) und gefährdet die „eher gelingende" Pflegebewältigung.

6.2 Bedarfe des Pflegebewältigungstypus 2

Pflegepersonen, die dem Bewältigungstyp 2 „Aktiv genutzte Familienressourcen" angehören, explizieren für die Phase des Pflegeeinstiegs keine Bedarfe, da die Übernahme der Pflegeaufgaben ihrem Selbstverständnis entspricht. Die Pflege von Familienangehörigen wird dem eigenen Lebensentwurf nicht untergeordnet, sondern als mindestens gleichwertig betrachtet. Die Verteilung der Pflegeaufgaben auf „mehrere Schultern" in der Familie entfaltet für alle hier verorteten Sorgepersonen eine entlastende Wirkung und begründet eine „eher gelingende" Pflegebewältigung. Mit Hilfe starker Familienressourcen gelingt es den Sorgepersonen im Typus 2 selbst bei niedrigem SÖS genügend Raum für ein Selbstsorgehandeln – u.a. der Aufnahme bzw. dem Erhalt der Erwerbstätigkeit – zu schaffen. Dennoch darf keinesfalls davon ausgegangen werden, dass keine Bedarfe vorliegen.

Sowohl aus gesellschaftlicher als auch aus sozialpolitischer Perspektive ist gerade ein solches Familienpflegesystem in besonderem Maße auf eine zugehende Informations- und Beratungsstruktur angewiesen, zur Aufklärung rund um die Pflegethematik. Nur so kann – vor allem für die sorgenden Angehörigen des Typ 2 mit einem niedrigen SÖS – sichergestellt werden, dass weder die Pflegebedürftigen unterversorgt sind noch für ihre pflegenden Familienmitglieder die Pflegesituation zu einer gesundheitsgefährdenden oder existenzbedrohenden Überforderung wird. Hier scheint der implizite Bedarf an die Sozial- bzw. Pflegepolitik auf, äquivalent zu Elternzeit, Elterngeld und rentenrechtlichen Ansprüchen im Bereich der Kindererziehung präventiv politische Maßnahmen gegen pflegebedingte (Alters-)Armut zu implementieren.

In langandauernden Pflegeprozessen und bei zunehmender Pflegebedürftigkeit wird es umso bedeutsamer, gerade die nicht explizierten Bedarfe sowie die Grenzen des häuslichen Pflegearrangements zu erkennen, um ein nachhaltiges „Gelingen" der Pflegebewältigung für Angehörige im Pflegebewältigungstyp 2 zu sichern. Eine solche präventive Steuerungsaufgabe könnte durch ein zugehendes Case-Management geleistet werden mit dem Ziel, die Reflexion der Pflegesituation zu fördern und eine Abgrenzung zwischen Fürsorge und Selbstsorge in familial getragenen Pflegearrangements zu unterstützen. Werden Überforderungen und Konflikte innerhalb des überwiegend durch Familienressourcen getragenen Pflegearrangements sichtbar, so wäre – ebenfalls ein impliziter Bedarf – eine professionelle (psycho-soziale) Pflegebegleitung hinzuzuziehen.

Gehört zum eigenen Lebensentwurf eine Berufstätigkeit, erweist sich auch für Angehörige des Typs 2 die Pflegesensibilität des Betriebes als relevanter Bedarf

(Reuyß u.a. 2014). Der Erhalt einer beruflichen Tätigkeit trotz Sorgeverantwortung steht zwar hier nicht zentral, stellt aber eine wirksame Coping-Strategie dar, die der Distanznahme zur Pflegesituation dient und so den „eher gelingenden" Pflegebewältigungsstil unterstützt. Haben erwerbstätig Pflegende in dieser Gruppe einen niedrigen SÖS, ist ihre Erwerbstätigkeit oft im Niedriglohnsektor angesiedelt; entspricht die Erwerbstätigkeit einer niedrigen Berufsposition, so verfügen die Betroffenen häufig über eine vergleichsweise geringere Durchsetzungsmacht für vereinbarkeitsförderliche Regelungen und tragen ein potenzielles Risiko, in eine „eher prekäre" Pflegebewältigungssituation zu geraten, die es abzuwenden gilt. Deshalb ist eine professionelle Pflegebegleitung/-beratung auch im Kontext von Erwerbsarbeit für Angehörige des Typus 2 von Vorteil.

Ein weiterer typenspezifischer Bedarf ist die „Überwindung von Fremdheit" im Sinne des Zulassens von „Hilfe von außen". Der Bedarf der „Überwindung von Fremdheit" steigt mit dem Grad der Eingebundenheit in ein Familiensystem oder eine „Community", über die kollektive Wertvorstellungen für ein familiales Fürsorgehandeln vermittelt werden. Die Bedarfe-Kategorie „Überwindung von Fremdheit" konnte aus dem Textmaterial herausgearbeitet werden. Damit wird zum einen Bezug genommen auf pflegebedürftige Personen, die jegliche Form der Pflege durch fremde Personen ablehnen (z.B. kulturell geprägt oder demenzbedingt); zum anderen wird die Kategorie auch auf Seiten der sorgenden Angehörigen relevant, wenn es darum geht, Pflegeverantwortung nicht in „fremde Hände" legen zu wollen. In einer dritten Bedeutung wird „Fremdheit" relevant, wenn die stationäre Einrichtung die Angehörigen nach dem Heimeintritt als Sorgepersonen ausgrenzt. Schließlich kann auch der Rollenwechsel, den Kinder mit dem Erleben der Pflegebedürftigkeit der Eltern, vor allem in Zusammenhang mit einer Demenzerkrankung, vollziehen müssen, mit Gefühlen der „Fremdheit" einhergehen.

Gelingt es professionellen Fachkräften, persönliche Bindungen aufzubauen, so können sie als „vertraute Helfer*innen" in das Familiensystem integriert werden. Hier schließt sich zum einen unmittelbar ein Bedarf an bezahlbaren (kultursensiblen) Pflegedienstleistungen an. Da der prozentuale Anteil der in Anspruch genommenen Pflegesachleistungen auf das Pflegegeld angerechnet und dieses entsprechend verringert ausgezahlt wird (Kombinationsleistungsmodell), ist die Hürde für eine Einbindung professioneller Pflegedienstleistungen dann besonders hoch, wenn das Pflegegeld als (unverzichtbarer) Einkommensersatz dient.

Auch für den expliziten Bedarf an adäquatem Wohnraum zur möglichst langen Aufrechterhaltung der häuslichen Pflege zeigt sich im Pflegebewältigungstypus 2 ein niedriger SÖS begrenzend wirksam. Fehlen finanzielle Mittel für die Eigenleistung bei Wohnraumanpassungen oder kann – bei Aufnahme der pflegebedürftigen Person in den eigenen Haushalt – ein Umzug in eine größere Wohnung nicht finanziert werden, so entsteht auch hier ein „Prekaritätsrisiko" für die Pflegebewältigung.

6.3 Bedarfe des Pflegebewältigungstypus 3

Die „Sinnstiftung" ist zentral für das Fürsorgehandeln des Pflegebewältigungstyps 3, der ebenfalls eine „eher gelingende" Pflegebewältigung zeigt. Die Ähnlichkeit zum familienressourcenbasierten Pflegebewältigungstyp 2 besteht darin, dass die betroffenen Pflegepersonen bei Eintritt der Pflegesituation eher keine Bedarfe explizieren, da sie die selbstverständliche Übernahme der Sorgeaufgaben für die Eltern in der Einstiegsphase zunächst nicht als Pflege bewerten. Der Zeitaufwand für die Pflege ist überwiegend hoch bis sehr hoch und legt implizit für den Pflegebewältigungsstil „Sinnstiftung" einen hohen Unterstützungsbedarf nahe. Das Fürsorgehandeln der sorgenden Angehörigen beruht vor allem auf der Akzeptanz des Zustandes von Krankheit und Pflegebedürftigkeit. Die Selbstsorge, die wesentlich durch die als sinnvoll erlebte Pflegetätigkeit generiert wird, muss als vulnerabel an einer nicht erkannten Grenze zur Selbstüberforderung gesehen werden.

Während für sorgende Angehörige im Typus 3 mit einem niedrigen SÖS im gesamten Pflegeprozess überwiegend implizite Bedarfe herausgearbeitet werden konnten, formulieren die Angehörigen mit hohem SÖS Bedarfe, die in ihren Augen nicht oder nur unzureichend erfüllt werden.

Bei Eintritt der Pflegesituation sind die sorgenden Angehörigen des Typus 3 in unterschiedlichem Maße auf eine zugehende Informations- und Beratungsstruktur angewiesen sowie auf die Sensibilität aller an häuslichen Pflegearrangements beteiligten Akteure im Gesundheits- und Pflegesystem, die ein proaktives Hilfenetzwerk um die Pflegebedürftigen und ihre Sorgepersonen spannen. Für diejenigen Angehörigen mit niedrigem SÖS zeigt sich hier ein impliziter Bedarf an ein (zugehendes) Case-Management, ggf. in Kombination mit einer professionellen (psycho-sozialen) Pflegebegleitung, um Überforderungen sichtbar zu machen und den Zugang zu bedarfsgerechten und selbstsorgefördernden Hilfs- und Entlastungsangeboten systematisch und über alle Pflegephasen hinweg anzuleiten. Dabei sollten alle zugehenden Angebote sowohl die Prävention der eigenen Gesundheit sowie das Aufzeigen von Handlungsoptionen an Grenzen der häuslichen Pflege in den Fokus stellen.

Beim Übergang zur Aufrechterhaltung der Pflegesituation wird von Sorgepersonen des Typus 3 eine generell hohe Lernbereitschaft zur Erfüllung der Pflegeaufgaben (Ersatz einer professionellen Pflege) sichtbar, an die sich ein besonders ausgeprägter Bedarf an pflegerelevantem Wissen (Krankheit, Pflegebedarf, Zugang zum Pflegesystem) anschließt. Die Sorgepersonen zeigen – vor allem in Krisensituationen – Ängste und Sorgen vor dem „Alleingelassen werden" mit den herausfordernden Pflegeaufgaben an. Ein Bedarf, für den ein hoher SÖS (Bildung) ermöglichend für die Problemlösungskompetenz wirken kann. Dabei sind besonders diejenigen auf professionelle Unterstützung angewiesen, die Überforderungen im Umgang mit bürokratischen Hürden und/oder der Komplexität des Pflegeversicherungsrechts beklagen. Diese Angehörigen weisen vor allem auf eine mangelnde Beratung und Unterstützung durch (Haus-)Ärzt*innen hin. Auf der professionellen Angebotsseite bemängeln die sorgenden Angehörigen zudem das unzureichende Angebot an Kurzzeit- und/oder Tagespflegeplätzen für eine zeitweise Entlastung von der Pflege.

Informations- und Organisationsbedarfe an Übergängen (vom Krankenhaus zur Häuslichkeit, von der Häuslichkeit zum Heim) als expliziter Bedarf werden unabhängig vom SÖS angezeigt. Kommt es zur Heimversorgung, so wird ein Bedarf zur Überwindung von Fremdheit relevant. Im Typus 3 entspricht diese Bedarfskategorie dem Wunsch der Angehörigen, auch im institutionellen Einrichtungsalltag einen als sinnvoll anerkannten Fürsorgeanteil zu leisten.

6.4 Bedarfe des Pflegebewältigungstypus 4

Der erste Pflegetypus in der Gruppe der „eher prekären" Pflegebewältigung ist der Typus 4 „Ringen um Kontrolle", der die Sorgeverantwortung als übermäßige Belastung erlebt. Die Pflegeverantwortung wurde entweder in einem schleichenden Prozess oder unfreiwillig (zugewiesen durch Dritte) übernommen. Die hier verorteten Pflegepersonen (ausnahmslos Töchter) müssen immer wieder um den Zugang zu ermöglichenden personalen und sozialen Ressourcen ringen und ihr Selbstsorgehandeln ist instabil. Dennoch zeigen alle weiblichen Pflegepersonen eine aktive Handlungsorientierung für den Erhalt der Kontrolle über die Pflegesituation.

Sowohl die impliziten als auch die explizierten Bedarfe dieser Gruppe lassen sich durch ein frühzeitiges, zugehendes und geschlechtersensibles Case-Management aus einer Hand koordinieren. Konkret werden auf den Einzelfall bezogene Beratungs-, Pflege- und Betreuungslösungen gewünscht, die besonders bei krisenhaften Ereignissen im Pflegeprozess zeiteffizient zu organisieren sind, um die Pflegebewältigung zu stabilisieren.

Es ist vor allem die Erwerbsarbeit (vergleichbar mit Typus 1), die das zentrale und aktiv praktizierte Selbstsorgehandeln der hier verorteten weiblichen Sorgepersonen ausmacht; gestützt durch den hohen SÖS (Bildung). Die „eher prekäre" Pflegebewältigung im Typus 4 geht maßgeblich auf konflikthafte Rahmenbedingungen zurück, die auf mehreren Ebenen verortet sein können.

Hoch relevant zeigt sich der Bedarf an einer Unterstützung von Vereinbarkeitslösungen durch einen pflegesensiblen Betrieb, da die Erwerbstätigkeit und das damit verbundene zeitweise Heraustreten aus der als belastend bewerteten Pflegesituation häufig die einzige noch funktionierende Coping-Strategie darstellt und in Konflikt steht mit der hohen Gesamtbelastung. Der Beruf-Pflege-Konflikt ist umso höher, je „unsicherer" die Verhandlungsposition im bestehenden Arbeitsverhältnis ist.

Das Ringen um Kontrolle der sorgenden Angehörigen im Typus 4 verläuft zudem entlang weiterer Konfliktlinien. Hier scheint ein impliziter und hoch relevanter Bedarf an einer professionellen (psycho-sozialen) Begleitung auf, um den Umgang mit ambivalenten Gefühlen in der (neuen) Rolle als pflegende Tochter und den damit verbundenen Aushandlungsprozessen (Übernahme der häuslichen Pflege, Inanspruchnahme professioneller ambulanter oder teilstationärer Dienste, Heimentscheidung) anzuleiten. Entscheidungen gegen den Willen der Pflegeperson werden von den sorgenden Töchtern des Typus 4 erst mit einer deutlichen Verzögerung und Überschreitung der eigenen Belastungsgrenze getroffen. Ein Unterstützungsbedarf, Pflegeentscheidungen unter Einbezug der eigenen Bedürfnisse gegenüber Dritten innerhalb der Familie durchzusetzen, zeigt sich für die sorgenden Angehörigen des Typus 4 in allen Phasen des Pflegeprozesses als zusätzlich relevant, um den prekären Bewältigungsstil verbessern zu können. Die eigene Position im Pflegearrangement in Balance zu halten und mit dem ungewollten Rollenwechsel vom „Kind" zur „Sorgeperson für die Eltern" besser umgehen zu können, ist zusätzlich der Bedarf zur Überwindung von Fremdheit verwoben.

6.5 Bedarfe des Pflegebewältigungstypus 5

Dem Typus 5 „Alternativlosigkeit" gehören sorgende Angehörige mit einem „eher prekären" Pflegebewältigungshandeln (auch hier ausnahmslos pflegende Töchter) an. Sie haben die Pflege entweder selbstverständlich übernommen oder sind in einem schleichenden Prozess in die Rolle der pflegenden Tochter (unfreiwillig) hineingewachsen. Konflikthafte Abhängigkeitsbeziehungen (psychisch und/oder finanziell), die „nach innen" (eigene Rollenklärung im Verhältnis zur pflegebedürftigen Person) oder „nach außen" (zu weiteren Beteiligten an der Pflege) wirken, grenzen ein aktives Selbstsorgehandeln stark bis vollständig ein. Hierin wird implizit der Bedarf zur „Überwindung von Fremdheit" sichtbar, um die eigene Positionierung und das eigene Verhalten zu den Bedürfnissen und Erwartungen aller Beteiligten im und an das Pflegearrangement klären zu können.

Sorgepersonen in einer solchen als alternativlos empfundenen Pflegesituation zeigen eine eher resignative Haltung und Passivität. Die Selbstsorgeorientierung ist vollkommen in den Hintergrund getreten und das Kontrollerleben in Bezug auf die Pflegesituation ist nicht (mehr) vorhanden. Deshalb sind diese weiblichen Sorgepersonen in besonderem Maße darauf angewiesen, „sichtbar" zu werden mit ihren Bedürfnissen. Hier kann die Sensibilität professioneller Akteur*innen (z.B. Hausärzt*innen, ggf. Krankenhaus) eine erste Anbindung an Unterstützungsstrukturen vermitteln. Der explizierte Wunsch an eine seelische Unterstützung ist als Bedarf an einem zugehenden psycho-sozialen Angebot zu sehen, um unter professioneller Anleitung Wege aus der Alternativlosigkeit zu erarbeiten. Fehlendes Kontrollerleben bzw. die empfundene Hilflosigkeit überlagern durch den als unüberwindbar empfundenen Zeit- und Bürokratieaufwand den Zugang zu theoretisch möglichen Dienstleistungen und anderen entlastenden Hilfen. Implizit lässt sich auch hier der Bedarf an einem zugehenden und geschlechtersensiblen Case-Management aus einer Hand ableiten, das für den Einzelfall unter Berücksichtigung der Verwobenheit der Bedürfnisse aller Beteiligten das Selbstsorgehandeln für Entlastungen im Pflegearrangement unterstützen kann.

Das Pflegegeld dient denjenigen mit einem niedrigen SÖS als Einkommen zur Sicherung des Lebensunterhaltes. Eine (theoretisch mögliche) Inanspruchnahme eines Pflegedienstes wird deshalb verworfen, um dieses Einkommen nicht zu verringern. Hier schließt sich der explizierte Bedarf an einer Verbesserung der finanziellen Ausstattung familiär geleisteter Pflege an. Auch sog. lebenspraktische Unterstützungswünsche werden benannt; etwa die Finanzierung ermöglichender Rahmenbedingungen wie adäquater Wohnraum oder ein Auto, um der Isolation in der eigenen Häuslichkeit zu entkommen.

Ein interessanter Befund zeigt sich im Zusammenspiel von theoretischer Wahlfreiheit für die bedarfsgerechte Ausstattung des Pflegearrangements durch Zukauf von entlastenden Dienstleistungen (hoher SÖS) mit einer subjektiv als nicht möglich erscheinenden Einbindung (professioneller) Hilfen in das Pflegearrangement. Sind die Ablehnung durch die pflegebedürftige Person und/oder die fehlende Durchsetzungsmöglichkeit gegenüber Dritten zu stark ausgeprägt, kann ein hoher SÖS (Einkommen) von Alternativlosigkeit überlagert werden und ein aktives Selbstsorgehandeln der Pflegeperson verhindern.

In den Analysen konnten darüber hinaus fünf Themenbereiche als *typenübergreifend* bedeutsam herausgearbeitet werden. Es sind Bedarfe, die je nach Pflegebewältigungstyp unterschiedlich akzentuiert auftreten und in einer kurzen Zusammenfassung beschrieben werden.[1]

Sorgende Angehörige, die sich mit einer (neu) auftretenden Pflegesituation oder akuten Veränderungen im Pflegeprozess konfrontiert sehen, benennen einen hohen Bedarf an (1) *Wegweisung und Information* zur Überwindung von Hürden bei der Pflegeorganisation. Sowohl beim Einstieg in die Pflege als auch im Pflegealltag sind die Sorgepersonen zudem angewiesen auf den (2) *Zugang zur Pflegeinfrastruktur und zu adäquatem Wohnraum*; letzterer betrifft sowohl eine ausreichende Größe als auch die Barrierefreiheit der Wohnung, in der die pflegebedürftige Person versorgt wird. In allen vier Phasen der Pflege scheint das Phänomen der (3) *Überwindung von Fremdheit* als Herausforderung auf. Mit dem Themenbereich (4) *Bewältigung von Übergängen im Pflegeprozess* wird ein weiterer phasenübergreifender Bedarf angezeigt, der die psycho-soziale Unterstützung bei der Reflexion des eigenen Pflege- und Sorgehandelns sowie beim Umgang mit den eigenen Grenzen zwischen Fürsorgewunsch und Selbstsorgebedarf betrifft. Sorgende Angehörige, die ihre pflegebedürftigen Angehörigen bis zum Tod begleitet haben, sehen sich zudem mit der Herausforderung der (5) *Lebensbewältigung[2] nach der Pflege* konfrontiert, für die sich ein bislang politisch kaum wahrgenommener Unterstützungsbedarf zeigt.

---

1 Eine ausführliche Darstellung der Analyse typenübergreifender Bedarfe enthält der Bericht zur Studie PflegeIntersek (Auth u.a. 2018, 28f.).

2 Die „Lebensbewältigung nach der Pflege" – die in der Studie PflegeIntersek als zum Pflegeprozess zugehörig betrachtet wird (s. Auth u.a. 2018, 39) – betrifft nur vier von insgesamt 20 ausgewerteten Interviews. Eine weitergehende Analyse der Bedarfe nach Pflegebewältigungstypen kann deshalb nicht vorgenommen werden. Die Analyse der in den Interviews benannten Bedarfe der sorgenden Söhne und Töchter lässt jedoch darauf schließen, dass diese Phase variierende Bedarfe an die Aufarbeitung (konflikthafter) Erlebnisse im Pflegeprozess einschließt und andererseits ganz grundsätzlich Fragen nach der Rückkehr zum eigenen Lebensentwurf und/oder in den Beruf bearbeitet werden müssen. Hier schließt sich weiterer Forschungsbedarf an.

Tab. 8: Typenspezifische Bedarfe

Phasen im Pflegeprozess	Typ 1: Pflege rund um die Erwerbstätigkeit	Typ 2: Aktive Nutzung von Familienressourcen	Typ 3: Sinnstiftung	Typ 4: Ringen um Kontrolle	Typ 5: Alternativlosigkeit
Einstieg in die Pflege	**Arbeitszeitkompatible und zeiteffiziente Beratung, Information und Wegweisung aus einer Hand**	Zugehende Informations- und Beratungsstruktur	**Erkennen von impliziten Bedarfen durch eine zugehende Informations- und Beratungsstruktur** (Case-Management und professionelle Pflegebegleitung)	Arbeitszeitkompatible und zeiteffiziente Information sowie Case-Management aus einer Hand	Zugehendes Case-Management aus einer Hand *(vertrauensvolle Reflexion der Selbstsorgeoptionen; Überwindung bürokratischer Hürden)*
Aufrechterhaltung der häuslichen Pflege	(Kultursensible) Pflegeinfrastruktur, die dem erwerbsbezogenen Handlungsspielraum entspricht	Überwindung von Fremdheit	Förderung einer vorhandenen pflegethematischen Lernbereitschaft	Zeiteffizienter Zugriff auf wohnortnahe Beratungs-, Pflege- und Betreuungslösungen	Überwindung von Fremdheit
		Bezahlbare und kultursensible Pflegeinfrastruktur *(keine Minderung des Pflegegeldes)*			**Zugehende psycho-soziale (Pflege-)begleitung** *(seelische Unterstützung für „Wege aus der Alternativlosigkeit")*
		Finanzierungshilfen für adäquaten und bezahlbaren Wohnraum	Ausreichendes Angebot an Kurzzeit- und/oder Tagespflegeplätzen *(zeitweise Entlastung)*		Bezahlbare Entlastungsangebote *(ohne Kürzung des Pflegegeldes)*
	Unterweisung im alltäglichen Pflegehandeln durch die beteiligten medizinisch-therapeutischen Fachkräfte	Professionelle (psycho-soziale) Pflegebegleitung *(Erkennen und Abwenden von Nachteilen, z.B. Verlust des Arbeitsplatzes)*		**Zugehende psycho-soziale (Pflege-)begleitung** *(Konfliktbewältigung, ggf. unter Einbezug weiterer an der Pflege beteiligter Personen)*	

Gestaltung von (krisenhaften) Übergängen im Pflegeprozess; u.a. Heimeintritt	Lückenloser und zeitnaher Informationsaustausch zwischen allen an der Pflege beteiligten professionellen Akteur*innen	Zugehendes Case-Management (*gesundheitsgefährdende oder existenzbedrohende Überforderung vermeiden*)	Überwindung von Fremdheit	Unterstützung zur Verringerung einer pflegebedingten Isolation (*Rahmenbedingungen wie Wohnen und Mobilität (finanziell) unterstützen*)
Alle Phasen	**Pflegesensible Betriebskultur**	Pflegesensible Betriebskultur		Anerkennung der familial geleisteten Pflege auch bei Inanspruchnahme von Sachleistungen (*keine Kürzung des Pflegegeldes und/oder der rentenrechtlichen Berücksichtigung**)
		Anerkennung der familial geleisteten Pflege auch bei Inanspruchnahme von Sachleistungen (*keine Kürzung des Pflegegeldes und/oder rentenrechtlichen Berücksichtigung**)	**Pflegesensible Betriebskultur**	
			Überwindung von Fremdheit	

Leseanleitung: Fettdruck zeigt an, dass es sich um den Bedarf handelt, der sich für diesen Typ als besonders relevant herausgestellt hat. Eine gestrichelte Linie zeigt an, dass der oder die Bedarfe phasenübergreifend auftreten.
Quelle: eigene Darstellung

* /oder der rentenrechtlichen Ansprüche

7. Fazit

Ausgehend von der Frage, wie sorgende Angehörige angesichts ihrer je unterschiedlichen gesellschaftlichen Positionierung die Herausforderungen der häuslichen Pflege und Versorgung bewältigen, wurde in dieser Studie eine intersektionale Forschungsperspektive gewählt. Diese hat zum Ziel, Macht- und Herrschaftsstrukturen vor dem Hintergrund der Wechselwirkungen von sozialen Differenzkategorien zu analysieren (vgl. Kap. 3.1). Als zentrale Differenzkategorien für das Bewältigungshandeln sorgender Angehöriger wurden aufgrund des Forschungsstands (vgl. Kap. 2) der SÖS, das Geschlecht, der Erwerbsstatus sowie die ethnische Zugehörigkeit (operationalisiert als türkischer Migrationshintergrund) fokussiert.

Es wurden 36 qualitative Leitfadeninterviews mit sorgenden Angehörigen, die ihre (Schwieger-)Eltern pflegen, geführt. Alle häuslichen Pflegearrangements erforderten eine intensive Betreuungs- und Versorgungsleistung und wurden unter den Rahmenbedingungen westdeutscher Versorgungsstrukturen in städtischen Großräumen gestaltet. Für 20 Interviews, die nach dem Prinzip der Kontrastierung ausgewählt wurden, um ein möglichst breites Spektrum unterschiedlicher Konstellationen häuslicher Versorgung abzubilden, erfolgte eine vertiefende intersektionale Analyse (vgl. Kap. 3.2).

Als Ergebnis wurde eine Typologie des Bewältigungshandelns sorgender Angehöriger präsentiert (vgl. Kap. 4). Diese unterscheidet zwischen einer „eher gelingenden" und einer „eher prekären" Pflegebewältigung, wobei die in Selbstsorgehandeln umgesetzte Selbstsorgeorientierung der Angehörigen als zentrales Unterscheidungsmerkmal identifiziert wurde. Sorgende Angehörige, denen es gelingt, ihren eigenen Lebensentwurf trotz Pflege weitgehend aufrechtzuerhalten, kommen mit den Herausforderungen der häuslichen Pflege- und Sorgearbeit besser zurecht als diejenigen, die ihren eigenen Lebensentwurf aufgeben bzw. den Bedürfnissen der pflegebedürftigen Person komplett unterordnen.

Der Pflegebewältigungstyp 1 („Pflegeorganisation rund um die Erwerbstätigkeit") ist charakterisiert durch sorgende Angehörige mit einem hohen SÖS und einer hohen Selbstsorgeorientierung, die sich durch die Aufrechterhaltung von (Vollzeit-)Erwerbstätigkeit und den Zukauf von Unterstützungsleistungen ausdrückt. Im Pflegebewältigungstyp 2 („Aktive Nutzung von Familienressourcen") weisen die sorgenden Angehörigen einen hohen oder niedrigen SÖS auf, sie sind teilzeiterwerbstätig und haben eine hohe Selbstsorgeorientierung, die sie dank der Unterstützung durch andere Familienmitglieder auch in Selbstsorgehandeln umsetzen können. Zwar sind alle hier zugeordneten Personen türkischstämmig, die Differenzkategorie Ethnizität wird aber wie bei allen anderen Typen überwiegend indirekt, über die pflegebedürftige Person, wirksam. Bei Pflegebewältigungstyp 3 („Sinnstiftung") variiert der SÖS der sorgenden Angehörigen, die alle entweder bereits vor der Pflege nicht erwerbstätig waren oder ihre Erwerbsarbeit für die Pflege bereitwillig aufgegeben haben. Ihre hohe Selbstsorgeorientierung können sie dadurch in Selbstsorgehandeln umsetzen, dass sie die Aufgabe der Pflege- und Versorgungsleistung als zentrale Sinnstiftung für ihren Lebensentwurf annehmen. Diese ersten drei Typen wurden einer „eher gelingenden" Pflegebewältigung zugeordnet.

In den Typen 4 und 5 wurde die Pflegebewältigung hingegen als „eher prekär" bewertet. Die sorgenden Angehörigen des Pflegebewältigungstyps 4 („Ringen um Kontrolle") weisen zwar ähnliche Charakteristika wie Typ 1 auf, die Umsetzung der hohen Selbstsorgeorientierung in Selbstsorgehandeln ist jedoch nicht stabil. So ist die Aufrechterhaltung der Erwerbstätigkeit durch fehlende passende Unterstützungsangebote und/oder schwierige Arbeitsbedingungen immer wieder gefährdet. Die sorgenden Angehörigen des Pflegebewältigungstyps 5 („Alternativlosigkeit") haben ihre Erwerbstätigkeit für die Pflege (gezwungenermaßen) aufgegeben und weisen eine geringe Selbstsorgeorientierung auf. Der eigene Lebensentwurf kann auch bei hohem SÖS nicht gelebt werden, da die begrenzenden Rahmenbedingungen der häuslichen Pflege- und Versorgungssituation als ausweglos wahrgenommen werden.

Anhand der Pflegebewältigungstypen zeigt sich klar der Vorzug einer intersektionalen Analyse: Die Heterogenität sorgender Angehöriger wird nicht auf die Zugehörigkeit zu einer Merkmalsgruppe – pflegende Frauen/Männer, erwerbstätige Pflegende, Pflegende mit Migrationshintergrund etc. – hin analysiert, sondern im Hinblick auf das Zusammenspiel mehrerer Differenzkategorien. In den spezifischen Konstellationen der einzelnen Pflegebewältigungstypen werden die Wechselwirkungen der Differenzkategorien und die daraus entstehenden komplexen Ungleichheitsverhältnisse deutlich. Insgesamt weisen unsere Befunde weniger eindeutig als bei Neumayer u.a. (2014) darauf hin, dass soziale Benachteiligung mit der Anzahl sich überschneidender Differenzlinien zwangläufig zunimmt.

Ergänzend wurde eine typenübergreifende Analyse der vier ausgewählten Differenzkategorien und ihrer jeweiligen Verwobenheit mit den anderen Differenzkategorien durchgeführt (vgl. Kap. 5). Hier lassen sich interessante Zusammenhänge erkennen, die soziale Ungleichheiten aufzeigen und Hinweise auf konkrete Unterstützungsbedarfe geben.

Der SÖS, gemessen an der Einkommenssituation und dem Bildungsgrad der Pflegperson, hat sich entgegen der ursprünglichen Annahme nicht als alles dominierende Kategorie erwiesen. Er entfaltet seine Relevanz zum einen bei denjenigen, die erwerbstätig sind und sich aufgrund eines hohen SÖS den Zukauf von Diensten leisten können. Zum anderen ist ein niedriger SÖS eine zusätzlich belastende Rahmenbedingung für diejenigen sorgenden Angehörigen, die sich ohnehin schon in einer prekären Situation befinden. Andererseits kann der SÖS von anderen Rahmenbedingungen überlagert werden, wenn z.B. keine adäquaten Dienste verfügbar sind oder der Zukauf von Diensten von der pflegebedürftigen Person nicht erwünscht ist. Dann kann trotz hohem SÖS eine prekäre Pflegesituation entstehen. Ein niedriger SÖS hingegen kann durch ein gut funktionierendes familiales Unterstützungsnetzwerk kompensiert werden.

In Bezug auf die Kategorie Geschlecht kann bei Männern dann von einem geschlechtsrollen-konformen Verhalten gesprochen werden, wenn sie der Erwerbstätigkeit Vorrang gegenüber der Sorgearbeit einräumen. Bei Frauen ist dieses Verhalten geschlechtsrollen-nonkonform. Männer mit hohem SÖS, Erwerbstätigkeit und geschlechtsrollen-konformem Verhalten sowie Männer mit niedrigem SÖS und geschlechtsrollen-nonkonformem Verhalten weisen jeweils eine „eher gelingende" Pflegebewältigung auf; Frauen mit hohem SÖS, Erwerbstätigkeit und geschlechtsrollen-nonkonformem Verhalten ebenfalls. Frauen mit geschlechtsrollen-konformem Verhalten können sich auch in einer „eher gelingenden" Pflegesituation befinden, wenn sie familiale Unterstützung (als Kompensation für einen hohen SÖS) erhalten oder die Pflegearbeit als sinnstiftende Alternative zur Erwerbsarbeit verstehen. Andererseits kann geschlechtsrollen-konformes Verhalten bei Frauen aber auch zu einer „eher prekären" Pflegebewältigung führen, wenn ein niedriger SÖS oder kulturell-religiöse Wertvorstellungen oder Nicht-Erwerbstätigkeit Möglichkeiten des Selbstsorgehandelns verhindern.

Im Hinblick auf den Erwerbsstatus von sorgenden Angehörigen ist festzustellen, dass Erwerbstätigkeit einen hohen Stellenwert für die Umsetzung der Selbstsorge hat. Insofern ist die Frage der Vereinbarkeit von Pflege und Beruf für viele sorgende Angehörige zentral, wobei hier insbesondere die Notwendigkeit der Flexibilität in Bezug auf die Arbeitszeit und den Arbeitsort genannt wurde. Schlechte Vereinbarkeitsbedingungen wurden umgekehrt als Grund für die

Reduktion oder Aufgabe der Erwerbsarbeit angegeben. Ob es überhaupt eine Wahl zwischen Pflege und Beruf gibt, ist abhängig von einem entsprechend hohen SÖS oder einem unterstützenden Familiennetzwerk sowie von adäquaten unterstützenden Dienstleistungen. Bei Letzteren stellt der Mangel an kultursensiblen Angeboten eine Barriere entlang der Differenzkategorie Ethnizität für sorgende Angehörige dar, die den Wünschen und Bedarfen der Pflegebedürftigen gerecht werden wollen. Auch die Differenzkategorie Geschlecht hat Einfluss auf den Erwerbsstatus: Bei Männern führt geschlechtsrollen-konformes, bei Frauen geschlechtsrollen-nonkonformes Verhalten zur Aufrechterhaltung der Erwerbstätigkeit.

Die Differenzkategorie Ethnizität erwies sich aufgrund der Heterogenität der sorgenden Angehörigen mit und ohne türkischen Migrationshintergrund nur indirekt – über herkunftsbedingte pflegekulturelle Wünsche der pflegebedürftigen Person, insbesondere nach gleichgeschlechtlicher und türkischsprachiger Pflege – als Einflussfaktor für das häusliche Pflegearrangement. Die Haltung, dass die Übernahme von familialer Pflege als Selbstverständlichkeit und Pflicht aufgefasst wird, findet sich sowohl bei türkischstämmigen als auch bei autochtonen sorgenden Angehörigen. Ähnlich ist es mit Gefühlen der Fremdheit, die bei den pflegebedürftigen Personen sowohl durch eine demenzielle Veränderung als auch migrationsbedingt zur Ablehnung von professionellen Unterstützungsleistungen führen können. Eine spezielle Barriere stellt jedoch der Mangel an kultursensiblen türkischsprachigen Diensten und Einrichtungen dar, wodurch es für sorgende Angehörige mit Migrationshintergrund umso schwieriger wird, Entlastung außerhalb der Familie zu organisieren; auch bei hohem SÖS.

Im Projekt PflegeIntersek wurden Menschen, die ihre (Schwieger-)Eltern pflegen, fokussiert. Es wäre sicherlich aufschlussreich, andere Pflegebeziehungen, etwa Eltern, die ihre Kinder pflegen, oder die Sorgebeziehungen zwischen Partner*innen aus einer intersektionalen Perspektive zu erforschen, um auch hier zu einer differenzierteren Einschätzung der Bewältigungsstrategien vor dem Hintergrund des Wechselspiels der Differenzkategorien zu kommen. Ebenso könnte eine vergleichende Perspektive von städtischen und ländlichen Räumen sowie zwischen West- und Ostdeutschland Erkenntnisse zu pflegekulturellen Unterschieden generieren. Mit PflegeIntersek wurde ein Anfang gemacht; die intersektionale Forschungsperspektive auf sorgende Angehörige bietet jedoch noch ein breites Spektrum an weiteren Forschungsmöglichkeiten.

Ein weiterer Gewinn der intersektionalen Perspektive zeigt sich in Bezug auf die Identifikation von Unterstützungsbedarfen der sorgenden Angehörigen.

Deutlich wird, dass ein „Schubladendenken", das bestimmte Differenzkategorien mit bestimmten Bedarfen assoziiert, nicht unbedingt zielführend ist, auch wenn es um die Frage nach passenden Unterstützungsleistungen geht. Neben der Identifikation von typenspezifischen Bedarfen sind deshalb insbesondere auch die – nach Pflegephasen unterschiedlichen – typenübergreifenden Bedarfe von strukturanalytischer Bedeutung (vgl. Kap. 6). Mit der Erfassung der Bedarfe sorgender Angehöriger werden Lücken im Unterstützungssystem konkret benannt; Ungleichheitsstrukturen werden so bearbeitbar und können einer politischen Lösung zugeführt werden.

Insofern sollen am Ende dieses Forschungsprojekts auch politische Konsequenzen der Ergebnisse diskutiert werden. Über alle Pflegebewältigungstypen hinweg zeigte sich als zentraler Bedarf der sorgenden Angehörigen eine *Verbesserung der Informations- und Beratungssituation*. Zwar besteht – gerade im städtischen Raum – eine Vielzahl an Informations- und Beratungsmöglichkeiten; vielen sind diese Anlaufstellen aber nicht bekannt; das System erweist sich als fragmentiert, unkoordiniert und unübersichtlich. Nötig ist deshalb die Vernetzung der bestehenden Beratungsangebote, um Transparenz und Übersichtlichkeit für sorgende Angehörige herzustellen. Eine derartige Beratung „aus einer Hand" sollte möglichst früh im Pflegeprozess stattfinden und in der Folge prozessbegleitend sowie nach Wunsch auch als aufsuchendes Angebot im Sinne eines umfassenden Case Managements weitergeführt werden. Beispiele dafür gibt es bereits in anderen Ländern:

- In Schweden suchen sog. „Angehörigenberater" die Pflegenden zu Hause auf und beraten über mögliche Unterstützungsleistungen (Unabhängiger Beirat für die Vereinbarkeit von Pflege und Beruf 2019, 32).
- In den Niederlanden werden sorgende Angehörige präventiv aufgesucht, um ihren Unterstützungsbedarf durch ein Beratungsgespräch zu ermitteln und entsprechende Hilfen zu organisieren. Mit telefonischen Follow-up Interventionen werden die Angehörigen professionell begleitet.[1]

Einen ähnlichen Ansatz verfolgt das Konzept des „Pflege Ko-Piloten", welches vom Pflegebevollmächtigten der Bundesregierung vorgeschlagen wird: Die Beratungsbesuche nach §37 Abs. 3 SGB XI sollen durch den Pflege Ko-Piloten als Leistungsanspruch ersetzt werden und zukünftig nicht der Kontrolle, sondern der proaktiven aufsuchenden Beratung und Begleitung von Pflegebedürftigen und

---

1 Die so genannte POM-Methode (Preventieve Ondersteuning Mantelzorgers) wird in einem eigenen Handbuch detailliert beschrieben: https://gemeenten.movisie.nl/publicaties-infographics/preventieve-ondersteuning-mantelzorgers-pom, Zugriff am 20.03.2020.

ihren Angehörigen dienen. Der Pflege Ko-Pilot soll ein unabhängiger, dauerhaft fester Ansprechpartner sein, der für die Pflegehaushalte eine Lotsenfunktion übernimmt und mit Hilfs-, Beratungs- und Angebotsstrukturen vernetzt.[2] Dadurch könnte sichergestellt werden, dass sorgende Angehörige wissen, auf welche finanziellen Leistungen und unterstützenden Angebote sie zurückgreifen können. So empfiehlt auch der Unabhängige Beirat für die Vereinbarkeit von Pflege und Beruf (2019, 54f.), pflegende Angehörige frühzeitig und begleitend, transparent und neutral zu informieren und zu beraten, sowie eine vernetzte und umfängliche Beratung aus einer Hand mit der Möglichkeit der zugehenden Beratung anzubieten. Die Organisation und Koordination der benötigten Dienstleistungen stellt für viele Angehörige eine zeitliche und logistische Überforderung dar und müsste gleichfalls von dem begleitenden Case Management übernommen werden.

Rothgang u.a. (2019) setzen neben das Case Management noch ein *Care Management* in Form einer kommunalen Bedarfsplanung zur Sicherstellung einer adäquaten Struktur von Unterstützungsangeboten. Daran schließt eine weitere Erkenntnis aus dem Projekt PflegeIntersek an, dass nämlich insbesondere kultursensible Angebote an vielen Stellen Mangelware sind und Unterstützungsangebote sich häufig nicht an den tatsächlichen Bedarfen der Pflegebedürftigen und ihrer Angehörigen orientieren. Dies betrifft die Art der Dienstleistung und die zeitliche Lage der Angebote sowie die Fragmentierung der Dienstleistungserbringung, die eine Bezugspflege verhindert. Nur ein durch ein kommunales Care Management gesteuerter bedarfsorientierter Ausbau der Unterstützungsangebote sowie eine ganzheitlich orientierte Erbringung von unterstützenden Dienstleistungen kann hier Abhilfe schaffen.

Als weiteres zentrales Problemfeld zeigen sich über alle Pflegebewältigungstypen hinweg die *Vereinbarkeit von Pflege und Beruf* sowie die aus mangelnder Vereinbarkeit erwachsenden Folgeprobleme. Sorgende Angehörige, die ihre Erwerbstätigkeit aufrechterhalten wollen, sind auf betriebliche Möglichkeiten der Flexibilisierung von Arbeitszeit und Arbeitsort sowie ein unterstützendes Betriebsklima angewiesen. Sorgende Angehörige, die ihre Erwerbstätigkeit zugunsten der Pflegetätigkeit reduzieren oder ganz aufgeben, geraten teilweise bereits während der Pflege in prekäre finanzielle Situationen (wie z.B. in Typ 5 „Alternativlosigkeit"). Spätestens aber im Rentenalter machen sich die fehlenden Beitragszahlungen in Form von geminderten Rentenansprüchen bemerkbar, denn

---

2 https://www.pflegebevollmaechtigter.de/details/passgenaue-unterstuetzung-fuer-die-haeusliche-pflege-pflegebevollmaechtigter-stellt-konzept-des-pflege-ko-piloten-vor.html, Zugriff am 03.06.2020.

die Anrechnung der Pflegezeit auf die Rente gleicht die Beitragslücken nur unzureichend aus. Auch die derzeit verfügbaren sozialpolitischen Instrumente von Pflegezeit und Familienpflegezeit bieten diesbezüglich nur wenig Unterstützung und werden auch nur selten in Anspruch genommen.[3]

Der Unabhängige Beirat für die Vereinbarkeit von Pflege und Beruf (2019, 45f.) empfiehlt deshalb in seinem ersten Gutachten ein neues Förderinstrumentarium: Beschäftigte, die sich um Pflegebedürftige mit mindestens Pflegegrad 2 kümmern, sollen sich für insgesamt 36 Monate teilweise freistellen lassen können bei einer Mindestarbeitszeit von durchschnittlich 15 Stunden pro Woche. Sechs Monate davon sollen auch als volle Freistellung oder mit einer geringeren Arbeitszeit möglich sein. Der Einkommensverlust soll für die gesamte Zeit der Freistellung durch eine Lohnersatzleistung analog zum Elterngeld ausgeglichen werden. Dies ist bislang der weitgehendste Reformvorschlag.

Die Idee eines flexiblen Zeitbudgets mit Lohnersatz greift auch das sog. „1000-Stunden-Modell" auf, das speziell auf Angehörige zielt, die ein funktionierendes Netzwerk der häuslichen Pflege aufbauen und aufrechterhalten wollen, ohne die tägliche Pflegearbeit überwiegend selbst zu leisten: Neben der bereits bestehenden bis zu zehntägigen bezahlten Freistellung mit Lohnersatzleistung soll es einen Rechtsanspruch auf bezahlte Freistellungen mit einem Gesamtvolumen von 1.000 Arbeitsstunden geben. Diese Stunden können flexibel je nach Bedarf eingesetzt werden und stehen pro pflegebedürftiger Person, die betreut wird, zur Verfügung. Die Lohnersatzleistung soll auch in diesem Vorschlag analog zum Elterngeld gestaltet werden (Stiegler 2019).

Rothgang u.a. (2019) schlagen mit dem „Pflegegeld 2.0" eine Umgestaltung der Vergütung der von Angehörigen erbrachten Pflege- und Betreuungsarbeit vor: Das neue Pflegegeld 2.0 soll für die Erbringung von konkreten Leistungen (Hauswirtschaft, Betreuung, Pflege) durch sorgende Angehörige an diese steuer- und abgabenfrei ausbezahlt werden und 40% der Kosten einer professionellen Leistung betragen. Die Höhe des Pflegegelds 2.0 würde nach den Modellbe-

---

[3] 2017 haben ca. 82.000 Menschen Pflegezeit oder Familienpflegezeit in Anspruch genommen. 9.000-13.000 Menschen pro Jahr haben Pflegeunterstützungsgeld bezogen, das als Lohnersatzleistung für die zehntägige kurzzeitige Arbeitsfreistellung beantragt werden kann. Etwa doppelt so viele haben aber die kurzzeitige Arbeitsfreistellung beansprucht, d.h. nur die Hälfte beantragt Pflegeunterstützungsgeld. Auch das Instrument des zinslosen Darlehens für Pflege- oder Familienpflegezeit erweist sich als nicht sehr relevant: Bislang wurden nur 867 Anträge auf ein zinsloses Darlehen bewilligt (Unabhängiger Beirat für die Vereinbarkeit von Pflege und Beruf 2019, 44f.).

rechnungen von Rothgang u.a. (2019)[4] in etwa um 470 Euro über den aktuellen Pauschalsätzen für die jeweiligen Pflegegrade liegen, wobei der Eigenanteil der Pflegebedürftigen für Leistungen der Pflegeversicherung 470 Euro pro Monat (begrenzt auf einen Zeitraum von vier Jahren) betragen würde. Innerfamiliär betrachtet käme es somit zu einem „Nullsummenspiel". Der Vorteil bestünde aber darin, dass das Pflegegeld 2.0 direkt an die sorgenden Angehörigen ausgezahlt würde (anstatt wie bisher an die Pflegebedürftigen) und mit einer konkreten Leistungserwartung, deren Erfüllung nachzuweisen ist, verknüpft wäre. Außerdem könnten auch bei einem Übergang in die stationäre Pflege sorgende Angehörige gezielter als bisher als Ressource genutzt werden und über das Pflegegeld 2.0 vergütet werden, wenn sie bestimmte Betreuungsleistungen übernehmen und damit professionelle Kräfte in den Einrichtungen entlasten. Damit könnte dem Pflegegeld 2.0 auch stärker als bisher die Funktion einer Kompensation von Lohnausfall aufgrund reduzierter Arbeitszeiten zukommen. Der Maßstab für die Höhe des Lohnersatzes wäre jedoch nicht das vorangegangene entfallende Einkommen, sondern die erbrachte Pflegeleistung, die für alle in gleicher Weise (gering) vergütet würde. Je höher also das Erwerbseinkommen von sorgenden Angehörigen ausfällt, desto weniger kann von einer echten Lohnkompensation durch das Pflegegeld 2.0 gesprochen werden. Die rentenrechtliche Absicherung der sorgenden Angehörigen würde der derzeitigen Anrechnungsregelung von Angehörigenpflege in der Rentenversicherung entsprechen und bliebe damit ein unzureichender Ausgleich für den Verlust an Rentenanwartschaften bei Reduktion der Erwerbsarbeitszeit.

Sorgende Angehörige sind und bleiben auch in Zukunft eine unverzichtbare Ressource für die Versorgung von Pflegebedürftigen. Insofern müssen sie bestmöglich unterstützt werden, um häusliche Pflegearrangements so lange wie möglich unter qualitativ guten Bedingungen aufrechterhalten zu können, ohne dass die sorgenden Angehörigen gesundheitliche oder materielle Langfristfolgen

---

4   Die Berechnung basiert auf dem so genannten Sockel-Spitze-Tausch zur Finanzierung der Pflegeleistungen: „Bei Inanspruchnahme von Leistungen der Pflegeversicherung wird ein Sockelbetrag in Höhe von 471 Euro pro Monat durch den Pflegebedürftigen für einen Zeitraum von 48 Monaten privat gezahlt. Über den Sockelbetrag hinausgehende pflegebedingte Kosten werden bis zu einem individuell als bedarfsgerecht zugemessenen Umfang durch die Pflegeversicherung übernommen. Darüber hinaus gehende pflegebedingte Kosten werden nicht als bedarfsnotwendig betrachtet und somit nicht finanziert." (Rothgang u.a. 2019, 10) Vom Pflegegeld 2.0, das entsprechend der Bedarfsfeststellung durch den MdK gewährt wird, wird der Sockelbetrag als Eigenleistung zur Finanzierung der Pflegeversicherung abgezogen. Der verbleibende Betrag liegt knapp über den aktuellen Pflegegeldpauschalen.

zu tragen haben. Die Ergebnisse des Projekts PflegeIntersek zeigen, dass das komplexe Zusammenspiel unterschiedlicher Differenzkategorien in jedem einzelnen Fall zu unterschiedlichen Unterstützungsbedarfen führen kann und deshalb gerade die individuelle begleitende Beratung von sorgenden Angehörigen von größter Bedeutung ist. Beratung kann aber immer nur innerhalb der gegebenen strukturellen Rahmenbedingungen agieren, so dass die Verbesserung dieser Rahmenbedingungen im Sinne eines kommunalen Care Managements sowie der pflegesensiblen Gestaltung von Arbeitsbedingungen und einer bezahlten Freistellung für Angehörigenpflege ebenso wichtig erscheint.

Anhang

Kurzdarstellungen der Fälle (alphabetisch)

Frau Aslan (Typ 5)

Frau Aslan, 47 Jahre alt, pflegt zum Zeitpunkt des Interviews (2017) seit zwei Jahren ihre an einer fortschreitenden Demenz erkrankte Mutter (Pflegegrad 4). Sie ist verheiratet und hat zwei Kinder im Alter von sieben und zweieinhalb Jahren. Sie lebt mit ihrem Mann, ihren Kindern und ihrer pflegebedürftigen Mutter in einer Dreizimmer-Etagenwohnung zur Miete. Frau Aslan hat zwei Brüder im Alter von 55 und 50 Jahren, die in der gleichen Stadt wohnen. Die Familie ist türkischstämmig mit deutscher Staatsangehörigkeit. Der Vater von Frau Aslan ist bereits verstorben. Frau Aslan ist muslimischen Glaubens und bezeichnet sich selbst als eher religiös. Frau Aslan hat nach ihrem Hauptschulabschluss eine betriebliche Ausbildung absolviert und ist seit der Geburt ihres zweiten Kindes in Elternzeit. Ihr Ehemann ist in Vollzeit innerhalb eines unbefristeten Arbeitsverhältnisses erwerbstätig. Die Familie erhält ergänzend zum Pflegegeld und den Einkünften des Mannes Arbeitslosengeld II.

Die Pflegebewältigung

Zeitgleich zum Beginn der Erkrankung der Mutter wird Frau Aslan zum zweiten Mal Mutter einer Tochter. Frau Aslan sucht ihre Mutter trotz Baby zunächst täglich in der Wohnung auf. Zusätzlich kommt ein Pflegedienst zur Medikamentengabe ins Haus. Nach einem Sturz der Mutter holt Frau Aslan ihre Mutter zu sich in die Wohnung. Der Umfang der Pflegebedürftigkeit ist nun nicht mehr über die täglichen Besuche zu realisieren, zudem ist Frau Aslan durch die doppelte Sorge für ihre Kinder und ihre Mutter stark belastet. Sie hofft durch die Aufnahme ihrer Mutter im eigenen Haushalt auf eine Entlastung.

Frau Aslan übernimmt nun die Pflege in vollem Umfang. Es ist kein Pflegedienst mehr eingeschaltet. Über den Entlastungsbeitrag erhält Frau Aslan eine Betreuungskraft für ca. 4-6 Stunden die Woche. In dieser Zeit ist es Frau Aslan möglich das Haus zu verlassen, um u.a. Einkäufe zu erledigen. Ansonsten benötigt ihre Mutter nun rund um die Uhr Unterstützung, die Frau Aslan alleine gewährleistet, da ihre zwei Brüder ihr keine Unterstützung bieten und auch ihr Ehemann tagsüber in Vollzeit erwerbstätig ist. Das Ausbleiben der Unterstützung durch die Brüder hat in der Familie zu einem tiefgreifenden Konflikt geführt, durch den Frau Aslan stark emotional belastet ist.

Die Rahmenbedingungen der häuslichen Pflege sind prekär. Frau Aslan hat das Zimmer ihrer Kinder freigeräumt und es der Mutter überlassen. Frau Aslan, ihr Mann und ihre beiden Kinder schlafen nun gemeinsam in einem Zimmer. Darüber hinaus verbleiben nur das Wohnzimmer und die Küche als gemeinsamer Aufenthaltsort und Spielzimmer für die Kinder. Weil die Mutter nicht mehr mobil ist, kann sie die Wohnung im oberen Stock eines Mehrfamilienhauses nicht mehr verlassen. Die Suche nach einer größeren und barrierefreien Wohnung gestaltet sich bislang erfolglos.

Frau Aslan beschreibt sich selbst als eine für ihre Familie bedingungslos sorgende Person. In Bezug auf die Pflege bedeutet dies, dass sie sich als sorgende Tochter begreift, die auf Basis einer engen Mutter-Tochter Beziehung selbstverständlich die Pflege der Mutter übernimmt. Frau Aslan sieht sich ihrer Mutter gegenüber zu Dank verpflichtet und betrachtet es als selbstverständlich, ihrer Mutter das zurückzugeben, was sie einst von ihr bekommen hat. Frau Aslan nimmt kaum externe Unterstützung an, da sie dies als Scheitern betrachtet. Die Pflege ist für sie eine Frage des Gewissens; eine Übernahme der Pflegeverantwortung ist für Frau Aslan alternativlos. Ihre Erwerbstätigkeit hat sie deshalb seit der Geburt ihrer zweiten Tochter nicht wieder aufgenommen, obgleich sie sich dies durchaus wünschen würde. Sie sieht jedoch keine Möglichkeit, dies durchzusetzen, denn Frau Aslan richtet ihr gesamtes Handeln auf die Bedürfnisse der pflegebedürftigen Mutter aus. Gegenüber stationären Einrichtungen hegt Frau Aslan ein großes Misstrauen, da sie die Struktur im Pflegeheim als „Fließbandarbeit" empfindet und dies nicht mit ihrem Selbstverständnis als Sorgeperson vereinbar ist. Als schwierig erweist sich zudem, dass die Mutter im Zuge der Erkrankung mehr und mehr die deutsche Sprache verlernt, weshalb eine türkischsprechende Betreuungsperson immer notwendiger wird. Frau Aslan erfährt dabei jedoch Zugangsbarrieren in Form von mangelnden Angeboten für türkischstämmige Pflegebedürftige. Dies verstärkt die Prekarität der Pflegesituation, da der Familie keine passgenauen Hilfen angeboten werden können.

Herr Aydin (Typ 2)

Herr Aydin ist 43 Jahre alt. Er lebt alleine und bewohnt eine Mietwohnung. Er ist ledig und hat keine Kinder. Er hat zwei Brüder und ist das jüngste Kind der Familie. Seine Eltern leben getrennt. Seine Mutter, 78 Jahre alt, lebt etwa 15 Minuten Fahrtstrecke von ihm entfernt, sie ist 2016 an einer Demenz erkrankt.

Nach seinem Abitur hat Herr Aydin eine Lehre im IT-Bereich abgeschlossen, derzeit arbeitet er jedoch Teilzeit (24h pro Woche) im Schichtdienst im Dienstleistungssektor. In Bezug auf seine finanzielle Situation ist Herr Aydin einem niedrigen sozio-ökonomischen Status zuzuordnen. Herr Aydin hat die deutsche Staatsbürgerschaft, seine Mutter die türkische.

Die Pflegebewältigung

Herr Aydin betreut gemeinsam mit seinem Bruder und seiner Nichte seine an Demenz erkrankte Mutter. Ein weiterer Bruder lebt ebenfalls in der Nähe, ist jedoch nicht in die Pflege der Mutter involviert. Diese ist in Pflegegrad 3 eingestuft und lebt bei ihrer Enkelin im Haushalt, der Nichte von Herrn Aydin. Neben der Demenz leidet die Mutter auch an einer Depression und den Folgen einer Rückenoperation. Herr Aydin beschreibt, dass er sich etwa 15 Stunden in der Woche um die Betreuung seiner Mutter kümmert. Meist fährt er sie mit dem Auto durch die Stadt. Zudem hat er ihr einen GPS-Tracker besorgt, damit sie geortet werden kann, falls sie desorientiert ist und von ihren Fahrten mit öffentlichen Verkehrsmitteln nicht zurück nach Hause findet. Weiterhin begleitet er sie nach Möglichkeit bei notwendigen Arztbesuchen. Hier übernimmt er die Fahrt und übersetzt für sie, da sie nur wenige Worte deutsch spricht.

Die Gestaltung des Pflegearrangements ist an den Bedürfnissen der Mutter ausgerichtet und zielt vor allem auf ihre Beschäftigung. Da sie zunehmend fremde Personen ablehnt, wird die Pflege im gemeinsamen Familienarrangement konfliktfrei gestaltet. Es wird kein Pflegedienst in Anspruch genommen. Die Mutter bezieht Pflegegeld. Dieses wird auf das Konto der Nichte überwiesen, da sie in deren Haushalt lebt. Herr Aydin und sein Bruder teilen sich die Übernahme der Verantwortung in der Tagesgestaltung. Die Nichte übernimmt die Versorgung am Morgen und am Abend, wobei die pflegebedürftige Person zeitweise auch allein im Haushalt ist. Aufgaben, die von der Nichte übernommen werden, beziehen sich auf die Medikamentengabe und auf gelegentliches Baden. Die alltägliche Körperpflege vollzieht die Mutter noch selbst. Die Nichte bereitet ebenfalls gelegentlich warme Mahlzeiten zu. In der Regel bekommt die pflegebedürftige Person aber ein warmes Essen, das vom Bruder zubereitet wird.

Die Erwerbstätigkeit, der Herr Aydin nachgeht, ermöglicht ihm eine relative Flexibilität in der Betreuung. Zwar arbeitet er im Schichtdienst, dieser scheint aber nach der Darstellung von Herrn Aydin relativ flexibel zu sein und kann u.U. kurzfristig getauscht werden. Gleichzeitig kann es vorkommen, dass Herr Aydin spontan für eine*n erkrankten Kolleg*in einspringen muss. Dies stellt im Pflegearrangement deshalb keine Schwierigkeit dar, weil Herr Aydin auf die anderen Familienmitglieder zurückgreifen kann. So kann die Pflege vor dem Hintergrund aktiv genutzter Familienressourcen bewältigt werden.

Herr Behrens (Typ 3)

Herr Behrens, 59 Jahre alt, kümmerte sich bis zu dessen Tod um den Vater seiner Lebensgefährtin, die gemeinsam mit ihren zwei Söhnen in der Nachbarschaft von Herrn Behrens wohnt. Herr Behrens lebt alleine in einer kleinen Mietwohnung. Er hat noch einen drei Jahre jüngeren Bruder. Auch die Lebensgefährtin hat zwei Brüder, welche die Pflege des Vaters jedoch nicht unterstützen. Herr Behrens gehört der katholischen Religionsgemeinschaft an und bezeichnet sich als religiös. Nach der mittleren Reife hat Herr Behrens eine beruflich-betriebliche Ausbildung absolviert. Mit 33 Jahren erlitt er jedoch einen schweren Schlaganfall und ist aufgrund dessen seitdem teilweise erwerbsunfähig. Er bezieht eine Erwerbsminderungsrente. Zusätzlich ist er seit zehn Jahren im Rahmen einer geringfügigen Beschäftigung tätig. Seine Lebensgefährtin ist in Vollzeit berufstätig. Das Haushaltsnettoeinkommen von Herrn Behrens ist – ebenso wie das seiner Lebensgefährtin – einem niedrigen sozio-ökonomischen Status zuzuordnen. Herr Behrens engagiert sich seit dem Tod seines Schwiegervaters ehrenamtlich in der Betreuung von Demenzpatient*innen und hat bereits mehrere Schulungen dazu besucht.

Die Pflegebewältigung

Herr Behrens pflegte von 2012 bis 2015 seinen Schwiegervater. Der Schwiegervater ist im Alter von 81 Jahren verstorben und hatte zum Schluss die Pflegestufe III, Härtefall. Es lag eine Demenzerkrankung vor. Die pflegebedürftige Person wird zunächst zu Hause in der eigenen Wohnung versorgt. Einmal täglich kommt ein Pflegedienst, um Medikamente zu geben und bei der Körperpflege zu unterstützen. Herr Behrens und seine Lebensgefährtin nehmen in dieser Zeit außerdem Entlastungspflege in Anspruch, die durch eine häusliche Unterstützung zweimal die Woche durchgeführt wird. Der Schwiegervater kommt auf Anraten des Hausarztes vorübergehend auf eine Akutstation eines Krankenhauses, um dort medikamentös eingestellt zu werden. Er kehrt kurzzeitig zurück nach Hause, wird dann aber dauerhaft in einem Pflegeheim versorgt (seit 2013). Dort ist das Personal zunehmend überfordert mit der Betreuung des Vaters, weshalb er wiederholt auf die Akutstation eines Krankenhauses gebracht wird. Auf Anraten des Pflegepersonals wird der Vater schließlich in ein anderes Pflegeheim gebracht, das eine 24-Stunden-Überwachung ermöglicht. Nach nur drei Wochen dort verstirbt er dort. Herr Behrens kümmerte sich sowohl in der Zeit der häuslichen Pflege als auch in der Zeit der stationären Versorgung täglich um den Schwiegervater.

Herr Behrens hinterfragt im Zuge der Pflege des Schwiegervaters nicht die eigene Belastung oder ob die Pflege für sein Leben eine Einschränkung bedeutet, sondern betrachtet die Pflege des Schwiegervaters als Selbstverständlichkeit. Das Wohlergehen des Schwiegervaters steht im Vordergrund. Seine Fürsorgeorientierung ist vor dem Hintergrund seiner eigenen biografischen Erfahrungen zu betrachten. Durch einen Schlaganfall im Alter von 33 Jahren war Herr Behrens selbst einmal auf Hilfe angewiesen. Herr Behrens ist seitdem im Alltag vor allem aber im Beruf stark eingeschränkt. Es ist ihm aus gesundheitlichen Gründen nicht möglich, in Vollzeit erwerbstätig zu sein. Die Erwerbstätigkeit nimmt für ihn deshalb nur eine randständige Bedeutung ein. Die Pflege des Schwiegervaters erhält dadurch die Funktion einer sinnhaften Ersatzaufgabe, die Herr Behrens täglich und verantwortlich durchführt. Seit dem Tod des Schwiegervaters kann er diese Ersatzaufgabe über seine ehrenamtliche Tätigkeit in der Betreuung von Demenzpatient*innen ausfüllen. Für Herrn Behrens ermöglicht dies eine unmittelbare Sinnstiftung in seinem Leben. Dabei bezieht sich Herr Behrens in seiner Identitätskonstruktion auf ein religiöses Motiv. So spricht er von „Nächstenliebe", die ihn dazu motiviert, sich für pflegebedürftige Menschen zu engagieren. Dabei zeigt er gegenüber dem Leben und seinen Mitmenschen eine sehr akzeptierende Haltung.

Frau Bührmann (Typ 5)

Frau Bührmann, 68 Jahre alt, ist zum Zeitpunkt des Interviews (2017) alleinlebend. Sie ist geschieden und lebte anschließend langjährig in einer neuen Partnerschaft. Ihr Lebensgefährte, von dem sie während der Pflegedauer der Mutter getrennt lebte, ist zwei Jahre zuvor (nur zehn Tage vor der Mutter) plötzlich und unerwartet verstorben. Frau Bührmann hat aus dieser Partnerschaft einen (erwachsenen) Sohn, der während der Pflege der Mutter mit im Haus lebte und zwei (erwachsene) Stieftöchter, die in der näheren Umgebung wohnen. Frau Bührmann ist das einzige Kind ihrer Eltern und in den 1970er Jahren nach dem Tod der Großeltern mit ihrer Familie vom Land in die Stadt gezogen, in der sie auch heute lebt. Sie hat das Abitur gemacht und ein geisteswissenschaftliches Studium absolviert. Nachberuflich war sie zuletzt selbstständig tätig. Diese Tätigkeit musste sie aufgeben, da sie aufgrund der Pflegetätigkeit keine Termine und Fristen mehr zusagen bzw. einhalten konnte.

Die Pflegebewältigung

Frau Bührmann pflegte ihre (zu Beginn 88-jährige) Mutter vier Jahre lang nach einem Sturz mit mehreren Brüchen, einem Schlaganfall und einer fortschreitenden Demenzerkrankung von 2011 bis zu deren Tode im Jahr 2015 in ihrem

Haus. Die Pflege war von Beginn an zeitaufwändig und wurde zur Rund-um-die-Uhr-Pflege, weil die Mutter eine ständige Anwesenheit der Tochter forderte. Der Vater erkrankte noch vor dem Sturz der Mutter psychisch, verweigerte aber die Behandlung. Nach dem Krankenhausaufenthalt geht die Mutter von Frau Bührmann in die Kurzzeitpflege und es gelingt Frau Bührmann, fußläufig von ihrem Haus entfernt einen Pflegeheimplatz zu bekommen. Der Vater akzeptiert diese Situation jedoch nicht und übt Druck auf seine Tochter aus. Da die räumlichen Gegebenheiten es ihr ermöglichen, nimmt Frau Bührmann ihre Mutter bei sich auf. Vom Vater verlangt sie im Gegenzug, dass dieser sich in ärztliche Behandlung begibt. Der Vater bleibt jedoch unbehandelt, wird zunehmend desorientierter, cholerisch und aggressiv, und löst mehrere Notfallsituationen aus. Nach kurzer Zeit verstirbt er in seiner Wohnung. Eine Rückkehr der Mutter in die eigene Häuslichkeit ist damit endgültig ausgeschlossen, weshalb die Pflege im Haus von Frau Bührmann fortgesetzt wird.

Frau Bührmann nimmt außer einer Betreuung von wöchentlich zwei Stunden keine weiteren Hilfen in Anspruch, da sie der Mutter keine wechselnden Personen oder Orte zumuten möchte. Im Verlauf des Pflegeprozesses ist die Mutter zunehmend auf Frau Bührmann fixiert und sie kann nur noch heimlich aus dem Haus gehen. Ihr Lebensgefährte ist mit der Situation überfordert und zieht aus dem Haus aus.

Nur zehn Tage vor der Mutter verstirbt der Lebensgefährte plötzlich und unerwartet. Gleichzeitig muss sie die Sterbebegleitung der Mutter bewältigen. Hier nimmt sie nun doch einen Pflegedienst und einen Palliativmediziner hinzu. Sie ist dabei bis zuletzt Tag und Nacht eingespannt und lehnt eine Verlegung der Mutter in ein Hospiz ab. Eine Mitarbeiterin des Pflegedienstes leitet Frau Bührmann nach dem Tod der Mutter an, diese zu waschen, schön zu kleiden, das Zimmer mit Blumen zu schmücken und allen Familienangehörigen, Bekannten und Nachbarn das Abschiednehmen zu ermöglichen. Damit finden die Entwicklungen für Frau Bührmann einen unerwartet versöhnlichen Abschluss.

Frau Cordes (Typ1, Wechsel zu Typ 5)

Frau Cordes lebt mit ihrem Ehemann und den beiden Söhnen 2006[1] in einem Einfamilienhaus in Eigentum, als sie die Entscheidung trifft, ihre pflegebedürftige Mutter in den eigenen Haushalt aufzunehmen. Zu diesem Zeitpunkt ist sie 49

---

1 Frau Cordes berichtet retrospektiv über einen Pflegezeitraum von 2006 bis 2012. Ihre Aussagen sind vor dem Hintergrund der damals geltenden Pflegegesetzgebung einzu-

Jahre alt. Sie hat – ebenso wie ihre Mutter – die türkische Staatsangehörigkeit und ist im Alter von zehn Jahren mit Mutter, Großmutter und drei älteren Geschwistern nach Deutschland emigriert, nachdem der Vater verstorben war. Frau Cordes und ihr Bruder schließen die Schule in Deutschland mit dem Abitur ab; für die Eröffnung dieser Bildungsmöglichkeit ist Frau Cordes ihrer Mutter zutiefst dankbar. Anschließend absolviert sie eine beruflich-betriebliche Ausbildung. Auch ihr Bruder lebt nach wie vor in Deutschland und in der Nähe, während beide Schwestern das Rentenalter erreicht haben und in die Türkei zurückgekehrt sind. Frau Cordes ist mit einem deutschen Mann verheiratet und die gemeinsamen Söhne sprechen nur wenig türkisch. Als sie die Mutter 2006 zur Pflege in ihren Haushalt aufnimmt, arbeitet sie in Teilzeit und ihre Bürotätigkeit in einer kleinen Agentur lässt kaum Spielraum für eine (zeit-)souveräne Arbeitsorganisation. Nach gut drei Jahren Doppelbelastung aus Beruf und Pflege gibt sie ihre Erwerbsarbeit im Alter von 52 Jahren auf. Frau Cordes Ehemann war bei Eintritt in die Pflegesituation bereits im Vorruhestand. Der SÖS der Familie Cordes ist auf der Einkommens- und Vermögensseite zu Beginn der Pflege als eher hoch einzustufen. Bedingt durch hohe private Pflegekosten in der frühen Pflegephase (medizinische und pflegerische Behandlungskosten in der Türkei sowie Anschaffungen von Pflegehilfsmitteln für die häusliche Pflege in Deutschland) hat Familie Cordes jedoch erhebliche Teile der eigenen Ersparnisse aufwenden müssen und der finanzielle Verfügungsrahmen der Familie verringert sich deutlich.

Pflegebewältigung

Frau Cordes Mutter hat nach zwei Schlaganfällen erhebliche gesundheitliche Beeinträchtigungen davongetragen und ist anschließend auf Pflege und Beaufsichtigung rund um die Uhr angewiesen. Mit Pflegestufe III war sie nach damaligem Pflegerecht der höchsten Pflegestufe zugeordnet. Sie versteht kaum die deutsche Sprache, kann sich selbst sprachlich nicht mehr äußern und es droht dauerhaft Erstickungsgefahr. Nach Krankenhaus- und Reha-Aufenthalt entscheiden Frau Cordes und ihre Geschwister zunächst, dass die Pflege in der Türkei durch beide Schwestern geleistet werden soll. Dies entspricht sowohl ihrem Selbstverständnis der familiären Pflegeverantwortung als auch einem Abwägen der eigenen Lebenssituation (erwerbstätig mit zwei Söhnen, die noch im Elternhaus versorgt werden). Der Bruder ist zu keinem Zeitpunkt in Pflegeentscheidungen involviert;

---

ordnen. Dazu gehören auch die berichteten Mängel bezogen auf eine kultursensible Pflegeinfrastruktur.

Gründe dafür werden nicht thematisiert. Frau Cordes gerät mit ihren Schwestern – die sich von den Pflegeaufgaben für die Mutter überfordert zeigen – in Auseinandersetzungen um die „richtige Pflege". Frau Cordes entscheidet daraufhin, die Mutter bei sich aufzunehmen und zu pflegen. Hier kommt es auf Grund weiterer nicht lösbarer Konflikte unter den Geschwistern – vor allem über den Umgang mit kulturell geprägten Erwartungen – zum nachhaltigen Zerwürfnis mit ihrer türkischen Familie. Zu Beginn, als noch beide Söhne im Elternhaus leben, müssen diese sich ein Zimmer teilen, damit die Mutter bzw. Großmutter ein eigenes (Pflege-)Zimmer beziehen kann. Der jüngere Sohn, der noch länger im elterlichen Haushalt lebt, hat auch später noch regelmäßig die Beaufsichtigung der Großmutter übernommen, um seine Mutter bei der Pflege zu unterstützen. Der Ehemann übernimmt vor allem die schweren körperlichen Pflegeaufgaben. In den ersten dreieinhalb Jahren kam eine türkischsprachige Betreuungskraft – finanziert vom Pflegegeld – täglich während Frau Cordes Arbeitszeiten ins Haus. Nach dem Weggang der Betreuungskraft sucht Frau Cordes, die sich den türkisch-muslimisch geprägten Wertvorstellungen und Sitten ihrer Mutter verpflichtet fühlt, erfolglos nach einer anderen kultursensiblen Pflege- oder Betreuungslösung. Dieser fehlende Zugang zu sprachlich und kulturell geeigneten sozialen Diensten, stationären Einrichtungen oder alternativen Wohnformen führt letztendlich dazu, dass sie sich in die Rolle der Vollzeit-Pflegenden „ergibt". Die (ebenfalls nicht kultursensible) Kurzzeitpflege hat sie in den sechs Jahren lediglich zwei Mal in Anspruch genommen, weil sie keinen anderen Ausweg mehr sah, um kurzzeitig Kraft zu schöpfen.

Frau Cordes konnte sich im Laufe der langjährigen Pflege der Mutter ein umfassendes Wissen rund um die Pflegethematik und das deutsche Pflegeversicherungssystem aneignen. Dies verschafft ihr dennoch kaum Handlungsspielraum für die Selbstbestimmung ihrer Pflegeentscheidungen. Bedingt durch den Migrationshintergrund der Mutter gelingt es ihr nicht, die strukturellen Defizite einer wenig kultursensiblen Pflegeinfrastruktur zu überwinden. Deshalb schiebt sie die Option Pflegeheim, die sie zwar zu Beginn der Pflegeübernahme bereits mitgedacht hat, bis über die eigene Belastungsgrenze vor sich her und leistet bis zuletzt sowohl die tägliche Körperpflege als auch die umfangreichen Betreuungsaufgaben selbst.

Frau Demir (Typ 2)

Frau Demir, 38 Jahre alt, lebt mit ihrem Lebenspartner, ihrer Tochter (16 Jahre alt), und ihrem Sohn (13 Jahre alt), in einer Mietwohnung im städtischen Raum.

Ein weiterer Sohn (15 Jahre alt), lebt aus gesundheitlichen Gründen vorübergehend in einer Einrichtung der Jugendhilfe. Frau Demir hat noch zwei Schwestern im Alter von 50 und 47 Jahren. Eine ihrer Schwestern lebt in der Türkei, die andere Schwester lebt in der Nähe. Frau Demir ist in Deutschland geboren und hat die deutsche Staatsangehörigkeit. Ihre Eltern haben die türkische Staatsangehörigkeit. Frau Demir hat das Abitur und eine Ausbildung im Pflege- und Gesundheitssektor absolviert. Im Anschluss daran hat sie in diesem Tätigkeitsbereich ein Studium abgeschlossen und ist auch aktuell dort erwerbstätig.

Angestoßen durch die Pflege des Vaters hat Frau Demir einen türkischen Alzheimerverein gegründet, in dem sie sich zusätzlich engagiert. Der Lebenspartner von Frau Demir ist ebenfalls in Vollzeit berufstätig. Gemeinsam verfügt die Familie über ein mittleres Haushaltsnettoeinkommen.

Die Pflegebewältigung

Frau Demir pflegte aktiv von 2011 bis 2015 ihren Vater, der zu Beginn der Pflege 74 Jahre alt ist. Zur Zeit der Pflege hatte ihr Vater die Pflegestufe I, die Demenzerkrankung war jedoch fortschreitend. Aktuell lebt der Vater in der Türkei und wird dort von der in der Türkei lebenden Schwester und ihrer Familie gepflegt. Der Gesundheitszustand hat sich zunehmend verschlechtert. Frau Demir geht davon aus, dass der Vater in Deutschland mittlerweile einen höheren Pflegegrad erhalten würde.

Die pflegebedürftige Person erhält Pflegegeld. Der Entlastungsbetrag wird nicht genutzt. Die Familie hatte weder in Deutschland noch aktuell in der Türkei Unterstützung durch professionelle Pflegekräfte. Auch die Kurzzeitpflege nutzten sie nicht. Die Pflege wird allein durch das familiäre System getragen.

Frau Demir macht sich Gedanken darüber, wie lange das Pflegearrangement in der Türkei noch aufrecht zu erhalten ist und möchte, dass die Eltern, wenn sich der Gesundheitszustand des Vaters verschlechtert, wieder nach Deutschland zurückkehren. In diesem Fall will Frau Demir ihre Eltern abermals zu sich nach Hause holen und dort die häusliche Pflege ermöglichen. Frau Demir lehnt eine Unterbringung in der stationären Versorgung ab. Auch einen Pflegedienst lehnt sie ab und plädiert für eine ausschließlich familiäre Versorgung. Eine Fremdunterbringung in der Türkei, wo ihre Eltern aktuell leben, kommt für sie auf keinen Fall in Frage. Die Handlungsmaxime, nach der pflegebedürftige Menschen von Angehörigen versorgt werden, erachtet sie in der türkischen Gesellschaft als so grundlegend, dass sie davon ausgeht, dass professionelle Pflegekräfte in der Türkei eine Familie, die ihre Eltern in die Fremdbetreuung geben, verachten und deshalb eine schlechte Betreuung leisten. Auch bezogen auf Deutschland sorgt sie sich darum, wie über sie und ihre Familie gesprochen werden könnte, wenn sie die Eltern durch professionelle Pflegekräfte betreuen ließe. Frau Demir fürchtet eine Ächtung in der „türkischen Community".

Die Sorgeorientierung gegenüber ihren Eltern und die Ablehnung von sozialen Diensten überträgt sie aber nicht auf ihre Kinder. Im Gegenteil würde sie diesen raten, sich Hilfe zu holen und die Pflege nicht alleine zu bewältigen.

In der Zeit, in der der Vater bei Frau Demir zu Hause lebte, war Frau Demir hauptverantwortlich für die Pflege des Vaters. Sie erledigte alle anfallenden Aufgaben (Haushaltstätigkeiten, Körperpflege, Medikamentengabe, Betreuung, Arztbesuche, Organisation). Frau Demir war zusätzlich in Vollzeit berufstätig. Sie beschreibt ihren Arbeitgeber als pflegesensibel. Ihre Arbeitsbedingungen wirken für sie unterstützend in der alltäglichen Organisation der Pflege. Zudem ist sie auch beruflich mit dem Themenfeld Pflege vertraut. Unterstützung bei der Betreuung und Pflege erhielt sie von ihrem Lebenspartner, von ihrer Mutter (soweit dies ihr Gesundheitszustand zuließ) sowie gelegentlich von ihrer in Deutschland lebenden Schwester. Durch das gute familiäre Netzwerk konnte Frau Demir regelmäßig in der Pflege entlastet werden. Ihr Lebenspartner hat die gleiche Haltung zur häuslichen Pflege und unterstützt Frau Demir darin. Vor allem fängt ihr Lebenspartner die konflikthafte Situation der Körperpflege auf, denn der Vater lehnt die Körperpflege durch seine Tochter ab. Aus diesem Grund übernahm der Lebenspartner diese Pflegeaufgabe. Durch aktiv genutzte Familienressourcen gelingen ihr in der Zeit der Pflege regelmäßige Momente der Selbstsorge. Ebenso bezeichnet sie ihre Erwerbsarbeit als „Auszeit" und Möglichkeit des Abschaltens. Dennoch ist sie bereit, ihre Erwerbsarbeit aufzugeben, wenn sich der Gesundheitszustand ihres Vaters verschlechtert und sie ihn erneut bei sich aufnehmen und versorgen würde.

Frau Goder (Typ 3)

Frau Goder, 56 Jahre alt, lebt mit ihrer Mutter und einem Hund in einer etwa 90 m² großen Mietwohnung mit kleinem Vorgarten. Aufgrund der Demenzerkrankung ihrer Mutter hat Frau Goder ihre Wohnung, in der sie zuvor ebenfalls zur Miete lebte, gekündigt und ihre persönlichen Einrichtungsgegenstände eingelagert. Sie verlässt ihren Wohnort und zieht zur Mutter. Sie ist ledig, hat keine Kinder und keine weiteren Geschwister.

Frau Goder hat nach dem Abitur ein Studium absolviert und war zuletzt in Vollzeit auf selbstständiger Basis berufstätig. Als die demenzielle Erkrankung bei der Mutter diagnostiziert wurde, hatte Frau Goder sich gerade erst selbstständig gemacht. Trotzdem zögert Frau Goder nicht und übernimmt die Pflegeverantwortung. Gegenwärtig ist sie deshalb nicht erwerbstätig und verfügt über kein eigenes Einkommen. Frau Goder lebt mit von der Rente ihrer Mutter. Die Pflegesituation wird von Frau Goder trotz persönlicher und finanzieller Einschränkungen im Interview als positiv und sinnstiftend bewertet und mit viel Engagement gestaltet.

Die Pflegebewältigung

Frau Goder versorgt ihre Mutter (Pflegegrad 4) nahezu rund um die Uhr. Sie bezieht einen Pflegedienst für die Körperpflege an Werktagen und eine Betreuungskraft in das Pflegearrangement ein. Sie hat dabei klare Vorstellungen von der Qualität der Pflege und fordert diese aktiv ein. Frau Goder pflegt aus einer starken intrinsischen Motivation heraus ihre Mutter, da diese ihre Familie darstellt. Die Pflegesituation konstruiert sie sinngebend und erlebt diese positiv, sie nimmt dafür einschränkende Rahmenbedingungen in Kauf. Frau Goder positioniert sich sowohl als verantwortungsbewusste Managerin der Pflege als auch als liebevoll Pflegende, die die Würde ihrer Mutter achtet und Spaß in den Alltag integriert. Frau Goder bezieht beispielsweise ihren Hund, den sie mit in die Wohnung ihrer Mutter gebracht hat, in die Pflege ihrer Mutter ein. Sie nimmt die positive Resonanz ihrer Mutter wahr und konstruiert den Hund als selbst erzogenen „Therapiehund", womit sie im Interview ihr Engagement für die Pflege unterstreicht.

Vor dem Hintergrund der hohen Pflegemotivation stellt sie ihre eigenen Bedürfnisse – auch aus finanziellen Gründen – zurück. So hat sie nicht nur ihre Mietwohnung für die Pflege aufgegeben, sondern auch ihr Auto. Frau Goder kann dabei Hilfe bei einer engen Freundin finden, die sie finanziell und persönlich bei der Pflege ihrer Mutter sowie in persönlichen Belangen unterstützt. Ferner verfügt Frau Goder über einen kleinen Freundeskreis, den sie mehrmals im Monat trifft. Diese wichtigen sozialen Kontakte helfen Frau Goder bei der Pflegebewältigung und ermöglichen ihr Momente der Selbstsorge, auf die sie trotz des hohen Pflegeaufwandes bewusst achtet.

Ihre zurückliegende Erwerbstätigkeit bewertet Frau Goder durchaus positiv. Negative Erfahrungen sind nicht der Grund, die Erwerbstätigkeit aufgegeben zu haben. Auch zukünftig möchte sie wieder arbeiten und ihr Leben selbstbestimmt führen. Dies steht für sie aber nicht im Widerspruch dazu, ihren gegenwärtigen Lebensentwurf an der Pflege der Mutter auszurichten. Wenn Frau Goder über die Zukunft ihrer Erwerbstätigkeit spricht, entfaltet sie dabei einen sehr offenen und positiven Blick auf die Zukunft. Die momentane (zeitweise) Aufgabe ihrer Erwerbstätigkeit wird von Frau Goder deshalb nicht bedauert, weil sie in der Pflege eine sinnstiftende Aufgabe erkennt, derer sie sich durch die Aufgabe ihrer Erwerbstätigkeit voll widmen kann. Sie hat dabei den Anspruch, dass es bei der Pflege um mehr als die Grundbedarfe der Pflegebedürftigen geht. Zum Beispiel thematisiert sie, dass die Hilfsmittel für die Pflege keinen ästhetischen Ansprüchen genügen und im Design nur auf die Funktionsfähigkeit geachtet wird, nicht aber auf die Optik des Gegenstandes.

Zudem hat Frau Goder eine Selbsthilfegruppe gegründet und möchte sich hier zukünftig engagieren. In ihren Bemühungen erkennt sie einen direkten Nutzen für die Pflegesituation: Sie nimmt eine Verbesserungstendenz im Pflegeverlauf wahr, obwohl sich der gesundheitliche Zustand ihrer Mutter verschlechtert, und schildert ein insgesamt positives Erleben der Pflegesituation.

Frau Heinrich (Typ 1, Wechsel zu Typ 3)

Frau Heinrich, 64 Jahre alt, lebt gemeinsam mit ihrem Lebenspartner in einem Zweifamilienhaus. Zu zweit verfügt das Paar über ein hohes Haushaltsnettoeinkommen. Ihr Partner ist verrentet. Frau Heinrich war zwei Jahre vor dem Interview noch als Beamtin in leitender Funktion in Teilzeit berufstätig. Im Verlauf des Pflegeprozesses reduzierte sie ihre Erwerbstätigkeit zunächst und beendete diese dann 2015 vorzeitig, um die Pflegeaufgaben bewältigen zu können. Mittlerweile lebt die Mutter mit Pflegegrad 4 in einem Pflegeheim. Der Vater ist 2017 verstorben.

In das im Haus ausgebaute Dachgeschoss nimmt Frau Heinrich bereits 19 Jahre vor dem Interview ihre Eltern auf. Zu diesem Zeitpunkt benötigt die Mutter Unterstützung aufgrund einer psychischen Erkrankung. Bis zum Jahr 2008 wird diese Unterstützung überwiegend vom Vater geleistet. Frau Heinrich hat keine Geschwister und keine Kinder. Von ihrem Partner wird Frau Heinrich bei den Pflegeaufgaben stark unterstützt, sie betrachtet die Pflege jedoch letztlich als ihre Aufgabe, da sie sich für ihre Eltern verantwortlich fühlt.

Die Pflegebewältigung

Zum Zeitpunkt des Einzuges der Eltern in das Dachgeschoss des Zweifamilienhauses liegt bei der Mutter aufgrund einer psychischen Erkrankung ein Unterstützungsbedarf vor, der zunächst vor allem vom Vater aufgefangen wird. Als der Vater im Jahr 2008 jedoch schwer stürzt, kehrt dieser nach dem Krankenhausaufenthalt mit physischen und psychischen Folgen selbst pflegebedürftig in die eigene Häuslichkeit zurück. Zu diesem Zeitpunkt ist die Mutter bereits an einer Demenz erkrankt. Frau Heinrich ist fortan Hauptpflegeperson für beide und übernimmt gemeinsam mit ihrem Lebensgefährten und mit Unterstützung eines Pflegedienstes die häusliche Pflege. Ihre Arbeitszeit, die Frau Heinrich vor 15 Jahren aufgrund einer eigenen Erkrankung bereits auf 4 Tage pro Woche reduzieren musste, verringert sie mit der eintretenden Pflegebedürftigkeit des Vaters weiter auf 3 Tage pro Woche. So kann sie zunächst die Pflegetätigkeit rund um die Erwerbstätigkeit organisieren (vgl. Typus 1).

Im Zuge der weiteren Pflegeorganisation unterstützt der Pflegedienst in erweitertem Umfang (morgens und abends), zudem kommen ein Mahlzeitendienst (drei Tage in der Woche), eine private Betreuungskraft, eine Reinigungskraft und unregelmäßig informelle Helfer*innen aus dem sozialen Netzwerk zum Einsatz. Diese Unterstützungsleistungen setzt Frau Heinrich gegen den Willen der Eltern durch. Zusätzlich nimmt Frau Heinrich als Entlastung und zur Gestaltung von Übergängen nach Krankenhausaufenthalten insgesamt drei Mal Kurzzeitpflege (teils für beide Eltern gleichzeitig) in Anspruch.

Die demenzielle Erkrankung der Mutter führt jedoch mehrfach zu krisenhaften Situationen, die im Verlauf des Pflegeprozesses die Belastung durch emotionale Stresssituationen und (dauerhafte) Betreuungsnotwendigkeit erhöhen. Die Sorge um den Vater, der sich zunehmend weniger artikulieren kann, spitzt sich durch eine von der Mutter ausgelöste Notfallsituation im Jahr 2016 zu und führt zum Heimeintritt der Mutter. Kurz darauf beginnt die letzte Pflegephase des Vaters. In die insgesamt ca. sechs Monate dauernde Sterbebegleitung bis zu seinem Tod im Februar 2017 ist zusätzlich zum Pflegedienst ein ambulanter Palliativdienst einbezogen. Frau Heinrich sieht sich weiterhin in der Pflegeverantwortung, muss nun jedoch aufgrund der Umstände ihre Erwerbstätigkeit ganz aufgeben. Um die Pflegesituation trotz Aufgabe ihres eigenen Lebensentwurfs zu bewältigen, sucht Frau Heinrich in der Pflege eine sinnstiftende Tätigkeit. Sie konstruiert die Pflege deshalb als „gute Tat" und erhofft sich, später selbst einmal Hilfe zu erhalten. Frau Heinrich sieht in der Pflegetätigkeit eine Ersatzaufgabe zur Erwerbstätigkeit, über die sie den Übergang in die Verrentung gestalten kann. Im Fall von Frau Heinrich kommt es deshalb im Verlauf der Pflege zu einem Typenwechsel. Während sie für die erste Phase im Typus 1 „Erwerbstätigkeit rund um die Pflegeorganisation" eingeordnet ist, erfolgt für die zweite Phase eine Einordnung in den Typus 3 „Sinnstiftung".

Frau Herbst (Typ 4)

Frau Herbst hat im Mai 2016 die Sorgetätigkeit für ihre Mutter (72) übernommen und stand gleichzeitig mit 43 Jahre mitten im Erwerbsleben. Ihre Mutter ist vier Jahre zuvor in eine eigene Wohnung ins gleiche Mehrfamilienhaus gezogen, in dem Frau Herbst mit ihrem Lebenspartner wohnt. Als Frau Herbst zwei Jahre vor dem Interview einen schweren Unfall erleidet, braucht sie einige Zeit zur Rehabilitation. In dieser Zeit stand ihr die Mutter unterstützend zur Seite. Frau Herbst hat einen in Vollzeit erwerbstätigen Bruder in 30-minütiger Autoentfernung sowie eine Schwester in 45-minütiger Wohnentfernung. Mit ihrem Partner ist sie nicht verheiratet und hat keine Kinder. Die Schule hat sie mit der mittleren Reife abgeschlossen und arbeitet seit 26 Jahren in einem kleinen Betrieb (unter 15 Mitarbeiter*innen) mit einer vereinbarten Wochenarbeitszeit von 33 Stunden. Die Dienstleistung, die Frau Herbst in ihrem Beruf leistet, ist ausnahmslos Präsenzarbeit. Die Vereinbarkeit von Beruf und Pflege wird durch die kleine Betriebsgröße erschwert. Das Vorhaben, sich zusätzlich zu ihrem Angestelltenverhältnis selbstständig zu machen, hat Frau Herbst – deren Einkommenssituation als gering bis mittel eingeordnet werden kann – pflegebedingt aufgeschoben. Die Erwerbsarbeit ist für sie existenziell, auch mit Blick auf die Finanzierung der von ihr gewählte Coping-Strategie „Urlaub" und für ihre spätere Rente.

Pflegebewältigung

Bei der Mutter von Frau Herbst wird 71-jährig eine beginnende Demenz diagnostiziert und sie ist in Pflegegrad 3 eingestuft. Zusätzlich zur Demenzerkrankung im eher frühen Stadium leidet die Mutter an weiteren chronischen Erkrankungen, die jedoch ihre Alltagskompetenz bislang wenig beeinträchtigen. Außerdem musste die Mutter sich einer Hüft-Operation unterziehen. In die tägliche Pflege ist (noch) kein Pflegedienst eingeschaltet, auch Entlastungsleistungen oder andere Alltagsunterstützungen werden nicht genutzt. Das Pflegegeld der Mutter fließt Frau Herbst zu. Trotz der Wohnsituation in einem Mehrfamilienhaus gibt es keine Anbindung an ein nachbarschaftliches Unterstützungsnetzwerk. Frau Herbst stellt die Selbstbestimmung und den Erhalt der Lebensqualität der Mutter in den Mittelpunkt ihres Sorgehandelns und übernimmt alle Aufgaben bislang ausschließlich selbst. Sie fühlt sich durch die Doppelbelastung von Pflege und Erwerbstätigkeit jedoch stark psychisch und körperlich beansprucht. Zum Zeitpunkt des Interviews denkt sie aktiv über eine Demenzgruppe im Sinne einer Tagesstrukturierung für die Mutter nach. Ihr Lebenspartner, der in Vollzeit erwerbstätig ist, unterstützt Frau Herbst bei den Pflegeaufgaben im Alltag und verfügt zudem über Fachwissen rund um die Pflegeversicherungsleistungen. Die Wohnung von Frau Herbst und ihrem Partner steht der Mutter jederzeit offen und es stellt sich als zunehmend schwieriger heraus, die gewünschte Distanz für das eigene Privatleben herzustellen. Mit der Verdichtung ihrer Arbeitszeiten und dem aktuellen Verzicht auf eine Selbstständigkeit gelingt es Frau Herbst, täglich ab nachmittags für die Mutter verfügbar zu sein. Für akute Krisensituationen ist sie auf die Kulanz ihres Chefs und das Verständnis ihrer Kolleg*innen angewiesen. Eine Aushandlung mit den Geschwistern über eine routinemäßige Teilung der Pflegeverantwortung ist ihr bislang nicht gelungen; sie strebt dies zukünftig verstärkt an. Eine Inanspruchnahme von ambulanten Pflegedienstleistungen oder ein Umzug der Mutter in eine Demenz-WG sind bei Fortschreiten des Pflegebedarfs angedacht. Für Frau Herbst – die das Auftreten einer demenzbedingten Weglauftendenz fürchtet – ist dies die bevorzugte Alternative zu einer Unterbringung in einem Pflegeheim. Hier liegt bei Mutter und Tochter biografisch eine negative Konnotation vor. Bislang war die Mutter einer Veränderung der häuslichen Pflegesituation gegenüber jedoch nicht aufgeschlossen.

Frau Jakobi (Typ 4)

Frau Jakobi, die sich als einzige Tochter seit fast 20 Jahren um ihre chronisch kranke Mutter kümmert, ist 43 Jahre alt und hat keine Kinder. Sie hat nach dem Abitur ein Studium begonnen, dies aber nicht beendet. Während der anschließenden Berufsausbildung ist sie aus finanziellen Gründen wieder in ihr Elternhaus zurückgezogen, in dem die Mutter seit der Trennung von ihrem Mann alleine lebt. Frau Jakobis Lebenspartner lebt in einer eigenen Wohnung und verbringt die Wochenenden mit ihr gemeinsam im Haus der Mutter.

Die wirtschaftliche Lage von Mutter und Tochter entspricht einzeln und gemeinsam einem niedrigen SÖS. Das Einfamilienhaus gehört der Mutter und ist Frau Jakobi als Erbe zugedacht. Der Erhalt des Wohneigentums hat eine hohe Bedeutung sowohl für sie als auch die Mutter. Auf Grund der wirtschaftlichen Abhängigkeit, aber auch des Fortschreitens der Versorgungsbedürftigkeit der Mutter, ist Frau Jakobi in ihrem Elternhaus wohnen geblieben. Sie bezieht eine kleine Erwerbsminderungsrente, auf die ihr Teilzeiteinkommen angerechnet wird. Das monatliche Pflegegeld geht weniger in die Finanzierung von pflegeentlastenden Leistungen ein, sondern dient vor allem der gemeinsamen Existenzsicherung von Mutter und Tochter.

In ihrem therapeutischen Ausbildungsberuf, an den sie eine fachspezifische Weiterbildung angeschlossen hat, ist Frau Jakobi seit fünf Jahren in Teilzeit (50 Prozent) tätig. Ihren täglichen Arbeitsbeginn hat sie pflegebedingt auf mittags verschoben, um sich zu Tagesbeginn (zeitlich) zu entlasten. Während ihrer Arbeitszeit ist sie an Terminabsprachen mit Klient*innen gebunden und hat keine zeitlichen Flexibilisierungsoptionen. Die Sorgetätigkeit für ihre Mutter ist der Grund, warum sie nie einer Vollzeit-Erwerbstätigkeit nachgegangen ist.

Pflegebewältigung

Frau Jakobi kümmert sich täglich um ihre chronisch kranke 76-jährige Mutter, die Leistungen nach Pflegegrad 3 erhält. Diese leidet an Depressionen und an einer fortschreitenden neurologischen Erkrankung mit sensorischen Ausfällen. Die Mutter ist zudem stark übergewichtig und antriebsschwach. Aus dem Betreuungsbedarf von vor zwanzig Jahren ist in einem schleichenden Prozess eine wachsende emotionale und körperliche Pflegebelastung geworden. Frau Jakobi leistet nicht nur die Körperpflege, sondern ist für die tägliche Versorgung des gemeinsamen Haushaltes inklusive der Zubereitung von Mahlzeiten zuständig, die ihre Mutter während ihrer Abwesenheit zu sich nehmen kann. Hinzu kommen alle organisatorischen Aufgaben und die ständige Sorge, dass die Mutter das Essen und Trinken vergisst. Die Hilfe einer aus dem Entlastungsbetrag finanzierten zusätzlichen Betreuungskraft empfindet sie subjektiv nur sehr eingeschränkt als Unterstützung. Seit einigen Jahren ist die Mutter auf einen Rollstuhl angewiesen. Hier schafft ein eingebauter Treppenlift eine verbesserte (Sturz-)Sicherheit für die Mutter und erleichtert Frau Jakobi die Pflege körperlich. Der Lebensgefährte ist für Frau Jakobi am Wochenende eine wesentliche (auch emotionale) Unterstützung. Eine Nachbarin, die ein vertrauensvolles Verhältnis zur Mutter hat, kümmert sich zudem fast täglich unentgeltlich um sie. Die Herausforderungen der Pflege sind vor allem durch den engen finanziellen Spielraum schwierig zu bewältigen. So muss Frau Jakobi um die Existenzsicherung des gemeinsamen Haushaltes ringen und dies gelingt ihr nur unter Verzicht auf selbst zu finanzierende pflegeentlastende Dienstleistungen. Durch ihre berufliche Tätigkeit findet sie die Möglichkeit der Distanznahme zu der (auch räumlich) sehr engen Pflegebeziehung. Frau Jakobi fühlt sich jedoch durch ihre Teilzeiterwerbstätigkeit zusätzlich (vor allem zeitlich) belastet. Auch wenn sie ihren Arbeitstag so anpassen konnte, dass sie den Zeitstress zu Tagesbeginn verringern konnte, steht sie sowohl vor der Arbeit als auch am Abend unter ständigem Zeitdruck und findet keine freien Zeitfenster für sich selbst.

Herr Kaya (Typ 1)

Herr Kaya hat sieben Jahre vor dem Interview, im Alter von 32 Jahren, die Sorgeverantwortung für seinen alleinlebenden, zum Interviewzeitpunkt 83-jährigen Vater übernommen, der mit Pflegegrad 3 eher zu gering eingestuft ist. Herr Kaya ist verheiratet und seit zehn Jahren im gleichen Betrieb in Vollzeit erwerbstätig. Während die Eltern Einwanderer der ersten Generation sind, ist er (ebenso wie seine drei älteren Geschwister) in Deutschland geboren und aufgewachsen. Herr

Kaya und seine Ehefrau sind beide Akademiker*innen; das Paar hat keine Kinder. Der SÖS ist hoch, sowohl bezogen auf die Dimension Bildung als auch hinsichtlich des Einkommens. Während der letzten Jahre hat sich Herr Kaya beruflich zu einer erfolgreichen Führungskraft entwickelt und seine tatsächliche Arbeitszeit liegt nach eigenen Angaben deutlich über dem vereinbarten Arbeitsumfang. Auch die Ehefrau ist in Vollzeit erwerbstätig und beruflich „sehr eingespannt". Seine vom Vater geschiedene Mutter und die Geschwister haben konfliktbehaftete Beziehungen zum Vater und sind nicht an der Sorgeverantwortung beteiligt. Der Vater hat allein Herrn Kaya mit einer Vollmacht die Verantwortung für alle (Pflege-)Entscheidungen übertragen.

Pflegebewältigung

Der Vater von Herrn Kaya war nach schweren operativen Eingriffen zunächst körperlich pflegebedürftig und ist drei Jahre vor dem Interview auch demenziell erkrankt. Die Pflege durch einen professionellen Pflegedienst lehnt er immer wieder vehement ab. Den Grund – ob aus kulturellen Gründen oder demenzbedingt – benennt Herr Kaya nicht näher. Er möchte den Erwartungen seines Vaters gerne entsprechen und übernimmt deshalb, abgesehen von der Medikamentengabe, die tägliche Körperpflege und Versorgung vollständig selbst. Hinzu kommen unerwartet und im Pflegeprozess immer häufiger auftretende Notfallsituationen (Stürze) zu denen er gerufen wird. Herr Kaya handelt stets mit Blick auf seine persönliche Grenze des Möglichen, die er angesichts der Gesamtherausforderung an seine Lebenssituation erlebt. Vor allem zu Beginn der Pflege übernimmt er viele Kosten selbst, weil er es sich finanziell leisten und aus Zeitgründen auch nicht anders organisieren kann. Seine Ehefrau unterstützt ihn emotional, sie nicht mit den praktischen Pflegeaufgaben zu belasten, ist Herrn Kaya jedoch ein wichtiges Anliegen. Die Erwerbstätigkeit wirkt für Herrn Kaya – trotz der knappen Zeitressourcen – als Ausgleich in der belastenden Pflegesituation. Er orientiert sein Pflegehandeln stets mit Blick auf seine berufliche Karriere. Ermöglichende Rahmenbedingung für die Vereinbarkeit von Beruf und Pflege ist seine gute Verhandlungsposition im Betrieb, wo ihm ein hohes Maß an Selbstbestimmung und Arbeitszeitflexibilität zur Verfügung steht.

Frau Keller (Typ 1)

Frau Keller ist verheiratet und hat keine Kinder. Sie ist Akademikerin, arbeitet seit 39 Jahren in der gleichen Organisation und bekleidet zum Zeitpunkt des Interviews als Vollzeit-Erwerbstätige eine leitende Beamtenposition in einer Behörde.

Sie sieht sich im Alter von 58 Jahren plötzlich und unerwartet vor die Aufgabe gestellt, für die bis dato selbständig lebenden Eltern ein Pflegearrangement zu organisieren. Frau Keller hat zwei Schwestern, mit denen sie die Sorgeverantwortung teilen kann. Eine der Schwestern lebt in der Nähe; sie ist ebenfalls in Vollzeit erwerbstätig. Die zweite Schwester lebt mit ihrem Mann und zwei Kindern im Ausland und wird hauptsächlich in relevante Entscheidungen zur Pflege eingebunden. Frau Keller wohnt und arbeitet rd. 30 bzw. 60 Autominuten vom Haushalt der Eltern entfernt. Einzeln und als Paar haben Frau Keller und ihr Mann einen hohen SÖS, was sich an den akademischen Bildungsabschlüssen, den beruflichen Stellungen und am monatlichen Haushaltsnettoeinkommen ablesen lässt, da der Ehemann ebenfalls eine leitende Funktion in Vollzeit bekleidet.

Pflegebewältigung

Die 84-jährige Mutter[2] von Frau Keller war auf Grund einer Sehbehinderung schon seit längerem auf die Unterstützung im Alltag angewiesen. Bis zum schweren Herzinfarkt des Vaters im Mai 2016 hatte das Ehepaar diesen jedoch weitgehend selbstständig bewältigen können. Nach dem Krankenhaus- und Reha-Aufenthalt kehrt der Vater schwer pflegebedürftig in die eigene Häuslichkeit zurück. Frau Keller und ihre Schwestern veranlassen Wohnraumanpassungen und entscheiden sich für eine sog. „24-Stunden-Pflege". Über eine Agentur vermittelt ziehen im Wechselmodell zwei ausländische Pflegekräfte in den Haushalt der Eltern ein. Als dieses Pflegearrangement am Widerstand der Eltern scheitert, übernimmt Frau Keller in Aufgabenteilung mit ihrer Schwester die Betreuung und Versorgung der Eltern. Ein Pflegedienst, ein Mahlzeitendienst und eine Nachbarin werden in das Pflegearrangement eingebunden. Der Vater stirbt nach weiteren Krankenhausaufenthalten, die Mutter verbleibt alleine im Haus und im bereits installierten Pflegearrangement. Sie hat in der Zwischenzeit eine Hirnblutung erlitten und es bleiben Lähmungen einer Körperseite zurück, die zu einer Einstufung in den Pflegegrad 3 führen. Obwohl die kognitive Gesundheit der Mutter die Pflegesituation insgesamt erleichtert, ist der Zeitbedarf für die Versorgung hoch und fällt täglich an. Auch mit der Installation der Dienste und der Unterstützung der Nachbarin sieht Frau Keller nicht alle Bedarfe nach ihren Idealvorstellungen gedeckt, und sie kommt vor allem dann an Belastungsgrenzen für die Vereinbarkeit von Beruf und Pflege, wenn z.B. Dienste unerwartet ausfallen. Die häusliche Versorgung der Mutter will Frau Keller so lange wie möglich

---

2 Das Interview fand nach dem Tod des Vaters statt, so dass sich die Aussagen von Frau Keller im Interview überwiegend auf die Sorgeaufgaben für die Mutter beziehen.

erhalten, bei fortschreitender Pflegebedürftigkeit will sie ihren Erwerbsstatus aber ggf. durch den Übergang in eine stationäre Versorgung sichern. Für Frau Keller stellt die Erwerbsarbeit in unverändertem Zeitumfang und als Präsenzarbeit im Büro zum einen die Möglichkeit der Distanznahme von der Rolle als sorgende Tochter als auch einen zentralen sozialen Aspekt ihres Lebensentwurfs dar; beides ordnet sie vorrangig gegenüber den Bedürfnissen der Mutter ein. Maßgebliche Rahmenbedingung für das „Gelingen" der Pflegebewältigung ist die konfliktfreie Aufgabenteilung mit der Schwester.

Frau Kessler (Typ 5)

Frau Kessler, 55 Jahre alt, ist alleinstehend und hat keine Kinder. Sie lebt mit der pflegebedürftigen Person, ihrer Mutter, in einem Haus. Hierbei handelt es sich um das Elternhaus von Frau Kessler. Der Vater ist verstorben, als Frau Kessler 15 Jahre alt war. Seitdem lebt sie mit ihrer Mutter im Elternhaus alleine. Es gibt keine weiteren Geschwister. Sie hat einen Hauptschulabschluss absolviert und zuletzt in Vollzeit in der Büroorganisation gearbeitet. Aufgrund der Pflege hat Frau Kessler ihre Erwerbstätigkeit ausgesetzt. Frau Kessler ist zu Beginn der Pflege zunächst krankgeschrieben. Nach mehrmaliger Verlängerung der Krankschreibung erhält sie Krankengeld. Schließlich vereinbart sie mit ihrem Arbeitgeber eine „Rente auf Zeit", die bis zum 30.09.2018 gilt. Für die Zeit der Pflege bezieht Frau Kessler kein Gehalt, sondern ihre Erwerbsminderungsrente. Ihr Haushaltsnettoeinkommen ist niedrig.

Die Pflegebewältigung

Bei der pflegebedürftigen Person handelt es sich um die Mutter von Frau Kessler, die seit 2012 pflegebedürftig ist. Sie ist an einer Demenz im fortgeschrittenem Stadium erkrankt und erhält den Pflegegrad 5. Die pflegebedürftige Person ist 85 Jahre alt. Frau Kessler leistet die Pflege alleine, d.h. sie übernimmt sämtliche Aufgaben selbst und täglich. Frau Kessler erhält keine weitere familiäre Unterstützung. Seelische Unterstützung bieten nur drei engere Freundinnen. Die Mutter nimmt keine Nahrung oder Flüssigkeit von anderen Personen an. Frau Kessler ist deswegen an das Haus gebunden und kann nur selten und kurz das Haus verlassen. Aus diesem Grund nutzt Frau Kessler auch keine Tages- oder Kurzzeitpflege. Morgens kommt ein Pflegedienst, um die Wundversorgung – die Frau Kessler selbst leistet – zu überprüfen. Einmal im Monat kommt eine Betreuung ins Haus, damit Frau Kessler Ärzte aufsuchen kann, da sie selbst gesundheitliche Probleme hat. Hierfür nutzt Frau Kessler den Entlastungsbetrag.

Frau Kessler steht in einer sehr engen Beziehung zu ihrer Mutter. Entsprechend ist ihr Selbstverständnis geprägt von der Rolle der über die Grenzen hinausgehenden pflegenden Tochter. Die enge Bindung zur Mutter und die wechselseitige Fixierung bestanden bereits vor Beginn der Pflegesituation. Frau Kesslers Selbstverständnis als (pflegende) Tochter ist von einer starken Religiosität geprägt. Der Glaube gibt ihr Kraft, setzt sie jedoch auch unter Druck. Frau Kessler betrachtet die Pflegeaufgabe als gottgegeben. Sie folgt damit zudem einem Versprechen, das sie ihrem Vater am Sterbebett gegeben hat. Sie geht davon aus, dass sie, sollte sie schlecht denken – also zum Beispiel denken, dass es ihr besser gehen würde, wenn die Mutter tot wäre –, von Gott bestraft werden wird. Die Übernahme der Pflege ist insofern gerahmt von den Zwängen, mit denen sich Frau Kessler konfrontiert sieht. Hinzu kommt eine hohe psychische/emotionale Abhängigkeit von ihrer Mutter. Frau Kessler weist eine hohe emotionale Bedürftigkeit auf. Sie stellt im Interview dar, dass sie ein Mensch ist, der viel Anerkennung und Zuspruch benötigt. Diese Bedürftigkeit steht im Kontrast zur sozial isolierten Situation, in der sie sich befindet, da sie fast keine sozialen Kontakte pflegt.

Frau Meierjohann (Typ 4)

Frau Meierjohann ist 63 Jahre alt, verheiratet und hat zwei erwachsene Kinder. Als junge Familie mit zwei Kindern haben Frau Meierjohann und ihr Ehemann entschieden, gemeinsam mit ihren Eltern unter einem Dach zu leben. Sie haben zusammen ein Zweifamilienhaus gebaut. Frau Meierjohann ist die älteste Tochter und hat noch zwei Schwestern und einen Bruder, die nicht in der Nähe wohnen. Nach dem Abitur hat Frau Meierjohann eine schulisch-berufliche Ausbildung abgeschlossen und sich vor 25 Jahren zusammen mit einem Kollegen – der ein enges Verhältnis zur Familie Meierjohann hat – selbstständig gemacht und arbeitet in der Regel etwa 30 Stunden pro Woche mit flexibler Zeiteinteilung. Ihr Ehemann hat die Schule ebenfalls mit dem Abitur abgeschlossen, hat anschließend eine schulisch-betriebliche Ausbildung absolviert und arbeitet in Vollzeit. Die Einkommens- und Vermögenssituation der Eheleute einschließlich des Eigenheims entspricht einem hohen SÖS. Als nach dem Heimeintritt der Mutter das Sozialamt den Vater verpflichtet hat, die Eigentumswohnung zur Bestreitung der Heimkosten zu veräußern, haben Frau Meierjohann und ihr Mann die Wohnung des Vaters erworben, um das Haus in der Familie zu halten.

Pflegebewältigung

Die Entscheidung zur häuslichen Pflege hat Frau Meierjohann rd. zehn Jahre vor dem Interviewzeitpunkt, im Alter von 53 Jahren treffen müssen. Die Eltern sind im Abstand von drei Jahren beide an einer Demenz erkrankt; der Unterstützungs- und Pflegebedarf ist stetig gestiegen, und zum Zeitpunkt des Interviews sind beide Eltern dem Pflegegrad 5 zugeordnet. Während die Mutter bereits 2010 in eine stationäre Dauerpflegeeinrichtung umgezogen ist, lebt der Vater erst seit wenigen Wochen im Pflegeheim. Frau Meierjohann musste seine Heimaufnahme gegen den Widerstand der Geschwister durchsetzen. Ihr Ehemann stand bei allen Pflegeentscheidungen sowie in den Konflikten mit den Geschwistern fest an ihrer Seite und hat sie zudem stets bei den Pflegeaufgaben unterstützt. Die Töchter waren allenfalls zu Beginn, später kaum in die Sorgeverantwortung mit eingebunden (eigene Familie, räumliche Entfernung).

Die Übernahme der Pflegeverantwortung vor zehn Jahren bewertet Frau Meierjohann als selbstverständlich. Hier scheint als Motiv Reziprozität auf, und zugleich lässt ihr der Faktor der räumlichen Nähe kaum eine Chance, die Sorgeverantwortung nicht zu übernehmen. Der Sorgeumfang lag im gesamten Pflegeprozess bei ca. 14 Stunden pro Woche. Frau Meierjohann konnte ihre Arbeitszeit so einteilen, dass sie häufig mittags zu Hause war, berichtet aber, dass sie zunehmend mit „Widerwillen" zu den täglichen Versorgungsaufgaben nach Hause zurückgekehrt ist. Ihre Erwerbstätigkeit betrachtet Frau Meierjohann als wirksamen Ausgleich zu der emotional belastenden Pflegesituation. In das häusliche Pflegearrangement waren ein Pflegedienst und ein Mahlzeitendienst eingebunden. Bedingt durch den hohen SÖS sind für alle getroffenen Pflegeentscheidungen bei Frau Meierjohann keine finanziellen Engpässe aufgetreten. Dennoch hat sie die hauswirtschaftlichen Dienstleistungen – vor allem aus Qualitätsgründen – in der eigenen Hand behalten. Die Eskalation in der Pflegebeziehung der Eltern hat Frau Meierjohann 2010 dazu gezwungen, die Mutter in die stationäre Dauerpflege zu geben, um sie vor den Übergriffen des Vaters zu schützen. Erst als die Pflege des Vaters ein Ausmaß täglicher und (nächtlicher) Krisen erreicht, entscheidet Frau Meierjohann nach zehn Jahren Sorgetätigkeit, auch ihn im Pflegeheim aufnehmen zu lassen. Mit den drei Geschwistern, die sich nicht aktiv in den Pflegealltag einbringen (können), gerät Frau Meierjohann immer wieder über die von ihr getroffenen Pflegeentscheidungen in Konflikte. Diese können nicht aufgelöst werden und führen nach drei Jahren Pflege zu einem weitgehenden Beziehungsabbruch. Die Übernahme der gesetzlichen Betreuung für die Eltern konnte sie kompetent und selbstbewusst in einer langwierigen gerichtlichen Auseinandersetzung durchsetzen.

Herr Münster (Typ 3)

Herr Münster, 60 Jahre alt, ist verheiratet und hat zwei Kinder (Tochter (24) und Sohn (21)), die beide noch mit im Haus der Familie leben, wobei sich die Tochter zum Zeitpunkt des Interviews bereits seit acht Monaten auf Weltreise befindet. Er ist in einer dörflichen Struktur und in einem religiös geprägten Haushalt aufgewachsen und lebt noch heute im gleichen Ort mit ca. 3.000 Einwohnern am Rande einer Großstadt. Er selbst bezeichnet sich aber als eher nicht religiös. Herr Münster hat nach dem Abitur seinen Wehrdienst abgeleistet, anschließend eine kaufmännische Ausbildung abgeschlossen und war mehrere Jahre in seinem erlernten Beruf tätig. Nach dem Erziehungsurlaub der Ehefrau anlässlich der Geburt des zweiten Kindes ist er aus dem Beruf ausgeschieden, um die Familienarbeit zu übernehmen. Seine Frau ist in Vollzeit erwerbstätig. Herr Münster hat zwei jüngere Geschwister, die in 100 bzw. 450 km Entfernung wohnen. Sie beteiligen sich nicht an der Pflege der Mutter. Der sozio-ökonomische Status der Familie ist hoch. Herr Münster bewohnt mit seiner Familie ein Einfamilienhaus in Eigentum und das Haushaltseinkommen der Familie liegt (inklusive des Pflegegeldes für den Pflegegrad 3) in der höchsten abgefragten Einkommenskategorie.

Die Pflegebewältigung

Bereits seit dem Tod seines Vaters vor 31 Jahren kümmert sich Herr Münster (damals Ende 20) um seine Mutter (heute 88 Jahre alt), die alleine in einem benachbarten Einfamilienhaus lebt. Die Mutter ist in Pflegestufe I eingestuft (später Pflegegrad 3), und für Herrn Münster als Hauptpflegeperson beträgt der Pflegeumfang täglich etwa drei bis vier Stunden. Seine Mutter ist multimorbid und kann die 1. Etage ihres Hauses nicht mehr alleine verlassen. In die Pflegeaufgaben ist kein Pflegedienst eingebunden. Die Mutter hat einen Hausnotruf. Seine Ehefrau unterstützt Herrn Münster alle vierzehn Tage beim Baden der Mutter. Sein Sohn übernimmt kleinere Hilfeleistungen nach Bedarf. Bruder und Schwester von Herrn Münster sind beide nicht aktiv an der Pflege beteiligt und beschränken sich auf einen regelmäßigen telefonischen (Schwester) und Besuchskontakt (Bruder). Der Bruder überlässt Herrn Münster alle Entscheidungen rund um die Pflege der Mutter. Mit der Schwester gibt es dagegen Konflikte sowohl um den Umgang mit der Mutter (Sicherheit) als auch über andere Entscheidungen (Anschaffungen, Umbauten).

Herr Münster ist seit der Geburt seines zweiten Kindes für die Familienarbeit zuständig. Die Übernahme der Sorgearbeit ist sowohl mit seiner Biografie des Aufwachsens als auch mit seiner Erwerbsbiografie verbunden. In der Familie besteht ein über drei Generationen hinweg wirksamer Generationenvertrag des füreinander Sorgens, den Herr Münster mit der Übernahme der Pflegetätigkeit fortführt. Familienarbeit und Pflegetätigkeit stellen für Herrn Münster eine „Ersatzaufgabe" zur Erwerbstätigkeit dar, die Herr Münster ähnlich strukturiert führt und darstellt wie eine Erwerbstätigkeit. Herr Münster schätzt es dabei sehr, im Gegensatz zu negativen Erfahrungen, die er in der Erwerbsarbeit machte, zu Hause „sein eigener Herr" zu sein. Kontrolle und Regeln ähnlich wie im Kontext von Erwerbsarbeit leiten seinen Pflegestil. Dadurch gelingt ihm die Pflegebewältigung weitgehend und er erhält sich eine leitende und unentbehrliche Position in der Familie.

Herr Otten (Typ 1)

Herr Otten hat als einziger Sohn mit 53 Jahren die Sorgeverantwortung für seine Mutter übernommen. Zum Interviewzeitpunkt ist er 62 Jahre alt, verheiratet und hat zwei erwachsene Kinder. Herr Otten ist Akademiker, hat einen Beamtenstatus und geht seit vielen Jahren in der gleichen Organisation einer Vollzeitbeschäftigung nach. Er ist Alleinverdiener und mit seinem Einkommen sichert er der Familie einen hohen SÖS. Finanzielle Aspekte im Rahmen von getroffenen Pflegeentscheidungen sind für ihn kein Thema. Herr Otten scheint – bedingt durch eine chronische Erkrankung seiner Frau – in allen familialen Belangen die Rolle des Managers innezuhaben. Die Pflegesensibilität seines Betriebes, sein beruflicher Status sowie seine inhaltlichen Aufgaben bieten Herrn Otten einen großen Gestaltungsspielraum für die Pflegesituation. Sein Beruf bietet ihm einen guten Zugang zu pflegerelevantem Wissen, und umgekehrt gelingt es ihm, seine Pflegeerfahrungen beruflich einzubringen.

Pflegebewältigung

Die 89-jährige Mutter von Herr Otten leidet an einer schnell fortschreitenden Demenz und weiteren schweren chronischen Erkrankungen, die zur Einstufung in Pflegegrad 5 geführt haben. Sie lebt seit 2009 in einem Pflegeheim, wo er sie einmal wöchentlich besucht. Das zuvor etablierte – ein Jahr lang andauernde – häusliche Pflegearrangement musste Herr Otten über eine Autoentfernung von ca. 45 Minuten installieren und aufrechterhalten. Maßgebliche Rahmenbedingung dazu waren seine hohe Arbeitszeitsouveränität und die explizite Beschränkung auf die Übernahme von reinen Betreuungsaufgaben für die Mutter, die er schon vor ihrer Pflegebedürftigkeit ausgeübt hatte und die zunächst nicht täglich anfielen. (Körper-)Pflegeaufgaben sieht er in professionellen, dafür „geeigneten

Händen". Den Zeitaufwand der Betreuung gibt er mit 18 bis 20 Stunden pro Woche an. Die Möglichkeit einer Reduzierung der Arbeitszeit hatte er zwischenzeitlich erwogen aber verworfen; eine Beendigung der Erwerbstätigkeit zugunsten der Übernahme weiterer Sorgeverpflichtungen war für ihn ebenfalls keine Option. Der identitätsstiftende Aspekt seiner Erwerbstätigkeit zeigt sich im „Beruf als Berufung" und begründet seine zentrale Selbstsorgestrategie. Seine Frau hatte seit jeher keine gute Beziehung zu ihrer Schwiegermutter und war – mit voller Zustimmung seitens Herrn Ottens – nicht in deren Betreuung eingebunden. Beide Kinder, besonders die Tochter, unterstützen ihn auch heute noch sowohl emotional als auch praktisch. Ein ambulanter Pflegedienst war zu keiner Zeit eingeschaltet. Kommunikation und Wissen stellen für Herrn Otten eine essenzielle Strategie zur Bewältigung der Pflegesituation dar. Seine ausgeprägte Kommunikationsfähigkeit erweist sich dabei als starke persönliche Ressource, die Herr Otten im gesamten Pflegeprozess und in der Aushandlung mit Ärzten und Pflegekräften einbringen kann. Eine vorübergehende Aufnahme der Mutter nach einem Krankenhausaufenthalt in seinen eigenen Haushalt hat das Sozialgefüge der Familie an Belastungsgrenzen gebracht. Nachdem die Mutter in den eigenen Haushalt zurückgekehrt war, kommt es zum auslösenden Moment für die Entscheidung zum Heimeintritt. Für Herrn Otten überschritten zu diesem Zeitpunkt die zu leistenden Sorgeaufgaben für die Mutter sowohl die Grenzen von „Betreuung" als auch seinen beruflichen Gestaltungsspielraum. Die Entscheidung war zudem durch das mündliche Einverständnis seiner Mutter legitimiert, welches sie ihm noch vor Feststellung ihrer Pflegebedürftigkeit im Rahmen einer Vollmacht übertragen hatte. Den hier aufscheinenden Gewissenskonflikt kann er mit einer offenen Kommunikation über die Gründe seiner Entscheidung im sozialen Umfeld (Familie und Freunde) auflösen.

Herr Stelter (Typ 1)

Herr Stelter (62) lebt getrennt von seiner Ehefrau und hat vier erwachsene Kinder, für die er teilweise noch finanziell aufkommt. Er wohnt eineinhalb Autostunden von seiner Mutter entfernt, für die er 2015 die Sorgeverantwortung übernommen hat. Sein Bruder, zu dem er erst seit der Pflegebedürftigkeit der Mutter wieder Kontakt hat, wohnt noch erheblich weiter entfernt. Herr Stelter hat eine betriebliche Ausbildung absolviert und ist in seinem Unternehmen seit 40 Jahren als Außendienstmitarbeiter in Vollzeit tätig. Mittlerweile bekleidet er eine leitende Position und ist regelmäßig auf Dienstreisen. Mit Eintritt in die Pflegesituation nimmt Herr Stelter die betriebliche Möglichkeit zur Einrichtung eines Telearbeitsplatzes (einen Tag pro Woche) in Anspruch. Sein SÖS ist hoch, sowohl auf sein Einkommen als auch auf seinen Bildungsstatus bezogen. Auf Grund des hohen SÖS seiner Mutter sieht sich Herr Stelter in der Lage, die Pflege unabhängig von finanziellen Überlegungen vollständig und mit hoher Wahlfreiheit aus deren Vermögen organisieren zu können.

Pflegebewältigung

Nach Auftreten einer Demenzerkrankung, die zudem schnell fortschreitet, übernimmt Herr Stelter die Sorgeverantwortung für seine Mutter, die Leistungen nach Pflegegrad 3 bezieht. Nach Absprache übernimmt auch sein Bruder zeitweise Betreuungsaufgaben für die Mutter, die rund um die Uhr betreut werden muss und zudem eine tägliche Grund- und Körperpflege sowohl morgens als auch abends benötigt.

Da die Unterbringung sowohl in einer Tagespflege als auch in einer Wohngruppe am Verhalten der Mutter gescheitert ist, stellt eine sog. „24-Stunden-Pflege" für Herrn Stelter die einzig verbleibende Lösung für die Vollversorgung der Mutter dar. Seine eigene Sorgebereitschaft beschränkt er auf die Übernahme zeitlich begrenzter Betreuungsaufgaben sowie von (schweren) Einkäufen. Dem Wunsch der Mutter, nicht im Heim untergebracht zu werden, will Herr Stelter nur solange entsprechen, wie die häusliche Pflege über (käufliche) Pflegedienstleistungen gewährleistet werden kann.

Bei der Übernahme der Sorgeverantwortung sucht Herr Stelter vor allem nach Wegen, die Pflegeaufgaben zu delegieren. Seine berufliche Tätigkeit und sein eigener Lebensentwurf sollen so wenig wie möglich beeinträchtigt werden. Herr Stelter formuliert keine Vereinbarkeitsprobleme zwischen Beruf und Pflege – weder in Richtung Chef, Kolleg*innen noch Kund*innen. Auch auf familiärer Ebene handelt er durchsetzungsstark und verpflichtet zwei seiner Kinder regelmäßig, ihn bei berufsbedingter Abwesenheit bei der Betreuung der Mutter zu vertreten. Dennoch kommt es gelegentlich zu Zeitkonflikten, die aus den Faktoren Wohnentfernung zur Mutter, Vollzeit-Erwerbstätigkeit und regelmäßiger Reisetätigkeit resultieren. An seinem Ziel der Aufrechterhaltung seines Erwerbsalltages ohne Kompromisse hält er dennoch fest und verzichtet aus Gründen der Zeitersparnis und vor dem Hintergrund des Vermögens der Mutter sowohl auf eine Höherstufung des Pflegegrades als auch auf die Beantragung von Pflegeleistungen.

Frau Uenal (Typ 2)

Frau Uenal ist bei Eintritt in die Pflegesituation 17 Jahre alt, Schülerin, und lebt mit drei Schwestern und zwei Brüdern bei ihren Eltern. Die Familie hat einen türkischen Migrationshintergrund. Alle weiteren Familienmitglieder (Großeltern, Tanten, Onkel) leben in der Türkei. Frau Uenal ist die zweitälteste Tochter. Sie pflegt ihre Mutter gemeinsam mit ihrem Vater und den Geschwistern bis zu deren Tod 16 Jahre lang. Dabei wird Frau Uenal über die Pflegezeit hinweg die Hauptpflegeperson.

In dieser Zeit erwirbt Frau Uenal ihren Hauptschulabschluss und schließt eine Ausbildung zur examinierten Altenpflegerin ab. Frau Uenal arbeitet zunächst in Teilzeit, dann auch als Vollzeitkraft bei dem ambulanten Pflegedienst, der auch ihre Mutter dreimal täglich versorgt. Mit 26 Jahren heiratet Frau Uenal. Sie zieht anschließend mit ihrem Mann in eine Wohnung im Obergeschoss des Wohnhauses ihrer Eltern, um die Versorgung ihrer Mutter weiter zu gewährleisten. Die Mutter von Frau Uenal stirbt im Jahr 2013.

Zum Zeitpunkt des Interviews ist Frau Uenal 36 Jahre alt, hat zwei Söhne (9 und 4 Jahre alt) und lebt mit ihrer Familie in einem Einfamilienhaus, dem das Gewerbe ihres Mannes angeschlossen ist. Frau Uenal ist zum Interviewzeitpunkt auf Grund der Kinderbetreuung nicht erwerbstätig.

Die Pflegebewältigung

Die Mutter von Frau Uenal erwartet ihr siebtes Kind als sich Komplikationen während der Schwangerschaft ergeben. Die Mutter muss mehrfach am Kopf operiert werden. Die Tochter wird im siebten Schwangerschaftsmonat per Kaiserschnitt entbunden. Die Mutter von Frau Uenal fällt ins Koma, wird umfassend pflegebedürftig.

Der Vater setzt eine ambulante Versorgung seiner Frau im eigenen Haus der Familie gegenüber Ärzt*innen, die ihm abraten, durch. Die Familie pflegt die Mutter über 16 Jahre hinweg in der Häuslichkeit. Frau Uenal wird zur Hauptpflegeperson der Mutter, eingebunden in ein stabiles Netz familiärer Unterstützung sowie ergänzt durch die Versorgung eines ambulanten Pflegedienstes, der die Familie dreimal am Tag aufsucht. Zu der Bezugspflegekraft vom Pflegedienst entwickelt Frau Uenal eine enge Bindung, sie sieht diese Person als Familienmitglied an. Frau Uenal empfindet die Übernahme der Pflege ihrer Mutter dabei als Selbstverständlichkeit und wertet die Auswirkungen auf ihr Leben als positiv. So entschließt sie sich auch nach ihrem Schulabschluss eine Ausbildung als Pflegefachkraft zu absolvieren und ist nach Abschluss der Ausbildung in diesem

Bereich tätig. Der Pflegeberuf ist für Frau Uenal auch schon vor der Übernahme der Pflege ihrer Mutter attraktiv, sie gibt an, beruflich genauso leidenschaftlich zu pflegen wie privat.

Von Beginn an besteht ein Pflegearrangement mit einem lokalen ambulanten Pflegedienst. Die gesamte Familie hilft zudem mit. Die Mutter von Frau Uenal bedarf einer umfassenden Versorgung rund um die Uhr. Nach einer juristischen Auseinandersetzung mit der Kranken-/Pflegekasse wird die Mutter in Pflegestufe III eingestuft (heute Pflegegrad 5). Die Familie bezieht Pflegegeld.

Ihre Mutter stirbt, während Frau Uenal im Urlaub ist. Die schleichende Verschlechterung des Gesundheitszustandes ihrer Mutter kann Frau Uenal erst rückblickend einordnen, der Tod kommt für sie überraschend. Sie vermisst ihre Mutter und hadert mit der nicht erfolgten religiösen Sterbebegleitung, bewertet die Übernahme der Pflege sowie den Pflegeverlauf jedoch positiv und gibt an, dieses (Lebens-)Kapitel für sich abgeschlossen zu haben.

Herr Yildirim (Typ 3)

Herr Yildirim ist 1956 geboren und zum Zeitpunkt des Interviews 62 Jahre alt, verheiratet und hat eine Tochter (36 Jahre), sowie einen Sohn (35 Jahre). Beide Kinder leben mit ihm und seiner Ehefrau in einer gemeinsamen Mietwohnung in einer Großstadt. Herr Yildirim ist türkischstämmig und seit 1990 deutscher Staatsbürger. Das Interview mit ihm wird auf seinen Wunsch hin in türkischer Sprache geführt.[3]

Herr Yildirim ist 1980 mit seiner Frau aus religiösen Gründen aus der Türkei nach Deutschland migriert. Die Migration wurde durch einen Bruder ermöglicht, der damals bereits in Deutschland lebte. Auch seine Eltern und die anderen beiden Brüder haben damals die Türkei verlassen. Während der Pflegesituation lebt die Familie sowohl mit Vater und Mutter als auch mit einem der Brüder und der Schwägerin im gleichen Mehrfamilienhaus. Herr Yildirim bezieht eine kleine Rente, von der das Ehepaar gemeinsam lebt.

---

3 Das Interview liegt in einer ins Deutsche übersetzten Zusammenfassung vor, wodurch die Interpretation des Materials erschwert wird. Obwohl die Situation von Herrn Yildirim als sorgender Angehöriger auch sehr stark durch die Unterstützung von anderen Familienmitgliedern geprägt ist, wird er aufgrund seiner frühen Erwerbsunfähigkeit und der dadurch für ihn ermöglichten zentralen Rolle in der Pflege des Vaters in Typ 3 eingeordnet. Es überwiegt in der Interpretation die Sinnstiftung durch die Pflegeaufgabe gegenüber der aktiven Nutzung von Familienressourcen für die eigene Selbstsorge. Letztere ist jedoch auch ein Charakteristikum des Falls.

Sein Bildungsabschluss, den er in der Türkei in einem künstlerischen Tätigkeitsfeld machte, wurde in Deutschland nicht anerkannt. Als ungelernte Kraft arbeitete er in Deutschland mehrere Jahre unter prekären Arbeitszeitverhältnissen in einem Handwerksbetrieb. Weil er immer wieder darauf besteht, Arbeitsschichten zugeteilt zu bekommen, die eine Vereinbarkeit von Familie und Beruf ermöglichen, wird ihm 1997 das Arbeitsverhältnis gekündigt. Im Rahmen einer Gesundheitsuntersuchung für eine neue Stelle wird er 1999 für ihn völlig überraschend mit 43 Jahren als erwerbsunfähig eingestuft. Herr Yildirim leidet unter Asthma, einer Niereninsuffizienz und Bluthochdruck. Über lange Passagen spricht er über seinen eigenen Gesundheitszustand. Seine körperliche Verfasstheit wie auch die momentane Erkrankung der Ehefrau sind für ihn ein zentrales Thema.

Nach Feststellung seiner Erwerbsunfähigkeit versuchte Herr Yildirim – im Sinne einer Ersatzaufgabe –, seine Geschwister und andere Familienmitglieder zu unterstützen, da er nach eigener Aussage handwerklich sehr geschickt sei. Vor allem aber pflegte Herr Yildirim von 1999 bis 2010 seinen Vater, der nach einem Herzinfarkt, einem Schlaganfall und einer Beinamputation in Pflegestufe III eingestuft war. Der Beginn der Pflegebedürftigkeit des Vaters fällt zunächst zufällig mit der für Herrn Yildirim neuen Situation der Erwerbsunfähigkeit zusammen. Dieser Zufall ermöglicht Herrn Yildirim aber auch die Übernahme der Rolle des sorgenden Angehörigen mit entsprechend großen Zeitressourcen quasi als „Ersatz" für die Erwerbsarbeit. Nach sechs Jahren häuslicher Pflege und vier Jahren Heimaufenthalt verstirbt der Vater im Jahr 2010. Da der Vater kein eigenes Einkommen oder Ersparnisse hat, trägt die Familie sämtliche Kosten. Die finanzielle Leistungsfähigkeit beruht auf den Einnahmen eines Verkaufsbetriebs, die der Familie gehören.

Die Pflegebewältigung

Herr Yildirim bewältigt die Pflege gemeinsam mit seiner Familie. Seine Schwägerin und er übernehmen gemeinsam die Körperpflege. Sein Bruder verabreicht täglich die Medikamente. Seine Ehefrau unterstützt im Haushalt und bei der Zubereitung des Essens, soweit es ihr eigener gesundheitlicher Zustand ermöglicht. Herr Yildirim und seine Familie nehmen weder Beratungsdienstleistungen, noch professionelle Pflege oder Entlastungsangebote an, weil sie dem Staat nicht zur Last fallen wollen, wie Herr Yildirim betont. Unterstützung nehmen sie lediglich durch eine Wohlfahrtsorganisation an, die alle drei Monate einen Besuch macht und später auch die Empfehlung für den Übergang in eine stationäre Betreuung ausspricht. Der Hausarzt kommt regelmäßig zu Hausbesuchen.

Für die „bestmögliche Versorgung" des Vaters wendet Herr Yildirim seine ganze Kraft auf und ordnet dabei seine eigene Gesundheit vollständig unter. Er „vergisst" sich und seine Krankheit durch die Pflegetätigkeit und stellt das Wohlbefinden des Vaters über alle anderen Bedürfnisse. Die Techniken für Versorgung und Therapie schauen Herr Yildirim und seine Familie bei den Pflegekräften und der Physiotherapie ab, um sie dann selbst anzuwenden. Auch dies geschieht, um die Krankenkasse finanziell nicht zu belasten. Dieses Pflegearrangement kann aufrechterhalten werden, bis sich der Zustand des Vaters drastisch verschlechtert.

Sein Bruder und seine Schwägerin sind es, die nach sechs Jahren häuslicher Pflege die Entscheidung treffen, den Vater stationär versorgen zu lassen, da die Situation finanziell für die Familie nicht mehr tragbar ist. Herr Yildirim, der dies eigentlich ablehnt, obwohl er mit seiner aufopferungsvollen Pflege schon über seine Belastungsgrenzen hinausgeht, muss sich der Entscheidung aus finanziellen Gründen fügen. Auch in der darauffolgenden stationären Versorgung kümmert sich Herr Yildirim nach wie vor mit viel Zeitaufwand um den Vater, bis dieser in der stationären Versorgung verstirbt. Herr Yildirim sieht dies als seine Pflicht an, die er gerne und in Liebe zu seinem Vater erfüllt. Er begründet dieses Pflichtgefühl im Interview mit seinem kulturellen Hintergrund als türkischstämmige Person. Selbst nach dem Tod des Vaters verbringt Herr Yildirim viel Zeit am Grab des Vaters, spricht mit ihm und pflegt das Grab. Seine Rolle als sorgender Sohn endet also nicht mit dem Tod des Vaters, sondern prägt seinen Lebensentwurf auch noch lange danach.

Frau Yüksel (Typ 4)

Frau Yüksel hat 2016 im Alter von 42 Jahren die Pflege für die an Demenz erkrankte 88-jährige Großmutter übernommen, deren Pflegebedürftigkeit dem Pflegegrad 4 entspricht und die im eigenen Haushalt in einer rund zehnminütigen Fahrentfernung von Frau Yüksels Wohnung lebt. Frau Yüksel ist in Deutschland geboren, ist alleinstehend und hat keine Kinder. Ihr Bruder (41) und ihre Schwester (39) leben ebenso wie zwei Kinder der Großmutter (Frau Yüksels Vater und eine Tante) in der gleichen Stadt wie die Großmutter. Ein Onkel lebt in der Türkei. Alle Familienmitglieder sind türkischstämmig mit deutscher Staatsangehörigkeit. Nach ihrem Studium arbeitet Frau Yüksel in Vollzeit, seit ca. einem Jahr vor dem Interview in einem kleinen Betrieb in einem unbefristeten Arbeitsverhältnis. Sowohl ihr Einkommen als auch ihr Bildungsstatus entsprechen einem hohen SÖS. Die Vereinbarkeit von Beruf und Pflege wird durch ihre gleitende Arbeitszeit unterstützt.

Pflegebewältigung

Bei einem Sturz hat sich die Großmutter die Schulter gebrochen und eine Hirnblutung erlitten. Sie bleibt danach stark in ihrer Mobilität eingeschränkt und leidet zusätzlich an einer Demenz. Frau Yüksels selbstverständliche Übernahme der Pflegeverantwortung erwächst zum einen durch ihr sehr enges Verhältnis zur Großmutter und entspricht zum anderen dem innerhalb der Familie geteilten (familialen und/oder kulturellen) Pflegeverständnis. Mit fortschreitender Pflegebedürftigkeit der Großmutter erlebt Frau Yüksel, wie ihr von der Familie immer mehr Pflegeverantwortung zugewiesen wird. Vater, Bruder und Tante schreiben ihr die entsprechenden (Fach-)Kompetenzen zu und ihr Status als Single wird mit freier Verfügbarkeit gleichgesetzt. Obwohl ihr Bruder die Betreuungsvollmacht innehat, zieht dieser sich mit zunehmendem Pflegebedarf immer weiter aus den Sorgetätigkeiten zurück und räumt Frau Yüksel eine Untervollmacht ein.

Da die Großmutter nicht nur tägliche Körperpflege, sondern eine ständige Betreuung benötigt, hat sich die Familie für ein Pflegearrangement mit sog. „24-Stunden Pflegekräften" entschieden. Frau Yüksel hat explizit nach Pflegekräften mit türkischen Sprachkenntnissen gesucht und nach erfolgloser privater Suche bei einer deutsch-bulgarischen Vermittlungsagentur Erfolg gehabt. Allerdings sind die Arbeitsverhältnisse mit den eingesetzten Pflegekräften nicht konfliktfrei und bergen für Frau Yüksel die stetige Sorge des Scheiterns. Der nicht unerhebliche Kostenanteil für diese Rund-um-die-Uhr-Versorgung, der nicht durch das Pflegegeld gedeckt ist, wird innerhalb der Familie aufgeteilt. Ein ambulanter Pflegedienst übernimmt ausschließlich die Medikamentenversorgung der Großmutter. Für die Kurzzeitpflege, die bereits mehrmals in Anspruch genommen wurde, berichtet Frau Yüksel von Zugangsbarrieren und Schwierigkeiten, die sich u.a. aus den mangelnden Pflegeangeboten in türkischer Sprache ergeben. Die zusätzlichen Entlastungsleistungen von 125 Euro pro Monat sowie weitere alltagsunterstützende Dienste im Alltag werden nicht in Anspruch genommen. Frau Yüksel besucht ihre Großmutter mehrmals wöchentlich und telefoniert täglich mit ihr. Sie äußert die Sorge, dass drohende unlösbare Pflegeprobleme ihren Arbeitsplatz gefährden könnten und hat deshalb ihren Arbeitgeber nicht über die Pflegesituation informiert. Auch die Kolleg*innen möchte sie nicht mit ihren privaten Problemen behelligen. Um ihren existenzsichernden Erwerbsstatus zu erhalten, käme für Frau Yüksel ein Heimaufenthalt der Großmutter in Frage.

Literatur

Afentakis, Anja/Maier, Tobias, 2010: *Projektionen des Personalbedarfs und -angebots in Pflegeberufen bis 2025.* WISTA – Wirtschaft und Statistik Heft 11, 990–1002.

Allmendinger, Jutta/Haarbrücker, Julia/Fliegner, Florian, 2013: *Lebensentwürfe heute: Wie junge Frauen und Männer in Deutschland leben wollen.* Kommentierte Ergebnisse der Befragung 2012. Berlin. https://bibliothek.wzb.eu/pdf/2013/p13-002.pdf (Download: 18.05.2020).

Appelt, Erna, 2014: *Das österreichische Elder-Care-Regime – eine intersektionale Analyse.* In: Appelt, Erna/Fleischer, Eva/Preglau, Max (Hg.): Elder Care. Intersektionelle Analysen der informellen Betreuung und Pflege alter Menschen in Österreich. Innsbruck, 55–76.

Appelt, Erna/Fleischer, Eva/Preglau, Max (Hg.), 2014: *Elder Care.* Intersektionelle Analysen der informellen Betreuung und Pflege alter Menschen in Österreich. Innsbruck.

Aulenbacher, Brigitte/Riegraf, Birgit, 2012: *Intersektionalität und soziale Ungleichheit.* http://portal-intersektionalitaet.de/theoriebildung/ueberblickstexte/aulenbacher-riegraf/(Download: 27.03.2020).

Auth, Diana/Brüker, Daniela/Dierkes, Mirjam/Leiber, Simone/Leitner, Sigrid/Vukoman, Marina, 2015: *Wenn Mitarbeiter Angehörige pflegen: Betriebliche Wege zum Erfolg.* Ergebnisse des Projekts „Männer zwischen Erwerbstätigkeit und Pflege" (MÄNNEP). Düsseldorf.

Auth, Diana/Dierkes, Mirjam, 2015: *Söhne in der Angehörigenpflege – Charakteristika, Ressourcen und Unterstützungsbedarfe im betrieblichen Kontext.* In: Meier-Gräwe, Uta (Hg.): Die Arbeit des Alltags. Gesellschaftliche Organisation und Umverteilung. Wiesbaden, 201–224.

Auth, Diana/Dierkes, Mirjam/Leiber, Simone/Leitner, Sigrid, 2016: *Trotz Pflege kein Vereinbarkeitsproblem? Typische Arrangements und Ressourcen erwerbstätiger pflegender Söhne.* Zeitschrift für Sozialreform. 62. Jg. Heft 1, 79–110.

Auth, Diana/Discher, Kerstin/Kaiser, Petra/Leiber, Simone/Leitner, Sigrid/Varnholt, Anika, 2018: *Sorgende Angehörige als Adressat_innen einer vorbeugenden Pflegepolitik.* Eine intersektionale Analyse. Düsseldorf.

Beckmann, Sabine, 2011: *Intersektionale Perspektiven auf Care in Frankreich: methodologische Überlegungen zu migrantischer Sorgearbeit in der feministischen Wohlfahrtsstaatsforschung.* GENDER Zeitschrift für Geschlecht, Kultur und Gesellschaft. 3. Jg. Heft 3, 24–38.

–, 2016: *Sorgearbeit (Care) und Gender.* Expertise zum Siebten Altenbericht der Bundesregierung. Berlin.

Blinkert, Baldo/Klie, Thomas, 2000: *Pflegekulturelle Orientierungen und soziale Mileus. Ergebnisse einer Untersuchung über die sozialstrukturelle Verankerung von Solidarität.* Sozialer Fortschritt. 49. Jg. Heft 10, 237–245.

–, 2004: *Solidarität in Gefahr?* Pflegebereitschaft und Pflegebedarfsentwicklung im demografischen und sozialen Wandel. Die „Kasseler" Studie". Hannover.

–, 2008: *Die Versorgungssituation pflegebedürftiger Menschen vor dem Hintergrund von Bedarf und Chancen*. In: Bauer, Ullrich/Büscher, Andreas (Hg.): Soziale Ungleichheit und Pflege. Beiträge sozialwissenschaftlich orientierter Pflegeforschung. Wiesbaden, 238–255.

Böhnisch, Lothar, 2016: *Lebensbewältigung: Ein Konzept für die Soziale Arbeit*. Weinheim, Basel.

Böhnisch, Lothar/Schröer, Wolfgang, 2018: *Lebensbewältigung*. In: Graßhoff, Gunther/Renker, Anna/Schröer, Wolfgang (Hg.): Soziale Arbeit. Eine elementare Einführung. Wiesbaden, 317–326.

Brandt, Martina, 2009: *Hilfe zwischen Generationen*. Ein europäischer Vergleich. Wiesbaden.

Brüker, Daniela/Kaiser, Petra/Leiber, Simone/Leitner, Sigrid, 2017a: *Die Rolle der Kommunen in der Pflegepolitik*. Chancen und Grenzen einer vorbeugenden Perspektive. Zeitschrift für Sozialreform. 63. Jg. Heft 2, 301–332.

Brüker, Daniela/Leiber, Simone/Leitner, Sigrid, 2017b: *Vorbeugende Pflege- und Sorgepolitik*. Herausforderungen und (kommunale) Gestaltungspotentiale in NRW. Düsseldorf.

Bundesministerium für Familie, Senioren, Frauen und Jugend, 2017: *Zweiter Gleichstellungsbericht der Bundesregierung*. Berlin.

Bundesministerium für Gesundheit, 2019: *Zahlen und Fakten zur Pflegeversicherung*. https://www.bundesgesundheitsministerium.de/fileadmin/Dateien/Downloads/Statistiken/Pflegeversicherung/Zahlen_und_Fakten/Zahlen-u-Fakten-zur-Pflegeversicherung_2019.pdf (Download: 19.05.2020).

Carnein, Marie/Baykara-Krumme, Helen, 2013: *Einstellungen zur familialen Solidarität im Alter: Eine vergleichende Analyse mit türkischen Migranten und Deutschen*. Zeitschrift für Familienforschung. 25. Jg. Heft 1, 29–52.

Chappell, Neena L./Dujela, Carren/Smith, André, 2015: *Caregiver Well-Being: Intersections of Relationship and Gender*. Research on Aging. 37. Jg. Heft 6, 623–645.

Conlon, Catherine/Timonen, Virpi/Carney, Gemma/Scharf, Thomas, 2014: *Women (Re)Negotiating Care across Family Generations*. Intersections of Gender and Socioeconomic Status. Gender & Society. 28. Jg. Heft 5, 729–751.

Connell, Raewyn, 2015: *Der gemachte Mann: Konstruktion und Krise von Männlichkeiten*. Wiesbaden.

Crenshaw, Kimberle, 1989: *Demarginalizing the Intersection of Race and Sex: A Black Feminist Critique of Antidiscrimination Doctrine, Feminist Theory and Antiracist Politics*. University of Chicago Legal Forum Heft 1, 139–167.

Czaplicki, Christin, 2016: *Pflege zahlt sich aus – Der Beitrag nichterwerbsmäßiger Pflege zur Alterssicherung*. Sozialer Fortschritt. 65. Jg. Heft 5, 105–112.

Davis, Kathy, 2008: *Intersectionality as buzzword: A sociology of science perspective on what makes a feminist theory successful*. Feminist Theory. 9. Jg. Heft 1, 67–85.

Deufert, Daniela, 2013: *Genderaspekte in der Angehörigenpflege*. Zeitschrift für Gerontologie und Geriatrie. 46. Jg. Heft 6, 520–525.

Dibelius, Olivia, 2012: *Demenz und Migration: Ethische, psychosoziale und gesellschaftliche Herausforderungen.* In: Matter, Christa/Piechotta-Henze, Gudrun (Hg.): Doppelt verlassen? Menschen mit Migrationserfahrung und Demenz. Berlin, 22–31.

Dibelius, Olivia/Feldhaus-Plumin, Erika/Piechotta-Henze, Gudrun (Hg.), 2015: *Lebenswelten von Menschen mit Migrationserfahrung und Demenz.* Bern.

Dibelius, Olivia/Uzarewicz, Charlotte/Tesch-Römer, Clemens, 2006: *Pflege von Menschen höherer Lebensalter.* Stuttgart.

Dölling, Irene, 2003: *Ostdeutsche Geschlechterarrangements in Zeiten des Neoliberalismus.* Potsdamer Studien zur Frauen- und Geschlechterforschung. 7. Jg., 7–32.

Dosch, Erna, 2012: *Netzwerkbeziehungen häuslich pflegender Männer im erwerbsfähigen Alter.* In: Langehennig, Manfred/Betz, Detlef/Dosch, Erna (Hg.): Männer in der Angehörigenpflege. Weinheim, Basel, 45–103.

–, 2016: *„Neue Männer hat das Land".* Männer vereinbaren Pflege und Beruf. Zeitschrift für Gerontologie und Geriatrie. 49. Jg. Heft 8, 679–684.

Eggert, Simon/Naumann, Dörte/Teubner, Christian, 2015: *Vereinbarkeit von Beruf und Pflege aus Unternehmenssicht – 2015.* Berlin.

Eggert, Simon/Sulman, Daniela/Teubner, Christian, 2018: *Vereinbarkeit von Beruf und Pflege – 2018.* Forschungsbericht. Berlin.

Ehrentraut, Oliver/Hackmann, Tobias/Krämer, Lisa/Schmutz, Sabrina, 2015: *Zukunft der Pflegepolitik.* Perspektiven, Handlungsoptionen und Politikempfehlungen. Bonn.

Ehrlich, Ulrike, 2019: *Familiäre Pflege und Erwerbsarbeit. Auf dem Weg zu einer geschlechtergerechten Aufteilung?* Bonn.

Eichler, Melanie/Pfau-Effinger, Birgit, 2008: *Informelle Arbeit im Alter. Zur Pflegetätigkeit von Frauen in der nachberuflichen Phase.* In: Erlinghagen, Marcel/Hank, Karsten (Hg.): Produktives Altern und informelle Arbeit in modernen Gesellschaften. Theoretische Perspektiven und empirische Befunde. Wiesbaden, 165–187.

Engel, Sabine, 2007: *Belastungserleben bei Angehörigen Demenzkranker aufgrund von Kommunikationsstörungen.* Berlin.

Fleischer, Eva, 2014: *Intersektionalität als unverzichtbare Forschungsperspektive im Bereich informeller Pflege, Betreuung und Begleitung alter Menschen.* In: Appelt, Erna/Fleischer, Eva/Preglau, Max (Hg.): Elder Care. Intersektionelle Analysen der informellen Betreuung und Pflege alter Menschen in Österreich. Innsbruck, 13–31.

Flick, Uwe, 2012: *Qualitative Sozialforschung.* Eine Einführung. Reinbek.

Franke, Annette/Reichert, Monika, 2012: *Carers@Work. Zwischen Beruf und Pflege: Konflikt oder Chance? – Ein europäischer Vergleich -.* Analyse der Internationalen Forschungsliteratur. Dortmund.

Geisler, Esther/Kreyenfeld, Michaela R., 2005: *Müttererwerbstätigkeit in Ost- und Westdeutschland. Eine Analyse mit den Mikrozensen 1991-2002.* Rostock.

Geyer, Johannes, 2016: *Informell Pflegende in der deutschen Erwerbsbevölkerung: Soziodemographie, Pflegesituation und Erwerbsverhalten.* In: Zentrum für Qualität in der Pflege (Hg.): 2016 – Vereinbarkeit von Beruf und Pflege. Berlin, 24–43.

Geyer, Johannes/Schulz, Erika, 2014: *Who cares? Die Bedeutung der informellen Pflege durch Erwerbstätige in Deutschland.* DIW Wochenbericht. 81. Jg. Heft 14, 294–301.

Glodny, Susanne/Yilmaz-Aslan, Yüce/Razum, Oliver, 2010: *Häusliche Pflege bei Migrantinnen und Migranten.* Informationsdienst Altersfragen. 37. Jg. Heft 6, 9–13.

Haberkern, Klaus/Szydlik, Marc, 2008: *Pflege der Eltern – Ein europäischer Vergleich.* Kölner Zeitschrift für Soziologie und Sozialpsychologie. 60. Jg. Heft 1, 78–101.

Hammer, Eckart, 2014: *Unterschätzt: Männer in der Angehörigenpflege.* Was sie leisten und welche Unterstützung sie brauchen. Freiburg im Breisgau.

Helfferich, Cornelia, 2014: *Leitfaden- und Experteninterviews.* In: Baur, Nina/Blasius, Jörg (Hg.): Handbuch Methoden der empirischen Sozialforschung. Wiesbaden, 559–574.

Herrenbrück, Almut, 2010: *Pflegende Söhne: Gängige Rollenmuster oder neue Lebensentwürfe?* Konstanz.

Hielscher, Volker/Kirchen-Peters, Sabine/Nock, Lukas, 2017: *Pflege in den eigenen vier Wänden.* Zeitaufwand und Kosten: Pflegebedürftige und ihre Angehörigen geben Auskunft. Düsseldorf.

Hopf, Christel/Schmidt, Christiane, 1993: *Zum Verhältnis von innerfamilialen Erfahrungen, Persönlichkeitsentwicklung und politischen Orientierungen.* Dokumentation und Erörterung des methodischen Vorgehens in einer Studie zu diesem Thema. Hildesheim.

Hubert, Sandra/Althammer, Jörg/Korucu-Rieger, Canan, 2009: *Soziodemographische Merkmale und psychophysisches Befinden älterer türkischer Migrantinnen und Migranten in Deutschland.* Eine Untersuchung auf Basis der Haupt- und Zusatzbefragung des Generations and Gender Survey der ersten Welle. Berlin.

Kaschowitz, Judith/Brandt, Martina, 2017: *Health effects of informal caregiving across Europe: A longitudinal approach.* Social Science & Medicine. 173. Jg., 72–80.

Keck, Wolfgang, 2012: *Die Vereinbarkeit von häuslicher Pflege und Beruf.* Bern.

–, 2016: *Was kommt nach der Pflege?* Die Pflege eines Angehörigen senkt Beschäftigungschancen nachhaltig. Sozialer Fortschritt. 65. Jg. Heft 5, 112-119.

Keck, Wolfgang/Saraceno, Chiara/Hessel, Philipp, 2009: *Balancing elderly care and employment in Germany.* Berlin.

Kelle, Nadiya, 2018: *Combining employment and care-giving: how differing care intensities influence employment patterns among middle-aged women in Germany.* Ageing and Society. 84. Jg., 1–19.

Klaus, Daniela/Tesch-Römer, Clemens, 2014: *Pflegende Angehörige und Vereinbarkeit von Pflege und Beruf: Befunde aus dem Deutschen Alterssurvey 2008.*

Klenner, Christina, 2009: *Wer ernährt die Familie? Erwerbs- und Einkommenskonstellationen in Ostdeutschland.* WSI-Mitteilungen 62. Jg. Heft 11, 619–626.

Klenner, Christina/Pfahl, Svenja, 2008: *Jenseits von Zeitnot und Karriereverzicht – Wege aus dem Arbeitszeitdilemma.* Arbeitszeiten von Müttern, Vätern und Pflegenden. Düsseldorf.

Klinger, Cornelia/Knapp, Gudrun-Axeli/Sauer, Birgit (Hg.), 2007: *Achsen der Ungleichheit. Zum Verhältnis von Klasse, Geschlecht und Ethnizität*. Frankfurt am Main.

Klott, Stefanie, 2010: „*Ich wollte für sie sorgen*". Die Situation pflegender Söhne: Motivation, Herausforderungen und Bedürfnisse. Frankfurt am Main.

Kochskämper, Susanna, 2018: *Die Entwicklung der Pflegefallzahlen in den Bundesländern: Eine Simulation bis 2035*. Köln.

Kohler, Susanne/Döhner, Hanneli, 2012: *Carers@Work. Carers between Work and Care. Conflict or Chance? Results of Interviews with Working Carers*. Hamburg.

Kohli, Martin, 1988: *Normalbiographie und Individualität*. Zur institutionellen Dynamik des gegenwärtigen Lebenslaufregimes. In: Brose, Hanns-Georg (Hg.): Vom Ende des Individuums zur Individualität ohne Ende. Opladen, 33–53.

–, 1994: *Institutionalisierung und Individualisierung der Erwerbsbiographie*. In: Beck, Ulrich/Beck-Gernsheim, Elisabeth (Hg.): Riskante Freiheiten. Individualisierung in modernen Gesellschaften. Frankfurt am Main, 307–316.

Kohls, Martin, 2012: *Pflegebedürftigkeit und Nachfrage nach Pflegeleistungen von Migrantinnen und Migranten im demographischen Wandel*. BAMF-Forschungsbericht 12. Nürnberg.

Krobisch, Verena/Ikiz, Dilek/Schenk, Liane, 2014: *Pflegesituation von türkeistämmigen älteren Migranten und Migrantinnen in Berlin*. Berlin. https://www.zqp.de/wp-content/uploads/Abschlussbericht_Pflegesituation_Tuerkeistaemmigen_Migranten_Berlin.pdf (Download: 12.03.2020).

Kücük, Filiz, 2008: *Belastungserleben und Bewältigungsstrategien bei pflegenden Angehörigen von demenziell erkrankten türkischen Migranten/innen*. Zeitschrift für Gerontopsychologie & -psychiatrie. 21. Jg. Heft 2, 105–116.

–, 2012: *Die Situation pflegender Familienangehöriger von an Demenz erkrankten türkischen MigrantInnen in Berlin. Eine qualitative Studie zur Versorgung im häuslichen Umfeld*. In: Matter, Christa/Piechotta-Henze, Gudrun (Hg.): Doppelt verlassen? Menschen mit Migrationserfahrung und Demenz. Berlin, 99–116.

Kurz, A./Wilz, G., 2011: *Die Belastung pflegender Angehöriger bei Demenz: Entstehungsbedingungen und Interventionsmöglichkeiten*. Der Nervenarzt. 82. Jg. Heft 3, 336–342.

Laclau, Ernesto/Mouffe, Chantal (Hg.), 2015: *Hegemonie und radikale Demokratie*. Zur Dekonstruktion des Marxismus. Wien.

Landtag Nordrhein-Westfalen, 2004: *Abschlussbericht „Zukunft einer frauengerechten Gesundheitsversorgung in NRW"*. Düsseldorf.

Langehennig, Manfred/Betz, Detlef/Dosch, Erna (Hg.), 2012: *Männer in der Angehörigenpflege*. Weinheim, Basel.

Leiprecht, Rudolf (Hg.), 2011: *Diversitätsbewusste Soziale Arbeit*. Schwalbach/Ts.

Leitner, Sigrid, 2009: *Von den Nachbarn lernen? Care-Regime in Deutschland, Österreich und Frankreich*. WSI-Mitteilungen. 62. Jg. Heft 7, 376–382.

–, 2013: *Varianten von Familialismus*. Eine historisch vergleichende Analyse der Kinderbetreuungs- und Altenpflegepolitiken in kontinentaleuropäischen Wohlfahrtsstaaten. Berlin.

Lewis, Jane, 2001: *The Decline of the Male Breadwinner Model: Implications for Work and Care.* Social Politics: International Studies in Gender, State & Society. 8. Jg. Heft 2, 152-169.

Lewis, Jane/Giullari, Susanna, 2005: *The adult worker model family, gender equality and care: the search for new policy principles and the possibilities and problems of a capabilities approach.* Economy and Society. 34. Jg. Heft 1, 76-104.

Lindgren, Caroyn L., 1993: *The Caregiver Career.* Image: The Journal of Nursing Scholarship. 25. Jg. Heft 3, 214-219.

Lüdecke, Daniel/Mnich, Eva, 2009: *Vereinbarkeit von Pflege und Beruf – Unterschiede von pflegenden Männern und Frauen.* In: Behrens, Johann (Hg.): Hallesche Beiträge zu den Gesundheits- und Pflegewissenschaften, 311-327.

Lüdecke, Daniel/Mnich, Eva/Melchiorre, Maria G./Kofahl, Christopher, 2006: *Familiale Pflege älterer Menschen unter einer Geschlechterperspektive.* Zeitschrift für Frauenforschung und Geschlechterstudien. 24. Jg. 2+3, 85-101.

Lutz, Helma, 2001: *Differenz als Rechenaufgabe.* Über die Relevanz der Kategorien Race, Class und Gender. In: Lutz, Helma/Wenning, Norbert (Hg.): Unterschiedlich verschieden. Differenz in der Erziehungswissenschaft. Opladen.

Lutz, Helma/Herrera Vivar, Maria Teresa/Supik, Linda (Hg.), 2013: *Fokus Intersektionalität.* Bewegungen und Verortungen eines vielschichtigen Konzeptes. Wiesbaden.

Lutz, Helma/Palenga-Möllenbeck, Ewa, 2015: *Care-Arbeit, Gender und Migration: Überlegungen zu einer Theorie transnationaler Migration im Haushaltssektor in Europa.* In: Meier-Gräwe, Uta (Hg.): Die Arbeit des Alltags. Gesellschaftliche Organisation und Umverteilung. Wiesbaden, 181-200.

McCall, Leslie, 2005: *The Complexity of Intersectionality.* Journal of Women in Culture and Society. 30. Jg. Heft 3, 1771-1800.

Mogar, Medlin/von Kutzleben, Milena, 2015: *Demenz in Familien mit türkischem Migrationshintergrund.* Organisation und Merkmale häuslicher Versorgungsarrangements. Zeitschrift für Gerontologie und Geriatrie. 48. Jg. Heft 5, 465-472.

Mölbert, Angelika, 2013: *Alt werden in der zweiten Heimat.* Interkulturelle Identitätsbildung im Kontext des Alternsprozesses. Saarbrücken.

Näre, Lena, 2013: *Migrancy, Gender and Social Class in Domestic Labour and Social Care in Italy: An Intersectional Analysis of Demand.* Journal of Ethnic and Migration Studies. 39. Jg. Heft 4, 601-623.

Neumayer, Clara/Rainer, Verena/Röder, Carina, 2014: *Bedürfnisse und Netzwerke von informell Pflegenden – Überlegungen zu gender-, schicht- und migrationsspezifischen Unterschieden und Gemeinsamkeiten.* In: Appelt, Erna/Fleischer, Eva/Preglau, Max (Hg.): Elder Care. Intersektionelle Analysen der informellen Betreuung und Pflege alter Menschen in Österreich. Innsbruck, 163-178.

Nowossadeck, Sonja/Engstler, Heribert/Klaus, Daniela, 2016: *Pflege und Unterstützung durch Angehörige.* DZA - Report Altersdaten Heft 1.

Offe, Claus/Hinrichs, Karl, 1977: *Sozialökonomie des Arbeitsmarktes und die Lage „benachteiligter" Gruppen von Arbeitnehmern*. In: Offe, Claus (Hg.): Opfer des Arbeitsmarktes. Zur Theorie der strukturierten Arbeitslosigkeit. Neuwied, Darmstadt, 3-61.

Okken, Petra-Karin/Spallek, Jacob/Razum, Oliver, 2008: *Pflege türkischer Migranten*. In: Bauer, Ullrich/Büscher, Andreas (Hg.): Soziale Ungleichheit und Pflege. Beiträge sozialwissenschaftlich orientierter Pflegeforschung. Wiesbaden, 396-422.

Olbermann, Elke, 2013: *Das Alter wird bunter*. Lebenslagen älterer Menschen mit Migrationshintergrund und Handlungsbedarfe für Politik und Gesellschaft. Bonn.

Pfau-Effinger, Birgit, 2009: *Wohlfahrtsstaatliche Politiken und ihre kulturellen Grundlagen*. Österreichische Zeitschrift für Soziologie. 34. Jg. Heft 3, 3-21.

Pfau-Effinger, Birgit/Geissler, Birgit, 2002: *Cultural change and family policies in East and West Germany*. In: Carling, Alan H./Edwards, Rosalind/Duncan, Simon (Hg.): Analysing families. Morality and rationality in policy and practice. London, 72-91.

Pfau-Effinger, Birgit/Smidt, Maike, 2011: *Differences in women's employment patterns and family policies: eastern and western Germany*. Community, Work & Family. 14. Jg. Heft 2, 217-232.

Pinquart, Martin, 2016: *Belastungs- und Entlastungsfaktoren pflegender Angehöriger -. die Bedeutung der Erwerbstätigkeit*. In: ZQP-Themenreport. Vereinbarkeit von Beruf und Pflege. Berlin, 60-72.

Pinquart, Martin/Sörensen, Silvia, 2011: *Spouses, Adult Children, and Children-in-Law as Caregivers of Older Adults: A Meta-Analytic Comparison*. Psychology and Ageing. 26. Jg., 1-14.

Raab, Marcel/Engelhardt, Henriette/Leopold, Thomas, 2014: *Wenn die Eltern Hilfe brauchen*. Nicht alle Geschwister beteiligen sich an der Pflege. WZB Mitteilungen Heft 143, 16-18.

Reuyß, Stefan/Pfahl, Svenja/Rinderspacher, Jürgen P./Menke, Katrin, 2012: *Pflegesensible Arbeitszeiten*. Perspektiven der Vereinbarkeit von Beruf und Pflege. Berlin.

-, 2014: *Pflegesensible Arbeitszeiten – Arbeitszeitrealitäten und -bedarfe von pflegenden Beschäftigten*. Zentrale Ergebnisse. Düsseldorf.

Riegel, Christine, 2010: *Intersektionalität als transdisziplinäres Projekt*. Methodologische Perspetkiven für die Jugendforschung. In: Riegel, Christine/Scherr, Albert/Stauber, Barbara (Hg.): Transdisziplinäre Jugendforschung. Grundlagen und Forschungskonzepte. Wiesbaden, 65-89.

Riegel, Christine/Scharathow, Wiebke, 2012: *Mehr sehen, besser handeln*. Sozial Extra. 36. Jg. 9-10, 20-23.

Rothgang, Heinz/Kalwitzki, Thomas/Cordes, Janet, 2019: *Alternative Ausgestaltung der Pflegeversicherung II (AAPV II): bedarfsgerecht – ortsunabhängig – bezahlbar*. Gutachten im Auftrag der Initiative Pro-Pflegereform. Bremen.

Rothgang, Heinz/Müller, Rolf/Runte, Rebecca/Unger, Rainer, 2017: *Pflegereport 2017*. https://www.barmer.de/blob/135698/ac141c44b72fe5a24a6d453c6fda9bf0/data/dl-pflegereport-2017.pdf (Download: 22.05.2020).

Rothgang, Heinz/Müller, Rolf/Unger, Rainer/Weiß, Christian/Wolter, Annika, 2012: *BARMER GEK Pflegereport*. Schwerpunktthema: Kosten bei Pflegebedürftigkeit. Siegburg.

Sarkisian, Natalia/Gerstel, Naomi, 2004: *Explaining the Gender Gap in Help to Parents: The Importance of Employment*. Journal of Marriage and Family. 66. Jg. Heft 2, 431–451.

Schmid, Tina, 2014: *Generation, Geschlecht und Wohlfahrtsstaat*. Intergenerationelle Unterstützung in Europa. Wiesbaden.

Schmidt, Christiane, 2012: *Analyse von Leitfadeninterviews*. In: Flick, Uwe/Ernst von Kardoff/Ines Steinke (Hg.): Qualitative Forschung. Ein Handbuch. Reinbek, 447–456.

Schneekloth, Ulrich/Geiss, Sabine/Pupeter, Monika/Rothgang, Heinz/Kalwitzki, Thomas/Müller, Rolf, 2017: *Studie zur Wirkung des Pflege-Neuausrichtungs-Gesetzes (PNG) und des ersten Pflegestärkungsgesetzes (PSG I)*. Abschlussbericht. München. https://www.bundesgesundheitsministerium.de/fileadmin/Dateien/5_Publikationen/Pflege/Berichte/Abschlussbericht_Evaluation_PNG_PSG_I.pdf (Download: 25.04.2020).

Schneider, Norbert F./Häuser, Julia C./Ruppenthal, Silvia M./Stengel, Stephan, 2006: *Familienpflege und Erwerbstätigkeit*. Eine explorative Studie zur betrieblichen Unterstützung von Beschäftigten mit pflegebedürftigen Familienangehörigen. Mainz.

Schneider, Thorsten/Drobnič, Sonja/Blossfeld, Hans-Peter, 2001: *Pflegebedürftige Personen im Haushalt und das Erwerbsverhalten verheirateter Frauen*. Zeitschrift für Soziologie. 30. Jg. Heft 5, 362–383.

Schnepp, Wilfried, 2002: *Familiale Sorge in der Gruppe der russlanddeutschen Spätaussiedler*. Funktion und Gestaltung. Bern.

Soiland, Tove, 2008: *Die Verhältnisse gingen und die Kategorien kamen. Intersectionality oder Vom Unbehagen an der amerikanischen Theorie*. https://www.querelles-net.de/index.php/qn/article/view/694/702 (Download: 24.05.2020).

Spieß, Christa Katharina/Schneider, Ulrike, 2003: *Interactions between care-giving and paid work hours among European midlife women, 1994 to 1996*. Ageing and Society. 23. Jg. Heft 1, 41–68.

Statistisches Bundesamt, 2018: *Pflegestatistik 2017*. Pflege im Rahmen der Pflegeversicherung- Deutschlandergebnisse. Wiesbaden.

–, 2019: *Erwerbstätige und Erwerbstätigenquote nach Geschlecht und Alter 2008 und 2018*. Ergebnis des Mikrozensus. https://www.destatis.de/DE/Themen/Arbeit/Arbeitsmarkt/Erwerbstaetigkeit/Tabellen/erwerbstaetige-erwerbstaetigenquote.html (Download: 26.04.2020).

Stiegler, Barbara, 2019: *Vereinbarkeit von Pflege und Beruf*. Das 1000-Stunden-Modell. Ein flexibles Zeitbudget mit Lohnersatz. Bonn.

Tezcan-Güntekin, Hürrem, 2018: *Stärkung von Selbstmanagement-Kompetenzen pflegender Angehöriger türkeistämmiger Menschen mit Demenz*. Dissertation. Universität Bielefeld.

Tezcan-Güntekin, Hürrem/Breckenkamp, Jürgen/Razum, Oliver, 2015: *Pflege und Pflegeerwartungen in der Einwanderungsgesellschaft*. Expertise im Auftrag der Beauftragten der Bundesregierung für Migration, Flüchtlinge und Integration. Berlin.

Tezcan-Güntekin, Hürrem/Razum, Oliver, 2018: *Pflegende Angehörige türkeistämmiger Menschen mit Demenz – Paradigmenwechsel von Ohnmacht zu Selbstmanagement*. Pflege und Gesellschaft. 23. Jg. Heft 1, 69–83.

Theobald, Hildegard, 2014: *Care-Politiken und Intersektionalität in der Care-Arbeit*. Ein Vergleich der Situation in Deutschland und Schweden. Soziale Welt, Zeitschrift für sozialwissenschaftliche Forschung und Praxis Sonderheft 20, 345-341.

Theurer, Christina/Burgsmüller, Lena/Wilz, Gabriele, 2018: *Pflege demenzerkrankter Eltern: Vergleich pflegender Söhne und Töchter*. Zeitschrift für Gerontologie und Geriatrie. 52. Jg. Heft 7, 648–653.

Trompetter, Eva/Seidl, Norbert, 2018: *Die pflegerische Versorgung auf dem Land aus der Perspektive der Nutzer_innen – Ein Kommentar*. In: Auth, Diana u.a.: Sorgende Angehörige als Adressat_innen einer vorbeugenden Pflegepolitik. Eine intersektionale Analyse. Düsseldorf, 50–54.

Trukeschitz, Birgit/Mühlmann, Richard/Schneider, Ulrike/Ponocny, Yvo/Österle, August, 2009: *Arbeitsplätze und Tätigkeitsmerkmale berufstätiger pflegender Angehöriger. Befunde aus der Wiener Studie zur informellen Pflege und Betreuung älterer Menschen 2008 (VIC 2008)*. Wien.

Ullrich, Carsten, 2003: *Wohlfahrtsstaat und Wohlfahrtskultur. Zu den Perspektiven kultur- und wissenssoziologischer Sozialpolitikforschung*. Mannheim.

Unabhängiger Beirat für die Vereinbarkeit von Pflege und Beruf, 2019: *Erster Bericht des unabhängigen Beirats für die Vereinbarkeit von Pflege und Beruf*. Berlin.

Wagner, Melanie, 2019: *Das Wohlbefinden pflegender Partner im Kontext*. Zum Einfluss formeller Pflegeangebote und sozialer Netzwerke. Wiesbaden.

Wagner, Melanie/Brandt, Martina, 2018: *Long-term Care Provision and the Well-Being of Spousal Caregivers: An Analysis of 138 European Regions*. The Journals of Gerontology, Series B, Psychological Sciences and Social Sciences. 73. Jg. Heft 4, 24-34.

Walgenbach, Katharina, 2012: *Intersektionalität – eine Einführung*. http://portal-intersektionalitaet.de/uploads/media/Walgenbach-Einfuehrung.pdf (Download: 27.03.2020).

Wenzel, Stefanie, 2011: *Konvergenz oder Divergenz?: Einstellungen zur Erwerbstätigkeit von Müttern in Ost- und Westdeutschland*. Gender: Zeitschrift für Geschlecht, Kultur und Gesellschaft. 2. Jg. Heft 3, 59–76.

Wetzstein, M./Rommel, A./Lange, C., 2015: *Pflegende Angehörige – Deutschlands größter Pflegedienst*. Berlin.

Winker, Gabriele, 2012: *Intersektionalität als Gesellschaftskritik*. Widersprüche. 32. Jg. Heft 126, 13–26.

Winker, Gabriele/Degele, Nina, 2010: *Intersektionalität*. Zur Analyse sozialer Ungleichheiten. Bielefeld.

Yuval-Davis, Nira, 2009: *Women, Globalization and Contemporary Politics of Belonging.* Gender, Technology and Development. 13. Jg. Heft 1, 1–19.

Zank, Susanne/Schacke, Claudia, 2004: *Projekt Längsschnittstudie zur Belastung pflegender Angehöriger von demenziell Erkrankten (LEANDER).* Abschlussbericht Phase 1: Entwicklung eines standardisierten Messinstruments zur Erstellung von Belastungsprofilen und zur Evaluation von Entlastungsangeboten für pflegende Angehörige demenzkranker Patienten. Berlin.

–, 2007: *Projekt Längsschnittstudie zur Belastung pflegender Angehöriger von demenziell Erkrankten (LEANDER).* Abschlussbericht Phase 2: Längsschnittergebnisse der LEANDER-Studie. Siegen.

Zank, Susanne/Schacke, Claudia/Leipold, Bernhard, 2006: *Berliner Inventar zur Angehörigenbelastung-Demenz (BIZA-D).* Zeitschrift für Klinische Psychologie und Psychotherapie. 35. Jg. Heft 4, 296–305.

–, 2007: *Längsschnittstudie zur Belastung pflegender Angehöriger von demenziell Erkrankten (LEANDER).* Ergebnisse der Evaluation von Entlastungsangeboten. Zeitschrift für Gerontopsychologie & -psychiatrie. 20. Jg. Heft 4, 239–255.

Zentrum für Qualität in der Pflege, 2016: *Vereinbarkeit von Beruf und Pflege.* Berlin.

Ziebland, Sue/McPherson, Ann, 2006: *Making sense of qualitative data analysis: an introduction with illustrations from DIPEx (personal experiences of health and illness).* Medical Education. 40. Jg. Heft 5, 405–414.

Zimmermann, Harm-Peer, 2012: *Altersbilder von türkischen Migrantinnen und Migranten in Deutschland im Vergleich.* Islamische Grundsätze – alltägliche Sichtweisen. In: Baykara-Krumme, Helen/Motel-Klingebiel, Andreas/Schimany, Peter (Hg.): Viele Welten des Alterns. Ältere Migranten im alternden Deutschland. Wiesbaden, 315–337.

Zulehner, Paul M., 2009: *Who cares? Männer und Pflege.* Zusatzauswertung der wiss. Untersuchung ‚Männer im Aufbruch II'. Wien.

Aktuell in der Reihe **Arbeit – Demokratie – Geschlecht**

Band 27
Ingrid Artus / Nadja Bennewitz / Annette Henninger / Judith Holland /
Stefan Kerber-Clasen (Hrsg.)
Arbeitskonflikte sind Geschlechterkämpfe
Sozialwissenschaftliche und historische Perspektiven
2020 – 365 Seiten – ca. 35,00 € – ISBN 978-3-89691-045-5

Band 26
Clarissa Rudolph / Katja Schmidt (Hrsg.)
Interessenvertretung und Care
Voraussetzungen, Akteure und Handlungsebenen
2019 – 266 Seiten – 30,00 € – ISBN 978-3-89691-270-1

◆ ◆ ◆

Jenny Künkel
Sex, Drugs & Control – Das Regieren von Sexarbeit in der neoliberalen Stadt
(Raumproduktionen: Theorie und gesellschaftliche Praxis Band 34)
2020 – 342 Seiten – 33,00 € – ISBN 978-3-89691-261-9

Anna Hartmann
Entsorgung der Sorge
Geschlechterhierarchien im Spätkapitalismus
2020 – 225 Seiten – 25,00 € – ISBN 978-3-89691-260-2

WESTFÄLISCHES DAMPFBOOT
Nevinghoff 14 · 48147 Münster · Tel. 0251-38440020 · Fax 0251-38440019
E-Mail: info@dampfboot-verlag.de · http://www.dampfboot-verlag.de